ものと人間の文化史

137-I

桜

I

有岡利幸

法政大学出版局

まえがき

桜の花が咲く時期になると、新聞各紙は桜だよりを載せはじめ、桜前線の北上が日課のように紙面をかざり、テレビやラジオなどがニュースとして開花予想の発表をはじめる。桜が咲いたといえば、なにかこう浮き浮きと気分がそぞろに浮きたってくる。桜ということばは、日本人になにか特別の感情を抱かせるようであるが、それは何物なのであろうか。

淡い紅色の花で頭上をおおわれながら、あるいは遠目で花の塊を見ながら、酒を酌み交わす花見の宴に、一時《いっとき》うつつを抜かすのである。日本の春に咲く樹木の美しい花には、梅、椿、藤、山吹、山躑躅《やまつつじ》などがあるが、現在では花見といえば桜花に限られている。どうしてなのだろうか。

桜についてもう一つ不思議なことは、咲きほこっていた花の寿命がおわり、一つ一つバラバラの花びらとなって散ることを、風情があると愛《め》でられることである。梅でも、椿でも、藤でも、ぽってりと豊麗な花びらを多数つける牡丹でも、あるいは秋に咲き春の桜とその盛名を競いあう菊も、花びらが散り落ちることに美を見いだすことはない。桜花のもつ特殊性といってもいいだろう。

古代の人びとが住みかとした集落から見渡す里山に、春もようやく暖かになってくると、ぽっかりぽっかりと白い花の塊を見ることができた。それをきっかけとして稲作の準備などがはじめられるのだが、白い花の塊は桜花に限らず、辛夷《こぶし》やたむしば（辛夷と同じ仲間で白い花が咲く）などがある。山々を飾る白い花の咲き具合で秋の実りを占い、同時に豊饒を祈願してきた。神聖な色とされる白色の花が里山で農作業のはじまりとともに咲きはじめるのだから、花というよりも山から降りて来た農の神の「お告げ、前兆、前触れ」と感じたのであろう。その白い花を東北地方では一括して「さくら」ともよんでいる。「さくら」と「桜」とは、概念が異なるものであるが、しばしば同じに見られがちである。

桜は古来からいろいろなシンボルとされてきたのだが、それはひとえに、日本人の生活の中に桜が浸透し、息づいていたあらわれでもある。

桜と一口にいうけれど、植物の種（スピーシス）としては、基本的なものは九種であるが、変品種をあわせると野生している桜は一〇〇種以上にのぼる。これらの野生種の桜から育成された園芸品種は、二〇〇とも三〇〇ともいわれている。わが国の人びとが改良したものであり、現在においても新しい品種が創りだされている。

桜は高木になる樹木で、世界的にみても高木となる樹木の改良にかけては、日本人の右にでるものはいない。江戸時代初期にはすでに一〇〇種を超える園芸品種がつくりだされていたといわれ、現在よりはるかに知識も技術も道具類も劣っているように見られがちなこの時代に、これほどまでの数の桜の品種が生みだされたことは、もう一度江戸時代の文化を見直してみる必要があろう、というものである。

本書では、まず桜とはどういう樹木であるかについて触れる。『万葉集』では、桜はどのように詠われてきたのかについて見る。ついで、たんに「花」といえば桜花のことだとされるようになり、桜の文化史上で後世におおきな影響を与えた『古今和歌集』や『源氏物語』に現われる桜について探る。

近世に至ると、徳川初代家康から連続した三代の将軍がこぞって花好きであったため、大名たちに園芸熱がおこり、江戸の染井村を中心に植木屋の集まりができ、いつでも注文にこたえられるよう園芸植物のカタログが作られた。また人びとの遊楽のために八代将軍吉宗は隅田川堤、飛鳥山など江戸の各地に桜を植え、現在の公園につながる遊楽を江戸市民に与えている。平和が長くつづいたので江戸市民は、春には各地のさくら見物に出かけている。花見とともに盛んだった芝居見物から、元禄年代に行なわれた赤穂浪士の討ち入りを演じる忠臣蔵で使われた「花は桜木、人は武士」のことばが人びとに広まり、後世に影響を及ぼした。

明治維新のさいには江戸の大名・旗本屋敷の庭園は荒廃し、名桜も数多く失われた。東京府は公園を設置して桜を植え、また政府は九段の招魂社《しょうこんしゃ》（のちの靖国神社）を建立し、桜を植えた。靖国神社の桜は、昭和時代の一六年に及ぶ長い戦争に召集された兵士の生命に大きな影響を及ぼすこととなるのである。また幕末につくり出されたとされる桜の品種、染井吉野は明治期から東京を中心に植えられ、戦後には全国的規模で栽培地が大発展した。

そして昭和初期の長い戦争中の軍歌では、桜花が散ることを散華《さんげ》と美化し、兵士や市民に歌わせることによって、戦に出かけることはすなわち死であることを覚悟させたのである。終戦直後は桜の園も荒廃していたが、経済力がつくにつれ、再び植えらるようになり、現在では桜のない公園は皆無といっていいほど拡大している。さらに町おこしのためなどと称して、植え続けられている。

西の桜の名所とされた名高い大和国の吉野山と、京都の西郊にある嵐山の桜をめぐる歴史にも触れた。吉野の蔵王権現《ざおうごんげん》の神木とされる桜は、京の公家もはるばると出かけた花見のついでに植え、各地から花見に、あるいは参拝で訪れた人も、地元の人たちが売る桜の苗を買い求め、蔵王権現との結縁《けちえん》のために植えつづけられてきた。嵐山は平安初期から桜樹のあったところへ、亀山上皇が植えさせて桜の名所をつくり、のちに天竜寺が苦心しながら管理してきたのである。

本書は記紀のむかしから現代に至るまでの、長い日本人と桜とのかかわりを探ったものであるが、読者の皆さまがたからさらなるご教示を賜れば嬉しく思う。

なお本書は学術書ではないので、植物名はサクラとカタカナ書きにしなければならない約束は採用せず、ほとんど漢字表記としている。品種名なども「ソメイヨシノ」や「ヨウキヒ」「タイハク」「ギョイコウ」などのカタカナ書きよりも、「染井吉野」や「楊貴妃」「太白」「御衣黄」などのように漢字名のほうが命名者の思いが伝わろうと考えたものである。

第Ⅰ巻　目　次

第二章　木の花咲くや姫と『万葉集』の桜

第四章　鎌倉時代の桜

1　鎌倉時代の武士と桜

第五章　室町・桃山時代の桜

第六章　江戸時代の桜

第Ⅱ巻　目　次

第一章　桜の生態

日本産桜の分類

わが国の桜は、バラ科サクラ亜科サクラ属サクラ亜属のなかに含まれる多数の種や変種、品種の総称であって、特定の植物の名称ではない。サクラ属の中には、ウメ（梅）、アンズ（杏）、モモ（桃）、スモモ（李）その他の種が含まれているが、これらはサクラ（桜）とよぶ仲間からは外されている。同じサクラ属の中で何々ザクラと和名がついたもの、たとえばウワミゾザクラ（上溝桜）、イヌザクラ（犬桜）、シウリザクラ（シウリはアイヌ語）、ニワザクラ（庭桜）などもサクラ（桜）からは除外される。

日本産の桜は、大きくは野生種、自然雑種、栽培品種の三つに分類される。

①野生種

ヤマザクラ群――ヤマザクラ（山桜）、オオヤマザクラ（大山桜）、カスミザクラ（霞桜）、オオシマザクラ（大島桜）

ヒガンザクラ群――エドヒガン（江戸彼岸）

チョウジザクラ群――チョウジザクラ（丁字桜）、オクチョウジザクラ（奥丁字桜）

マメザクラ群――マメザクラ（豆桜）、キンキマメザクラ（近畿豆桜）、タカネザクラ（高根桜）
ミヤマザクラ群――ミヤマザクラ（深山桜）
カンヒザクラ群――カンヒザクラ（寒緋桜）

②自然雑種
エドヒガンとヤマザクラ間の桜――モチヅキザクラ（望月桜）など
エドヒガンとマメザクラ間の桜――コヒガン（小彼岸）
エドヒガンとチョウジザクラ間の桜――チチブザクラ（秩父桜）など
エドヒガンとカスミザクラ間の桜――トモエザクラ（巴桜）
タカネザクラとオオヤマザクラ間の桜――タカネオオヤマザクラ（高根大山桜）
タカネザクラとキンキマメザクラ間の桜――イシヅチザクラ（石鎚桜）
マメザクラとヤマザクラ間の桜――例なし
マメザクラとカスミザクラ間の桜――インノザクラ（印野桜）
マメザクラとチョウジザクラ間の桜――チョウジマメザクラ（丁字豆桜）
マメザクラとオオシマザクラ間の桜――マナヅルザクラ（真鶴桜）など
チョウジザクラとオオヤマザクラ間の桜――オオミネザクラ（大峰桜）
チョウジザクラとカスミザクラ間の桜――ニッコウザクラ（日光桜）など
チョウジザクラとヤマザクラ間の桜――ナルサワザクラ（鳴沢沢）
オオヤマザクラとカスミザクラ間の桜――アカツキザクラ（暁桜）
植栽されているソメイヨシノ（染井吉野）と他種間の桜――具体的品種名なし

③栽培品種の系統

オオシマザクラの影響をうけたもの——旗桜、八重紅大島、潮風桜、染井吉野、白妙《しろたえ》、関山《かんざん》、鬱金《うこん》、法輪寺、松月《しょうげつ》、御衣黄《ぎょいこう》、楊貴妃、一葉《いちよう》、朱雀《すざく》、普賢象《ふげんぞう》、御車返《みくるまがえし》、糸括《いとくくり》、牡丹、紅虎の尾、雨宿《あまやどり》、千両、駿河台匂、太白、手弱女《たおやめ》、兼六園菊桜など

オオヤマザクラの影響をうけたもの——陸奥紅桜、ショウドウ桜など

ヤマザクラの影響をうけたもの——枝垂山桜、琴平、大沢桜、仙台山桜、衣笠、佐野桜、気多白菊桜、市原虎の尾など

チョウジザクラの影響をうけたもの——雛菊《ひなぎく》桜、斎藤桜など

マメザクラの影響をうけたもの——枝垂豆桜、緑萼《りょくがく》桜、ガンマン、比翼桜、飴玉《あめだま》、鴛鴦《えんおう》桜など

シナミザクラの影響をうけたもの

ホウキザクラ系の諸品種

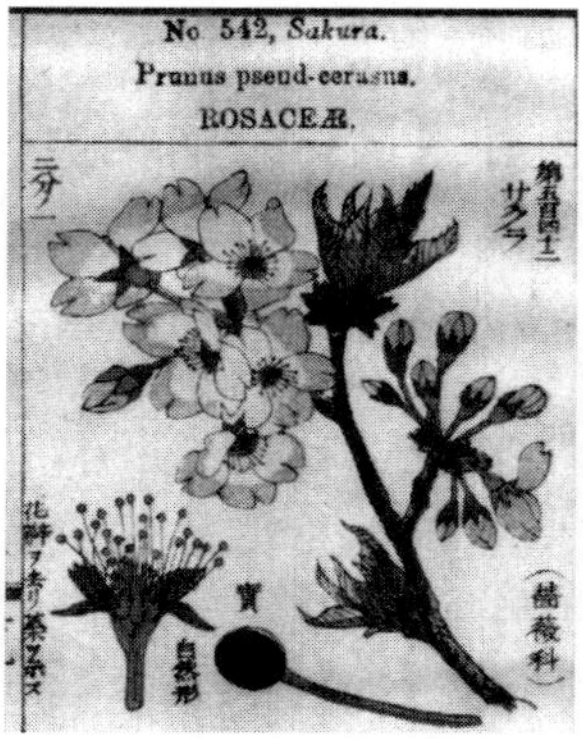

明治期における桜の分類の一つ
(『有用植物図説（図画）』巻 2,
明治 24 年刊)

カンヒザクラ系の諸品種

エドヒガン系の栽培品——越の彼岸桜、紅枝垂、八重紅枝垂、糸桜など

四季咲きまたは秋、冬咲きの品種——四季桜、十月桜、冬桜

植物は適度の自然生態系の破壊や環境の変化によって、変種を生みだすと言われている。自然生態系が攪乱され、いままで棲み分けていた近縁の種類が隣りあって生育する

ことになって自然交配したり、また変化した環境に適応していろいろ奇形的な個体が生まれてくるのである。つまりいろいろと変わった種類のものがでる可能性がある。

桜の場合、そうしたもののなかに美しいものや変わったものが生まれ、花を愛でる人が見つけ、選んで栽培する。さらに時代の進歩にともない、人工交配による新品種も生まれる。長い年代をかけて行なわれるこの繰り返しが、数多くの桜の種類を生み出したのである。

桜の名前の由来さまざま

わが国の桜の種類は、野生している桜のうち基本的な種は六群九種で、これを基本として自然交配などで変品種あわせて約一〇〇種類の桜が野生している。そのうえに外来種のカンヒザクラ（寒緋桜）やシナミザクラ（支那実桜）などが加わり、人工交配などによって育成されて園芸品種では三〇〇種以上に達するといわれるが、実数はつかみにくい。

桜の名前の由来を、独立行政法人森林総合研究所の多摩森林科学園の桜保存林に植えられた二五〇種について石井幸夫が調べたところ、つぎのようにおおよそ五つのグループに分けられた。

桜の名づけの由来とその割合（合計二五〇種類）

一、花・幹・枝などの特徴から	九一種類	三七%
二、原木の所在地・発見地などの地名	八二種類	三三%
三、優美・上品さからの連想	四八種類	一九%
四、故事・来歴や物語などから	二一種類	八%
五、歴史・伝説上および育成者の人名	八種類	三%

もっとも種類の多いグループは花や幹などに特徴をもつもので、紅色八重の花が枝垂《しだ》れて咲く八重紅枝垂、花が葉の下にあたかも雨宿りしているように咲く雨宿《あまやどり》、長く伸びた枝先に花が垂れさがって咲き房状にみえる房桜、花が特異な淡黄緑色の鬱金《うこん》などである。ついで長崎県大村神社にある原木の名に由来する大村桜、米国で選抜されたアメリカ、岩手県盛岡市の盛岡裁判所構内にある石割桜、石川県金沢市の兼六園にある兼六園菊桜など、原木の所在地や発見地、および育成地の地名をつけたグループがある。三番目には、月がまだありながら夜が明けるころをいう有明《ありあけ》、たおやかな女の人を表現した手弱女《たおやめ》、清く澄みわたった月をいう名月、咲く花を笠にたとえた花笠、部屋を明るくするためにともす雪洞《ぼんぼり》といった、言葉の優雅さや上品さを連想して名づけられたものがある。

四番目には、親鸞《しんらん》上人が駒《こま》をつないだと伝えられる駒繋《こまつなぎ》、そのむかし花の下を牛車《ぎっしゃ》から眺めて通り過ぎた貴人二人が今の花は一重だ八重だと言い争い牛車を引き返させたという御車返《みくるまがえし》など、故事来歴に由来をもつグループがある。最後の五番目は、世界的美女の楊貴妃の名をもらった桜、容姿の美しさが衣から透き通って見えるといわれるわが国代表的美女の衣通姫《そとおりひめ》をもらった桜のように歴史上や伝説上の人物の名のものや、佐野桜や太田桜のように、育成者や発見者の人名がつけられたグループがある。このグループの数はもっとも少ない。

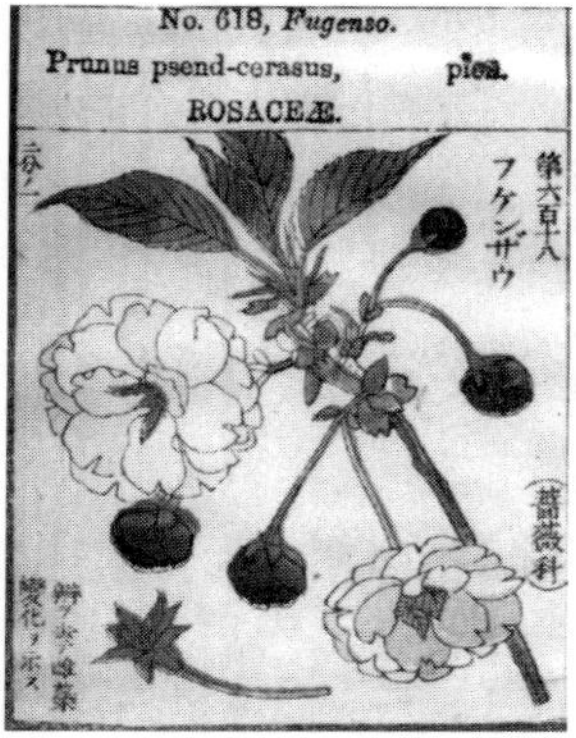

明治時代の植物図に載せられた桜の品種「普賢象」。しべの部分から葉が示されている（『有用植物図説（図画）』巻 2, 明治 24 年刊）

桜花の大小と花弁数による区分

桜の花は花弁の大きさによって、大輪、中輪、小輪という表現のしかたがある。自然の形のままの花の直径を測ったときの大きさで、つぎのように区分している。

小輪（花径が約二五ミリ以下）――代表的な種類に、丁字桜《ちょうじ》（花径が一五ミリ前後）、深山桜（花径が一五～二〇ミリ）、林宝桜《りんぼう》（二〇ミリ前後）、八重紅枝垂（花径が一七～二五ミリ）、加茂の曙（花径が二〇ミリ程度）などがある。

中輪（花径が二五～三五ミリ）――代表的な種類に、奈良八重桜・十月桜（花径が二五～三〇ミリ）、気多白菊（花径が二五～三〇ミリ）、寒緋桜《かんひ》・琉球緋桜（花径が二五～三〇ミリ）などがある。

大輪（花径が三五～六〇ミリ）――代表的な種類に、太白（花径が五四～六一ミリ）、千里香（花径が四五～五五ミリ）、白妙（花径が五四～六一ミリ）、御車返《みくるまがえし》（花径が五〇～五八ミリ）、大輪大山桜（四〇～四五ミリ）などがある。

超大輪（花径が六〇ミリ以上）

いまのところ桜のもっとも大きな花は、太白の約六〇ミリであり、大輪の枠内に収まっているが、今後の改良によっては超大輪の花の種類が生まれる可能性がある。

桜の花の基本的な形は、山桜など野生種は花弁五個、雄しべ三〇～四〇個、雌しべ一個である。この形の花を一重咲きという。それがなんらかの原因で、雄しべや雌しべや萼《がく》が花弁になったものがある。花弁の数によっての花の形態区別は、つぎのようにされている。

一重咲き――もっとも基本的な姿で花弁は五個である。代表的な種類に、山桜・大島桜・染井吉野・衣通姫《そとおりひめ》・狩衣（花弁数が五個）、嵐山（花弁数が五～七個）などがあり、さくらの種類の過半数を占める。

半八重咲き——花弁数が七〜一〇個の花。薄重大島・有明・思川桜（花弁数が七〜一〇個）、浅黄（花弁数が七〜二〇個）、大提灯《おおちょうちん》（花弁数が五〜一二個）などであるが、この咲き方をする種類はきわめてすくない。

八重咲き——花弁数が一一〜六〇個の花。代表的な種類に、簪《かんざし》桜（花弁数が一七〜二〇個）、熊谷（花弁数が二二〜二五個）、泰山府君《たいざんふくん》（三五〜四〇個）、関山《かんざん》（花弁数が四〇〜五〇個）、一葉《いちよう》（二〇〜二八個）、渦《うず》桜（花弁数が三〇個前後）などがあり、この咲き方をする種類はおおよそ全体の三分の一である。

菊咲き——花弁数が一〇〇〜三八〇個もあり、菊花のように見える花。代表的な種類に、兼六園菊桜（花弁数が三〇〇〜三五〇個）、名島桜（花弁数が一〇〇〜一五〇個）、福桜（九〇〜一五〇個）などで、全体の五パーセント程度である。

桜花の色は淡紅色が最多数

桜花の色は、通常は桜色とよばれるように淡紅色の花のものが一般的だが、それ以外の色の花をつけるものも少なくない。どんな色の花が咲いているかを見ると、淡紅色の種類がもっとも多く、ついで白色、紅色のものは意外と少なく、珍しい部類となっている。

多摩森林科学園桜保存林に植えられている桜の種類でみると、淡紅色の花をつける桜がもっとも多くて半数をこえる一三〇数種である。その種類は、御信《ごしん》桜（八重咲き）、佐野《さの》桜（八重咲き）、嵐山（一重咲き）、祇女《ぎじょ》（半八重咲き）、楊貴妃《ようきひ》（八重咲き）などがある。染井吉野は咲き始めは淡紅色であるが、だんだんと白色となり、散るころには雄しべや花弁の付け根が紅色に染まるため、淡紅色にみえる。咲き初めから、散るまで、同じように淡紅色を保っているものはごく少ない。室町時代から知られ、もっとも古い里桜の代表的種類である普賢象《ふげんぞう》は、花は八重で、はじめは淡紅色で、開けば灰色がかった白色となる。

桜の花は開花してから後、微妙に色がかわるのだが、一応花弁の色が白色に分類されている桜は、淡紅色のものについで多く、多摩森林科学園の桜保存林の場合では総種類の四〇パーセントがこれに該当する。野生種の代表の山桜は白花であり、おなじく野生桜の一つの大島桜の花も一重で、白色をしており香りがある。一重で白色の代表的な種類とされる太白《たいはく》は、花径が五四～六一ミリもある最大級の花を咲かせる。この種類は日本では一度絶えたが、英国に渡ったものが生存していたため、昭和初期に逆輸入されたという経歴をもつ。染井吉野の起源を研究するとき作り出された天城吉野《あまぎよしの》、駒繋《こまつなぎ》なども大輪の一重で白色である。大輪八重咲きの白色の花は、八重のなかでもっとも花径が大きくて優美な花の白妙《しろたえ》、雨宿《あまやどり》などが代表的である。名前に緑をもつ緑萼《りょくがく》桜も花は純白である。そのほか、白雪（一重咲き）、平塚白匂《しろにおい》（一重咲き）、気多白菊《きたしらぎく》（菊咲き）などがある。

紅色をした桜花の種類は、これまでのものよりはずっと少なく、わずか十数種で、珍しい部類となる。もっとも紅色の濃い花は、沖縄に多くみられる寒緋《かんひ》桜である。この桜の原産地は中国南部および台湾で、花は小輪の一重で濃紅紫色をしており、緋寒《ひかん》桜ともよばれる。この種ができた園芸品種の琉球緋《りゅうきゅうひ》桜も紅色の濃い花を咲かせる。紅色の濃いものに陸奥紅山《みちのくべにやま》桜（一重）、陽光《ようこう》（一重）がある。陽光は愛媛県の高岡正明が、寒緋桜と天城吉野を人工交配して作り出した種類である。濃い紅色で花は厚ぼったい感じの八重咲きで大輪の派手やかな花なので外国人に好まれる関山《かんざん》（八重咲き）は桜湯にも用いられる。そのほか麒麟《きりん》（八重咲き）、紅豊《べにゆたか》（八重咲き）などがある。

緑色や黄色の桜花の種類

以上の色のほか、緑色や黄色の花を咲かせる種類もある。

黄緑色の花をつける種類に、御衣黄《ぎょいこう》がある。中～小輪の八重咲きで、花弁は緑の濃い緑黄色をしており、開花後数日して満開をすぎると花弁中央に紅い線があらわれ、花びらは緑色が濃く、外側に反りかえる。むかし天皇や貴人の衣服を御衣《ぎょい》といいその色が黄緑色であったところから、この種類の名前がついたとされている。この花は葉緑素をもっており、光合成を行なっている。そんなところから、花弁は葉が変化したものであることを物語っている実例といえよう。

黄桜《き》や浅黄《あさぎ》ともよばれ、珍しい淡黄緑色の花をつける種類が鬱金《うこん》である。カレー粉などの黄色染料をとるショウガ科の植物ウコンは、これで染めた濃鮮黄色を鬱金色または鬱金とよんでおり、花が黄色の桜という意味から鬱金と名づけられた。この種類は中輪の八重咲きであるが、花が盛りをすぎ散るころには淡紅色となる。

江戸時代中期には黄桜がきわめて珍しい存在であり、人びとはこの桜を何とかして自分の庭に植えようと苦心したことが、『耳嚢《みみぶくろ》』巻之四の「黄桜の事」という項に記されている。『耳嚢』は江戸時代中期に奉行職を歴任した根岸鎮衛《やすもり》（一七三七～一八一五年）が、同僚や古老からの話を書き留めた随筆集で、珍談・奇談を満載した世間話の一大収録である。

桜に黄色の花無きと咄合《はなしあい》けるに、或人の云へるは、駒込追分《おいわけ》の先に行願寺といへる寺に黄桜有《あり》。尤《もっとも》山吹・黄梅などの正黄には非ず。然《しか》れ共《ども》白にうつりて黄色など一重の花にて、彼《かの》寺の名木と近隣にもてはやしぬるを、旦家《だんか》の内ひそかに参詣の折から、根より出し芽をかきて四、五度も植付《うえつけ》しが、相応に生育しては枯ぬ。

駒込追分は中山道と日光御成街道の分岐点のことで、行願寺は現存している願行寺のことである。願行寺にある黄桜を増殖しようと、根から出た芽を植えても枯れたり、花が咲いても山桜だったというのである。それで寺の和尚にありのままを話して、接ぎ木の穂をもらったが、これも白い花の山桜であった。一方、寺の内で根分けしたものは、黄色の花をつけるのだという。まことに不思議な話である。

また、緑《みどり》桜または緑蕚《りょくがく》桜と呼ばれる種類があるが、豆《まめ》桜の変種で、蕚《がく》に赤味がまったくない鮮やかな緑色をしているため、この名がつけられている。

桜樹の巨木あれこれ

桜樹の寿命は、公園樹や並木、街路樹として植えられたものは、どちらかというと短いようである。これらのものは、園芸品種が大部分であり、主として花の美しさや樹形のよさを目的として作りだされたことから、病虫害に対する抵抗力はほとんど問題とされないためか、比較的病虫害に弱い欠点がある。園芸品種の多くは、接ぎ木によって増殖するので、実生のものにくらべ若いうちから花が咲きだすので、寿命が短いといわれている。とくに街路樹にされている桜は、根元まで舗装されていることが多いので、降雨による水分補給や、根への空気（酸素）の流通が悪いなど生育条件が劣悪であるうえ、自動車の排気ガスなどの影響も加わって、寿命はいっそう短くなっている。

その一方で野生している桜のなかには、樹齢一〇〇〇年を超えた巨木として天然記念物に指定されているものもある。平成二（一九九〇）年に読売新聞社が選定した「新日本名木一〇〇選」には、五本の桜が入っている。しかしこの一〇〇選は、樹齢、幹周り、地域との関わり、各都道府県から一本ずつ選ぶなどの選考基準があったため、平成元（一九八九）年に環境庁が実施した全国の巨樹調査の巨樹ベストテンのうち桜では一本だけ選ばれた鹿児島県大口市小木原の十曾国有林の江戸彼岸桜（推定樹齢六〇〇年、樹高二八メートル、幹周り二一メートル。全樹種のなかで第三位の巨木で、桜の部では日本一）は選ばれていない。「新日本名木一〇〇選」に選ばれた桜は、つぎのとおりである。

①岩手県盛岡市内丸の盛岡地方裁判所構内の石割桜（推定樹齢三六〇年・彼岸桜）
②福島県田村郡三春町滝桜久保の三春滝《みはるたき》桜（推定樹齢一〇〇〇年・紅枝垂桜）
③東京都大島町泉津字福重の大島の桜株（推定樹齢八〇〇年・大島桜）
④山梨県北巨摩郡武川村山高の山高神代《やまたかじんだい》桜（推定樹齢二〇〇〇年以上・江戸彼岸）
⑤岡山県真庭郡落合町別所吉念寺の醍醐《だいご》桜（推定樹齢七〇〇年・江戸彼岸）

これら五本の桜樹のうち、③大島の桜株が国指定特別天然記念物、①石割桜と②三春滝桜と④山高神代桜が国指定天然記念物、⑤醍醐桜が岡山県指定天然記念物となっている。

岡山県落合町の醍醐桜（エドヒガン）。県指定の天然記念物（一樹洋彦氏提供）

国指定天然記念物の桜樹

ここに掲げた四本を含めた国指定天然記念物の桜は、全国で三八カ所ある。そのうち樹林や自生地などの桜の生育集団として指定されたものが、小山田彼岸桜樹林（新潟県五泉市小山田）、橡平《とちだいら》桜樹林（新潟県北蒲原郡加治川村）、躑躅原《つつじばら》の蓮華躑躅《れんげつつじ》および富士桜群落（山梨県富士吉田市）、三波川（桜）（群馬県多野郡鬼石町）、霞間ケ渓（桜）（岐阜県揖斐郡池田町藤代）、木曾川堤（桜）（愛知県江南市・一宮市）、彼岸桜の自生南限地（鹿児島県始良郡吉松町）、荒川の寒緋桜自生地（沖縄県石垣市）の八カ所である。のこり三〇カ所が単木指定のものである。

岐阜県本巣市根尾の薄墨桜。国指定の天然記念物で，推定樹齢 1500 年。国内の桜ではトップクラスの長寿である（一樹洋彦氏提供）

そこで、桜の種類をみてみよう。

盛岡石割桜——岩手県盛岡市内丸。樹齢三六〇年。

伊佐沢の久保桜——山形県長井市上伊佐沢。樹齢一二〇〇年。

馬場桜——福島県安達郡大玉村玉ノ井。樹齢一〇〇〇年。

石戸蒲桜——埼玉県北本市石戸宿。推定樹齢八〇〇年。

素桜神社の神代桜——長野県長野市泉平。推定樹齢一〇〇〇年。

山高神代桜——山梨県北巨摩郡武川村（現・北杜市）。推定樹齢二〇〇〇年以上で日本最古の桜樹。

根尾谷淡墨桜——岐阜県本巣郡（現・本巣市）根尾村板所。樹齢一五〇〇年余で日本第二の老樹。

臥竜の桜——岐阜県大野郡宮村（現・高山市一ノ宮町）。推定樹齢四〇〇年。

樽見の大桜——兵庫県養父郡（現・養父市）大屋町樽見。樹齢一〇〇〇年。

三隅大平桜——島根県那賀郡（現・浜田市）三隅町矢原。樹齢三〇〇年。

竜谷寺の盛岡枝垂——岩手県盛岡市名須川町。枯死。

塩竈神社の塩竈桜——宮城県塩竈市一森山。昭和一五年指定の木は枯れ、同三四年に指定解除。同六二年に一六本が再指定された。

角館の枝垂桜——秋田県仙北郡（現・仙北市）角館町。枯死か。

三春滝桜——福島県田村郡三春町大字滝字桜久保。樹齢一〇〇〇年以上。日本一の枝垂桜。

常照皇寺の九重桜——京都府北桑田郡京北町（現・京都市左京区京北）。樹齢三五〇年。

南谷の霞桜——山形県東田川郡（現・鶴岡市）羽黒町羽黒山。枯死か。
極楽寺の野中桜——新潟県東蒲原郡上川村（現・阿賀町）両郷。枯死か。
小木の御所桜——新潟県佐渡郡（現・佐渡市）小木町。枯死か。
梅護寺の数珠掛桜——新潟県北蒲原郡京ケ瀬村（現・阿賀野市）小島。枯死か。
大戸の桜——茨城県東茨城郡茨城町大戸。樹齢五〇〇年。一〇年ほど前、本幹はほぼ枯れ、蘖《ひこばえ》に代替わり。
桜川の桜——茨城県西茨城郡岩瀬町。枯死か。
金剛桜——栃木県日光市山内。樹齢五〇〇年。
狩宿の下馬桜——静岡県富士宮市狩宿。樹齢九〇〇年。元の幹は枯れ、代替わり。
松月寺の桜——石川県金沢市寺町。樹齢四〇〇年。
二度桜（揖斐二度桜）——岐阜県揖斐郡大野町。枯死か。
中将姫誓願桜——岐阜県岐阜市大洞。枯死か。
白子不断桜——三重県鈴鹿市白子町寺家。枯死か。
知足院奈良八重桜——奈良県奈良市雑司町。枯死か。

京都市右京区京北にある国指定天然記念物の常照皇寺の九重桜。枝垂桜で幹は苔むしている（一樹洋彦氏提供）

国指定の天然記念物の桜をみると、その種類は江戸彼岸、江戸彼岸と山桜の雑種、盛岡枝垂、塩竈《しおがま》桜、枝垂桜、大山桜、御所匂《ごしょにおい》、梅護数珠掛桜、山桜、二度桜、中将姫誓願桜、不断桜、奈良八重桜の一三種にのぼる。多い順に整理すると江戸彼岸の九本、山桜の五本、枝垂桜（盛岡枝垂を含む）の四本、大山桜の二本で、これ以外の種類はいずれも一本ずつとなっている。国指定の天然記念物だけからの推測ではあるが、江戸彼岸や山桜のように野生種の桜は寿命がながいといえるのではなかろうか。

それともう一つ気づくことは、国指定天然記念物の桜の生育している地方が、本州の東側にかたよっていることである。岩手県(三本)、宮城県(二本)、秋田県(一本)、山形県(二本)、福島県(二本)、新潟県(三本)、茨城県(二本)、栃木県(一本)、群馬県(一本)、埼玉県(一本)、東京都(一本)、静岡県(一本)、長野県(一本)、山梨県(一本)、石川県(一本)、岐阜県(五本)、三重県(一本)、奈良県(一本)、京都府(一本)、兵庫県(一本)、島根県(一本)、長崎県(一本)という一都一府二〇県に国指定天然記念物が所在しているが、いわゆる東北地方と関東地方で一八本、六〇パーセントに達している。この一八本のなかには江戸彼岸六本と山桜四本、大山桜二本が含まれており、これらの桜の主たる生育地だといえる。

桜の日本産野生種の種類

日本の山野に自生している桜の主なものは、山桜、大山桜、霞桜《かすみ》、江戸彼岸、丁字桜《ちょうじ》、深山桜《みやま》の六種である。

山桜は、本州の宮城県以西および四国、九州、韓国の済州島に分布している。四月上旬、新葉とともに淡白紅色の花を開く。各部に毛がなく、葉の裏面は白味がつよい。この系統の種類に佐野桜(八重咲き)、御信桜(八重咲き)、気多白菊(菊咲き)などがある。

大山桜は、紅山桜または蝦夷《えぞ》山桜ともいい、北海道、本州の山陰、北陸、中部以北、サハリン、朝鮮半島にも分布している。主な生育地は、本州中部以北の脊梁山地、北上山地、北海道全域である。山陰や紀伊半島の大台ヶ原の山岳地にも点在する。花は山桜より紅色がつよく、葉の基部がハート形になる。この系統の種類に、釧路八重（八重咲き）などがある。

霞桜は、九州をのぞく日本の山地と朝鮮半島、中国東北部に分布する。主な生育地は関東の中部山地で、北海道の太平洋側に点在し、南は中国地方までである。山桜に似ているが葉に毛があり、裏面は粉白《こなしろ》ではない。開花は四月下旬でおそい。この系統の種類として奈良八重桜（八重咲き）などがある。

江戸《えど》彼岸《ひがん》は東《あずま》彼岸ともいい、本州の岩手県以南、四国、九州、韓国の済州島に分布する。萼《がく》、小花柄、葉に毛が多い。数はあまり多くなく、各地に残っている桜の巨木はほとんどがこの系統である。この系統の糸桜は枝垂《しだれ》である。

手入れの行き届いた杉林の中に咲く野生種の一つ江戸彼岸桜の巨樹。広島県庄原市東城町にある県指定天然記念物（一樹洋彦氏提供）

丁字桜は、本州と四国に分布する。主な生育地は関東・中部山地を中心にして岩手県以南である。早春に開花し、花弁は長さ七～八ミリと小さく、萼、小花柄、葉には毛が多い。本州の日本海側の多雪地帯には、変種の奥《おく》丁字桜が分布している。この系統の種類には、雛菊《ひなぎく》桜（菊咲き）などがある。

深山桜は、北海道から九州、サハリン、沿海州、中国東北部、朝鮮半島に分布する。主な生育地は関東・中部山地以北であるが、四国や九州にも点在している。五月下旬に開花し、欠刻状鋸葉という葉の縁に大きなきれこみをもつ葉がある。

このほか、伊豆七島および伊豆半島と房総半島というごく狭い範囲を分布域としている大島《おおしま》桜、富士山を中心に千葉県、神奈川県、静岡県付近のみに分布する豆《まめ》桜（富士桜ともいわれる）がある。豆桜には、本州中部以西に変種の近畿豆桜がある。また、亜高山性で本州中部以北の亜高山帯や北海道の高山に分布する峰桜《みね》（高根桜ともいわれる）がある。

桜の種として大きな分布域をもっているのは大山桜、霞桜、山桜で、これらの三種の桜は北から順にそれぞれ気候に適応して、棲み分けをしていると考えられている。

桜樹は二次林の構成種

日本全国どこへ行っても目にできる桜のほとんどは野生種ではなく、雑種や人工交配によってつくりだされた園芸品種で、人によって植えられたものである。

桜は山毛欅《ぶな》や水楢《みずなら》などが構成する落葉広葉樹の天然林、あるいは樫《かし》、椎《しい》、たぶなどの常緑広葉樹の天然林には、桜山とよべるほど多くの桜が混生することはない。世界遺産の白神山地では峰桜が点在しているが、一般的な桜の仲間は陽光のよく当たる場所、つまり二次林を本来の生育地としているのである。

広葉樹の天然林のように、樹冠《じゅかん》がよく発達して陽光を遮り、地上に注ぐ太陽光線の量が少なく暗いところだと、桜の種子が発芽しても生育に必要な陽光が不足する。せっかく芽生えても、成長することができず、高木の桜の跡継ぎができないのである。

天然林が伐採されたり、台風などで森林が破壊された場所では、落下した桜の種子は数多くの芽生えをつくり、花を咲かせるところまで成長することができる。しかし、そのころになると、桜と一緒に生長をはじめた高木も十分に生長し、桜の樹高を追い越して伸び、桜の生育に必要な太陽光線を遮るようになるので、桜は枯死してしまう。山地で桜が生育するのに適した場所は、植物社会のクライマックスである極盛相《せいそう》の森林ではなく、木炭や薪を伐採してつかうために常に人手が入る二次林である。したがって、万葉時代や平安時代に歌人たちは、よく山に生育している桜花を鑑賞し、歌に詠んでいるが、このことは当時、

松，櫟，小楢，そよご，ひさかきなどと共に生育している山桜の開花。桜は本来は２次林の構成種である。大阪府枚方市津田。

植生が破壊された山地が多かったという証拠ともなっているのである。

山桜の群落から、樅《もみ》や栂《つが》のクライマックスに近い森林へと変遷していく様子を、谷本丈夫は「桜山ははかない」（『桜をたのしむ』林業科学技術振興所編）という小文で紹介している。また平成元年四月に発行された『季刊森　春号』（林野弘済会出版部）の、高知営林局（現・四国森林管理局）の記事「ヤマザクラ『西熊山の山桜』の再生」も同じ桜山について述べたものであるので、この二つから要約して紹介する。

高知県東部で高知市から東へ車で二時間行った香美郡物部村《ものべそん》（現・香美市物部町）の西熊山国有林には、見事な山桜の群落がある。この山桜の群生地は、人里離れた山の中であったため、長い間人びとに知られずにいた。昭和三〇（一九五五）年代の後半になって、山桜の群生地の対岸に林道が開かれ一望できるようになって、景観の素晴らしさから「西熊山の山桜」は人びとに知られ有名になった。桜山の場所は、樅や栂の天然林が今からおよそ一〇〇年前に全面伐採に近いほどの抜《ぬき》伐《ぎ》りが行なわれ、その跡地に小鳥などが運んだ種子から発芽、生育してきたものと考えられている。桜の写真集に掲載されるほど、見事な桜である。標高は一二〇〇メートル前後で、常緑広葉樹林と落葉広葉樹林の間にある森林植生の推移帯にあたっていた。推移帯のような場所では、しばしば複雑な森林群落が成立するのである。

昭和五〇年代になると山桜の樹勢が衰え、枯れる木が出始めた。高知営林局では昭和五四（一九七九）年から試験地を設けて調査をはじめた。山桜が比較的多く群生している一五ヘクタールの区域の生存調査をしたところ、昭和五七（一九八二）年の山桜の生存木は一一八七本、昭和六三（一九八八）年には生存木は六八本となり、六年間に九四パーセント、一一二〇本が枯れたのである。同局では有識者および地元物部村などの関係者による現地調査を含む三回の検討会を開いた。その結果、山桜の枯れる原因は「山桜が寿命に近づきつつあることに加え、森林の遷移《せんい》の過程で、陽樹の山桜が樅《もみ》や栂《つが》などの日陰になったことによる」という結論となった。

森林総合研究所がその場所を調査したところ、桜樹は老齢のものばかりで、やがて樅林へと変わっていく様子がよみとれたという。五カ所で樅、栂、山桜の胸高直径の調査が行なわれているので、その合計本数を掲げ、桜樹の状態をみよう。

西熊山（山桜生育地）の山桜と樅・栂生育現況（cmの数値は胸高直径）

樹種	芽生え	幼木	一〇cm上	～二〇cm	～三〇cm	～四〇cm	～五〇cm	～六〇cm上
山桜	一本	一本	｜	一本	七本	七本	六本	一本
樅	一一本	二本	二七本	一九本	二一本	三本	二本	五本
栂	一本	一本	五本	三本	｜	｜	｜	｜

なお、幼木は高さが一五〇センチ以下のものである。

山桜は五カ所の調査地のうち三カ所にしかみられず、しかも芽生えと幼木が一本ずつあるだけで、のこりは胸高直径が二〇センチ以上もの太い木、つまり老齢木ばかりだったのである。一方の樅・栂、とくに樅は調査地五カ所全部に現われており、芽生えから幼木、大径（老齢）木まで幅広い大きさのものが生育していた。樅の場合は、老齢木が倒れても若い木が跡継ぎできるような仕組みができあがっている。その反面、山桜では跡継ぎの若いものがないため、老齢木が一本、また一本と倒れるにしたがって、そこの山桜はしだいに消えていくのである。

桜山はこの例のように、森林伐採などによって一時的に成立するもので、やがてはもともとの樹種で構成された森林へと戻っていくのである。谷本丈夫は、こんな桜山について「桜の花が散りゆく様と同じように、美しくはかない森林といえましょう」と、感想を述べている。そして、関東周辺では北茨城、赤城山、高尾山、碓氷峠などに、このような常緑広葉樹林と落葉広葉樹林の間にあたる推移帯の場所があり、天然林の伐採跡地には桜が多く混じった再生林がみられると、桜山がよくできる場所を示唆している。

桜の厭地現象と後継樹

四国の西熊山の桜山は山地における桜群落の消長を示しているが、川土手や公園などのように他の樹木と競合することなく、桜樹だけが長年にわたって生育していた土地の場合、老齢の大木が枯れ朽ちた場合の跡継ぎはどうなるのであろうか。陽光も十分だし、土地もよく肥え、水分も適度なので、枯れる前と同じ種類を、あるいは別の種類の苗木を植えればいいではないかと、人は単純に考える。ところが、桜の若木が生育できる条件はよくそろっているのだが、長年桜が生育していた土地では、若木を植えても育たないのである。桜には厭地《いやち》という現象があるからだ。

厭地とは、同一作物を連作することによって、病虫害の多発や作物の生育不良などがおこり、収穫量が少なくなることをいい、連作障害ともいわれるものである。ウリ科、ナス科、豌豆《えんどう》などの作物におこりやすいのであるが、樹木の桜にもその現象がみられる。桜の厭地は、桜のアレロパシーによるものである。アレロパシーとは、他感作用ともいわれ、ある植物が樹冠（葉っぱ）、幹、あるいは根から化学物質を放出して、自分自身や周囲の植物の生育に影響をあたえる現象をいう。

植物を栽培するとき、どの植物とどの植物を組み合わせたらよいか、相性の良し悪しがいわれてきた。

相性が良いと直接その植物の発育を促進する作用が働く場合があるが、相性が悪く他の植物の生育を阻害することも少なくない。良きにつけ、悪しきにつけ、植物の間におこるこのような現象を「他感《たかん》作用＝アレロパシー」とよび、それを引き起こす物質を「他感物質」とよんでいる。他感物質は多くの場合、根から分泌されるが、果実や葉などの地上部に蓄積されることもある。

むかしから胡桃《くるみ》の木の下では、他の植物の育ちが悪いことが知られていたが、これは、胡桃から分泌されるユグロンとよばれる化学物質によるものであった。北アメリカ原産のキク科の帰化植物であるセイタカアワダチソウも、その根からデヒドロ・マトリカリア・エステルという植物の発芽を抑える物質を出しているのである。河川敷や空き地で、目を見張るほどの隆盛をきわめていたセイタカアワダチソウも、長年の間に草丈《くさたけ》が小さくなり、やがてわが国の植物が混じり、いつの間にかセイタカアワダチソウはあまり見なくなってしまっている。実はセイタカアワダチソウの他感作用には、他の植物だけでなくセイタカアワダチソウ自身にも被害がおよぶ自感作用があるからだ。セイタカアワダチソウが根から発散する物質は、他の植物だけでなく自分自身の種子の発芽も抑えてしまうし、自家中毒をおこしてその場所では種子によって子孫を増やすことができないのである。

アレロパシーの報告されている樹木には、桜、栗、木摩王《もくまおう》、ニセアカシア、黄蘗《きはだ》、七竈《ななかまど》、楓《かえで》、プラタナス、ポプラなどがある。桜も栗も生育年数の長い樹木であるが、アレロパシーに関する研究は少ないのが現状である。桜の葉が茂っているときには、樹下に植木鉢をおくと枯れるという経験的観察があるという。桜も栗も葉から抽出した成分に植物生育阻害作用が強いものがみられるが、アレロパシーとの関係についてはさらに研究が必要である。

藤井義晴はその著『アレロパシー　他感物質の作用と利用』（農文協、二〇〇〇年）において、「サクラの葉中には、植物生育阻害作用のあるクマリンを含むことはよく知られている。クマリンはα、β-不飽和ラクトン構造をもつ強い発芽阻害物質であり、他感物質であるといわれている（Rice、一九八四）。クマリンはサクラ以外に、トンカマメ、セイヨウエビラハギ、ハルガヤ、クルマバソウなどの体内に多く含まれ、これらはクマリン植物とよばれている。クマリンは、通常生体内では配糖体として無害のかたちで存在しているが、乾燥や磨砕《まさい》によって分解され生成すると考えられる」と述べている。

天然の物質は一般的に寿命が短いため、アレロパシーの効果は長続きしないとされているが、桜もセイタカアワダチソウと同じように、自分が長年発散してきた化学物質によって自家中毒し、もとあった桜樹の株跡に桜苗を植えても大きく育たないのである。桜は新しい場所へ、新しい場所へと、植え替えていく必要がある。これをむかしの人は、「桜は移動する」と言っていたのである。

桜の名所として平安時代から著名な奈良県の吉野山は、この厭地現象などで、危機を迎えている。奈良県林業試験場の総括研究員の天野孝之が、平成五（一九九三）年ごろまでの観察結果からの私見として、吉野山の下《しも》・中千本《なかのせんぼん》の桜は現状のままでゆくとあと十数年で急激に衰退していくのではないかと思われるという。

吉野山の桜の寿命について、天野によれば、山桜の寿命は一般に一〇〇年から一二〇年といわれ、その花の最盛期はもっと短く四〇～五〇年で、一部植えられている染井吉野の寿命は八〇年から一〇〇年で花の最盛期は三〇～四〇年であるという。しかしこの年数は、もっと短く数える人も多く、生育場所に大きく影響される。吉野山の下千本・中千本地域を回ってみると、場所による違いはあるが、植え付け後五〇年から六〇年以上のものが多いようだ。それらの樹下には若い桜苗が植えられているが、元気がないと報告している。

桜樹の生育を左右する病虫害

桜は他の広葉樹に比べて病虫害の発生が多く、材は腐朽菌《ふきゅう》に犯されやすい樹木である。吉野山の下千本・中千本などでよく見かける病害は天狗巣病《てんぐす》で、吉野神宮一の鳥居付近の染井吉野は天狗巣病によって激しい被害を受けている。山桜はこの病気には比較的強いのだが、各所の山桜には被害をうけた枝が見られる。

天狗巣病は、桜の枝の一部が小枝となって群生してほぼ丸い鳥の巣状になるもので、あたかも天狗の腰掛け（巣）のように見えるのでこの名がつけられた。この病気にかかった枝の葉は健全な枝に比べて小さく、花もつかないか、ついても稀である。病巣を放置しておくと、年々大きくなり、樹勢は衰え、五年から六年ぐらいで枝が枯れてくる。防除法は病巣を切り落として焼却することだが、切り口からは材質腐朽菌が侵入し、桜の寿命を縮めるので、かならず防菌剤を切り口に塗る処理が必要である。天狗巣病はいろいろな桜に発生するが、なかでも染井吉野に激しい被害を与えるので、染井吉野が多く植えられている各地の桜名所では大きな問題となっている。病原菌は黴《かび》の一種であるが、その生態がまだ十分にわかっていないので、薬剤散布などによる病気の予防はできない。

楢茸《ならたけ》病も、桜にとって恐ろしい病気である。この病原菌は楢茸という茸《きのこ》の一種で、この茸は食用ともなり、味もなかなかの美味であるが、この茸の菌糸が桜の弱った根の樹皮下に侵入し、徐々に桜を衰弱させ、ついには枯らしてしまうのである。目に見えない土壌中の根の部分から被害が発生するため、気づくのがおくれ、気づいたときには手遅れの場合が多い。梅雨明けのころ、桜樹の全体の葉が急にしおれて枯れるので、それと気づく。夏から秋にかけて、枯れ木や伐根などから、淡い黄褐色をして、柄にツバをもったキノコの楢茸が発生してくる。

この楢茸は、桜だけでなく多くの広葉樹はもちろん赤松、落葉松《からまつ》、椴松《とどまつ》、杉、檜《ひのき》、樅《もみ》などの針葉樹にも寄生する。林業にとっては特に重要な病害である。楢茸の本体である根状菌糸束《こんじょうきんしそく》とよばれる黒褐色で靴紐状をした菌体は、土の中にいつまでも生存しており、傷ついたり腐った樹木の根に接触すると、そこから新しい菌糸を出し根の中に侵入して発病させる。楢茸に犯された土地では、基本的には被害樹の根をすべて取り除き、その後は樹木を植えず、楢茸が寄生しない茅《かや》などの草本類などにしておくことくらいが防除法である。

吉野山の桜にも、この楢茸病が発生しており、下千本の七曲《ななまがり》付近一帯は、すでに汚染地帯となっていると推定されている。また、東京都八王子市の多摩森林科学園の桜保存林でもこの楢茸病の発生が観察されている。

桜にとって恐ろしい病気の一つ天狗巣病

やっかいな桜の害虫

桜には、やっかいな害虫が三種あるといわれている。アメリカシロヒトリと、コスカシバとウメシロカイガラムシである。

アメリカシロヒトリは、第二次大戦後、米軍の貨物に蛹《さなぎ》がついてきて広まったといわれる。幼虫は六月から七月と、八月から九月に現われ、初期には枝に絹糸を張って巣をつくり群生するが、のちには分散して単独行動をする。桜だけではなく、各種の落葉広葉樹にもつき、都市や人家近くの公園、庭園の樹木、街路樹に多く発生し、桑や茶などにも害を及ぼす。防除法は、巣に幼虫が群生している時期に、枝ごと切り落として焼き殺すか、食葉性害虫用の殺虫剤を散布する。

コスカシバは、桜の幹にもぐりこむ昆虫である。蛾《が》の一種で、成虫は透明な翅《はね》をもっていて一見蜂によく似ており、昼間活動する。コスカシバの幼虫は、桜、梅、桃などの果樹を加害する害虫で、これらの樹の枝や幹にもぐりこむと、半透明のゼリー状の樹脂と褐色の虫糞が出てくるので気づくことができる。染井吉野は特に好まれる。木を衰弱させ、はなはだしい場合には木を枯らしてしまう。幹が腐朽しやすい桜では、幼虫の侵入箇所から胴枯《どうがれ》病菌や楢茸《ならたけ》病菌が侵入するため、二次的な被害で木が枯れてしまうこともよくある。幼虫は一年かかって成長し、五月から一〇月に成虫となる。防除法としては、樹皮の下で生活している幼虫を薬剤で殺すことは難しいので、脂《やに》を目印に侵入部位を切開し幼虫を取り出して殺せば確実である。

昭和五九（一九八四）年四月一〇日付の『京都新聞』は、財団法人「日本花の会」の大都市地域における桜の名所づくりのための調査委員会（委員長・北村文雄信州大学教授）が、昭和五八年八月から九月にかけて、東京の千鳥が淵、鎌倉の七里ガ浜、静岡県伊東市のさくらの里、京都の平安神宮、大阪の大蔵省造幣局など大都市やその周辺の桜の名所二〇カ所で、染井吉野を中心に計三六本の桜を選び、生育状態と環境条件をくわしく調べたと報道した。その結果、生育が良好なところは全体の三三パーセント、やや良好は二五パーセント、やや不良二八パーセントと不良一四パーセントを合わせると、生育がよくない桜が四二パーセントにものぼった。育ちが悪い原因としてめだったのが、コスカシバによる被害だった。コスカシバの被害が大きかったのは、さくらの里、千鳥が淵、桜新町（東京）、円山公園（京都）などであった。コスカシバの被害は、これまで断片的に報告されていたが、今回の調査で被害は全国的に広がっていることがわかった。

三つ目のウメシロカイガラムシは、桜のほか梅、桃、木犀《もくせい》、鼠黐《ねずみもち》などの枝に固着して着生し、樹液を吸収し害を与える。桜では、八重桜に多く発生する。枝や幹が真っ白になるほど着くことがある。春に孵化《ふか》した幼虫は、樹皮の上を歩き回って定着し、ワックスを出して体の表面を介殻《かいがら》で覆う。介殻は白色である。防除法は、固着生活にはいった虫に薬剤をかけても介殻にさえぎられて効果が少ないので、幼虫が動きまわる五〜六月に乳剤を散布する。散布にさきだってタワシなどで、ある程度かきおとしておくと一層効果的である。

桜はほかの樹木にくらべ病気にかかりやすい樹木のようで、わが国で現在までに記録されている桜の病気は四七種類もある。各地の桜の名所や神社、寺院などの名木にも、種々の病気に侵され、衰弱しているものをよく見かける。桜の病気を防ぐには、人間の場合と同じで、早期発見と適切な処置が重要であることはいうまでもない。

京都の二条城内の松に着生した桜樹。平成７年の写真だが，その後どうなっているのかは未確認。

桜の自然繁殖

桜の自然繁殖は、熟した果実を食べた小鳥や動物によってはこばれた種子が芽生えて行なわれる。桜の果実の大きさは直径が六〜一二ミリで、その中の種子は四〜七ミリと小粒である。桜の種子が熟すのは関東地方では五月下旬から六月上旬で、熟した果実が黒紫色になるのでそれとわかる。熟した桜の果実は甘みもあるが苦みがつよく、食べられないことはないが、おいしくない。

枝の果実は小鳥に、落下したものは狸《たぬき》などの動物に好んで食べられる。種子は消化されないまま、糞《ふん》とともに、遠方まで運ばれて、そこで芽生え繁殖するのである。桜の種子には湿った状態で一〇℃以下の温度に二カ月ほどさらされないとよく発芽しない性質があり、種子の発芽に適した温度は五〜一〇℃となっており、冬の寒さを経て春の暖かさに出会ってから発芽する。

桜の種子は小鳥によって運ばれるので、時折おもしろい現象がみられる。桜が他の樹種の幹から、枝葉や幹をだして花を咲かせる現象である。京都市街地の真ん中にある京都御苑には、平成八年四月まで黒松の大木に山桜が着生し、毎年春には美しい花を咲かせていた。京都の人は、これを桜松《さくらまつ》とか、松木の桜とよんでその開花を楽しみにしていた。筆者は松の木が倒れ伏す前年の平成七年四月に、この桜松の山桜の開花をみることができた。山桜は黒松の地上七メートルくらいの松の枝のあたりと、その二メートルくらい上と、切断された頂きの三カ所からおおよそ一〇本と数えられるものが枝葉を広げていた。山桜の枝という枝には蕾《つぼみ》がびっしりとつき、花は五分咲きであった。どうしてこんな珍しい現象が生じたのか、考えてみた。

京都御苑の松はすべて植えられたものである。その黒松の梢《こずえ》近くが、なんらかの理由で、枝が付け根から裂け、裂けた部分から侵入した腐朽菌が、幹の内部を腐らせていった。松の幹にある傷口が腐朽し未熟土状態のとき、たまたま小鳥が山桜の種子入りの糞を落とした。種子はやがて芽生え、松の幹の腐れた部分を養分としながら生長し、地面に向けて根を下ろした。その過程で、枯れ朽ちて落下した二カ所の枝の付け根のあたりで、刺激を受けた根が、不定芽を出したものであろうと推定した。

平成八（一九九六）年四月に倒れ伏した桜松は、以後の経過をみるため、そのまま保存されており、九年経った平成一七（二〇〇五）年八月に筆者がふたたび訪れたとき、山桜は不定根を地面におろし、倒れて芯ばかりとなった松の上に十数本の小さな幹が立ち、盛んな生育ぶりをみせていた。これ以外にも、京都御苑や二条城のなかの松には、あちこちで小さな桜が着生しているのが観察できた。

桜の繁殖を支配する摂理

桜は実《み》によって繁殖する樹木であるが、人間が花の豪華さ美しさを求めて改良したり、自然界の偶然によって豪華な花をつける種類が生まれた。しかし八重咲きや菊咲きなどの種類の多くは、その代償として雌しべが葉化するなどの変異をおこしたり、雄しべがなくなるなど結実する能力を失っている。実をつけることのない種類に、関山《かんざん》、松月《しょうげつ》、一葉《いちよう》、御衣黄《ぎょいこう》、雨情枝垂《うじょうしだれ》、普賢象《ふげんぞう》、妓女《ぎじょ》などがある。

実をつけることのない桜の繁殖には、挿木《さしき》による方法、接木《つぎき》による方法、取木《とりき》による方法がある。挿木の場合には、品種により発根しやすいものと、しがたいものとがある。薬袋次郎らは四九種類の桜について挿木試験を行なっているが、真《ま》桜、小彼岸《こひがん》桜、菊《きく》桜、鬱金《うこん》、狩衣《かりぎぬ》、豆《まめ》桜の六種類は八〇パーセント以上の発根率を示し、発根がやや容易～中程度のものも一三種類あった。しかし半数以上の種類は、発根やや困難～困難であり、霞《かすみ》桜、奈良八重桜のように発根が皆無のものもあったと、「桜をふやす」（林業科学技術振興所編『桜をたのしむ』）で述べている。また接木は、園芸品種のほとんどがこれによっているが、穂と台木との間には活着しやすい組み合わせ、しにくい組み合わせがある。これを親和性が良いとか悪いなどとよんでいる。

桜の花は、実を結ぶために、昆虫や鳥に花粉を運んでもらっている。ところが桜では、同じ木の花粉と雌しべの間では受精がおこらず、実ができないのである。これは、花粉と雌しべが機能を失っていることではない。雌しべは別の木の花粉を受けると立派に実ができ、またその木の花粉を別の木の雌しべにつけると立派に実ができる。生殖の働きをちゃんと持っているのに、自分の花粉がかかったときに受精できない現象を自家不和合性とよんでいる。染井吉野では、どんなにたくさんの木が植えられていても、染井吉野の花粉が雌しべに運ばれても、実はできない。これは染井吉野が、もともと一本の木から無性繁殖したものであるからだ。

桜の花粉の運び屋は、花蜂《はなばち》の仲間などの昆虫や小鳥たちである。桜の花にあつまる小鳥は、目白《めじろ》、鵯《ひよどり》、四十雀《しじゅうから》、雀、花鶏《あとり》などである。このうち目白と鵯は花の蜜が好きで、花粉で口のまわりを黄色くして、花から花へとわたり歩き、蜜を吸いながら花粉媒介の役目を果たしている。

鷽《うそ》という小鳥は桜の害虫を食べてくれるいわゆる益鳥なのだが、山に餌が不足する春先には、桜の木に大群が飛来してくる。そして膨らみはじめた花芽を食い荒らすので、桜の害鳥として論議の的になったりする。私が勤めの関係で島根県の山奥にいたとき、宿舎のまわりに一〇本ばかりの染井吉野が植えられていて、わが家にいながら花見ができた。ある年、春先になってかなりの降雪があったとき、桜の枝に小鳥の大群がやってきて、花芽を盛んに食べ、茶色な鱗片《りんぺん》がまっしろな雪の上に散乱していた。花の時期になっても、普通の年の半分にも満たない数の花が、細々と咲いただけであった。

桜は種類毎に咲く時期が異なる

日本の桜は、ふつうは春の四月に咲くものがほとんどであるが、種類によって花の咲く時期がちがい、全国的にみれば一年の大半はどこかで桜の花が咲いている。東京地方を中心として、一年を通しての桜の花を見てみよう。

東京地方で最もはやく咲く桜は、寒桜《かん》で、開花のはやい年では一月下旬に、平年でも二月下旬に咲きはじめ、三月下旬に満開となる。この桜は、寒緋桜《かんひ》と大島桜との雑種といわれており、葉にややさきがけて小輪一重の淡いピンクの花が咲く。続いて寒咲大島が三月上旬に咲きはじめ、下旬に満開となる。この桜は、大島桜の極端な早咲きの変種で、自生している伊豆大島では一二月ごろから咲きはじめ、葉とともに中輪一重の白い花をつける。

三月中旬には、明治初年に渡来してきた中国原産の唐実桜《からみ》が咲きはじめ、小輪で白色の花を多数つける。この桜にはいわゆるサクランボが実るが、わが国ではそれをほとんど利用せず、花の鑑賞に主体をおいている。現存する早咲き品種には、この桜とほかの品種との雑種が多くみられる。三月下旬になると、椿寒桜、河津桜、大寒桜、修善寺寒桜といった寒桜の仲間や、唐実桜の遺伝子のはいった名正寺桜、東海桜など早咲きの桜がピンクや白の美しい花を開く。

四月上旬になると、染井吉野が新葉に先だって、淡紅白色の花を、木全体を覆うようにして一斉に咲く。花が素晴らしく、丈夫で、早く生長するため、桜類の代表として各地に多く植えられ、毎春発表される桜の開花前線もこの種の開花状況をもって報じられる。

四月二五日ごろに満開となる主な種類は、八重で白色花の早晩山《いっかやま》、紅の濃い八重桜の関山《かんざん》、花の色が緑黄色の御衣黄《ぎょいこう》、大輪の八重咲きの淡紅色をしている普賢象《ふげんぞう》、淡紅色で花弁の縁が濃紅色をした八重咲きの典型的な里桜の福禄寿《ふくろくじゅ》など、このころが豪華な八重桜の見ごろとなる。四月の終わりに近い二七〜二八日ごろには、梅護寺数珠掛《ばいごじじゅずかけ》桜、名島桜、菊桜、突羽根《つくばね》、鬼無稚児《きなしちご》桜、兼六園菊桜など、菊の花のようにみえるきわめて特徴をもった菊桜の仲間が満開となる。

四月二六日ごろから咲きはじめ、ゴールデンウィークのころに満開となり、五月一〇日ごろまで可憐な八重の花を見せてくれるのが、奈良八重桜である。野生種の霞《かすみ》桜が八重化したものといわれている。

五月の子供の日のころに開花をはじめ、一〇日前後に満開となるのが深山《みやま》桜であり、春の桜のしんがりとなっている。この桜も野生種の一つで、北海道、本州、四国、九州の温帯から亜寒帯にかけて生育しており、奥山の新緑のかがやく中に純白の小花を咲かせる。花の色が淡紅色をした紅《べに》深山桜もある。

本州中部以北の山地や高山に生える高嶺《たかね》桜は、五月〜七月の雪解け後まもなく、赤褐色の若葉と同時に、淡紅白色の花を咲かせる。

一年に二度咲く桜の種類があり、二度咲く桜にも、秋と春咲くものと、春だけ二度咲くものとがある。秋と春の二度咲く種類のおもなものは、小葉《こば》桜（冬《ふゆ》桜）、十月桜、四季桜、不断《ふだん》桜、子福《こふく》桜などである。

小葉桜、別名冬桜と呼ばれる桜は、豆桜と山桜の自然交配種と考えられるもので、一一月上旬〜一二月下旬に全部の花の蕾《つぼみ》の三分の一を開き、三月下旬〜四月上旬にはのこりの三分の二を開く。花は小輪の一重で淡白紅色または白色である。見ごろは一一月の勤労感謝の日あたりと、四月一〇日ごろである。十月桜と四季桜は、両方とも豆桜と江戸彼岸との雑種である。十月桜は八重で小輪の白色の花を、四季桜は一重で小輪の紅色の花をつけ、開花期はほぼ冬桜と同じである。

不断桜は、三重県鈴鹿市白子町に原木がある山桜系の桜で、一重で小輪の白色の花をつける。原木は一〇月ごろから春まで咲きつづけるというが、八王子市の多摩森林科学園の桜保存林では、一〇月上旬〜一二月下旬と、三月上旬〜四月中旬に咲く。

子福桜は八重で小輪の淡紅色の花が、一〇月〜一月と、三月下旬〜四月上旬の二度咲く。岐阜県揖斐郡大野町には、二度桜という天然記念物の桜がある。一本の木で、淡紅色で小輪や中輪の一重や八重のほか、二段咲きの花が咲く。二段咲きとは、八重咲きの花びらが散ったあと、その花の中から再び花びらが開く、きわめて珍しい桜である。

季節はずれに咲く桜もある。九月に入って日増しに秋の気配が濃くなり、薄《すすき》や彼岸花が開花しはじめようかという時期に、和歌山県串本町潮岬では、桜がちらほらと咲いて、人びとを驚かせる。『紀伊民報』紙は平成一四年九月一〇日号で、この桜は「望楼の芝近くの県道潮岬周遊線沿いにある数本のうちの一本で、毎年、この時期に花をつける。今年も高さ五メートルほどの枝の先端に真っ白い花びらが数輪、開いた。近くの住民らは、『なぜ、季節はずれに咲くのかは分からないが、毎年、楽しみにしている』と、見上げている」と、咲いた桜花の写真とともに記事にしている。しかし、その桜がどんな種類のものであるのかについて言及していないのが残念である。

桜前線の異常を近年観測

ここまでは桜の種類によって、咲く時期が違うことを述べたが、春の季節に咲く桜の種類がもっとも多いので、桜は春の花だと人びとに思われているのである。なぜ春に咲くのかというと、桜の花になる花芽《はなめ》は六〜七月ごろに形成され、一〇月ごろまでに蕾《つぼみ》としてほぼできあがる。一〇月ごろ葉が日の短さを感じて花芽に休眠を促す植物ホルモンを送り、越冬のための休眠にはいる。これを冬芽《とうが》といい、秋に温度を加えても花は咲かない。休眠からの目覚めには冬の寒さが必要で、一〇度以下の低温にさらされると一月中・下旬には休眠から目覚め、水分と気温の上昇があればいつでも咲ける花芽（蕾）となる。花の咲く時期を決める主な要因は気温で、気温の上昇が早ければ早く咲き、遅ければ開花は遅れることになる。

春の桜の開花が近づくと、桜前線、桜の開花宣言などが盛んに言われる。これらの対象となる桜は染井吉野が基準で、沖縄は寒緋桜、北海道は蝦夷《えぞ》山桜が対象となっている。数輪の花が咲き始めると気象庁は開花宣言をする。東京は靖国神社の染井吉野が、大阪は大阪城西の丸公園の染井吉野が、観測対象となっている。桜前線は、標高が一〇〇メートル上がるごと（気温差は〇・六℃）に二～三日、緯度が一度増すごとに平均六日かかって北上する。その速度は、関東で一日約三五キロ、東北で約二〇キロ、北海道では一五キロとなる。平均的には梅の開花前線は一日約七・三キロ、桜の開花前線は一日二四キロで北上し、九州で二カ月早く咲いた梅に、桜は北日本で追いつく。北日本では梅と桜が一緒に咲く。染井吉野の開花気温は、関東以西では日平均気温が約一二℃、以北では約一〇℃といわれる。これは冬が寒い地方ほど、低温でも咲くことができるからである。

近年、その桜前線に異常が見られはじめたと、『朝日新聞』は平成一七年三月五日付の夕刊で「桜前線異常アリ」との特集をした。それによると、四〇年前の桜前線は九州や四国の南岸に上陸して、東北方向に駆け上がり、すこし速度を落としながら北海道に到達していた。しかし温暖化の影響からか、豪雪地の金沢が南国の鹿児島より早く咲いた年が、平成一六年を含め、ここ一〇年間に二回もあった。そして同紙がつくった染井吉野の開花日等期日線では、昭和三五～三九（一九六〇～六四）年までの五カ年平均と、平成一二～一六（二〇〇〇～〇四）年の五カ年平均を比較すると、東日本では等期日線が南に一本ずれた（開花が五日ほど早まった）だけで、基本的な形は変わらなかった。

これに対し西南日本では、形そのものが崩れている。九州北部（長崎県・佐賀県・福岡県西部など）、四国西部（愛媛県南部・高知県西部）、関東南部（東京都・神奈川県・静岡県伊豆半島）で早く、この三極から開花がひろがる感じである。そして「東北日本の開花日予想がよく当たる一方で、西日本の予測が難しくなってきました」という、気象庁応用気象観測係長の中村隆さんの談話を載せている。

この半世紀の各地の開花日をグラフ化したところ、北海道～東京・金沢は開花日がやや早まるほぼ平行な折れ線になり、高知もどうにか似た形をたもっている。鹿児島の最近の線は、それとは無関係にしかみえず、開花日が遅れる兆しもある。これについて「桜の生理を考えれば、温暖な土地で開花が遅くなることはありえる」と、大阪府立大学農学部の青野靖之助教授はいう。同氏は、気象庁もつかっている開花日の予測式の基本原理を考案した生物気象学者であり、開花日の南北逆転の可能性を早くから予言していたのである。

前に触れたように、桜の花芽は夏の終わりに形成され休眠に入る。一定の寒さが加わって休眠が打破され、後は暖かければ暖かいほど早く開花するのが、桜の生理となっている。冬暖かく寒さの刺激が不足すれば、休眠打破が遅れる。奄美大島には少ないながら染井吉野があり、名瀬測候所は「開花はたいてい五月にはいってから」といい、冬の低温が十分でないと、南国の奄美大島でも開花は北海道南部と同じになってしまうのである。

秋を前触れする道路傍の桜の紅葉。道路にも落葉が散っている。稲はすでに刈り取られ，稲株のみとなっている。

秋を前触れする桜紅葉

桜の花が散ったのちは、花に寄せていた人びとの心も離れ、振り返る人もほとんどいなくなる。しかし、秋になると他の樹木にくらべ早くから色づきはじめ、九月の末にはすでに、いまだ緑色を残している葉に、黄色、紅色、赤褐色などの葉が、美しい模様を織りなしながら、桜の枝を彩っていく。そして他の樹木が紅葉するころには、おおかた散ってしまう。桜紅葉《さくらもみじ》といわれるもので、楓《かえで》の紅葉のように美しいものではないが、手近なところで早く紅葉するので、心を引かれるものがある。

海青し四国のさくら紅き葉をおとし初めたる松山の城　与謝野晶子
散りのこる桜もみじの幾ひらの枝に垂れてあり夕さむざむと　木下利玄
柿もみじ桜もみじのうつくしき村に帰りてすこやかにあり　古泉千樫
早咲の得手を桜の紅葉かな　丈草
紅葉してそれも散りゆく桜かな　蕪村
霧に影なげてもみづる桜かな　臼田亜浪
赤松に桜もみぢのちりぬるを　杉山岳陽
桜紅葉しばらく照りて海暮れぬ　角川源義
さくら紅葉活けある古伊賀大ぶりに　松野加寿女
汝なき桜紅葉を還りける　加藤楸邨

芭蕉には、吉野山へ桜の紅葉を見に訪れたことを記した詞書をもつ句がある。江戸時代前期の天和四（一六八四）年が改元（二月二一日）あって貞享元年となった年の秋のことである。吉野山の桜花は著名であるが、芭蕉は花ではなくて、わざわざ桜紅葉を見に行ったのである。

暮秋《ぼしゅう》桜の紅葉見んとて吉野の奥へ分入《わけい》り侍るに、
藁蹈《わらぐつ》に足痛く、杖を立てやすらふ程に
木の葉散《ちる》桜は軽し檜木笠《ひのきがさ》　芭蕉

散り落ちた紅葉の桜葉をひろって、机の上に置いておくと、一～二日で茶褐色に変色してしまう。桜の葉っぱも、花と同様にその美しいときは、あきれるほど短い。

第二章　木の花咲くや姫と『万葉集』の桜

「この花」とはなにか

わが国独特の短詩形である和歌に詠われる「花」や「この花」とは、桜花のことを指していると一般的にはみられている。とくに「この花」を桜とみることは、『日本書紀』巻第二神代下の「葦原中国《あしはらなかつくに》の平定」の条《くだり》に記されている挿話がもととなっている。『日本書紀』の（第二）の一書によれば、天津彦火瓊瓊杵《あまつひこほのににぎの》尊《みこと》は、日向の高千穂の峰を出発し吾田国《あたくに》の長屋の笠狭崎《かささのみさき》に立たれとき、尊は大山祇神《おおやまつみのかみ》の娘である美人と出会われた。美人の娘は、またの名を木花開耶姫《このはなさくやひめ》と名乗る。その名前の木花《このはな》（人によっては開耶《さくや》）のことを桜とみると、多くの人が述べている。そして文献にみる桜の最初のものだとしているのである。

『日本書紀』の該当する部分を、宇治谷孟の全現代語訳『日本書紀』から引用する。

　その国に美人がいた。名を鹿葦津姫《かしつひめ》という。またの名を神吾田津姫《かむあたつひめ》、また木花開耶姫ともいう。皇孫はこの美人に「あなたは誰の娘ですか」と問われた。すると「私は天神《あまつかみ》が、大山祇神を娶《めと》ってうまされた子です」と答えた。

　一書（第二）にいう。後に浜辺においでになって、一人の美人をご覧になった。皇孫が尋ねていわれるのに、「お前は誰の娘か」と。答えて、「私は大山祇神の娘で、名は神吾田鹿葦津姫《かむあたかしつひめ》、またの名を木花開耶姫といいます」と。（略）磐長姫《いわながひめ》は大変恥じて呪っていわれた。「もし天孫が私を退けられないでお召しになったら、生まれる御子は命が永く、いつまでも死なないでしょう。ところがそうでなく、ただ妹一人を召されました。だからその生む子はきっと花の如く、散り落ちてしまうでしょう」と。一説では、磐長姫は恥じ恨んで、唾を吐き呪って泣き、「この世に生きて居る青人草《あおひとぐさ》（人民）は、木の花のごとくしばらくで移ろって、衰えてしまうでしょう」と。これが世の人の命がもろいことの原因であるという。

山田孝雄は名著『櫻史』（講談社学術文庫版）において、ここに記されている木花開耶姫の名前となっている「木花《このはな》」のことを「古《いにしえ》、木花といひしは櫻花なりしこと」との見出しの文章において次のようにいう。

大后《おおきさき》として木花之佐久夜毘売《このはなのさくやびめ》（また木花之開耶姫とかけり、富士山の官幣大社浅間《せんげん》神社の祭神なり）ましませり。この大后の御名の佐久夜は桜なるべきこと先哲略《ほぼ》定論あり。按ずるに古語之「ラリルレロ」を「ヤイユエヨ」に転ずることあるはその証少なからずして今人また之を伝ふるものあり。たとえば「所謂」の二字を「イワユル」といえる如きこれにして本義は「イハルル」なり。果たして然りとせば、櫻の語の古史に見えたるは之をはじめとす。かくてその「木花《このはな》」もまた汎《あまね》く樹木の花をいふ語にてありながら一面には、かぎりて櫻の花をさすものなりと論ぜられたり。されば単に花といひて櫻花とさせる証は未だあらはれずといへども木花即櫻花なりしことは信ずべきに似たり。

山田は「単に花といひて櫻花をさせる証しは未だあらはれずといえども」といいながら、「信ずべきに似たり」とあやふやなまま、木花とは桜花のことを古語ではいうと主張する。

松村任三は、木花開耶姫は「さくらひめ」の誤りならんと述べている。

桜井満は、木花開耶姫は巫女《みこ》であり、桜の花の霊の生まれ変わりであると考えている。

「この花」は桜だとする説

物集高見《もずめたかみ》は著書『廣文庫』において、木花開耶姫《このはなさくやひめ》の解説に『古事記傳』一六の二三と『扶桑故事要言』一の一を引用しているので孫引きする。

『古事記傳』は、「木花之佐久夜毘賣《このはなのさくやひめ》、上に大山津見之神之女《おおやまつみのかみのむすめ》、木花知流比賣《このはなちるひめ》と云うもあり、名の意、木花は、字の意のごとし。佐久夜は開光映《さきはや》の伎波《きは》を切めて加《か》なるを、通はして久《く》と云うなり。若子《わかご》を和久碁《わくご》と云う類なり、さて光映《はえ》を波夜《はや》と云うは、上なる下照比賣の歌に、阿那陀波夜《あなだはや》とある。波夜のごとし。このことは傳十三の七十葉に委《くわ》し。かくて萬《よろず》の木花の中に、櫻ぞ勝《すぐ》れて美《めでた》き故に、殊に開光映《さきはや》てふ名を負けて、佐久良《さくら》と云へり。夜《や》と良《ら》とは横に通《かよ》ふ音《こえ》なり」と。

『扶桑故事要言』は、「補云、此ノ神ワキテ櫻を愛シ玉フ故ニ櫻神ト云フ、一説ニハ梅花を愛ス、古今序註四云、木花開耶姫ト云フハ萬花神《よろずのはなのかみ》ナリ、今其ノ詞ヲトル故ニ何花トハ云ハザレドモ、木ノ花ト云ヘルハ梅花也云々、私云、通途唯花ト云ヘバ櫻ヲトルナリ、華鳥魚《はなとりうお》三ノ名ハ惣名《そうみょう》ナレドモ、別シテ櫻鶯鯉《さくらうぐいすこい》也」と。物集の引用した二つの書物も、木花は桜であるとしている。

大貫恵美子は著書『ねじまげられた桜——美意識と軍国主義』（岩波書店、二〇〇三年）の中で、「米と桜の花の象徴的結びつきは、天孫瓊瓊杵尊《ににぎのみこと》の結婚に表現されている。彼は木花開耶姫《このはなさくやひめ》と称する美しい女

春の里山を美しく彩る山桜花こそ，「この花」だとする説を支持する人は数多い。

性を妻とするわけだが、多くの学者は開耶《さくや》を桜と解釈し、この媛神《ひめがみ》を桜の花と同一視している」と、他の人たちが木花《このはな》を桜と解釈しているのに対し開耶《さくや》の方を桜とみている。つまり「木花」とは樹木の花のことであるが、「開耶」がその一つにあたる桜の花と大貫はみたのである。

『古事記』上つ巻の木花の佐久夜毘売《さくやひめ》の条《くだり》では、「木花の佐久夜毘売を使はさば、木《こ》の花の栄ゆるが如《ごと》栄えまさむと誓《うけ》ひて貢進《たてまつ》りき」と父親の大山津見神《おおやまつみのかみ》は言ったと記す。木花の佐久夜毘売の本性は、父神が言うように山々に茂る木々の花が咲き栄えることにある。つまり花はのちに実を結ぶものであり、子孫繁栄を示しているが、花として咲いているときの寿命は長くないので、天つ神の御子の命は「木の花のようにただもろくはかない」ものだというのである。

筆者考えるに、木花開耶姫の母親（あるいは父親とも記されている）である大山祇神《おおやまつみのかみ》は山の草木や獣などを司る神であり、木花開耶姫とは神吾田鹿葦津姫《かむあたかしつひめ》の別名である。彼女は『日本書紀』の第三の一書において、卜定田《うらへた》（占いによって定めた神饌《しんせん》田のこと）の稲をもって酒を作り、沼田の稲を炊《かし》いでお供えした、と述べられている。このことから、稲田にかかわりのある神の一人だといえよう。母親（あるいは父親）の大山祇神が山の神であり、その娘が稲田とかかわりのある神とすると、娘の別名の「木花」とは桜花に限定することはできない。

「この花」は桜以外だとする説

苗代作りから水田に稲を植えるまでの間に行なうべき作業は種々あり、数も多く、「この花」はそれぞれの作業の適切な実施時期を知らせてくれる花である。あるいは農作物の植え付けや種蒔き以前に、秋の収穫が豊饒となることを祈り、あるいは予祝（前祝い）するための目印としてきた山々の樹木の花と解釈しても差し支えない。苗代づくりの時期を知らせる樹木の花としては辛夷《こぶし》・たむしば（辛夷の仲間）、山桜花などがあり、秋の豊饒を祈るため山に咲き始めた躑躅《つつじ》の花を苗代の水口《みなくち》にさしておくなどがある。

万葉時代の奈良盆地周辺の里山では、人びとが生活するための燃料・住居用材として木材の伐採、あるいは農耕用の緑肥としての草木の刈り取りが行なわれた。また盆地南部では数多くの宮都が営まれたので、その宮都の宮殿用材としての伐採もおびただしい量におよんだ。これら伐採につぐ伐採、下草や若木の毎年連続する刈り取りにより、松が山地に生育する主要な樹種となり、その下部に小楢《こなら》、櫟《くぬぎ》、山桜、そよご、躑躅《つつじ》、萩などの広葉樹が生育する二次林となっていた。

躑躅の花は山桜の花とほとんど同時期に咲き始め、松林の下層をうす紫色に美しく彩っていく。万葉時代の人びとは、日々生活を営んでいる里から眺めることができる里山に咲く躑躅花も桜花も、美しさはほとんど変わらないと評価していたようである。高橋連虫麻呂《たかはしのむらじむしまろ》は『万葉集』巻六の中で、

竜田道の岡辺の道に丹《に》つつじのにほはむ時の桜花咲きなむ時に　（九七一）

と、竜田道の岡辺の道に赤い躑躅が美しく咲きさかるころ、桜の花も咲いてくる時にと、躑躅の花と桜の花を同様にみつめて詠んでいる。

また『万葉集』巻一三には、「つつじ花香《にほへ》をとめ　桜花盛《さかえ》をとめ（三三〇五）」の語がみられ、躑躅の花も桜花も同格に詠われている。したがって、木花開耶姫《このはなさくやひめ》の名前にある「木花」を桜花と限定することにはすこし無理がある。

桜花の別名だと多くの人たちにみられている「この花」について『古今和歌集』は、その序において、

博士王仁《わに》が仁徳天皇に奉った歌として、

難波津にさくやこの花冬ごもり今は春べとさくやこの花

を載せている。王仁がうたった歌の「この花」とは、『古今和歌集』序のなかで紀貫之は「梅の花」であると断定している。

このように「この花」および「木花（あるいは、木之花）」には、これまで桜花説と梅花説の二つがある。現在も、梅花か桜花かについて、数多くの学者や研究者がそれぞれ自説を主張し、誰もがこれだと納得できる学説はいまだ現われておらず、論争が続いている。

桜の語源に関わる諸説

桜（さくら）の語源はどこからきたのかについても、いろいろな人びとから種々の論が出されている。一つ論が提出されるたびに反論がなされ、定説となりつつある説もあるが、これが桜の語源だとはまだ定まっていない。

貝原益軒は『日本釋名』で「さくる也、其木の皮自ら立ちながらよこにさくる物也、らとうと通ず」としている。別の説では、皮が荒くさける故、さくあら即ちさくらなりという。国学者林甕臣《みかおみ》は、さくうるわしきに由来するという。芳賀矢一は、サカエ（栄）、サカリ（盛）、サケ（酒）などは同じ系統の、サクより出て派手に栄える、咲きほこるの言外の意をこめた繁栄の意に由るとしている。辞書の『言海』は、サキウラ（咲麗）の略で古歌にもうらうらと咲くと詠われているからだとしている。

サキハヤ（咲映）の略で花と咲いて映えるの意味であり、本居宣長の『古事記傳』には「さくやは開光映（サキハヤ）でありさくらに通ず」とされている。『万葉動植物正名』によれば「サクラはサキムラの義なるべし、草の集まるをクサムラ、樹の集まるをコムラ、竹の集まりをタカムラ、ゆえに花の咲き集まるをサキムラといいサクラに転ずる」としている。『倭訓栞《わくんのしおり》』には「さくらは開耶《さくや》の転なり、あるいは咲簇《さきむら》の訓義とする」とされている。

『万葉集名物考』には「サは昇事、クサの反カにしてカはさはやくのこと、陽気澄昇の義也、これを名としてサクラという、故に陽盛なるに従って花咲く也、サカは栄える事」とされている。

実に多くの人びとが桜という言葉の源を探り、それぞれ自分の主張するところを存分に述べている。このような種々の論がたてられることも、桜花を何かしら特別のものであるとする気配が感じられる。近年の民俗学の本では、和歌森太郎の考えである次の桜の語源説が、たいてい触れられている。

和歌森は『花と日本人』（草月出版、一九七五年）の中で、

民俗学では、サツキ（五月）のサ、サナエ（早苗）のサ、サオトメ（早乙女）のサはすべて稲田の神霊を指すと解されている。田植えじまいに行う行事が、サアガリ、サノボリ、訛ってサナブリと言われるのも、田の神が山にあがり昇天する祭りとしての行事だからと考えられる。田植えは、農事である以上に、サの神の祭りを中心とした神事なのである。そうした、田植え月である五月にきわだってあらわれるサという言葉がサクラのサに通じるのではないかと思う。クラとは、古語で、神霊が依り鎮まる座を意味したクラであろう。イワクラ（磐座）やタカミクラ（高御座）などの例がある。秋田県下に著しい子供の行事のカマクラも神クラの変訛である。あの雪室そのものが、水神などの座とされてきたのである。こうした、サとクラとの原義から思うと、桜は、農民にとって、いや古代の日本人

のすべてにとって、もともとは稲穀《いなこく》の神霊の依る花とされたのかもしれない。と、桜の語源を述べる。そして木花之佐久夜毘売《このはなのさくやひめ》は、「桜を象徴する神だとするのが通説で、先ず疑う要はあるまい」として、木花は桜とする説を支持している。

和歌森がこう考えた理由は、ここに引用したサクラの語源を述べる前の文章にある。それは、春の苗採りの時を花見正月とよぶところもあるので、花見とは「農民が心にかける稲の生産のゆたかさを咲きみだれる花で連想しつつ、楽しむ行事」と定義し、「やがて、田の労作に精励しようとする時季、ちょうど桜のさかりになるだけに、これはただ美しい眺めとして見過ごされる以上にそれぞれの生業にかかわって、前途を暗示するものとして仰ぎ見られたのである。花の咲き方に神秘なものすら感受してきた。桜の花そのものに、稲穀《いなこく》の霊さえ観念したものであった」と述べている。

稲の苗代をつくる時季の里山において、遠くから眺めてもそれと判別できるほどの分量《ボリューム》をもって花を咲かせ、農事にたずさわる百姓たちから、種蒔き時季の指標とされる樹種は桜に限ったことはない。同じ時季にたくさんの樹種が花を咲かせるのであるが、その中で桜だけが稲穀の霊をもつと百姓たちが考えたというのは、言い過ぎであろうと考える。もうすこしみていこう。

和歌森のサクラの語源説について斎藤正二は、『日本人とサクラ――新しい自然美を求めて』(講談社、一九八〇年)の中で、つぎのように反論する。

よく考えると「サの神」のサが「サクラ」のサであると決める根拠は薄弱だし、「イワクラ」のクラが生物であっていい証拠は一つもない。穀物に害のあるスズメをクラといったのはどうゆうわけか。物の名前になにか[実態]あるものと考えるのは、言語の本質を見誤っているのではないか。

そしてさらに、サクラを「穀霊《こくれい》の依《よ》る花」とみなす仮説の根拠は、もとは折口信夫の「花の話」に求められるであろうが、この折口の仮説そのものが怪しい、仮説の根拠が間違っていると斎藤は指摘している。が、その論についての内容はここでは省略する。

山桜の文献上初見

山桜がはじめて文献に見えるのは、『日本書紀』巻第一二の履中《りちゅう》天皇の条《くだり》である。履中三（四〇二）年冬一一月六日、天皇は両股船《ふたまたぶね》を磐余《いわれ》の市磯池《いちしのいけ》に浮かべられた。妃《きさき》とそれぞれの船に分乗して遊ばれた。膳臣《かしわでのおみ》の余磯《あれし》が酒を奉った。そのとき、桜の花びらが盃に散った。天皇は怪しまれて、物部長真胆連《もののべのながまいのむらじ》を召して、詔《みことのり》して「この花は咲くべきでないときに散ってきた。どこの花だろうか。お前探してこい」と言われた。長真胆連はひとり花を尋ねて、腋上《わきのかみ》の室山で、花を手に入れて奉った。天皇はその珍しいことを喜んで、宮の名を磐余稚桜宮《いわれわかさくらのみや》とされた。さらにこの日、長真胆連の本姓である膳臣を改めて稚桜部造《わかさくらべのみやつこ》とされた。

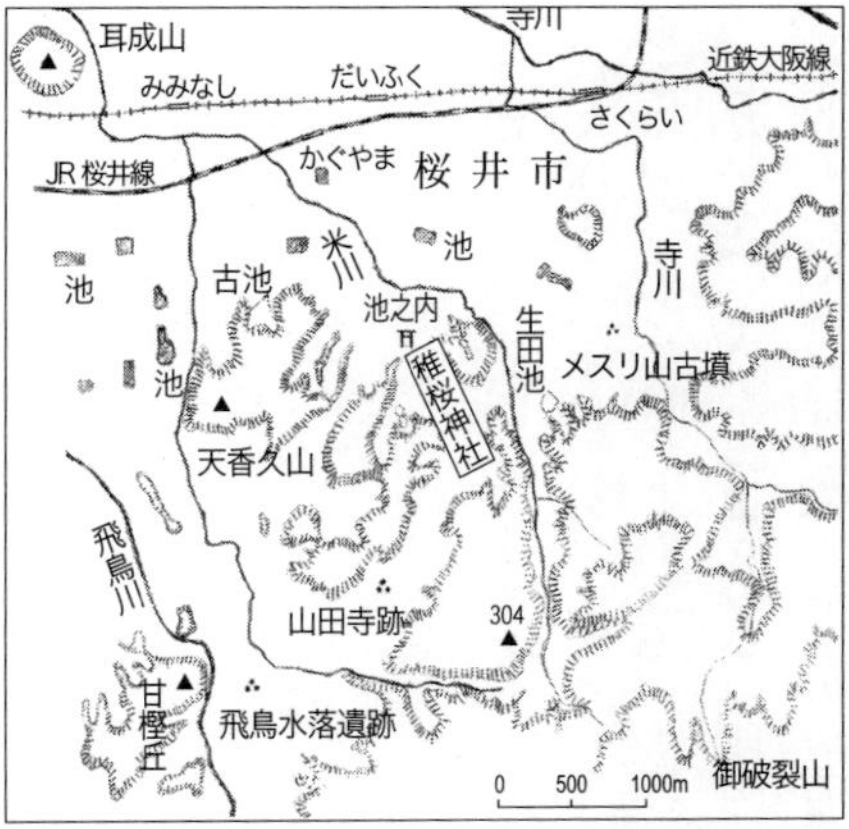

履中天皇の磐余稚桜宮は，天香久山の東方，桜井市池之宮の稚桜神社に比定されている。

この挿話の季節は冬一一月であるから、桜花は狂い咲きのものであった可能性が高い。狂い咲きの花は桜樹全木に花がつくことはきわめて少なく、ふつうでは数えることができる程度の花数である。したがって、池の中ほどまで船を漕ぎ出した天皇の大盃の中に花びらが落ちる確率はきわめて低い。なお、磐余稚桜宮《いわれわかさくらのみや》の所在地については、奈良盆地南部の桜井市大字池之内に鎮座している稚桜《わかさくら》神社との関係が注目されている。

現在の染井吉野の満開の下で花見酒をするときでも、自然のまま吹いてきた風で散った花びらが盃に散り落ちてくる機会は、筆者の何年かの経験からでもまったくなかった。杯に桜の花びらを浮かべようと、頭上の桜の枝を揺さぶって花びらを散らしてみたが、花びらが落ちるのをまちうけた盃に落ち込むことはなかった。

盃に落ちた花びら一枚で履中天皇が、冬一一月という季節はずれの花びらを、これが桜花であると認識できたことも不思議なことである。履中天皇はそれほど、樹木の花（桜花でもよいのであるが……）についての知識をもっていたのであろうか。ふつうであれば、「桜花によく似た花びらだが、何の花の花びらであるのか」との質問がまずある。それに対し侍従からのお答えがあげられ、「探してこい」となる。

したがって『日本書紀』のこの挿話は、実際の桜花の花びらが散ってきたという事実を述べたものというよりも、地名発祥と人の名前の命名のいきさつを述べたものと考えるべきだろう。しかしながらこの当時、奈良盆地南部の里山は、人びとの絶え間ない利用によって松を主とした二次林となっていた。陽光が十分にさしこむ二次林は山桜の生育に適している。あちこちの林の中に生育している山桜の中に、時ならず咲く狂い咲きの個体もあったことが、これでわかる。

桜花を詠う最古の和歌

桜花を詠った和歌で、最も年代の古いものが『日本書紀』巻第一三の衣通郎姫《そとおりのいらつめ》の条に記されている。衣通郎姫とは、和歌三神の一人と崇められている衣通姫《そとおりひめ》のことで、容姿絶妙で比類なく、その艶色は衣より透けて照らし出されたとされる美人であった。

允恭天皇の皇妃の衣通姫を描く『大和名所図会』。聖武天皇の時代に玉津島明神として現われたと記す（『大和名所図会』巻之五，近畿大学中央図書館蔵）

允恭七（四一八）年冬一二月一日、新居の落成祝いの宴会があり、允恭《いんぎょう》天皇は自ら琴を弾かれ、皇后（忍坂大中姫《おしさかおおなかつひめ》）は舞をまわれた。このとき、皇后は妹の弟姫《おとひめ》を、天皇に奉られた。弟姫は容姿絶妙で並ぶもののない美人で、そのうるわしい身体の輝きは、衣を通して外に現われ、ときの人は衣通郎姫といっていた。弟姫はそのとき母に付き従って近江国の坂田にいた。弟姫は、はじめ姉の皇后の嫉妬を恐れ天皇の命を拒んだが、ついに天皇のもとにやってきた。天皇は喜んだが、皇后は心穏やかでなく、弟姫を宮中には近づけず藤原に殿舎を建てて住まわされた。

允恭八年春二月、天皇は藤原へおいでになり、こっそりと弟姫（衣通郎姫）の様子を伺われた。独居の姫は天皇を偲んで、お越しになっているのも知らず和歌を詠まれた。

わがせこが来べき宵《よい》なりささがにの蜘蛛《くも》の行ひ今宵しるしも

天皇はこの歌を聞かれて感動し歌を詠まれているが、ここでは省略する。翌朝、天皇は井戸の傍らにある桜の花をご覧になって歌を詠まれた。允恭天皇のこの歌が、桜花を詠んだ歌のもっとも古いものとされている。

花《はな》ぐはし桜の愛《め》でこと愛でば早くは愛でずわが愛づる子等

こまかく美しい桜花の見事さよ。わが妻の麗しさ。おなじ愛するなら、桜の花を愛《め》でる如くにもっと早く愛すべきで、はやく賞美しなかったのは口惜しいことだった。わが愛する姫よ。歌の意味はこのようであろう。衣通姫の美しさを桜花に比べて天皇は詠まれたのである。

井戸端に桜樹があるのは植えられていたものなのか、自然生えのものなのかは不明であるが、植えられた桜とすれば最も古い桜樹の栽培といえるであろう。

美人を衣通姫《そとおりひめ》にたとえ、桜花のようだと表現するのは、允恭天皇が衣通姫のことを桜にたとえて詠まれた歌に始まる。

『万葉集』巻一六には、桜児《さくらこ》という、名前そのものが桜という美少女が記されている。巻一六の冒頭の短歌で、一つの短編ともいえる長い詞書をもっている。「昔者娘子《むかしをとめ》あり、字《な》を桜児《さくらこ》といひき」と記しており、その顔立ちが美しく、所作もたおやかな美少女であったことが、その名前から想像される。このとき二人の男が、桜児を妻にしようと命を賭けた争いを重ねるので、桜児は「古《いにしえ》より今に至るまで、いまだ聞くことも、見ることもなかった。一人の女が、二つの男に嫁《か》するということを。いま男の心には和《やわ》らぎがたいものがある」と嘆き悲しみ、ついに桜児は林の中に入り自ら樹にかかり縊《くび》れて死んだ。その二人の男は悲しみ、それぞれの想いを桜花に託した歌に詠んだ。それが『万葉集』に載せられたのである。

春さらば挿頭《かざし》にせむと我が思《も》ひし桜の花は散りにけるかも　(三七八六)
妹が名に懸《か》けたる桜はな咲かば常にや恋ひむいや年のはに　(三七八七)

前の歌は、春がきたならば挿頭にして飾りたいと以前から想っていた桜の花は、時ならずして散ってしまった。私の想い女《ひと》の桜児も、想いもかけない時にひとり亡くなったので悔しいことだ、と詠う。後の歌は、私が恋しいと想っていた乙女に命名されていた桜の花が咲く時季が到来したならば、いつでも、年毎に私は貴方のことを恋しく想うことだろう、という意味である。

この『万葉集』の桜児の詞書とその和歌からは、桜花は美しいものではあるが、短命なもので、散りやすいものであることが詠まれていることがわかる。

余談だが桜児の塚が残っており、『大和名所図会』巻五の五四には、「娘子塚《をとめづか》、大久保村にあり。むかしこのところに娘子《おとめ》あり。容顔美麗にして、ほとりの人道路に顧《かえり》みて賞す。名を桜児という」とあり、江戸時代まで言い伝えられていたことが記されている。大久保村は現在の奈良県橿原市大久保町で、大和三山の一つ畝傍山《うねびやま》の東側の麓に位置している。

『万葉集』の桜花歌と梅花歌

『万葉集』には桜の歌が前記のものを含めて、四三首（題を含む）ある。また桜とよく比較される梅の方は一一七首（題を含む）であり、その数にかなりの差がみられる。これについて山田孝雄は『櫻史』のなかで、「かく桜と梅とに数の大差あるは、当時上流社会に梅のもてはやされし度《ど》、桜より過ぎたるをあらわせるものと見ざるべからず。而してその梅は大抵は園樹なりしこと明らかにして野生のものと見ゆるものは殆どなし。蓋《けだ》し、この梅は当時外来の珍花として、はた支那風心酔の余響として当時識者の間に賞翫《しょうがん》せられしが故なるべし」と述べる。

山田は梅の歌の多さは人々の目につきやすい園に植えられたものであり、桜の方は人目につきにくい野生のものだからだ。また、梅は渡来して間もない樹木で、当時の上流社会の人が中国かぶれしていた名残りである、という。そして梅花は上流社会でこそもてはやされたが、桜は一般の人に愛でられたという違いがあると、負け惜しみを述べる。

梅の渡来は、山田孝雄が『万葉集』の編集時期には外来の珍花としていたといっているが、実は稲作がわが国に始まったときと、ほとんど同時に渡来していたのである。拙著『梅I』（ものと人間の文化史、法政大学出版局）に詳しく述べたが、山口県熊毛町の岡山《おかのやま》遺跡など各地の弥生時代の遺跡から梅の核《かく》が発掘されており、大阪府八尾市の亀井遺跡の弥生時代中期の埋土層からは、梅の自然木の遺物が発掘されている。弥生時代中期は西暦紀元前一〇〇〜紀元一〇〇年の二〇〇年間とされている。

『万葉集』に収録された梅の早い時期の歌は、巻第五の「梅花歌三十二首」で、天平二（七三〇）年年号が記された詞書《ことばがき》をもっている。弥生時代中期のもっともおそい時期に梅が渡来してきたとしても、「梅花歌三十二首」の歌は梅が渡来してきてから六〇〇年を超える年月を経ている。江戸時代の年月が約二六〇年間であるから、六〇〇年という長さがわかるであろう。

梅は栽培されている樹木で林をつくるほどの多さはないが、どの村にも見られる美しい花の咲く樹木である。六〇〇年間も見続けていれば、もはや身近に存在する日本の樹木だと考えられたとしても不思議ではない。山田孝雄が『櫻史』を書いた時代には、遺跡出土品の分析技術がさほどでなかったことが、梅の渡来年代を誤解させたのであろう。山田がいうように、『万葉集』には山野の桜花を詠った和歌が多い。

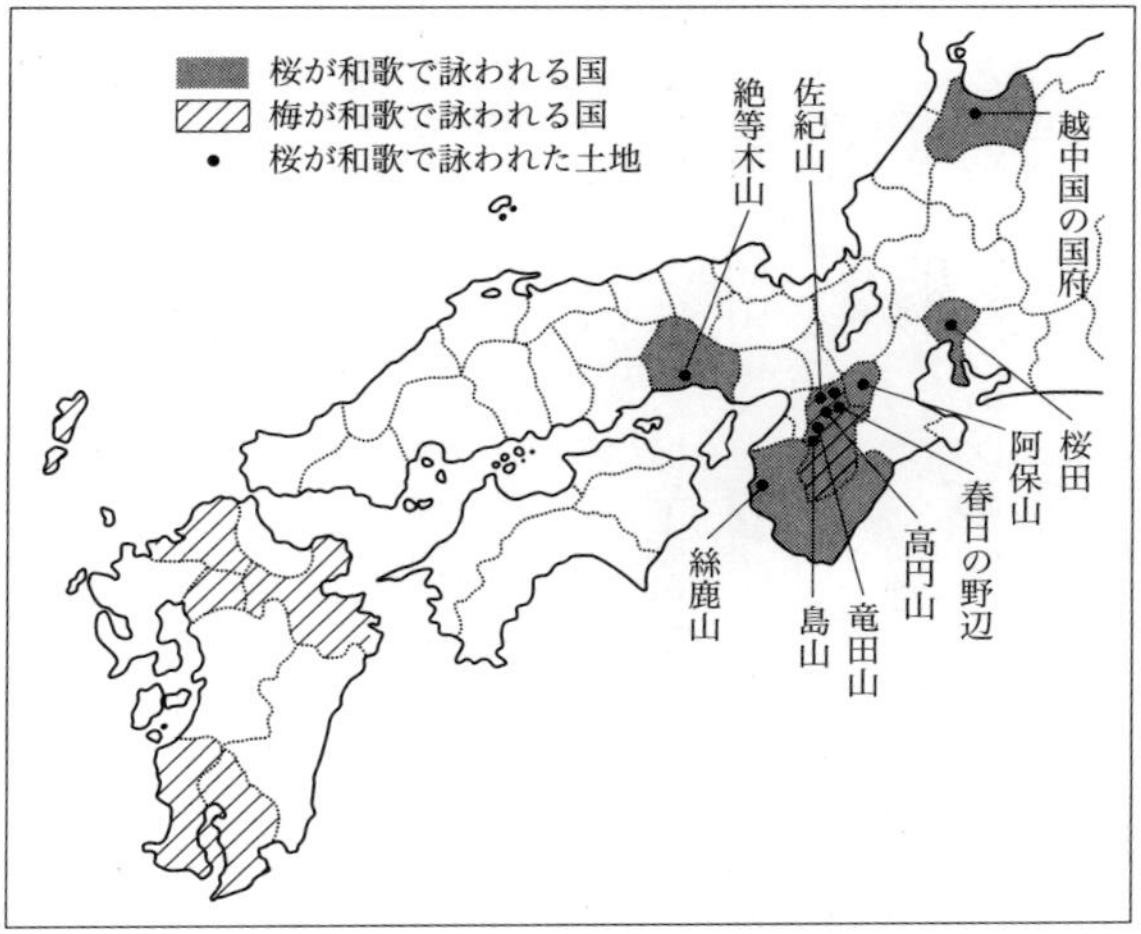

『万葉集』の桜花歌と梅花歌の関係国の図。桜花歌は宮都大和国とその周辺国であり，梅花歌は大和国と九州に偏っている。越中国は大伴家持が国守となっていた。

詠われた山野の地名が詠み込まれている歌は一九首ある。

大和国の地では、天香具山（奈良県橿原市）、寧楽《なら》の京師《みやこ》、竜田《たつた》山（立田山。奈良県三郷町）の丘辺と滝の上の峰、春日山の三笠（奈良市）の野辺、高圓《たかまど》の山（奈良市）、島山（大和川南岸の芝山）の川沿いの丘辺、佐紀《さき》山（奈良市）となっている。大和国以外では、伊賀国の安保《あぼ》山（三重県名賀郡青山町の青山峠西）、紀伊国の絲鹿《いとが》の山（和歌山県有田市糸我町）、播磨国の絶等木《たゆらぎ》の山（兵庫県姫路市の姫山）の峰、尾張国の桜田（名古屋市南区桜田町ほか）などがあがっている。

これ以外のものは単純に、あしひきの山、あしひきの峰、向こうの峰、坂のふもと、山峡《やまかい》、山の傍とされているのである。

『万葉集』と里山の桜

桜花は自然のまま生育している樹木を賞することが普通で、『万葉集』の時代からこの原則が見られる。『万葉集』で桜花が詠われた山野は前記のようになるが、よくみれば天香具山も、竜田山も、高圓《たかまど》山もみな、都や神社などに接した里山である。桜は山野に生育していると山田孝雄は言っているが、桜は陽樹であって、本来的に人々が生活のために草木を利用するなどのため、その植生に影響がおよんでいる山地を生活の場としている樹木なのである。いわゆる松や櫟《くぬぎ》、小楢《こなら》などともに二次林を構成している。

桜は陽樹といって、幼時から太陽光線を十分に浴びることを必要としており、他の樹木の日陰では生育がきわめて不良になったり、しだいに衰弱して枯れてしまう。したがって、原生林をつくる樹木ではない。人間による伐採などのため植生が攪乱《かくらん》された山地、原生林が台風や山火事で破壊されたり、原生林のなかの老大木が倒伏するなどのためギャップ（隙間や空間）ができると、その部分を修復するため陽性の樹種が入りこんでくる。桜も二次林を構成する樹種であるが、その繁殖は鳥類などによって行なわれるため、種子が風で運ばれる松や赤目柏《あかめがしわ》などと比べ、ギャップへ進出し芽生える時期は松などよりすこし遅れる。

奈良の高圓山《たかまど》は『万葉集』でしきりに詠われる。その山麓は、平城京の東にあたり、聖武天皇の高圓の離宮があり、万葉歌人の一人である大伴坂上郎女の別宅もその西麓の春日の里（現在の奈良市白毫寺町付近）にあった。したがって、高圓山は平城京にきわめて接近した里山である。その植生を『万葉集』の歌でみると、高圓の野辺の秋萩（二三一・二三三）、松茸の生える松林など二次林を構成する植物が詠われている。

春雉《きぎす》鳴く高圓の辺にさくら花散りて流らふ見む人もがも　（一八六六）
春日なる三笠の山に月の出でぬかも佐紀《さき》山に咲ける桜の花見ゆべく　（一八八七）
あしひきの山の間照らす桜花この春雨に散りゆかむかも　（一八六四）

高圓山では、ときおりケーンケーンと鋭い声で鳴く雉《きじ》の声がひびき、咲き誇っていた桜の花も散り始め、ひんぷんと花びらを落としており、その風情を一緒に見る人がいてほしいものだ、と一首目は詠う。春日神社（現春日大社）の奥にあたる三笠山に月がでてこないかなぁ、佐紀山にいまを盛りと咲いている夜桜が見えるように、との歌が二首目である。佐紀山は平城京北方にある丘陵で、現在の奈良市佐紀町を中心とした地域をいう。三首目の歌の場所が特定されていないが、里山の間に照り輝くほどの分量をもった桜の花も、いま降っている春雨のために散ってしまうであろう、というのである。

庭内に植えられた桜

前に触れた山田孝雄は、桜は野生だといっていたが、桜花鑑賞は山野のものだけでなく、わが家の庭に植え、自宅にいながらこれを愛でるための栽培が、万葉のころから始まっていた。前に述べた『日本書紀』の允恭《いんぎょう》天皇が初めて桜花の歌を詠まれたのは、井戸の傍らであり、天皇の側近くに使える誰かが植えた可能性が高い。『万葉集』巻八では、厚見王《あつみのおおきみ》が久米女郎《くめのいらつめ》に贈ったとの詞書をもつ一首に、「屋戸《やど》にある桜」とのことばがみられる。

他の落葉広葉樹が冬姿のままの里山（2次林）で，美しい花を開く山桜。『万葉集』は平城京の里山である高圓山の桜をしきりに詠う。

厚見王、久米女郎に贈れる歌一首　（一四五八）
屋戸にある桜の花は今もかも松風いたみ地《つち》に落るらむ
久米女郎の報へ贈れる歌一首　（一四五九）
世間《よのなか》も常にしあれば屋戸にある桜の花の散れるころかも

あなたの家に植えられた桜は、激しい松風に傷み損なわれて、地面に散り落ちてしまったのではと心配しています、と厚見王が問いかけた歌がはじめのもの。これにお礼として久米女郎が、いまは春の嵐の時季であって、はげしい松風が吹くというのは世の中の常のことで、せっかく咲いたわが家の桜の花も散り果てましたと歌を返したのである。

桜の花が咲くころは、春の季節の変わり目のころで、天候はきわめて不順であって、よく嵐となり、強風が吹き桜雨がふった。厚見王は、久米女郎が花の咲くのを楽しみたいと、屋敷内に山から桜樹を移し植え、せっかくきれいに咲いたことだろうが、風が強くて散ってしまったのかと思うと、あなたの残念さが心にしみます、とねぎらいの歌を贈ったのである。この二首には別に男女の仲を詠ったものとする解釈もある。ここでは、深読みしないで詠われたとおりに解釈した。

また『万葉集』巻一八には、屋敷の西北のことを乾《いぬい》と呼び神聖視する俗信から、桜樹が植えられていたことを示す一連の歌群がある。天平二〇（七四八）年三月一五日、越前国掾《じょう》の大伴宿禰池主が、もとの上官であった越中守《かみ》の大伴家持へ贈った和歌三首のうちの一つに、「物に属《つ》きて思いを発《おこ》せる」と詞書した歌である。

桜花今ぞ盛と人はいへど吾は不楽《さぶ》しも君としあらねば　（四〇七四）

桜花は爛漫と咲き乱れて今が盛りだと人はいうけれども、あなたと一緒に眺めることができない私はすこしも楽しくありません、というのである。この池主からの和歌を受け取った家持は、「かねて移れる旧宅の、西北の隅の桜樹を詠みていう」（四〇七七）との詞書をつけ、池主が転任したあとの越中国国府の邸宅に桜樹を植えていたことをまず述べ、

吾背子が古き垣内《かきつ》の桜花いまだ含《ふふ》めり一目見に来ね

と、私の古い友人がむかし移し植えていた邸宅内の桜花はまだまだ蕾のままだが、すぐにも咲きそうなので一目でもいいから見に来るようにと、池主の意思に応えたのである。

挿頭とされる桜花

奈良時代には木々の枝葉を折りとって、髪や冠にさす挿頭《かざし》という習慣があった。現在では挿頭とは、神事や饗宴のとき冠の巾子《こじ》にさす造花のことをいっているが、もともとは山などに生育している樹木の枝葉は土地の神の霊魂を宿していると考えられ、それを人の頭部に飾ることによって、神の力を、神の祝福を得たいとしたものである。桜花も挿頭にされたものの一つであった。

『万葉集』巻八には、少女も大人の男も、桜花の挿頭をつけていたことを示す若宮年魚麻呂《わかみやあゆまろ》の歌がある。

桜の花の歌一首并に短歌

をとめ等がかざしのために遊士《みやびを》がかづらのためとしきませる
国のはたてに咲きにける桜の花のにほひもあなに　（一四二九）

反歌

去年《こぞ》の春あへりし君に恋ひにてし桜の花は迎へけらしも　（一四三〇）

少女たちが挿頭《かざし》のためにと、また雅《みやび》やかな男たちが髪飾りとするためにと、国の果てまでも咲いている桜の花の美しく映えることよ、ああほんとに、と長歌でよびかける。昨年の春に出会ったあなた（桜の花のこと）を恋しく想っていましたからこそ、また桜の花が迎えにきました、と短歌がかえされてきたのである。

『万葉集』にみられる挿頭の花は、梅、春の花、桜の花、柳、山吹、藤、橘《たちばな》、萩、撫子《なでしこ》、紅葉《もみじ》、紅葉葉《もみじば》、寄生木《やどりぎ》、妻梨の木などで一三種類にのぼる。春に咲く花が六種類で最も多く、秋の花（葉）が三種類でこれに続く。歌の数では、紅葉（もみじ葉）が一二首でもっとも多く、次いで梅の九首、萩の七首、春の花五首とつづく。桜花が挿頭として使われている『万葉集』の歌は、ここに引用した歌と前に触れた桜児を詠った歌の二首である。

植物の花というものは、生命力があふれる春や初夏のものがほとんどであるところから、若く栄えあるもののシンボルと考えられていた。この花を頭に挿すことによって、人の生命に、花の若い生命を移して活気づけ、そのことをもって長寿を願ったのである。そんな考えのあることを示すものに、『万葉集』巻第一九に遊行女婦蒲生娘子《うかれめかまふのをとめ》のつぎの歌がある。

雪の島巌《いは》に植えたるなでしこは千世に咲かぬか君が挿頭に　（四二三二）

歌の意味は、雪の島の岩のうえに植えてある撫子《なでしこ》は、君（あなた）が挿頭の花とするものなのだから、千世に（千年ものあいだ）変わらず咲き続けてほしいものだ、というのである。撫子の花が長い生命を保ち続けているものであるならば（千世に咲かぬか）、これを挿頭にする君の生命が、永遠に続くように呪《まじな》うことができる、と考えられていたことが示されている。

挿頭としてつかう花は、儀式や官位によってそれぞれ定まっていた。大嘗会《だいじょうえ》では天皇は藤、親王は紅梅、大臣は藤、納言《なごん》は桜、賀茂神社では臨時祭の舞人は桜、賀茂祭では葵《あおい》となっていた。現在でも京都の下賀茂神社の葵祭には、祭に加わる者はウマノスズクサ科の二葉葵《ふたばあおい》の葉や、桂の枝葉を身につける。

少ない桜花の挿頭

梅花に比べ桜花の挿頭《かざし》が少ないのは、それぞれの樹が生育している場所と、開花期間とに関係しているのだろう。梅の方はもともと栽培植物であり、軒端梅《のきばうめ》といわれるように邸宅の庭先に、あるいは屋敷内に、春日野のような野原とはいいながら宮勤めの官人が常に遊びにくるところにも植えられており、人々が折りとりやすい場所に生えていた。また梅の花は蕾がほころび始めても、枝という枝の花が一斉に開花することなく、一輪一輪と順を追って咲いていき、開花している期間は二〇日くらいもある。それだから、梅の花を挿頭に使える期間が長い。

一方の桜は、里山がその生育地とはいえ主として山地に生育しているため、採取に行くには手間がかかる。その開花期もおよそ一週間程度で、梅花のそれと比べると短い。用意する上でも手間がかかり、飾りとする期間も短いことが考えられる。

桜樹に着生したホヨ（寄生木）。このホヨは千年の生命を祝福して挿頭として用いられた。

遊士《みやびお》たちが娘子《おとめ》たちと競った「かずら」とは、若枝やつる性樹木のトコロカズラなどの蔓《かずら》となる草などを、頭髪の部分に輪状に巻き付けて飾りとしたものである。「かずら」も元来は「かざし」と同じく呪術的に、生命力がもっとも発現しているとみられる花や、若枝に籠もっている生命力を身体に取り入れるために、頭に飾った。桜の花は前年に伸びた枝先に咲くので、「かずら」にするため頭部をぐるぐる巻きにできるほどの柔軟性には欠ける。しかし、柔軟性を要求されるところは蔓性のものにまかせ、蔓で作った輪に桜花のついた枝の部分を挿しこめば、桜の花のかずらとみることができよう。

『万葉集』で詠われた挿頭の歌数が二首だけにとどまっているのは、やはり挿頭とする花が前に触れたように、頭に花をつけて生命力に活気をあたえ、長寿を呪《まじな》うことにあったことと無関係ではないであろう。前に撫子《なでしこ》の花について千世に咲かぬかと、長い生命を保つことを願っている歌を引いた。もう一つ、巻第一八に収められた大伴家持のつぎの歌もやはり、長寿と挿頭との深い関係を歌ったものである。

あしひきの山の木末《こぬれ》の寄生《ほよ》取りて挿頭しつらくは千年寿《ほ》くとぞ　(四一三六)

山の木の枝に着生しているホヨをとって、挿頭にしているのは、千年の生命を祝福しているからである、というのが歌の意味である。ホヨとは、欅《けやき》や榎《えのき》あるいは時として桜など他の樹木に寄生するヤドリギのことで、早春に淡黄色のちいさな花をつける。他の樹木に寄生して花を咲かせるのであるから、大層な活霊《いきみたま》をもっている植物であるとして、ヤドリギを聖樹とする観念は古くから伝わっている。それほどの生命力を、頭に挿すことによって千年の長寿を呪《まじな》っていると、家持は詠んだのである。

そのため桜花を挿頭にしたとき、『万葉集』巻第一六にある桜児にかかわる男の一人の歌「春さらば挿頭《かざし》にせむとわが思《も》ひし桜の花は散りにけるかも(三七八六)」のように、花と咲いてから散るまでの短いものはふさわしくなかったのである。歌の意味は、春が到来したならば挿頭にしたいと思っていたのであるが、桜の花はもう散ってしまったことよ、と本来の歌は桜児の生命のはかなさを桜花にたとえて詠んだものであるが、歌の底にはやはり桜花は挿頭の本来の目的にはかなわない花だなあ、という詠嘆が込められている。

『万葉集』のころは男女とも花を挿頭として呪術的に長寿を祈ってきていたが、やがて美的装飾としての考えがつよくなってくると、女は挿頭に、男は鬘《かつら》に用いるようになっていく。女の挿頭は、後の簪《かんざし》へと移っていくのである。

万葉人は桜の落花に美を認めず

万葉人は春の季節のわずかな推移を、梅花から桜花へと花の咲く樹が移り変わっていくことによって確認し、それを歌に詠《よ》んでいる。

梅の花咲きて散りなば桜花継ぎて咲くべくなりにあらずや　　薬師張氏福子（八二九）
鶯《うぐいす》の木伝ふ梅のうつろへば桜の花の時片《かた》設《ま》けぬ　　大伴旅人（一八五四）

梅の花が咲きそれが散った後には、桜の花が梅花を継いで咲くことになっていると、前の歌はいう。鶯が花の咲く梅の木の枝から枝へとしきりに移動していたが、花もしだいに散り果て、枝先にわずかな数の花が見える程度へと時が過ぎてしまったので、いまや桜の花の咲く時期が近づいてきた、と後の歌は詠《うた》っている。

年号が平成という現在の人びとは、桜花とは散ることに美しさがある、と考えているふしがあるので、煩わしいけれど散る桜花の和歌を列挙する。

あしひきの山の間照らす桜花この春雨に散りゆかむかも　(一八六四)
桜花咲きかも散ると見るまでに誰かもここに見えて散り行く　(三一二九)
春雉鳴く高圓の辺にさくら花散りて流らふ見む人もがも　(一八六六)
……小鞍の嶺に咲きををる桜の花は山高み風し止まねば春雨の
　継ぎてしふれば秀つ枝は散りすぎにけり……　(一七四七)
屋戸にある桜の花は今もかも松風いたみ地に落るらむ　(一四五八)
足代《あじろ》過ぎて絲鹿《いとか》の山の桜花散らずあらなむ環り来るまで　(一二一二)
桜ばな時は過ぎねど見る人の恋の盛と今し散るらむ　(一八五五)
阿保山《あぼやま》のさくらの花は今日もかも散り乱るらむ見る人無しに　(一八六七)
春雨はいたくな降りそ桜花いまだ見なくに散らまく惜しみ　(一八七〇)
春さらば挿頭にせむとわが思ひし桜の花は散りにけるかも　(三七八六)
(略)　山傍には桜花散り　かほ鳥の間なく　しば鳴く春の野に　(略)　(三九七三)
竜田山見つつ越え来し桜花散りか過ぎなむわが帰るとに　(四三六一)

桜花の散ることがすこしでも詠《うた》われた歌は、前のものを含め一二首で、桜の歌四三首（含題）の二八パーセントにあたる。花には蕾期、開花期、落花期の三つがある。蕾は開花の準備がととのって膨《ふく》らんできた時季のものである。いまの染井吉野でいえば、あと何日と開花予測がたてられる程度に膨らみをもちはじめたもののことである。仮に花の三期の日数が同じだとすると、『万葉集』の桜花の散る歌は全桜花の歌数のほぼ三分の一なので、歌数上では生態的にみて特別に多いとは認められない。桜花を、蕾、開花、花散るの三期にわけて歌数をみると、蕾の歌は一首だけで、残りが開花した時季のものが詠われたことになる。したがって万葉時代には、桜花の場合も他の花と同様に開花した花の美しさがもてはやされ、花の散る時を、あるいは花の散る様子が美しいとは感じていなかったことが読み取れる。

桜花と稲作の関係

折口信夫は『古代研究・民俗学篇Ⅰ』の「花の話」の中で、万葉時代の農業にたずさわる人たちは、山に咲く桜花を眺め、この花の咲き具合によってその年の稲の収穫を占っていたので、稲の穀霊《こくれい》の現われである桜花との別れは穀霊との別れであるとして、早々の別れは惜しまれた、という趣旨でつぎのような仮説を出している。この説は現在、ほとんどの民俗学の研究者から支持を得ている。

折口は、『万葉集』巻六に載せられている「藤原朝臣廣嗣《ひろつぐ》、桜の花を娘子《おとめ》に贈れる歌（一四五六）」の詞書をもつ和歌

この花の一瓣《よ》のうちに百種《ももくさ》の言《こと》ぞ隠《こも》れるおほろかにすな

と、廣嗣の歌に対する娘子の反歌「娘子の和《こた》ふる歌一首」

この花の一瓣《よ》のうちに百種の言《こと》待ちかねて折らえけらずや　（一四五七）

について、つぎの考察を行なっている。

此二つの歌を見ても、花が一種の暗示の効果をもって詠まれて居ることが訣《わか》る。こゝに意味があると思ふ。桜の花に絡《から》んだ習慣がなかったとしたら、此歌は出来なかったはずである。其歌に暗示が含まれたのは、桜の花が暗示の意味を有して居たからである。此意味を考えると、桜を暗示の為に重んぜられた。一年の生産の前触れとして重んぜられたのである。花が散ると、前兆が悪いものとして、桜の花でも早く散ってくれるのを迷惑とした。其心持ちが、段々変化して行って、桜の花が散らないことを欲する努力になって行くのである。桜の花の散るのが惜しまれるのは其為である。平安朝になって文学態度が現われて来ると、花が美しいから、散るのを惜しむ事になって来る。けれども、実は、かう言う処に、其基礎があったのである。かうした意味で花の散るのを惜しむ、という昔の習慣は、吾々の文学の上には見られなくなって来たが、民間には依然として伝はって居る。

折口は藤原廣嗣の和歌のなかに桜花の暗示があると解釈したのであるが、暗示とは、①別のものを示してそれとなく感づかせること、②感覚・観念・意図などが言葉などによって理性に訴えることなく他人に伝達される現象（『広辞苑』より）であり、誰もがそれと知っている自明のものであることが必要である。廣嗣は娘子には暗示として歌を贈ったのであるが、その暗示部分は当時詠われた和歌の中にも表現されていることが普通であろう。しかしながら、前に掲げた桜花が散ることを詠った和歌では、どの歌にもそのような表現は見られない。折口の深読みが過ぎるのではないか。

『万葉集』で桜の歌が詠まれた地域は、前にも触れたように大和国・播磨国・紀伊国・尾張国・伊賀国・越中国の六カ国である。また桜の和歌を詠んだ人は、鴨君足人《かものきみたりひと》、薬師張氏福子《やくしちょうしさきこ》、高橋連蟲麻呂、山部宿《やまべのすく》禰《ね》赤人、若宮年魚麻呂《あゆまろ》、河辺朝臣東人《あずまひと》、藤原朝臣廣嗣、厚見王《あつみのおおきみ》、久米郎女《くめのいらつめ》、諸卿大夫、播磨娘子《はりまのおとめ》、石川大夫（播磨国司）の身の回りの世話をしていた娘子《おとめ》などで、巻十の「花を詠める」との詞書のある一連のものには作者名は記されていない。

桜の歌を詠んだいずれの人も、稲の栽培とは直接の関わりをもたない官側の人たちである。この人たちが、春先の稲田のすき起こしから、苗代への種蒔きの準備などのこまごまとした仕事を、日を重ねながら順序だてて進めていくという稲の栽培に携わる人たちの、心のなかの最も深い部分である、稲の豊凶を桜花に託するという心理をくみ取ることはできなかったと考える。

また、桜花とほとんど関わりなく稲作農業を営んできた地方もある。筆者が生まれた岡山県北部の美作《みまさか》地方では、山桜の花は咲くけれどそれを稲作作業の指標とすることはなく、また世間一般においては花見する花とは桜花をいうとされているが、美作地方での花見は桜花ではなかった。筆者の小学生の頃には、桜花の花見をしたことはなかった。

さらに言うならば、桜花と常に対比される梅花では、『万葉集』巻五に収録されている太宰帥《そち》の宅《いえ》で行なわれた歌会での梅花歌三二首の作者は、大和国・対馬国・筑前国・筑後国・豊後国・大隅国・薩摩国の七カ国の上級官僚たちである。梅花を鑑賞することが、宮都の官僚たちだけでなく、九州の各国にも広まっていたのである。一方、桜花の鑑賞が万葉時代の官僚たちの間に広まっていたとすれば、前にふれた六カ国の山桜ばかりでなく、もうすこし数多くの地方の歌があってもいいのではなかろうか。

したがって、折口のいう桜花は稲穀の霊の宿るもので、その花が散るのを惜しむということは、仮に大和地方では言われても、全国的な公理としては認めがたい。

桜花が散るという現象は、『万葉集』では桜花の生涯のおわりであり、咲いたものは散るという程度の詠い方になっている。散る桜花を美しいものと観る感情は、『万葉集』の時代には生まれていなかったことがこれでわかる。

桜花は親しみの感情表現

梅花が梅と月・梅と雪・梅と柳・梅に鶯《うぐいす》などように組み合わされ後の世に典型とされるものをもっていることに比べ、『万葉集』に詠われている桜花は組み合わされるものをもっていない。そのかわり、桜花をもって乙女に譬《たと》えたり、あるいは身近な人に対する親しみの感情表現であることを発見した。

白雲の竜田の山の滝の上の小鞍《おぐら》の嶺に咲きををる　桜の花は山高み風し止まねば
春雨の継ぎてしふれば秀《ほ》つ枝は散り過ぎにけり下枝《しづえ》に残れる花は
しましくは散りな乱れそ草まくら旅行く君が還《かへ》り来るまで　（一七四七）

反歌

わが行《ゆき》は七日は過ぎじ竜田彦ゆめこの花を風にな散らし　（一七四八）

この歌は、春三月に諸卿大夫などが、奈良の都から難波《なにわ》へと旅行したときに詠われたものである。竜田山の小鞍の峰に咲きほこっている桜の花は、山が高いので風が吹き止まないし、春雨がいつまでも降っているので、梢近くの枝の花は散ってしまい、下枝に残っている花もすぐに乱れ散ってしまいそうだ。旅に出る諸卿たちが帰ってくるまで散ってくれるな、と長歌は旅に出かける人と、桜花を共に楽しみたいと、桜に請い願っているのである。

その返し歌に、私の旅は七日にすぎないので、ここの風の守神である竜田彦よ、送ってくれる友との花を見ての語らいの楽しみのため、夢にもこの桜花を散らしてくれるな、と長歌を詠ってくれた友へ感謝の歌を捧げたのである。

絶等木《たゆらぎ》の山の峰の上の桜花咲かむ春べは君を思《しの》はむ　（一七七六）

この歌は、石川大夫が播磨国の国司としての任務がおわり、養老四（七二〇）年に奈良の都にかえるとき、当地で石川大夫につかえ、身のまわりの世話をしていた播磨国の乙女に、桜の花が咲く春には共に眺めた桜と一緒に私のことも思いだしてください、と自分のことをいわずに桜花に寄せて詠ったのである。

第三章　平安時代の桜

1　『古今和歌集』の桜

平安時代の区分

平安時代も、前の奈良時代において『万葉集』の歌を詠んだ歌人たちが貴族であったと同様に、貴族たちが和歌に物語に桜をとりあげている。貴族社会で大きな影響を及ぼしていたのは、初期に編まれた勅撰和歌集の『古今和歌集』である。しかし、平安時代は約四〇〇年間もの歳月であり、かならずしも一様ではなく、周知のことだが、平安時代はおおむね三期に分けられる。

はじめは弘仁・貞観文化の時代が約一〇〇年間続いた。延暦一三（七九四）年の平安京遷都《せんと》から寛平六（八九四）年九月の遣唐使派遣中止までの時代の文芸は、晩唐文化の影響もあり、貴族は教養として漢詩文をさかんに作り、『凌雲集』などが生まれた。

ついで昌泰の変（昌泰二＝八九九年）をはじまりとして藤原氏による他氏の排斥が完了し、以後は藤原氏の全盛期となる。高度な貴族文化が開花し、文化の国風化と国文学の発達が促された。平仮名や片仮名がつくられ、日記・随筆や物語の記述に使われるようになった。このころに『古今和歌集』や『源氏物語』などが生まれている。

延久五（一〇七三）年一一月白河上皇が院政を開始し、以後院と武士との結びつきが深まり、武家の平氏が台頭する。平氏の頭領の清盛が公卿《くぎょう》となって政治的発言権を掌握したことにより、武家政権への端緒がひらかれた。『源氏物語絵巻』や『伴大納言絵巻』などの貴族を対象とした絵巻が描かれ、藤原氏の栄華を記した『大鏡』、『栄華物語』などの歴史物語も書かれた。また武士や庶民の文化も次第に発達し、『今昔物語集』、『梁塵秘抄《りょうじんひしょう》』などが生まれた。

平安時代といわれる時代は、平安京遷都にはじまり平氏滅亡で終わるのであるが、この間の年数は三九二年となり、時代の小区分をここまで触れたように三期に分けることができる。それぞれの区分ごとのおおむねの年数は、第一の期間は約一〇〇年、第二の期間は約一七〇年、第三の期間は約一一〇年となる。第二期の藤原氏による貴族文化が隆盛した時代が、もっとも長期間にわたっていたことがわかる。

勅撰漢詩集『凌雲集』の桜

さてこの時代の桜のことである。

勅撰漢詩集の最初となった『凌雲集《りょううんしゅう》』（八一四年ごろ成立）の冒頭には、平城《へいぜい》天皇（在位八〇六～八〇九年）御製の漢詩が二つ載せられている。「桃花を詠う」と「桜花を賦《ふ》す」である。平安時代の文献に見られる最初の桜花である。

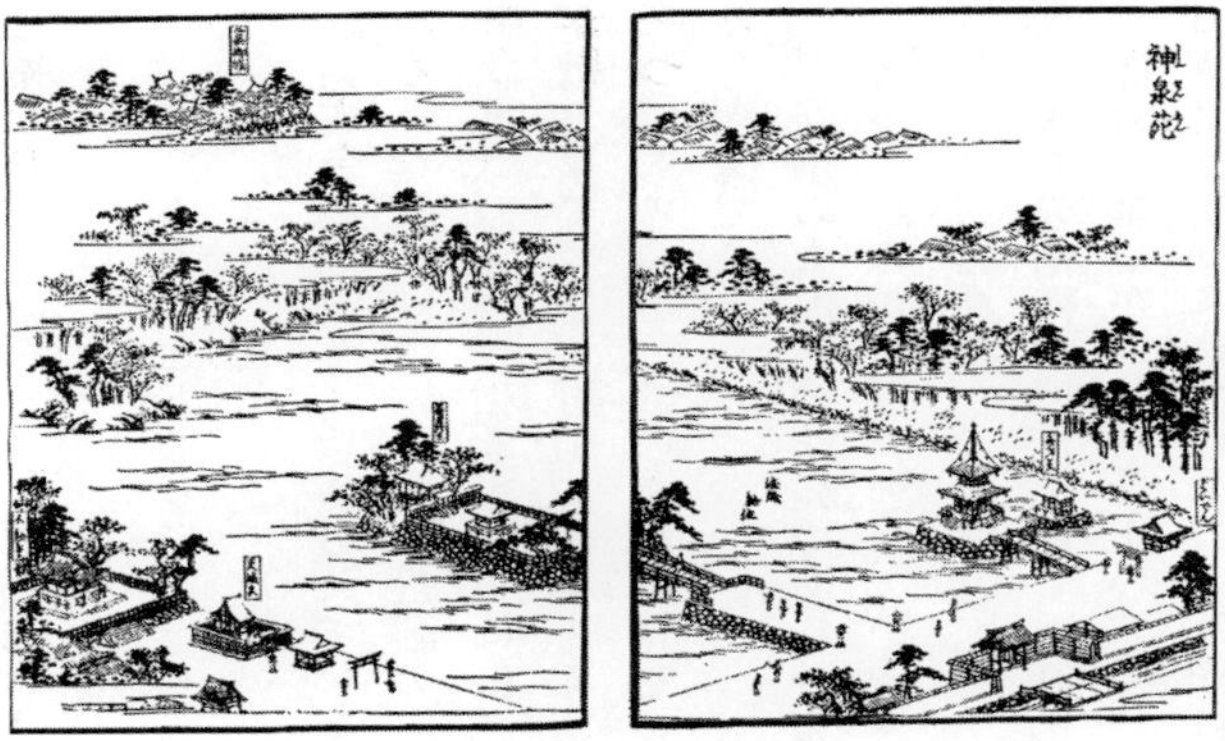

江戸時代の神泉苑の姿。平安時代には桜の名所として知られ，公家たちの花見の宴がよく催された（『都名所図会』巻之一，近畿大学中央図書館蔵）

桜花を賦す
昔《むかし》在《あ》り幽岩《ゆうがん》の下《もと》、
光華《こうか》四方《よも》を照らす。
忽《たちま》ち攀折《はんせつ》の客《かく》に逢い、
笑《えみ》を含みて三陽《さんよう》に亙《わた》る。
気を送る時《よりより》に多少《たしょう》、
陰《かげ》に垂《た》る復短長《またたんちょう》。
如何《いか》なるぞ此の一物《いちぶつ》の、
美《び》を九春《きゅうしゅん》の場《にわ》に擅《ほしいまま》にすることは。

かつては山の奥深いところの巌《いわ》の下にあった桜樹、その花の光は四方を照らすごとくだった。たちまち見つけだされ手折られ、さらに宮中に移植され、笑《えみ》をうかべて陽春三カ月にわたる。香気をときに濃くあるいは淡く送り、地に落とす影もまた長くあるいは短くなる。いかなることであるのか、この春の一つの物である桜花が、美しさを九春（春の九〇日）の間も、庭でほしいままにしていることは……。意訳すればこうであろうか。

平城天皇は平安遷都を挙行された桓武天皇（在位七八一～八〇六年）の長子で、藤原薬子の乱によって剃髪《ていはつ》入道したが、平安京

を嫌われ、もとの宮都の奈良に住まわれた。そのとき詠まれた和歌

ふるさととなりにしならのみやこにも色はかはらず花はさきけり　(九〇)

が『古今和歌集』に収められている。この和歌が配置されているところは、巻二春歌下の桜花を吹き散らしていった風について詠んだ歌の直後にあたる。歌の中の「花」を桜花とみる人が多いが、平城天皇御製の歌までの『古今和歌集』では桜花を詠むときには歌の中かあるいは題かに「さくら」と必ずある。桜花が散り果てても、野山にはもろもろの花がそれぞれ満開となる季節である。桜花も中春に咲く数多い花の一つであるので、この和歌の花を桜花に限定することなく、やはり春に咲く百花を詠っていると解釈するのが素直であろう。

平安京の大内裏《だいだいり》の禁苑《きんえん》である神泉苑《しんせんえん》では、梅花・桜花など春の花を賞でる「花宴《はなのえん》」とよばれる詩宴がよく開かれた。『日本後紀』の弘仁三(八一二)年二月一二日の条に、(嵯峨天皇)「神泉苑に幸《いでま》す。花樹を覧《みそな》はし、文人に命じて詩を賦せしむ……花宴の節、此《ここ》に始る」とみえる。なお、神泉苑は現在の京都市中京区二条城の南西の門前町に、当時の面影が想像される小さな池が残っている。

嵯峨天皇(在位八〇九～八二三年)の「神泉苑の花宴にして「落花篇」を賦す」との漢詩に、そのときの情景が描写されている。春なかばの二月、神泉苑に和やかな風がしきりに吹いて百花が開く。そこで文《ぶん》雄《ゆう》をよび、花をはやす宴をもよおす。苑《えん》に入ると花の光が林の外までもれ出していて、丹《あか》や青色の絵具筆を借りて表現する必要があろうか。紅《くれない》の花ぶさの堕ちるあたりには鶯《うぐいす》が乱れ飛びながら鳴き、草木の花の散るとき群がっている蝶がハッと驚く、というのである。このような苑の中で天皇が招集した花宴や詩宴

が開かれ、数多くの詩歌が生まれたのである。

梅好き道真とその師の桜の漢詩

漢詩集の二番目が『文華秀麗集』（八一八年に成立）である。前の『凌雲集』にもれた作品をおぎない、さらに新しい詩を加えたもので、作者は二八人・詩編合計一四八編（現存する本ではすべて一四三編）であった。この詩集では季節が春の詩編は四五編となっており、そのなかに梅花の詩は八編あるが、桜花はまったくない。詩編に詠われる季節は、梅花がおわった後はホトトギスの鳴く初夏近い季節となっている。漢詩として桜花を詠うことは、参考とする本家中国の漢詩に少ないこともあって、想像以上に困難だったのだろう。

菅原道真（八四五～九〇三年）は梅好きといわれるが、『菅家文草』には桜の漢詩が収められている。

藤司馬が庁前の桜花を詠じる作への返答の作

紅桜《こうおう》笑い殺《そ》す古《いにしえ》の甘棠《かんとう》
安使《あんし》が君公《くんこう》遺愛《いあい》の芳《ほう》
用いず春の庭の限りなき色を
秋の畝《うね》の余《あま》れる粮《かて》有るを看《み》むことを欲《ほっ》す

庁舎の前の木は、昔のかの召伯《しょうはく》の徳をたたえたという甘棠《かんとう》（小りんごのこと）ではなくて、桜の木があったことは、お生憎《あいにく》さまと大笑い。この桜は、前任者である安大守（讃岐介の安倍興行のこと）の君が大切に育ててきた桜である。春に庭先で限りなく美しい花を咲かせる桜だが、ほかに大切なものがあるはずだ。秋の実りが豊かで、余りができるほどの収穫があるのかどうか、善政が本当に民に及んだのかどうか見極めたい、というのが詩の意味である。

この詩は道真の下僚である讃岐介《さぬきのすけ》の藤原氏から、国府庁の前庭の桜花を詠じた作を贈られた返答である。菅原道真は、讃岐国（現・香川県）の国司として仁和二（八八六）年正月から仁和五（八八九）年四月までの三年余りの期間、国府庁で生活をしていた。赴任する前年は諸国が不作であった。なかでも年間雨量が少なく、水が不足しがちな讃岐国では旱魃《かんばつ》による被害がかなり深刻であったものと思われる。そのため、食糧に余裕ができるほどの善政、つまり課税を低くしたものかどうか見極めたいと詩に詠じたのである。この詩によって、讃岐の国府庁の前庭にも、桜樹が栽培され、府庁に勤める官人たちは春には桜花を賞し楽しんでいたことがわかる。

道真のこの詩以外の桜が詠じられた詩の題のみを掲げると「春の夜桜花を賦す、御製に応えまつる」（巻第五）、「春、桜花を惜しむ、御製に応えまつる」（巻第五）、「月夜に桜花を翫《もてあそ》び、各一字を分つ、令（東宮の仰せのこと）に応えまつる」（巻第五）がそれである。

菅原道真の師の島田忠臣《ただおみ》に、「桜花を惜しむ」と題した漢詩があるので意訳する。

前夜はまだ枯れ木のようであったが、
晨《あした》を迎えてはや五分咲きの紅《くれない》にみえる桜花。
わが国に知られた桜の香りはほかの香りと異なっていて、
他の諸々の樹木に桜花の香りと同じものはない。

花咲く枝を折り取る者は鎖に繋いで邪魔したく、
花をついばむ鳥は籠で禁止する。
この花の早く落ちるのは嫌だ。どうしようか、
春風にわいろを贈ってみようか。

桜花を散らす春風にまで、散らさないでおくれと、わいろを贈ることまでも考えるほど、桜花が散ってしまうことを惜しんでいる。漢詩では難しい表現となっているが、この桜花が散ることを惜しむ意識が後には和歌に詠まれるようになっていくのである。

『古今和歌集』の桜歌の配列

平安遷都からほぼ一〇〇年を経て、男性的な漢詩から和歌への関心が表面に現われてきた。そこには、真名《まな》とよばれる漢字をもって記述する方法から、万葉仮名の草書体（草仮名）を簡略化した平仮名や、漢字の一部をとった片仮名が使われだしたことも、一つの要因となっている。

ほぼ一〇〇年間にわたる力強い政治的な貴族生活と、貴族をたばねる藤原氏の日々高まっていく勢いを背景に、知的な趣向性を核として優雅で、こまやかな麗しさをもつ新しい歌風をつくりあげていた。その結晶として醍醐天皇（在位八九七〜九三〇年）が延喜五（九〇五）年に紀貫之・凡河内躬恒《おおしこうちのみつね》らに勅し撰歌《せんか》させ、『古今和歌集』が生まれた。『古今和歌集』の桜の歌は、巻第一と巻第二の二つの巻にわたり、桜花の開花から散り果てるまでが、順次詠われていく配置となっている。

巻第一・春歌上では、咲き初めからはじまり、散りはじめるところまでの歌が収められている。

人の家にうえりける桜の、花さきはじめたりけるをみてよめる　つらゆき
ことしより春知りそむる桜花ちるといふ事はならはざらん　(四九)
染殿のきさきのお前に花がめに桜の花をさゝせたまへるを見てよめる　前の太政大臣
年ふれば齢《よわい》は老ひぬ然《しか》はあれど花をしみれば物思ひもなし　(五二)
渚の院にて桜を見てよめる　在原業平朝臣
世の中にたえてさくらのなかりせば春の心はのどけからまし　(五三)
花ざかりに京《きょう》を見やりてよめる　素性法師
見わたせば柳桜をこきまぜて宮こぞ春の錦なりける　(五六)
桜の花のさかりに、久しくとはざりける人のきたりける時によみける　読人しらず
あだなりと名にこそたてれ桜花年にまれなる人もまちけり　(六二)

巻第二・春歌下では冒頭に「さくら花うつろはむとや色かはり行く」と花盛りがすぎたあたりをまずもってきており、やがて花が散り始め、風に吹かれ空に乱れとぶ花びらの描写でおわっている。

題知らず　読人しらず
春霞たなびく山のさくら花うつろはむとや色かはり行く　(六九)
残りなくちるぞめでたき桜花有りて世の中はての憂《う》ければ　(七一)
僧正へんぜうによみておくりける　これたかのみこ
桜花ちらばちらなむちらずとてふるさとの人のきても見なくに　(七四)

巻数	桜花の状態	歌番とその表現
巻第一　春歌上	咲きはじめ 開花	49　桜の花咲きはじめたる 50　さくら花
	花ざかり	56　花ざかりに京を見やる
	散りはじめ	65　桜花ちるまで見ん
巻第二　春歌下	盛んに散る	69　さくら花色変りゆく 70　ちるを待てというのに 71　残りなくちる桜花
		81　散った花は水の泡となれ
	花吹雪	89　風に吹かれて散るさくら花

『古今和歌集』における桜の歌の配列。咲き始めの状態より，花が散る状態に関心が高かったことが，歌の数に明瞭に現われている。

京都御所の桜の咲く庭園。平安貴族たちは寝殿造りのこんな庭園で桜の花をよく見ていたものであろう。

山の桜を見てよめる　つらゆき
春霞なにかくすらんさくら花ちるまをだにも見るべきものを　(七九)
桜の花のちるをよめる　きのとものり
久方《ひさかた》のひかりのどけき春の日にしづ心なく花のちるらむ　(八四)
亭子院歌合の歌　つらゆき
さくら花ちりぬる風のなごりには水なきそらに浪ぞたちける　(八九)

なにげなくみていると見過ごしてしまうが、筆者には『古今和歌集』の桜花の和歌の配置になにか引っかかるものを感じた。巻第一の五二番と五三番の配置順序である。染殿《そめどの》の后《きさき》の前にある桜花を詠った太政大臣藤原良房の和歌と、渚《なぎさ》の院の桜を詠んだ在原業平《ありわらのなりひら》の和歌のことである。

染殿后前の花瓶の桜

染殿《そめどの》の后《きさき》は文徳天皇（在位八五〇〜八五八年）の皇后で、清和天皇（在位八五八〜八七六年）の母である藤原明子《めいし》のことをいう。染殿とは良房の邸の呼び名で、明子はそこに住んでいたので、染殿の后とよばれる。五二番の和歌は、染殿の后の前の花瓶《はながめ》に桜の枝が挿されている様子を、皇后の父親が詠んだものである。ここでは現実の桜花にいま盛りの華《はな》と輝いている娘を見ており、自分は老齢となってそのための嘆きはあるが、その嘆きも桜花のめでたさを見ることで、何も思い患うことはないと詠いあげている。貴族中の貴族である太政大臣が、天皇の后となった自分の娘を、桜の花盛りとみて、なにも物思い（取り越し苦労）することはないというのであるから、桜花とは貴族が好んだ花といえよう。

この光景はどんなものであったのか『枕草子』の第二三段（清涼殿の丑寅《うしとら》のすみの）は、次のように記す。

勾欄《こうらん》のもとにあをき瓶《かめ》のおおきなるをすえて、桜のいみじうおもしろき枝の五尺ばかりなるを、いと多くさしたれば、勾欄の外まで咲きこぼれたる、ひるつかた、大納言殿、桜の直衣《のうし》のすこしなよらかなるに、こむらさきの固紋《かたもん》の指抜《さしぬき》、しろき御衣ども、うえにはこき綾《あや》のいとあざやかなるをいだしてまいり給へるに、うへのこなたにおはしませば、戸口のまへなるほそき板敷《いたじき》にい給ひて、物など申したまふ。

『大鏡』には「御女《むすめ》の染殿后の御前に桜の花の瓶に挿されたるを御覧じて、かく詠ませ給へるにこそ。后を花にたとへ申させ給へるにこそ」と、語られている。しかし、この和歌の桜花は花瓶に挿されたもので、庭園や里山に生育している桜樹の枝先に咲いた花ではない。

ここが問題で、桜樹の生育している場所から、宮中の后の前の花瓶に移してきた桜花が盛りだというのである。和歌の作者太政大臣藤原良房にしてみれば、わが家の庭から宮中へと、枝を切り取って瓶に移しても（藤原家から離れ天皇の后となっても）、見事に花を咲かせているので、これ以上を望むことはないと、暗にほのめかしたのではなかろうか。否、ほのめかすどころか、娘を自慢するため、この和歌を詠んだものといえよう。

次の在原業平《ありわらなりひら》の和歌も、前に置かれた藤原良房の歌と大いに関連があると、筆者はみる。この歌の題に記された渚《なぎさ》の院とは、河内国交野《かたの》郡（現・大阪府枚方市渚本町）にある惟喬《これたか》親王（八四四～八九七年）の別荘のことで、業平はよくお供していった。

『古今和歌集』の選者の一人である紀貫之の『土佐日記』（二月九日の条）に、「かくて、船引き上るに、渚の院といふ所を見つつ行く。その院、昔を思ひやりて見れば、おもしろかりける所なり。しりへなる岡には松の木どもあり。中の庭には梅の花咲けり。ここに人々の言はく『これ、昔、名高く聞へたる所なり。故惟喬《これたか》親王のみこの御供に、故在原の業平中将の　世の中に絶えて桜の咲かざらば春の心はのどけからまし』といふ歌詠める所なりけり。……都の近づくを喜びつつ上る」と、いまは寂れた院の跡をしのんでいる。

在原業平の「桜なかりせば」

在原業平の「世の中に……」の和歌は、『伊勢物語』の第八二段にあたる「交野《かたの》の狩」に収められている。狩とは、本来は山野を遊歩することで、代表的なものに春の桜狩、秋の紅葉狩などがある。この文章では、桜が主題となっているので、桜狩をさしている。

むかし、惟喬《これたか》の親王《みこ》と申す親王おはしましけり。山崎のあなたの、水無瀬《みなせ》といふ所に宮ありけり。年ごとにさくらの花盛りには、その宮へなむおはしましける。その時、右の馬の頭《かみ》なりける人を、常に率《ひきい》ておはしましけり。時世《ときよ》へて久しくなりにければ、その人の名忘れにけり。狩はねむごろにもせで、酒を飲みつゝ、やまと歌にかゝれりけり。いま狩する交野の渚の家、その院の桜ことにおもしろし。その木のもとにおりいて、枝をおりてかざしにさして、上中下《かみなかしも》みな歌よみけり。馬の頭《かみ》なりける人のよめる。

世の中にたえて桜のなかりせば春の心はのどけからまし

となむよみたりける。又人の歌、

散ればこそいとゞ桜とめでたけれうき世になにか久しかるべき

とて、その木のもとは立ちてかへるに、日ぐれになりぬ。

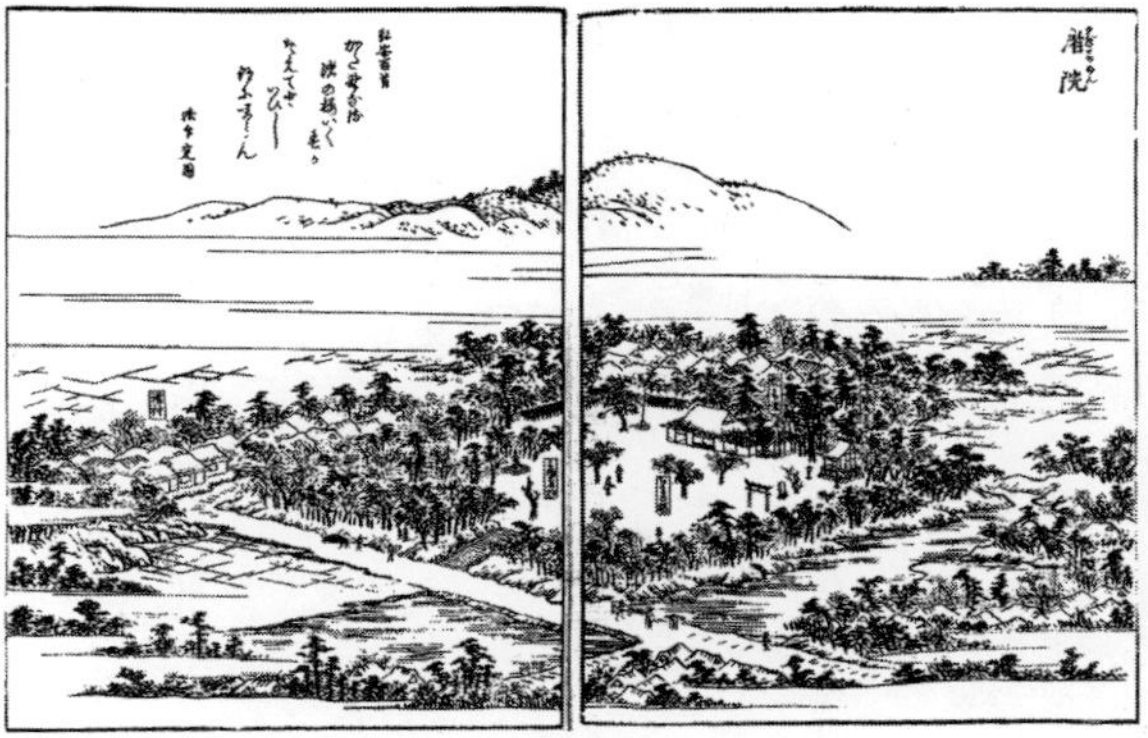

惟高親王の別荘であった河内国交野の渚院。ここでの桜狩で在原業平は「この世に桜なかりせば……」と詠んだ。遠景の山は天下分け目の天王山である（「河内名所図会」巻之六，近畿大学中央図書館蔵）

惟喬親王は文徳天皇の第一皇子である。父の文徳天皇は親王をたいへん愛しており皇太子に立てようとしていた。ところが嘉祥三（八五〇）年、ときの権力者である藤原良房の娘明子に第四皇子である惟仁《これひと》親王（後の清和天皇）が生まれたので、これを憚《はばか》って立太子を果たすことができなかった。惟仁親王は生後九カ月で皇太子となり、九歳で即位して清和天皇となると、外祖父の藤原良房は天下の政《まつり》を摂行《せっこう》した。ここに藤原氏の摂政・関白時代の幕開けとなったのである。

惟喬親王はのちに剃髪して小野の里（山城国愛宕郡）に隠棲し、小野宮と称した。これも惟喬親王の母が、名門とはいいながら、藤原氏と対抗できるほどの力のない紀氏《きのし》出身であったからである。一方、在原《ありわら》姓は平城天皇の皇子阿保親王の王子に賜った姓で、業平《なりひら》（八二五〜八八〇年）は阿保親王の第五子である。業平もまた紀氏の娘と結婚していた。業平の妻の父親紀有常と惟喬親王の母親静子とは兄妹なので、惟喬親王と在原業平とは親戚関係にあったことがわかる。

業平の「世の中にたえて桜のなかりせば……」の和歌は、世の中に桜という桜がまったくなかったならば春（をたのしむ人）の心はどんなにのどかであろうものを……と、一般的には解釈されている。

上坂信男は『伊勢物語評解』で、「私はとにかく咲き誇る桜の頌歌《しょうか》とみたい。ただ桜を素直に賛美しないで、反実仮想の語法によって、裏から讃《たた》える知的な発想は屈折した不遇者の心の反映であろう。桜の頌歌《しょうか》と認めたのは、『古今集』巻一春上の「渚の院にて桜をみてよめる」との詞書である」と述べている。頌歌とはほめうたのこと。

大岡信は、「この歌について言えば、桜の季節は概して風雨の変化が激しい季節です。桜が咲く前から散りおえてしまうまで、いつも桜が気にかかる。花への愛着心さえなかったならば、むしろ世の中はどんなにのどかだったろうということで、逆説的に桜の花の短い命ゆえの無量の美しさをたたえている。桜の花が散りはしないかと思っているその心配、うれいを言いながら、実はその心配をさせてくれる桜が私は大好きだ、と言っていて、心としては徹底的に耽美《たんび》的なのです」と、『古今和歌集の世界』（岩波書店、一九九九年）の中で述べている。

そのほかこの歌の解釈には、権門藤原氏を桜に寓《ぐう》したとの解もあるし、孫引きだが飯田季治の「裏には桜花を皇子《みこ》に喩《たと》へて。皇子を思ひ参らする真心のいとゞ浅からぬをも含めたる也。此の歌うち見には桜を憎みて詠めるが如くなれど。其真情は桜を愛づるの余り。さまざまに心を痛むる事その極に達し。殆ど困じ果てて斯くは云へるにて。即ち花を思ふの情いとゞ深き也」（『評釈業平全集』）との解釈もある。

しかしながらこの和歌（『古今和歌集』五三番）を、前に置かれた藤原良房の和歌（『古今和歌集』五二番）と照らしあわせながら解読すれば、従来の解釈である「世の中に桜がなければ、春の気分はさぞのどかなものであろうものを」とは、印象が異なってくる。惟喬《これたか》親王とも在原業平とも関係の深い紀氏出身の紀貫之はよくぞ、六歌仙の一人である在原業平のこの歌を、『古今和歌集』に収められた和歌はこの歌がただ一首だけという藤原良房の「花瓶の桜花歌」の後に配置したものとおもう。それだけ業平がさりげなく和歌を詠んでいるのであり、紀貫之の歌の配置が絶妙であったのだ。

花盛りの京を詠む歌

『古今和歌集』の桜の歌の配列は、前にみたように桜花の咲き始めから、散り終わるまで順序だててなされている。「世の中にたえてさくらのなかりせば……」の歌の桜花の花は、絢爛《けんらん》と咲いている時期と見る人が多いので、配置は素性法師の「花ざかりに京を見やりてよめる」歌（五六）の後でも差し支えない内容である。業平の詠んだ和歌そのものの解釈を、別の意味にとれるようにと、『古今和歌集』の編者のひとりの紀貫之はこの順序に配列したものであろう。

筆者は『古今和歌集』の在原業平の「桜のなかりせば」の和歌を「宮廷社会というこの世の中に、まったく桜（藤原良房が花と歌った染殿后明子）がなかったならば、自分が仕えている惟喬親王が天皇として政治をされ、そのもとでの日々（春の心）は、さぞのどかな気分であろうものを……」と解釈した。ときの天皇でさえ憚《はばか》らねばならないほどの勢力をもつ藤原氏の娘で、后となり、親王の生母となった明子さえいなかったなら……と、愚痴ばかり出るのである。その愚痴を悟られないように、衣に幾重にもつつみこんで、しかし和歌に詠んだことの意味がわかるようにと、惟喬親王との関わりがある和歌だとわかってほしいため、よく読まれた『伊勢物語』において惟喬親王と関連性の深い「渚の院」を詞書に記したのである。

さて、「花ざかりに京を見やりてよめる」との詞書をもつ素性法師の和歌は、『古今和歌集』に詠われている数多い桜の和歌のなかでも、景観規模の大きさは随一である。どこからか、春の京の街が一望に見わたせる場所から眺めてみると、柳と桜花が入り交じって、まるで都全体が錦となっている、と和歌は詠うのである。「柳は緑花は紅」といわれるように、柳も桜もそれぞれが春を象徴する樹木の姿である。この二つの樹木が、都のここかしこに植えられており、遠方から都を望み見たとき、きらびやかで、はなやかな錦織《にしきおり》のようである、というのである。都の街全体を一望のもとで詠んだ和歌は、『古今和歌集』ではこの歌のみである。

素性法師のこの和歌は、桜花は歌ことばの中にはみられるが、桜自体の美しさ、華やかさといったものを詠ったものでも、褒《ほ》めたたえたものでもない。詠われたものは都の街であり、都褒めの和歌で、「春の錦」のことばがそれを示している。紅葉の頃の山の姿は、「秋の錦」として古来より和歌に詠われているが、素性法師は高みの場所から花盛りのとき都をみると、紅葉の頃の山々をみるように、柳の緑と花の紅、貴族たちの華やかな寝殿造りの邸宅が交じり合って混沌としていた。ああこれこそが「錦」といえる景観だと、素性法師は「春の錦」を発見したのである。

都のことを錦と称することは、漢詩に例が多い。竹岡正夫の『古今和歌集全評釈上』（右文書院、一九七六年）からの孫引きであるが、「漢書云、松花枝を交える錦都の陰、柳色錦の都に深しといへり。文選《もんぜん》には、人家錦を穿つ松花の都といへり」と錦の都の事例を引いている。また、春の花を錦に見立てることも当時の漢詩によく見られるところだとして、杜甫の清明二首のなかの「秦城の楼閣は鶯花の裏《うち》　漢王の山川は錦繍《きんしゅう》の中」と、「河内奉蚌《ぶほう》の思故郷」に「緑羅《りょくら》剪《き》りて作《つくり》なす三春の柳　紅錦《こうきん》裁《たち》て成す二月の花」を事例にひいている。

なお、素性法師の歌の柳とは枝垂《しだれ》柳のことであり、この枝垂柳は中央アジア原産の樹木である。古代にわが国に渡来し、春の芽出ちの美しさと、枝が枝垂れるその姿が珍しいと認められ、街路樹や庭園樹としてもてはやされてきた。枝垂柳は雌雄異株であって、わが国にはどういうわけか雄株だけが渡来したので、春にいくら花が咲いても実は実らないのである。

素性法師は、そんなことを知ってか知らずか、日本国に自生している桜花と、外来の柳の芽出ちと花の交じりあった景色を、あたかも都全体が錦のように見えると、和歌に詠ったのである。外来文化を受け入れ、それを十分に消化してわが国の文化となしていることを、わが国の文化はいわば土着の文化と渡来文化とが融合し混然一体となっていることを、はからずも和歌に詠んだのであった。

華麗に散る桜花とそのありか

『古今和歌集』巻第二・春歌下は、「春霞たなびく山のさくら花うつろはむとや色かはりゆく」(六九)と、春霞がたなびく山のここかしこに咲いている桜花の色が変わりはじめたと、開花からの時間が推移していく和歌を冒頭におき、散りゆく桜花と人びとの生活・生命の移ろいを詠っている。この和歌での桜花は、散り始めたのではなく、散り始めようとその支度を始めた状態のものをいっている。

桜花は、「のこりなくちるぞめでたき桜花」(七一)のように、花びら一つ残さずさっぱりと散ってしまうのが桜花の素晴らしいところだ、とまずいう。そして「さくら花ちりのまがひにいへじわすれて」(七二)と、桜花が繽紛《ひんぷん》と乱れ散る様を見とれているうちにわが家への家路も忘れてしまうといいながら、「枝よりもあだにちりにし花なればおちても水のあわとこそなれ」(八一)と桜花があとに何ものこすことなくはかなく無駄に散って、落ちると水の泡と消えさっていくというのである。

この和歌は、東宮雅院《とうぐうのがいん》で、桜花がみかは水(雅院をな

水面に散り落ちる桜花。平安時代から桜花は散り落ちる風情が好まれ，和歌によく詠まれた。

がれる遣水《やりみず》）に落ちて流れていくありさまを詠ったものである。桜花は美しく華やかなものではあるが、やがて何物も枝に残さず空虚に散っていくものであり、それはまた流れる水にできた泡も水に何物も残すことなく空虚に消えていくことと同じことだ、というのである。華やかに美しく咲く桜花がはかなく散ってしまうことを、世の中の無常や人の命のはかなさと結びつけてその象徴のように捉えている。

うつせみの世にも似たるか花桜咲くと見しまにかつ散りにけり　読人しらず（七三）
散る花をなにか恨みん世の中に我身もともにあらなむものかは　読人しらず（一一二）

うつせみとは蟬《せみ》の抜け殻のことで、虚蟬とも空蟬ともしるされる。

『古今和歌集』に収められた桜の和歌における桜樹の生育している場所を見てみると、院や人の家に植えられた桜（一二首）、高い低いはあるが山の桜（一五首）、場所不明（一五首）、山里あるいは里にある桜（四首）、京の町の桜（一首）、屏風に描かれた桜（一首）に分けることができる。これを栽培されたものと、野生のものとに分類すると、前者は一七首、後者も一七首の同数である。

詞書に「人の家に植えたりける桜の花咲き初めたりけるをみて詠める（四九）」「桜の花のさかりに、久しくとはざりける人のきたりける時によみける（六二）」などとあるように、春の花を楽しむために、人びと、とくに貴族たちはわが庭に桜樹を植えたのである。

選者紀貫之の屏風歌の桜

さらに寝殿造りという仕切りの少ない家屋構造にあって、重要な家具の一つである屏風《びょうぶ》に花を開いた桜

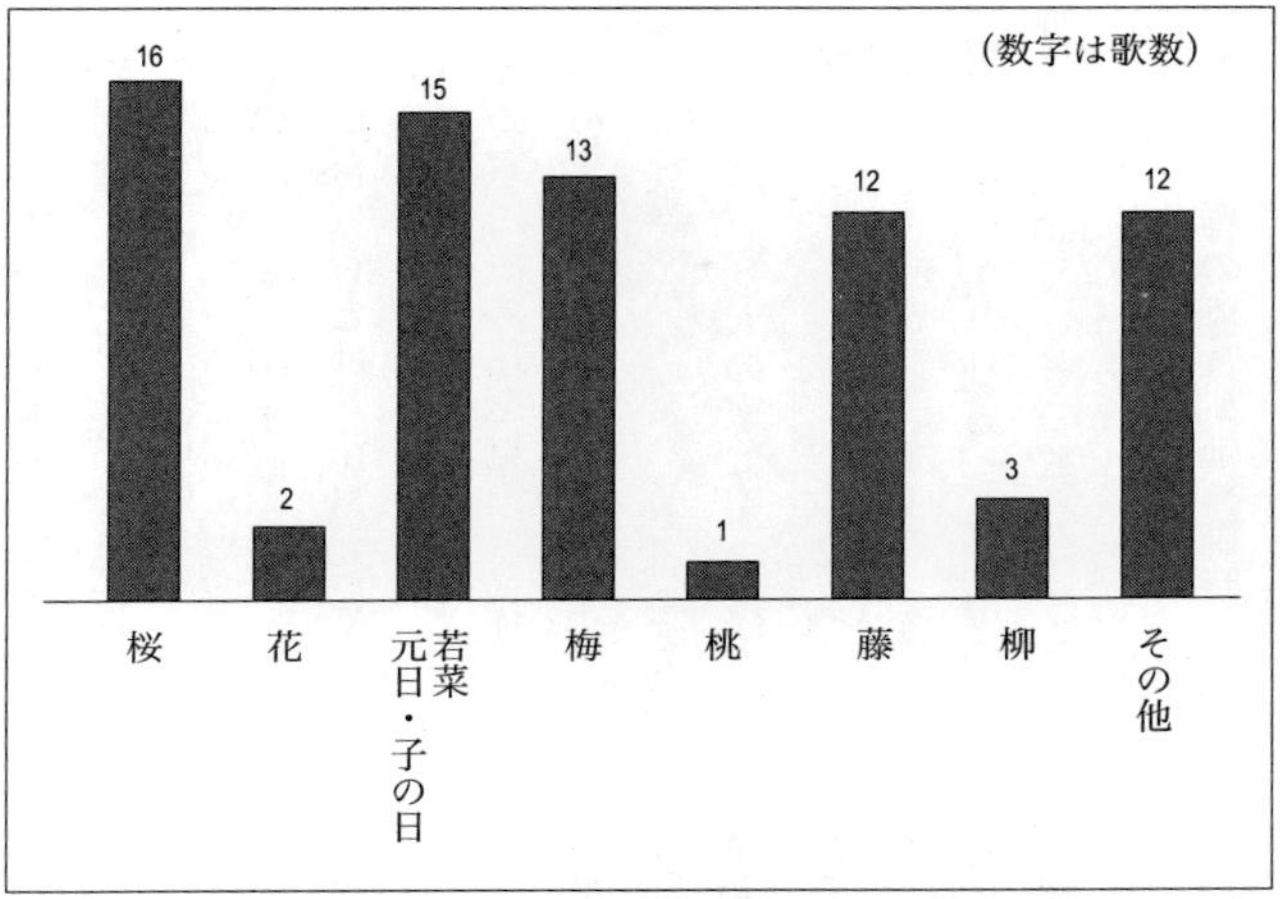

紀貫之の屏風歌（539首）中の春の絵柄調べ。春に咲く花では桜花が最も好まれて描かれていたことがわかる。梅花と藤がこれに次ぐ。

樹が描かれていたことが、巻第七・賀歌《がのうた》にある詞書「貞保親王《さだやすのみこ》のきさいの宮の五十の賀をたてまつりける御屏風に、桜の花の散る下に、人の花見たるかたかけるを詠める」（三五一）からわかる。

当時の屏風には、春夏秋冬の風物と行事が描かれた月次絵《つきなみ》、家の内部でくりひろげられる男女の交渉を中心とした屋内風俗の絵、名所や歌枕など旅情を誘う土地の絵、唐絵の影響をたくみに消化した大和絵の日本的山水や脱俗隠士の閑居の姿を描いた絵、農耕漁撈を中心として庶民生活を描写した絵などで、いうならば世俗の生活一切を含めたものが描かれていた。

『古今和歌集』の選者の一人である紀貫之には、一〇六〇首を超える歌が残されているが、その半数の五三九首が屏風歌であると、大岡信は『鑑賞　日本古典文学』第七巻（角川書店）に収められた「幻の世俗画」で述べている。これほど紀貫之は、人に頼まれて和歌を詠んでいるのである。『貫之集』の屏風歌はおおよそのところ第一から第四まで制作年代順に並べられており、その最初は延喜五（九〇五）年で詞書には「泉の大将四十の賀屏風の歌」とあるのみで、絵柄については触れられていない。

『貫之集』では、屏風に描かれた絵柄が詞書にかなり詳しく記されている。屏風絵に描かれた春（一月〜四月）の風景の中では桜の地位はどうなっているのかを知るため、煩わしいが延喜六（九〇六）年からその詞書を、田中喜美春・田中恭子共著『貫之集全釈』（私家集全釈叢書二〇、風間書房）から抜き出す。この場合、春とは、正月元日から藤の花の頃までとした。

桜は一六件ある。その内訳は、①人の木のもとに休みて川づらに桜の花見たる（延喜一五年、四六番）、②人の家に桜の花を見たる（延喜一五年、四九番）、③人の木のもとに立ちてはるかなる桜の花を見たる（延喜一六年、六一番）、④道行く人桜のもとにとまれる（延喜一七年、九二番）、⑤桜の花のもとに人々の寝たる所（延喜一八年、一〇五番）、⑥散る桜（延喜一八年、一一七番）、⑦桜と松のもとに居たる所（延長四年、一七四番）、⑧人の家に桜の多く咲ける所（延長四年、一七五番）、⑨道行く人桜の花を見て馬をとどむ（承平五年、三一九番）、⑩女簾《おんなすだれ》のもとにいたるに男物云ふ、桜の花咲けり（承平五年、三二三番）、⑪馬に乗りたる男ども、故郷《ふるさと》と思《おぼ》しきところにうちよりて桜を折る（承平五年、三二五番）、⑫人の家に桜の花多かり（承平七年、三五五番）、⑬山里の桜を見る（天慶二年、三七〇番）、⑭桜の花の散るを見たる（天慶二年、四〇五番）、⑮人の家にまろうどあまた来て柳・桜のもとに群れいて遊びするに花散りまがふ（天慶四年、四五二番）、⑯桜の花（天慶四年、四六七番）である。

春は、春の暮れ（延喜御時、二二三番）など四件である。花は、三月花散る（延喜一九年、一二八番）など二件である。元日・子《ね》の日・若菜は、元日（延喜一七年、九〇番）、子の日（延喜一七年、九一番）、若菜（延長四年、一八八番）など一五件である。梅は、人の家に女ども庭に出でて梅の花を見また山に残れる雪を見たる（延喜一六年、六〇番）など一三件である。桃は、桃の花女ども折る所（延長四年、一七六番）の一件である。藤は、池のほとりに藤の花松にかかれる（延喜一五年、五〇番）など一二件である。柳は、女柳の枝をひかへて立てり（延喜一五年、四八番）など三件である。その他の行事などは、二月初午《はつうま》、稲荷詣でしたる所（延喜六年、四番）、田かへす所（延長二年、一四二番）など一二件である。

以上の詞書を集計すると桜一六首、梅一三首、藤一二首、桃一首、柳三首、花二首、元日六首、子の日七首、若菜二首、その他諸行事一二首、合計七三首となった。

集計の結果、屏風の絵柄は、桜を描いたものがもっとも多い。桜花が描かれた屏風は、斎院恭子内親王の御屏風（二首）、清和天皇の女御《にょうご》藤原佳珠子の賀の屏風、中務の宮敦慶親王の御屏風、春宮《とうぐう》（醍醐天皇皇子の保名親王）の御屏風、承香殿（光孝天皇皇女源和子）の御屏風、権中納言藤原恒佐の北の方の屏風（二首）、内裏御屏風（四首）、右大臣藤原恒佐の屏風、右大将藤原実頼の屏風（二首）となる。

平安時代の貴族のなかでも、きわめて上位に属する人たちの、寝殿造りの間仕切りとして使われる屏風の、春の絵柄はこのようなものが使われていたのである。

これは詞書からみたものであるが、詞書のない歌もあるので、歌に読み込まれた桜や梅はどうなのか数えてみた。その結果、松四一首、桜二八首、梅二七首、藤二五首となった。常盤の松が最も多く、次いで桜と梅となった。藤の花も遜色のない数である。いずれにしても、春の花といえば早春の梅花、すこし暖かくなりはじめた時の桜花、春がすっかり闌《た》けた時期の藤の花が好んで描かれていたようである。

藤は、紀貫之が生きた時代が藤原氏全盛期であった影響も考えられるが、藤色といわれる紫の花房が松樹から垂れ下がるさまが好まれていた。よく平安時代には春の花が、梅花から桜花に変わったといわれるが、『貫之集』の屏風歌からみると、最も文化的影響力の大きな天皇の周辺では、梅花も桜花もほとんど変わることなく好まれていたことがわかる。

屏風に描かれた絵について『枕草子』は「絵にかき劣りするもの」の段で、絵と実物を比べたとき、絵の方が劣っているとみられる花に撫子《なでしこ》、菖蒲《あやめ》、桜があると述べている。絵師の技量もさることながら、和歌に数多く詠まれるなどにより、見る側の桜の花のイメージが実物よりも華麗となったため、描かれた画が注文者のイメージに及ばないことが原因の一つとなっていたのではなかっただろうか。

屏風歌の多い『拾遺和歌集』

『古今和歌集』『後撰和歌集』につづく第三番目の勅撰和歌集『拾遺和歌集』（寛弘四＝一〇〇七年に成立）の桜の和歌は、巻第一春の三五番から七七番までに収められているが、『古今和歌集』のように桜花で統一されていない。六七番から七二番は山吹の花となり、その後に「花」とだけ詠まれているが、桜と思われる歌が四首収められている。

『拾遺和歌集』巻第一・春での桜の和歌は、山ざくら（三六番）、山桜（三八番）、山の桜（三九番）、花桜（四〇番）、山のさくら（四二番）、桜花（四四、五八、六三番）、桜（四一、四八、六四番）、桜がり（五〇番）、桜色（五三番）、さくら花（六二、六六番）、さくらの花（五四番）、庭ざくら（六一番）、さくらばな（六五番）と記され、その記載表現法はほとんど一首一種と見られるほど多彩である。たんに花とのみ詠まれたものもある。注目すべきは、「花見」と「桜がり」という言葉が使われていることである。このことは後に譲ることにする。

詞書を見ると、「天暦九年内裏《だいり》の歌合に」のように歌合《うたあわせ》の際に詠まれた和歌が七首、「圓融院の御時三尺の御屏風に」のように屏風に描かれた絵と一体となるように歌を詠んだ和歌（屏風歌）が一一首があり、実風景や実体験を詠んだ「荒れはてて人も侍らざりける家に桜のさき乱れて侍りけるをみて」（六二番の詞書）のような和歌は少数派となっている。

屏風歌は、邸内の調度品である屏風に描かれた大和絵に、画賛《がさん》として添えるための歌で、現在の言葉でいうならば詩画集となろうか。屏風歌は、初めから大和絵の風景とセットにされるもので、絵画と和歌とが補い合って鑑賞を立体的にするものであった。

『古今和歌集』巻第一五に「寛平の御時御屏風にうたかゝせたまひける時、よみてかきける」（八〇二）のように、屏風に歌や絵画が描かれるとき、あるいは描かれたものと一体となるように歌を詠んだ。『古今和歌集』が成立するころから屏風歌はさかんに詠まれるようになり、『拾遺和歌集』のころまでが全盛期といわれる。『古今和歌集』には屏風歌が採録されたものはわずかであるが、『後撰和歌集』ではそれをもっとも多く採録しているので、屏風歌がたいへんに多いという特徴がある。

斎院の屏風に山道ゆく人ある所　　伊勢

散り散らず聞かまほしきをふるさとの花みて帰るひともあわなむ（巻一・春・四九）

花が散ったか、まだ散らないのかを聞きたいのだが、あの古馴染みの山のさくらを見て帰ってくる人にでも逢いたいものだ、というのが歌の意味である。詞書の「山道ゆく人ある所」を、ある本では「山に花見にいそぎゆく所」とされているという。

この歌の画は、遠景の山の峰にいまを盛りの山桜が描かれ、近景の山道を花見支度をした人が登っていく様子の風景画であったのだろう。歌は、その画中の人物の気持ちを表現しているわけである。屏風歌はこの歌のように、画中の人物の立場にたって詠うのが普通である。伊勢の歌は「ふるさとの花」と詠って、画中の山を登る人物が、もう何年もその山へ花見に訪れていることを暗示し、こうして登っているがもう散ってしまったのではなかろうかと、不安を抱きながら次第に急ぐ心を歌としているのである。歌の内容は、画では描写できないものであり、遠景の山の峰の桜花と逢い見ることを強調し、それで画とあわせて屛風絵を鑑賞する人に峰の山桜への想像をかきたてている。

歌合の桜の歌

ついでだが伊勢には「亭子院《ていじのいん》歌合の時よめる」との詞書のある「見る人もなき山ざとのさくら花外《ほか》のちりなん後ぞさかまし（六八）」という歌がある。誰一人として見る者もいない山里の桜は、都や邸宅などのほかにある桜が散ってしまってから咲いたらいいのに、というのである。伊勢の歌の詞書にあるように、平安時代には、歌合《うたあわせ》と呼ばれる遊戯がさかんに行なわれた。

歌合とは、人びとを左右にわけ、その詠んだ和歌を左右一首ずつ組み合わせて判者がその優劣を判定し、優劣の数によって勝負を決めるという遊戯である。その単位を一番といい、小さなものは五番・七番から、大きいものとなると六〇〇番、一五〇〇番にのぼっている。歌合は、在民部卿（在原行平）家歌合、仁和中将御息所《みやすどころ》歌合、陽成院歌合などがもっとも古いものとされている。次に宇多天皇の時代に后宮《きさいのみや》歌合があり、醍醐天皇の時代に有心無心歌合および亭子院歌合が行なわれている。亭子院歌合は宇多法皇が延喜一三（九一三）年三月一三日に、当時の七条坊門の北、西洞院の西二町を占める故藤原温子の邸で催したものである。退位後、文芸と宗教に逃避されていた法皇が、一代の晴儀《はれぎ》として催した遊宴本位の歌合であった。

『古今和歌集』には採録されている歌合が「寛平の御時きさいの宮の歌合」（一一番の詞書）など八度あり、

そのときの和歌が九八首採録され、そのうち桜を詠った和歌は九首となっている。『拾遺和歌集』では「天暦九年内裏の歌合」など三四度の歌合が採録されており、そのとき詠われた和歌のうち八五首が採録され、桜を詠った和歌は七首となっている。

すこし時代は下がるが『夫木和歌抄《ふぼく》』巻第四・春部四は、題を「花」として二六〇余首をかかげている。『夫木和歌抄』は鎌倉時代に藤原長清が撰集したもので、上は『万葉集』から『古今和歌集』『後撰和歌集』などの勅撰和歌集、下は家集《いえのしゅう》あるいは歌合などの歌で、証歌《しょうか》となるものを採り収録したものである。これが撰集された時代は、伏見天皇（在位一二八七〜九八年）の時代かそれよりすこし遅れる頃と見られている。そこに採録されている歌の詞書から、いつの歌合なのかを見るとつぎのようになる。

平安時代には、寛平御時（八八九〜九八年）后宮歌合、亭子院（延喜一三＝九一三年）歌合桜（二首）など一四度で二一首がある。鎌倉時代となってからは、建仁二年（一二〇二）歌合、元久元年（一二〇四）子歌合水郷春望（三首）など一六度の三四首である。以上のほか行なわれた年代がよくわからないものに、行家卿住吉社歌合松間花（二首）、南北百首歌合など一五度二四首がある。平安時代の寛平の年代から鎌倉時代の正安四（一三〇二）年に至る約四〇〇年を超える年月の間に、桜が題の一つとされる四五回の歌合のうち、七七首が『夫木和歌抄』に採録されているのである。

花合と桜

物合《ものあわせ》の一つとして、花合《はなあわせ》と呼ばれる遊びがある。左右に分かれて、花の美を競うもので、余興として歌が詠まれた。菊合《きくあわせ》、女郎花合《おみなへしあわせ》、瞿麦合《なでしこあわせ》、菖蒲根合《しょうぶねあわせ》などがよく知られている。

『古今著聞集』巻第一九・草木には、「長治二年閏二月内裏花合事」として、堀河天皇の御時の長治二（一一〇五）年に内裏で花合が行なわれたことが記されている。

後二月廿日あまりのころ、内の女房、殿上人少々花を見侍りけるに、廿三日に一枝《ひとえだ》を折りて奉るべきよし。天気有けれども、日くれて奉らざりける。その恨み有とて、次の日左右を分かちて、花を合《あわせ》られけり。左方の人々桜の枝を折りて、右衛門陣を潺湲《せんかん》に移したてて、五枝を選びもて参りけり。備後介有賢朝臣拍子を取て桜人《さくらびと》をうたひけり。管弦をもたれ侍けり。この花を、泉の御所に移しうへて、釣殿にてお遊び有けり。右方の花をそかりければ、上達部《かんだちめ》五人をつかはされけり。洲浜《すはま》にたててもて参りけり。そののち満座和歌を奉るべきよし勅定ありて、人々つかまつりけり。為範記に見へたり。

閏《うるう》二月二三日あまりのこと、二〇日ころより内裏の女房や公家たちが桜花を見にでかけているので、堀河天皇から桜の枝を一枝折って奉れとの仰せがあった。天気は良かったにもかかわらず、誰も差し上げなかった。桜花を見たいとの欲望が満足させられなかった恨みから、翌日（二四日）公家や女房たちを左右に分け、花合を行なわれた。

左方の人たちは五本の桜の枝を折りとってきて、右衛門府の陣の傍らを流れる小川のところに移したてた。左方の人の有賢朝臣が、催馬楽《さいばら》の曲「桜人」を管弦に合わせてうたった。さらにその花を泉殿のところへ移し、泉殿と相対する釣殿で歌舞などで遊んだのである。ところが右方からは、花を持ってくるのが遅い。公家を五人催促のため差し遣わすと、こちらは大きな盆に洲浜をつくり、そこに桜花を立てて持ってきた。その後、満座で和歌を奉るようにとの勅があり、人々はそのとおりに詠んで差し上げた、というのである。桜花合は、このように桜の自然の枝を折りとって、書院造り庭園の景観をさらに盛り上げるべく飾り立てたり、盆に造った洲浜に景色を縮小してみせるなどして、その技巧を競ったもののように考えられる。

おなじ『古今著聞集』には、順徳天皇（在位一二一〇〜二一年）の御時に催された花合のことが記されている。

内裏にて花合ありけり。人々めんめんに、風流をほどこして花奉りけるに、非蔵人《ひくろうど》孝時大いなる桜の枝を両三人してかかせて、南庭の池のはたにほり立てたりける。簡《ふだ》をつけて大花とかきたりけり。この事は孝道が党はみな鼻の大きなるによりて、院の仰せにも鼻が党とぞ有りける。これによりて大花と簡《ふだ》をつけたり。この興の沙汰にてぞ侍りける。

人びとは美しい桜花にさらに風流をほどこして奉ったとき、孝時《たかとき》は二〜三人もが担ぐほどの桜の大枝に「大花」と札を付けていた。この孝時もその父の孝道《たかみち》も、大きな鼻であったため、順徳院から「大鼻の党」とふざけられていたのに応えて、大花（つまり大鼻）と名札をつけたのである。桜花に風流な飾りをつけたものが多いなかに、装いよりも大きさでとばかりに大枝で、しかも日頃の揶揄《やゆ》材料の大鼻をユーモアをもって大花として笑いとばしたことが面白かったのである。

紀貫之第一とされる桜花の歌

ごく初期に催された歌合で詠われた歌に、紀貫之第一の作とされる散る桜花と、散らす風とを詠ったものが『拾遺和歌集』巻第一にある。

亭子院《ていじのいん》の歌合に　　紀貫之

桜ちる木《こ》のしたかぜはさむからで空にしられぬ雪ぞ降りける　（巻一・春・六四）

この歌は亭子院において仲春・季春・夏・恋の四題が出題されて行なわれた歌合のときのものである。紀貫之の歌は仲春の歌である。

桜花の散る木の下に吹く風は寒くなく、空には知らない雪が降っている、というのが歌の意味である。桜の花が散る様子が、まるで雪の降るようだということを言っているのだが、直接的にたとえるのではなく、ひねって技巧的な表現方法をとっている。桜を散らす花は寒風ではないが、空に雪花（実態は桜の花のこと）が舞っていると、美しいイメージをかきたてる歌となっている。桜の花が満開なのに風が吹いて、粉雪が舞い降ったといいながら、実は冬の風がいまだ知らない雪で、知らないはずだ桜花だ。それだから桜樹の下を吹いてくる風は、暖かな華やかなものだという気分を喚起しようとしたものである。「木の下風は寒からで」とか、「空に知られぬ雪」とか、特徴のある言い回しを、人々が記憶し、口ずさむだけで、散る雪と散る桜花とがオーバーラップして浮かぶようになる。

この歌は藤原公任《きんとう》や花山院の時代の貴族たちに愛誦されたと思われ、公任はその著『和漢朗詠集』に「落花」の題のもとに収録（一三一番）している。また、藤原清輔の歌学書である『袋草紙《ふくろぞうし》』（保元二＝一一五七年ごろ成る）は「四条大納言（公任）、貫之第一ノ秀歌ト為ス」というように、当代著名の歌人たちが評価した歌であった。

この歌をふまえて『栄花物語』の煙後《けむりののち》巻には「桜のえもいはぬ盛《さかり》に、馬場殿《むまばどの》に月明き夜、中宮の女房行きて見るに、幾木《いくき》ともなく咲きとゝのほりたるは、雪の降りかゝるに違《たが》ふことなし。空に知られぬ、とも見えたり。飽《あ》かぬ心地しながら、さてあるべきにあらねば、帰る」とある。

『古今著聞集』巻第一九・草木には、「宇治頼通與《と》四条公任、花の第一を論ずること」と題された論争が載っているので意訳する。春の花の第一を桜とするか梅とするかの論争であった。

宇治殿（頼通）が四条大納言公任卿と、春秋の花はどちらが優れているかと、論じられた。宇治殿は、春は桜をもって第一とし、秋は菊をもって第一とすると仰せられた。大納言は、梅が春の花の第一で桜を第一にするのはいかがなものであろうかと、申された。これにより梅と桜とどちらが優れているかについての論争になり、はじめの春秋の花の件はそっちのけになった。宇治殿の見幕に大納言は恐れをなして、つよくは論じられなかったが、

なお、春のあけぼのに紅梅の艶《はなやか》なる色すてられがたしと意見を述べられた。雅やかなものであったと『江記』にみえる。

『和漢朗詠集』の桜花

平安時代の日本人の心にひびく和歌や詩の断章を集めたものに、藤原公任の『和漢朗詠集』がある。五八八首の漢詩句、二一六首の和歌が上下二帖に収められ、部類別に配置されている。『源氏物語』や『枕草子』にも大きな影響を与えた『和漢朗詠集』の桜も、平安時代の人びと、とくに貴族の間で桜がどう見られていたのかを探るうえでの助けになるであろう。巻上は春夏秋冬の四季にまず分類され、春の項は立春、早春、春興、春夜、子《ね》の日、若菜など二一項目に分けられている。桜は一つの項目だけに収められているのではなく、あちこちにちりばめられている。

もゝしきのおほみや人はいとまあれや桜かざしてけふもくらしつ　赤人（二五）

大宮人は暇《いとま》があるのか、今日も桜花をかざして遊び暮らしていた、という意味である。『万葉集』では

「梅をかざしてここに集える」であったが、この『和漢朗詠集』で改変され、『新古今和歌集』春下もこのかたちとなっている。平安時代に春を代表する花が「梅」から「桜」へ変わったといわれる基因の一つとなっている歌である。

　　さくらがり雨はふりきぬおなじくは濡るとん《(も)》花のかげにかくれむ　（八五）

桜狩《さくらがり》とは野山へ桜の花見に行くことであり、野山を歩くうちに春雨が降り始めた。どうせ濡れるのなら、桜花の下で雨宿りしようと、いうのである。作者不詳。

日に瑩《みが》き風に瑩く
高低千顆万顆《せんかまんか》の玉
枝を染め浪《なみ》を染む
表裏一入再入《いちにゅうさいにゅう》の紅
花の光水上に浮む　　菅三品　（一一六）

池のほとりに、みごとに咲きそろった桜の花は、たとえてみれば、日の光にみがかれ、風にみがかれた千粒万粒の玉が、高く低く枝にかかって輝いているような美しさだと、桜花の美しさを表現している。

これを水と謂《い》はんとすれば

すなはち漢女粉《ふん》を施す鏡清瑩《せいえい》たり
これを花と謂《い》はんとすれば
また蜀人文《しょくひともん》を濯《すす》く錦粲爛《さんらん》たり　（一一八）

庭に流れる水に桜花が映っているが、水ではなく漢の美人が紅粉《べに》を引いて化粧するときの鏡が、清らかに輝いているようにみえると、水に映る桜花の美しさを、漢の美女の紅粉とも見た表現となっている。

世中《よのなか》にたえて桜のなかりせば春のこころはのどけからまし　（一二三）

この歌については前に触れたので省略するが、作者名が記されていない。

わがやどの花みがてらにくる人は散りなむのちぞ恋しかるべき　躬恒《みつね》　（一二四）

わが家の庭に咲く桜花を見にくるついでに私を訪ねてくる人のことを、花が散った後に、恋しく思い出すにちがいないと、詠っている。桜花が咲いた時だけ訪問し、それ以外のときには音沙汰のない人に、桜花がなくなればきっと恋しいと思われると、やんわりと仄《ほの》めかせた。別の面では、日頃疎遠にしている人のところへも、花見に出かけたいほど桜花にあこがれていたことが示されている。

みてのみや人にかたらむ山桜手ごとに折りて家づとにせむ　素性《そせい》　（一二五）

美しい山桜を見てきたと人に語るだけですむものではないから、各自が一枝ずつ折って家への土産にしようではないか、という意味である。

とのもりのとものみやつこ心あらばこの春ばかり朝ぎよめすな

「とのもりのとものみやつこ」とは主殿寮《とものりょう》の官人のことで、宮中の掃除などを司っていた。その人たちにむけて風情を解する心があるのなら、桜花の舞い散る春のこの景色のときだけは掃除しないでおくれ、というのである。この歌は『拾遺和歌集』巻第一六・春雑におさめられた「延喜の御時、南殿にちりつみて侍りける花をみて」(一〇五五)との詞書で詠まれた、源公忠朝臣の歌である。

2 『源氏物語』の桜

桜の用例の多い『源氏物語』

平安時代の人びとが歌によく詠んだ桜は、栽培されたものがほとんどであった。桜が植えられている場所を『源氏物語』からさがすと、少女《おとめ》の巻に光源氏が六条院の造営を完成させたときの庭の様子にまず描写されている。

みなみひんがしは、山高く、春の花の木、数をつくして植ゑ、池のさま、ゆほびかに、おもしろくすぐれて、御前《おまへ》ちかき前栽《せんざい》、五葉《ごよう》・紅梅・桜・藤・山吹・岩躑躅《いはつつじ》などやうの春のもてあそびを、わざと

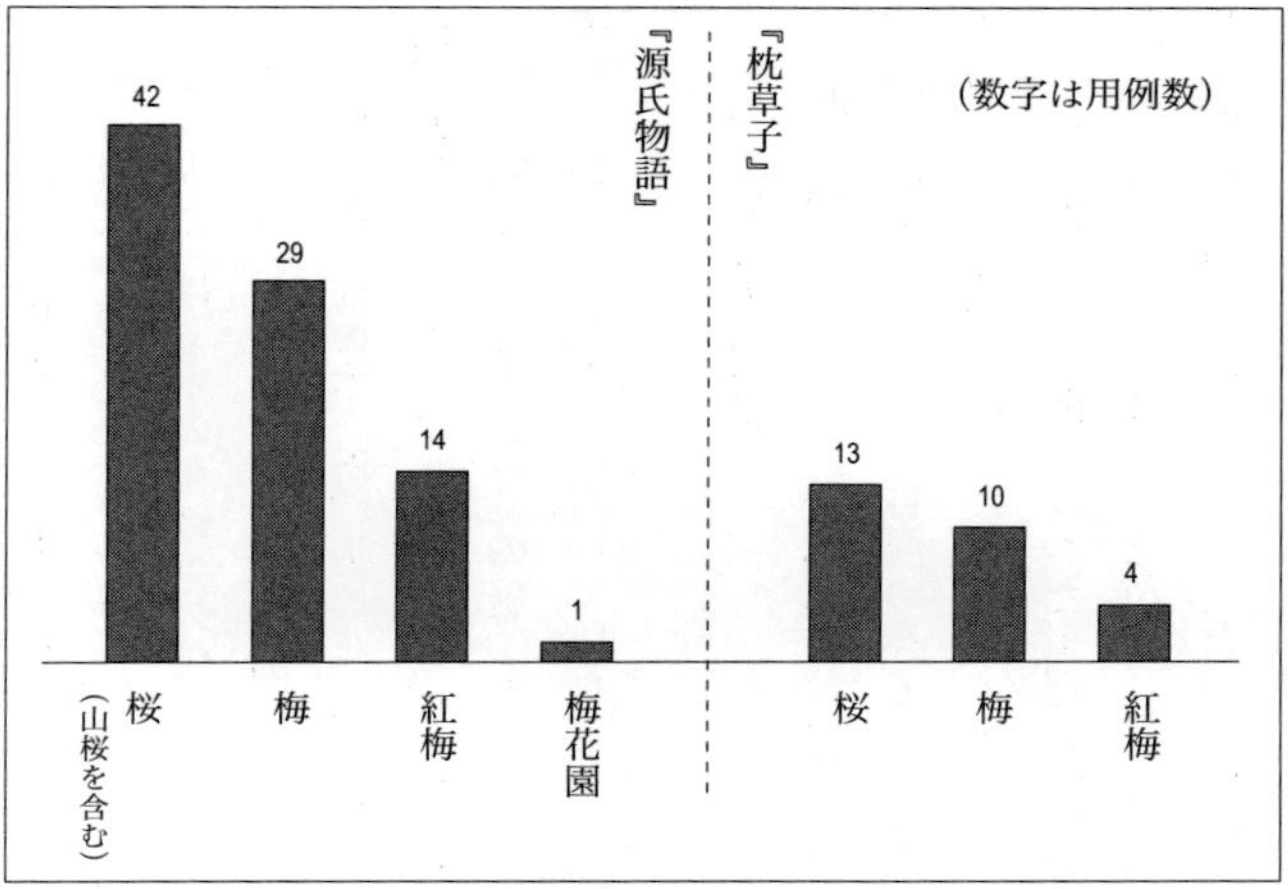

『源氏物語』・『枕草子』の桜・梅の用例数。『源氏物語』も『枕草子』も，桜花と梅花（紅梅を含む）をほぼ同格に扱っている。

は植ゑて、秋の前栽をば、むらむら、ほのかにまぜたり。

当時の貴族の邸の建築様式である寝殿造りは、庭に池をともなったものであった。寝殿造りの庭さきに、春に花をめでるための花木として桜は梅、山吹、藤などとともに植えられていた。代表的な桜の場所として『源氏物語』では、南殿（御所の紫宸殿《ししんでん》の南）の桜、右大臣邸の庭先、須磨の謫地《たくち》（罪によって流される地）、二条院の御前の桜、六条院の紫上の南の御前の桜、六条院の南町の寝殿の桜、玉鬘《たまかづら》邸の桜、蹴鞠《けまり》場の桜などがあげられる。

『源氏物語』には桜の用例が、さくらばな（二例）および、なでんのさくら（一例）をふくめて四〇例にのぼるが、ほとんどが和歌に詠まれたものである。また山桜の用例が二例あり、二つとも和歌のものである。なお、梅の用例は二九例（うめ一〇例、むめ一一例、うめのはな五例、むめのはな一例、むめのか二例を含む）であるが、別に紅梅の用例一四例、梅花園の用例一例があり、梅に紅梅と梅花園を加えると四四例となる。

桜の用例数は梅のそれよりも少ない。『源氏物語』は、寒い時期に咲きよい匂いを漂わせる梅をやや多く取り入れているが、大ざっぱには梅も桜もほぼ同じ扱いをしているといえよう。

『枕草子』は「木の花は」の段で、「木の花は濃きも薄きも紅梅、桜は花びら大きに葉の色濃きが枝細くて咲きたる」、とまず咲く時期のはやい紅梅を掲げ、つぎに桜へと言及している。梅の用例をみると一四例（梅六例、梅の木一例、梅の花三例、紅梅四例）であり、桜の用例は一三例となっている。数の違いは一例であるが、『枕草子』は梅も桜もほとんど同格に扱っているように思われる。また桜の花の評価については、同じ段で橘《たちばな》の黄金《こがね》の玉かと見える実を評するに、「朝露に濡れたる朝ぼらけの桜におとらず」と、美しさの基準を桜花に置いていたことがわかる。

桜樹は自分の所有物

『源氏物語』の時代には、前栽に植えられた桜樹は私（私という個人）の所有しているものだという感覚があったようである。竹河の巻では玉鬘《たまかづら》の二人の娘君が庭前の桜を争ったことと、二人の姫君だけでなく、その兄も庭前の桜樹は自分のものと思っていたことが記されている。

三月、桜花の季節になった玉鬘の邸宅では、庭の木々は種類が多く、花が咲いたものや、空一面に乱れ散るものもあり、桜はほぼ花盛りのころであった。御前近くの多くの花の木のなかでも、色目の優れて美しい桜を女房に折らせて、大君《おおきみ》が「ほかのとは違っていてよ」など、中君《なかのきみ》ともてあそんでおられる。遊びにきていた兄君の中将は、色目の美しい桜の木を幼かった妹君が二人で「この花は私のよ。私のよ」と争っていたのを見て、妹君たちが争っているけれど、その桜の木は自分のものだと思っていたと、思い返されていた。

問題の桜樹は、いまは亡き黒鬚《くろひげ》（との）は「大君のお花だ」とお決めになり、母君（玉鬘）は「中君の御木」とお決めになった。それを私（中将）は、ひどく、そんなに泣き叫んだりはしなかったのだが、「私の花なのに」と不満に思っていた。

そう言いながら「この桜が老木になってしまったにつけても、取りました齢の数を思いだします」など、泣いたり笑ったりし、いつもよりは長居した。中将は他家の婿《むこ》となっていて、今までゆっくりとこの邸《やしき》を訪れたことはないのだが、今日は花に心をひかれて腰を据えておられた。

中将らが立ち去った後、姉妹の姫君は中途で止めていた碁を続けられる。昔から争っている桜を賭け物にして、「三番に数一つ勝ち越した方に花を譲ることにしましょう」と、お互い冗談を言い合っているのが聞こえた。大君づきの女房と中君づきの女房たちはみな分かれて、双方張り合って勝ちを祈った。中君が勝った。中君の女房は「だいたい、あの桜は右（中君）にお味方して、西のお部屋近くに立っておりますものを、わざわざ左（大君）のものとお決めになったりして、それだから長い間のいさかいが続いたのですよ」と、嬉しそうに加勢を申しあげている。

姫君たちは、花を争いながら日を過ごしていたが、風が荒々しく吹いた夕方、花が乱れ散るのが残念でもったいなく思われた。中君づきの女童《めのわらわ》は庭に下り、花の下をあちこちして、散った花びらをたくさん拾い集めて、「大空の風に散れども桜花おのがものぞとかきつめて見る」（桜の花は大空の風に吹き散らされてゆくけれど、わたしたちのものなので、かきあつめてみるのです）と歌にする。これに大君の女童は、「桜花にほひあまたに散らさじとおほふばかりの袖はありやは」（いくら桜花を方々に散らすまいとしても、桜樹を覆うほどの袖をお持ちでしょうか）と、自分たちのものと欲張っても甲斐のないことではないでしょうか、とけなすのであった。

幻の巻では、紫の上の愛する孫の皇子《みこ》（三の宮＝匂宮）はいま数え六歳で、前の年紫の上から「おとなになりたまひなば、ここに住まひて、この対《たい》の前なる紅梅と桜とは、花の折々に心にとどめてもて遊びたまへ」（御法の巻）と聞かされていた。春が深くなっていくが、お庭の様子は昔と変わりない。ここ二条院以外の桜花は一重のものが散って、八重咲きの桜の盛りが過ぎて、樺桜《かば》は咲き、藤は遅れて色づいたりするようだ。二条院には、おそく咲くもの、早く咲くものなど、その性質をよく区別して、紫の上はある限りの色の花を植えていた。花の木は時期を忘れず一面に咲き満ちており、匂宮は、

まろが桜は咲きにけり。いかでか久しく散らさじ。木のめぐりに帳《ちょう》を立てて、帷《かた》びらをあげずは、風もえ吹き寄らじ

と、よいことを思いついたと、思っていらっしゃる顔がとても可愛い。

このように幼い子供ではあるが、祖母から紅梅と桜を花の折々にもて遊ぶようにと言われていることから、自分の桜と理解しているのであった。

紫宸殿前での桜の宴

花宴《はなのえん》の巻には、毎年の年中行事として固定するには至らなかったが、王朝の貴族たちの春を彩る行事の一つとなっていた南殿《なでん》の桜花の宴が記されている。南殿とは、南向きの正殿の意味で、紫宸殿《ししんでん》をさしている。南殿の桜とは紫宸殿の庭先にある左近《さこん》の桜（屋内から庭をみて左手にあたる）のことで、右側には橘《たちばな》がありて右近《うこん》の橘とよばれている。花宴とは左近の桜を賞しての宴で、『源氏物語』では前巻の紅葉賀《もみじのが》の秋の御宴に対応するものであった。

二月《きさらぎ》の二十日あまり、南殿の桜の宴させたまふ。后《きさき》、春宮《とうぐう》の御局、左右にして、参《ま》う上《のぼ》りたまふ。弘《こ》

徽殿《きでん》の女御《にょうご》、中宮のかくておはするを、折節《おりふし》ごとに安からず思せど、物見にはえ過ぐしたまはで参りたまふ。日、いとよく晴れて、空の気色、鳥の声も心地よげなるに、親王《みこ》達、上達部《かんだちめ》よりはじめて、その道のは、みな、探韻《たんいん》賜はりて、詩《ふみ》作り給ふ。

物語のなかでは、二月二〇日過ぎ、紫宸殿の前庭にある左近の桜を賞でる宴を催された。后と東宮（春宮。皇太子のこと）の局の御座所を、玉座の左右にしつらえた。お二方が参られた。弘徽殿の女御は、中宮がこのような上座にいられるのは、何かにつけて不快であるのだが、参上なされる。当日はたいへんに良く晴れ、空模様も、鳥の声も気持ちよさそうであった。親王や上達部《かんだちめ》（公卿のこと）をはじめとして、その道の人びとはみな、漢詩文で韻を踏むために句の終わりにおく字を、帝の前で探りとり、漢詩を作り始められる、というのである。桜宴《さくらのえん》は、『源氏物語』ではここの一度だけである。

京都御所紫宸殿前のいわゆる左近の桜。いまを盛りと咲き誇っている。ここで桜宴が催された。

桜宴は「夜いたう更《ふ》けて何事果てける」と深夜になって、ようやく終わりをつげたのであった。上達部、藤壺の后、東宮も帰られたが、ようやく静けさが戻り、月もいよいよ明るさがまし、興趣が深まっていた。源氏は桜宴での酒の酔心地で、藤壺あたりを忍んで歩いたが、だれも相手をしてくれる者もない。さらに弘徽殿の細殿に忍んでいった。そこで名も知らぬ可憐な美少女を抱き上げるのである。この美少女が、朧《おぼろ》月夜の君である。桜の宴における桜花の香りと、酒の酔いの余韻とが源氏と一人の少女を出逢わせたのであった。

宮中での花宴

花宴《はなのえん》の始まりは、『日本後紀』巻二二と『類聚国史』巻三二に、「(弘仁)三(八一二)年二月辛丑(一二日)、神泉苑に幸《みゆき》され、花樹をご覧になられ、文人に詩を賦すことを命じられた。禄《ろく》を賜ふこと差あり。花宴の節、ここに於いて始まるか」とみえる。花宴は、このとき嵯峨天皇から発せられてはじめられたものと見られている。

宮中の桜花の宴はこの後しばしば行なわれ、弘仁六(八一五)年二月二八日に神泉苑で、同一四(八二三)年二月二八日には賀茂の斎院である有智子内親王の山荘に幸されて行なわれた。それでは宮中の諸行事に準拠して述べられている『源氏物語』の花宴の巻における南殿の桜の宴については、『花鳥余情』はつぎのように説明している。

(『源氏物語』の)桐壺の御門は醍醐の帝になずらへるに奉るにつけて、かの御宇《ぎょう》に花の宴行なわれしは、延喜十七(九一七)年三月六日常寧殿花宴、詩題、春夜翫桜花。延長四(九二六)年二月十七日清涼殿花宴、詩題、桜繁春日斜。この両度の例にはすぐべからず、皆探韻作文御遊の事あり。延喜の常寧殿の花宴も、宴席をば清涼殿にてひらかれしなり。この物語の花の宴も、南殿の桜を御覧ありて宴をば、清涼殿にかへらせ給ひておこなわるる事と心得るべきなり。但、南殿の桜を御覧の事は、村上天皇、康保二(九六五)年三月、桜樹植え、南殿に於いて花宴有り。古詩を詠じ、新歌を誦す云々。この時は探韻などはなかりしかども南殿の桜を御覧の例也。つぎにこの物語の花宴は桐壺の御門の末の年なり。きさらぎの廿日あまりなどといへるわたり、延長四年二月の宴を思ひ寄せて書けるにやおぼへ侍る。

『源氏物語事典』(池田亀鑑著)は、『源氏物語』に記されている南殿の桜花宴は、延喜一七(九一七)年三月六日に行なわれた常寧殿の花宴であることを支持している。

『廣文庫』からの孫引きであるが『新儀式』上・二九や『西宮記』四・八五から、花宴の大略をみると、二〜三月に花宴は催される。その前日に、召し出される文人を定め仰せだされる。その数は時により不定で、儒士、内記、蔵人所、内御書所、旧文章生《もんじょうしょう》、得業生《とくぎょうしょう》、文章生らであった。当日は、親王・公卿らは召しにより参加した。まず東廂に御簾《みす》をたれ、殿中の孫庇《まごびさし》の北第二間に御座を設《しつら》えたが、これは延長四(九二六)年の例であり、花宴に必ずこの間が用いられたのではない。

花樹の前に、御座《ぎょざ》が供された。親王・公卿の座は簀子《すのこ》を設け、花の下は畳を敷き文人の座とした。韻を賜り、文人たちはこの座においてこれを著す。内蔵《くら》寮をもって酒饌《しゅせん》を、親王・公卿・文人に賜る。このとき楽所《がくそ》の人が絃楽(弦楽)を奏するのである。

公卿の座の人で昨日定められた人が詩を献じおわれば、近衛次将が文筥《ふばこ》を御前におき、儒士一人を召し詩を講じ、文人にも仰せられ詩を詠み上げる。また時として勅により、侍臣に倭歌《やまとうた》(和歌のこと)を献じさせられた。また、あるいは親王・公卿・文人らに挿頭《かざし》を賜り、別にはこれらから挿頭を献じたりした。禄(当座の賞与のこと)を賜ることもあり、めでたく終わるのであった。

宮中における桜花宴にもどると、淳和天皇の宴は天長八(八三一)年二月一六日で、『類聚国史』には「天子掖庭《えきてい》にして曲宴あり。殿前の桜花を翫《もてあそ》ぶ。……特に文人を喚《よ》び、桜花を賦せしむ云々」とある。そのほか光孝天皇(在位八八四〜八八七年)の宴は元慶八(八八四)年二月に、宇多天皇(在位八八七〜八九七年)の宴は寛平七(八九五)年二月に、醍醐天皇の御宇には延喜四(九〇四)年、延喜一七(九一七)年、延長四(九二六)年に、朱雀天皇(在位九三〇〜九四八年)の御宇には天慶四(九四一)年に行なわれた。村上天皇(在位九四六〜九六七年)の御宇には天暦三(九四九)年、天徳三(九五九)年などその数が多く、康保二（九六五）年のときは南殿の桜の移植を祝賀したといい、紫宸殿《ししんでん》で行なわれている。円融天皇（在位九六九〜九八四年）の御宇には天延二（九七四）年に、一条天皇（在位九八六〜一〇一一年）の御宇には寛弘三（一〇〇六）年にそれぞれ催されている。以降、桜花宴の行事は歴史書に見られなくなる。

南殿前の花は梅から桜へ

『源氏物語』が記す南殿《なでん》の桜は俗に御所の中で左近の桜と呼ばれているもので、これと対のものとして右近の橘がある。紫宸殿の南側の庭に植えられており、内側からみて左側が桜、右側が橘となっている。『源氏物語』の注釈書である『河海抄』は、「南殿桜　紫宸殿　此木、殿の巽角《たつみかど》にあり。是《これ》、大略草創よりの樹也。貞観《じょうがん》に枯れるといへども根より纔《わずか》に萌《もえ》けるを、坂上滝守勅を奉じ是をまもり、枝葉再盛云々。延喜御記にも群烈桜樹東頭などあり。天徳《てんとく》に焼けたりけるを康保《こうほ》元年十一月植えらる、すなわち枯る。同二年正月に又植えられて三月に花宴あり。両度之間、一は重明親王家樹、一は西京より移し栽《うえ》らる。その後度々焼亡に毎度植えらるる物也」と記している。

『源氏物語』当時は南殿、つまり紫宸殿前庭の桜は、平安京創建当初に植えられたものではなく、当初の梅樹から桜に植え替えられていたのである。これはいつ頃のことなのか。『古事談』にはつぎのようにある。漢文なので読みやすく意訳する。

南殿の桜樹《さくらのき》は、本是《もとこれ》は梅樹《うめのき》なり。桓武天皇遷都の時、植えられしところなり。しかれども承和年中に及びて枯れ失せた。すなわち仁明天皇、改めて植えられしなり。その後天徳四年九月二十三日、内裏の焼亡により焼失せり。仍《かさね》て内裏を造る時重明親王式部卿の家の桜樹を移されしところなり。件《くだん》の樹木は、吉野山桜木云々。

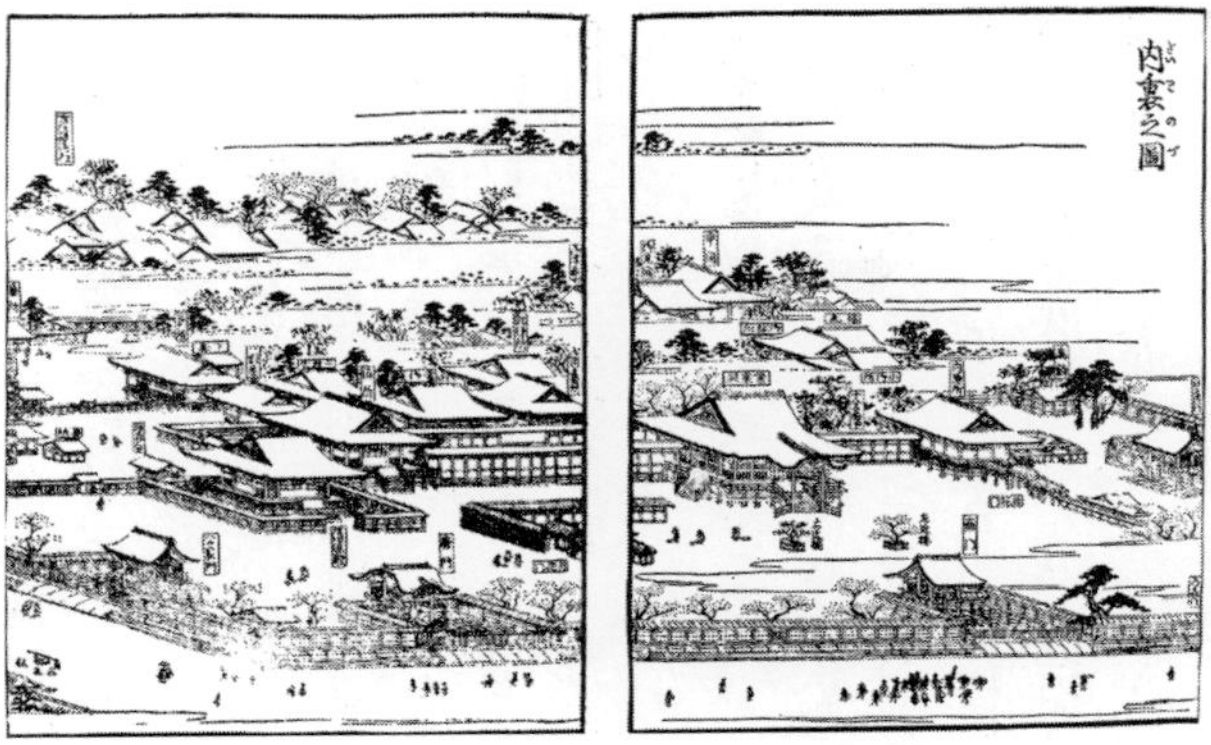

御所（内裏）の全景。右図の下の広場（庭）に左近桜と右近橘が見える（『都名所図会』巻之一，近畿大学中央図書館蔵）

これによれば承和年中（八三四～八四八）に枯れたというのであるから、平安遷都（延暦一三＝七九四年）から五〇年間は梅樹であった。仁明天皇（在位八三三～八五〇年）の時代に改めて梅樹を植えられたのだが、天徳四（九六〇）年の内裏の火事のとき焼けている。内裏が再建されたとき、重明卿家の吉野山産といわれる桜樹が植えられた。ところが、『禁秘御抄《きんぴみしょう》』はつぎのように記す。

　南殿桜

　紫宸殿の巽角《たつみかど》にあり。是大略《これおおよそ》草創よりの樹か。貞観にこの樹枯れ、根より纔《わずか》に萌え出ず。

　坂上滝守勅を奉じ是をまもり、枝葉再《ふたたび》盛んなり云々。

『古事談』は仁明天皇が在位中に植えた梅は天徳四年の内裏の火事で焼けたとするが、『禁秘御抄』はそれより以前の貞観年間（八五九～八七七）に枯れ、しかも桜であったとしている。さらに『三代実録』貞観一六（八七四）年八月二四日の条によって、梅樹であったことが否定されている。

　二四日庚辰《かのえたつ》。大風雨。樹を折り屋を発《あば》く。紫宸殿前の桜、東宮の紅梅、侍従局《じじゅうつぼね》の大梨等、樹木で名のあるもの皆吹き倒れぬ。云々。

『三代実録』は延喜元（九〇一）年に藤原時平、大蔵善行らが勅を奉じて撰進したもので、貞観一六（八七四）年秋の大風雨からあまり年数の経過していない記録で、信憑性はたかい。したがって、大風に吹き倒された紫宸殿前の桜樹は、貞観年間には生育していたことは確実である。それではいつ梅から桜に変わったのか、史書はあきらかにしていない。『続日本後紀』承和一二（八四五）年二月の条に、梅花宴のことがみえ、この時までは梅樹であったことは明らかである。

二月庚朔《かのえついたち》、天皇紫宸殿に御《ぎょ》して侍臣に酒を賜う。是《ここ》において、殿前の梅を攀《よ》じ、皇太子および侍臣等の頭に挿し、もって宴楽をなす。

時の仁明天皇が紫宸殿に出御《しゅつぎょ》され、皇太子ほか侍臣たちに酒を賜った。皇太子たちは、花が咲いている梅樹にとりついて枝を折り、頭に挿して挿頭《かざし》とし、酒宴とともに楽の演奏があり、楽しまれたのであった。

密かに南殿桜を鑑賞する宮廷人

『古事談』は仁明天皇の時代に紫宸殿前の枯れた樹を、改めて植えられたと伝えているのであるから、承和一二（八四五）年二月以降、嘉祥三（八五〇）年二月崩御により退位されるまでの五年の間に、桜樹を植えられたこととなる。この桜樹も以後たびたび焼け、枯れたのである。『禁秘御抄』に、「その後、度々焼失する。毎度之《これ》を栽《う》える。近樹は堀河院御宇已来《このかた》の木也」とそのことが記されている。『禁秘御抄』は、鎌倉時代の承久年間（一二一九〜一二二）に成立しており、堀河天皇（在位一〇八八〜一一〇七年）の時代に植えられたものが現在の桜樹だという。植えられて一〇〇年を超える年月が経過し、立派なものとなっていた。

『禁秘御抄』に記される以前の南殿の桜は、九条兼実の日記『玉葉《ぎょくよう》』（長寛二＝一一六四年から正治二＝一二〇〇年までが現存）は、立派で、花盛りには驚嘆するほどの美しさを誇っていたと記す。建久二（一一九二）年のことである。

三月一四日の払暁《ふつぎょう》、中宮女房など、竊《ひそか》に南殿に向かう。余（九条兼実のこと）及び大将相伴《あいとも》なって、之を歴覧《れきらん》する。秘して人に知らしめず。日が出でて帰り入り給う。桜花の粧《よそおい》まことに思いを動かし目を驚かすものなり。この樹は天暦の御時植えられし旧木の焼失せし故なり。その後堀河院御時またこれを損じられる（時範奉行してこれを植える）。当時の樹即ち是なり。余未だこの花を見ず、希異の珍事なり。今日始めてこれを翫《もてあそ》ぶ。感心千廻、たちまちに余執《しつ》を散じ了《おは》んぬ。為悦《いえつ》為悦。夜に入りて月前にまた花を見る。

九条兼実は、明け方に中宮《ちゅうぐう》やその女房たちが、人目をはばかって密かに南殿に向かったので、大将ともに付いて行った。そこで花を十分に開いた桜樹を見て、彼女たちと周りを巡って花を見たというのである。

南殿の桜は美しさが賞されるだけでなく、人を虜《とりこ》にし、見る人のすぐれた芸能を思わず知らず発揮させるような、一種魔物的な気配が感じられる。『古今著聞集』巻六・管弦歌舞の、「大宮俊家唱歌多政方奏舞事」という一節にそのことがみられる。

いずれのころの事にか。大宮（俊家）右大臣が殿上人のとき。南殿の桜さかりなるころ。うへぶし（禁中の宿直のこと）より未だ装束も改めずして、御階《みはし》（紫宸殿の南階段のこと）のもとにて、ひとり花をながめられけり。霞渡れる大内山（皇居あるいは禁中のこと）の春の暁のよに、しらず心すみければ、高欄に倚《より》かかりて、扇を拍子に打《うち》て、桜人《さくらびと》の曲（催馬楽の曲の一つ）を数反謳《すうへんうた》はれけるに、多政方が陣直《じんちょく》（禁中の衛士の詰所の当直のこと）つとめて候けるが、哥《うた》の声を聞て花のもとに進み出て、地久《じきゅう》の破《は》（雅楽の一つで高麗楽に属する高麗双調の曲のこと）をつかうまつりたりけり。花田狩衣袴《はなだのかりぎぬのはかま》をぞきたりける。舞はてて入りける時、桜人を改めて簑山《みのやま》を諷《うた》はれければ、政方又立帰りて同急《おなじくきゅう》を舞ひける。をはりに花の下枝を折て後おどりて振舞たりけり。いみじくやさしかりける事也。此事いづれの日記にみえたるとはしらねども、古人申伝へて侍り。

すこし長い引用になったが、南殿の桜花が盛りのとき、大宮右大臣がまだ四位か五位でやっと昇殿をゆるされた殿上人であったとき、宿直明けに紫宸殿の南側の階段のもとで、たったひとりきりで桜花を見入っていた。そのうち思わずしらず、催馬楽《さいばら》の桜人という曲を、もっていた扇で拍子をとりながら謳《うた》ってしまった。それを衛士の詰め所にいた政方が聞き、これも思わず舞いをまったというのである。終わった後には、桜の下枝を折り、またもや踊りをした。その二人のさまが、すばらしく風流なものであったと古人は伝えているというのである。

定家南殿の桜の枝を折る

大らかな時代であったのだろう。紫宸殿という禁中の中心的な宮殿の前庭の桜も、絶対的な立ち入り禁止の措置が講じられていたのではなく、風流を解する人にはある程度の開放性があったのだろう。もっとも衛士が警備しているとはいえ、ここの桜花を見にくる人たちは、位がはるか上の人ばかりなので、制止することも容易なことではなかったということもあろう。なお、後の大宮右大臣なる殿上人がうたった催馬楽の桜人《さくらびと》の歌は、桜の花とはほとんど関係のない内容である。

桜人《さくらびと》　その舟止め《ふねちぢ》
島つ田《しまつだ》に　十町《とまち》つくれる

見て帰り来むや　そよや
明日帰りこむ　そよや
言《こと》をこそ　明日ともいはめ
遠方《をちかた》に　妻《つま》ざる夫《せな》は
明日もさね来《こ》じや　そよや
さ明日もさね来じや　そよや

桜人の原文は「左久良比止《さくらびと》」となっていて、左久良は地名らしいがよく解らないとされている。桜は左久良の読みをあてたものである。歌の内容は、前段に夫が「佐久良（桜）の人、その舟止めてくれ、島に田を十町ばかり作っているので、それを見回って、明日帰ってくるよ」と言ったのに対して、後段で妻が「言うことは、明日帰るよだけど、遠い所に、ほかに妻のある夫ですもの、明日には帰ってくるものか、そうでしょ」と皮肉を投げつけたものである。

大宮右大臣と同じく、紫宸殿南の左近の桜樹の枝を折り取った者がいた。『古今著聞集』巻一九・草木には、「冷泉定家折り取る南殿前の八重桜の枝の事」として記されている。ここではじめて、南殿の左近の桜が八重桜であったことが判明するのである。

承元四（一二一〇）年正月のころ、内裏の大炊殿《おおいどの》（宮中で食物を調理する建物のこと）にて日給はてゝ、源仲朝以下、蔵人町《くろうど》（蔵人の詰め所のこと）へ罷《まか》りけるに、大炊御門おもての唐門《からもん》より、なえなえとある衣冠《いかん》の人参りけり。主殿《とのも》の官人が朝ぎよめ（朝の掃除のこと）に参るにやと見侍りければ、尻さへよられたるうすあおのひとへの狩衣《かりぎぬ》着たる侍《さぶらひ》を一人具したり。誰やらんと見けるに、冷泉《れいぜい》中将定家卿也けり。只今なにしの参るやらんとあやしく見るに、南殿にむかひて、わたどの（渡殿）の前なる八重桜のもとに立たり。花のころにもあらぬに梢《こずえ》を見あげて、やゝひさしく程へて侍を木にのぼらせて枝一つをきらせておろさる。その枝を袍《ほう》（綿入れ）の袖くゝみにとりいれて出にけり。事のさま何とはしらねど優《ゆう》に覚へければ、内にその由を披露《ひろう》してけり。花を賞してつぎ木（接木）にせんとてとらせるにこそと御沙汰ありて、そのしるしいひやるべしとみことのり（詔）有ければ、女房伯耆《ほうき》くれないのうすやうに書きてつかはしける。

なき名ぞとのちにとがむな八重桜うつさんやどのかくれじもせじ

返し

くるとあくと君につかふる九重ややえさく花のかげをしぞ思ふ

源仲朝たちが内裏の大炊殿《おおいどの》から蔵人町を行く途中で、公家の正装をした人が侍を連れて唐門から入って、南殿と通称される紫宸殿へと向かった。そして渡殿《わたどの》の前にある八重桜の根元に立った。花の頃でもないのに梢をみあげていたが、やがて侍に指示して桜樹に登らせ、枝を一つ切り下ろさせた。その枝を綿入れの袖でくるみ、出て行った。どういうことなのか、源仲朝にはわからなかったが、雅やかなことと思われたので、宮中でそのことを報告した。この八重桜の花を賞して接ぎ木にしようとして切り取ったものであろうと、沙汰があった。その証拠を手紙で言い送るべしと、天皇から詔《みことのり》があった。女官の伯耆《ほうき》が、紅色のごくうすい鳥の子紙に歌を書き記して言い送った。

伯耆の歌は、なき名ぞと（枝が無いなどと）、後になってから咎《とが》めるなよ八重桜、枝を移す宿は隠れもしないのだから、という意味である。この歌への返事として、くる日も明くる日も君（天皇のこと）に仕えている禁中《きんちゅう》で、八重に咲く花の蔭を思ってのことですと、禁中の九重に咲く八重桜と韻を踏んで答えたのである。

藤原定家が南殿の庭の八重桜の枝を折り取ったとの逸話の二〇年後、彼の日記『明月記』の寛喜二（一二三〇）年三月七日の条に「両株の八重桜、一条殿の枝の続木《つぎき》、花漸《ようや》く開く」とある。『古今著聞集』の逸話のように、定家は宮中の南殿前の八重桜のように、名花として名高い桜樹は接穂《つぎほ》を採取しては、接ぎ木していたようである。その一つとして一条殿邸の桜を用いた桜の接ぎ木が成功し、花を見ることになった。南殿の桜の接ぎ木については、成功しなかったのだろうか、触れられていない。

鎌倉時代のごく初期には、宮中の八重桜のような著名な桜樹は接ぎ木によって増殖されていたことが、この逸話などからわかる。日本人は花木の品種改良には特異な技をもっていると言われているが、こんな昔から美しい花、謂《いわ》れのある花木をわがものとしたいとする願望が、その技術を磨いてきたのである。

奈良の都の八重桜の歌

平安時代中期の歌人で三十六歌仙の一人とされている伊勢大輔《たいふ》の歌で、『詞花《しか》和歌集』（勅撰和歌集で仁平年中（一一五一～五四）に奏上）巻一に収められている歌に、「奈良の八重桜」という名花が登場する。花見のことではないが、ついでに記す。ときは一条天皇（在位九八六～一〇一一年）の御代である。

一条院の御時ならの八重桜を人の奉りけるを、其の折御前に侍りければ、
その花を題にして歌よめとおほせごとありければ　　伊勢大輔
古の奈良の都の八重桜けふ九重ににほひぬるかな　（『詞花和歌集』二九）

伊勢大輔《たいふ》は、一条天皇の御時に、「奈良の八重桜」をある人が天皇に献上された。そのとき御前に仕えていましたので、「この花を題にして歌を詠め」と勅命がありましたので、と歌が詠われたときの事情を詞書に記す。歌の内容は、いまでは古い昔となった奈良の都から到来した八重桜、その八重桜が、九重といわれる内裏に献上され、美しく咲き誇っていることよ、というのである。

この歌について、藤原清輔《きよすけ》は歌学書の『袋草紙《ふくろぞうし》』で上東門院が中宮であったとき、伊勢大輔にはじめて参る「八重桜をある人献上」された件の花を伊勢の前に差し向けて遣わし、檀紙《だんし》と御硯《すずり》を前に置かれた。人びとはこのとき、どうなることかと互いに顔を見合わせていると、伊勢大輔は硯を引き寄せ、檀紙に歌を書きつけた。御堂殿《みどう》（藤原道長の異称）が取り、ご覧になられると、「古の奈良の都の八重桜……」とあった。その当意即妙なること時に万人感歎し、宮中鼓動《こどう》せりと伝えている。

昭和一七（一九四二）年に東京国立博物館の田山方南によって発見された『古本説話集』（講談社学術文庫）に収録された「伊勢大輔歌事」第九の項に「奈良の八重桜」のことが記されている。

いよいよ心ばせすぐれて、めでたき者にてさぶらふほどに、伊勢大輔参りぬ。それも歌よみの筋なれば、殿いみじうもてなさせ給ふ。年に一度《ひとたび》、八重桜を折りて持て参るを、紫式部、取り次ぎて参らせなど、歌よみけるに、式部、

「今年は大輔に譲り候《さぶら》はむ」

とて譲りければ、取り次ぎて参らするに、殿、

「遅し遅し」

と仰せらるる御声につきて

いにしへの奈良の都の八重桜今日九重ににほひぬるかな

「取り次ぎたる程々《ほどほど》もなかりつるに、いつのまに思ひつづりけむ」と、人も思ふ、殿もおぼしめしたり。めでたく候ほどに、致仕《ちじ》の中納言の子の、越前守とて、いみじうやさしかりける人の妻《め》に成りにけり。

この物語では、「奈良の八重桜」は毎年献上され、いつもは紫式部が取り次いでいたのであるが、歌人の家柄出身の伊勢大輔を藤原道長がひじょうに大切に待遇していたので、「ことしは大輔にお譲りしましょう」と譲った。大輔へととりついだが、道長が「歌がおそいぞ、おそいぞ」とおおせられたが、大輔はその声のすぐ後に、「いにしえの奈良の都の八重桜……」の歌を詠んだ。取り次いで時間もなかったのに、いつの間に歌を作ったのであろうか、と人びとは思ったし、道長も思った、というのである。

興福寺の奈良八重桜献上騒ぎ

『古本説話集』では「奈良の八重桜」の献上先が記されていないが、ある人が献上した先は、清輔の方が正解であろう。『詞花和歌集』の詞書は、この歌集が勅撰であるため、天皇への献上とした方が歌の詞書としては納まりがよいので、変えられたのであろう。

「奈良の八重桜」の献上先について仏教的説話集の『沙石集《しゃせきしゅう》』（弘安二〜六＝一二七九〜八三年成立）は、つぎのように伝えているので意訳する。

「奈良の都の八重桜」と世に知られる桜は、当時も東円堂《とうえんどう》（奈良の興福寺）の前にあった。当初、時の后《きさき》の上東門院（一条天皇の皇后＝藤原彰子、藤原道長のむすめ）が、かの桜樹の取り寄

奈良八重桜の開花。『古本説話集』はわが国の八重桜の最初の文献で，伊勢大輔はこれを詠って一躍有名になった。

せを興福寺の別当《べっとう》に仰せだされた。別当は掘り出して、車に乗せて献上しようとしていたところ、大《だい》衆《しゅ》(興福寺の僧侶)の中の某に見つけられた。彼が事の子細を尋ねるので、これこれしかじかだと返答した。

ところが、「天下に名の知られた桜を、それくらいの理由で献上されるとは、別当としてかえすがえすも不当で、心得違いである。なおかつ、色(ものに対する愛情、ここでは八重桜に対する愛情のこと)もない。后の仰せだからとて、これほどの名木を無下《むげ》に進上するのか、止められよ」という。それから騒動となり、やがてほら貝が吹き鳴らされ、大衆も集まって、献上の中止から別当も追放すべしと、過激になっていった。そして「この事によって、いかなる重科が科されるというなら、我《われ》が張本人として名乗り出る」と主張した。

このこと女院《にょいん》がお聞きになられ、「奈良法師は物のあわれを知らないものと思っていたのは、私の分別のないことだった。まことに物の情けを心得た法師たちだ」といわれ、「それなれば、この桜を「わが桜」と名づけよう」とおっしゃって、伊賀国の余野という庄を興福寺領に加え、献上される予定だった桜樹をそこへ移植し、花がきの庄と名づけられた。そして垣を造らせ、花の盛りの七日間は、宿直して警護するよう命じられた。いまもこの庄は、興福寺の寺領である。昔は、このような風流なことがあった、と伝えているのである。

後年、芭蕉は「伊賀国の花垣の庄は、そのかみ南良《なら》の八重桜の料につけられけると云ひ伝えはんべれば」という詞書をつけ、花垣の庄という一つの里人は、みなそのむかしからの奈良の八重桜の花守の子孫であろうか、という句を詠んでいる。

一里《ひとさと》はみな花守の子孫かや

筆者が思うに一条天皇の后である藤原彰子は、『詞花和歌集』の伊勢大輔の歌の詞書にあるように、奈良から献上されてきて、奈良興福寺に「奈良の八重桜」があることを知った。興福寺は藤原氏の氏寺《うじでら》である。氏寺の庇護者の藤原氏長者の娘で、しかも天皇の后の私が言えば、たちまち名桜が手に入るだろうと、考えたのであろう。一旦は献上のため掘り取った「奈良の八重桜」は、大衆《だいしゅ》とのこともあって京の都へは運ばせることができず、興福寺からあまり遠くない伊賀国へ植えられた。その桜を「わが桜」と命名されたというのだから、庇護者の奢《おご》りがあったとも考えられる。

奈良八重桜発見者は聖武天皇

『新古今和歌集』巻第一六・雑歌上に、建久六（一一九五）年東大寺供養に行幸のとき、「興福寺の八重桜盛りなりけるを見て、枝に結びつけ侍《はべ》りける」との詞書で、「故郷とおもひな果てそ花桜かかるみゆきに逢ふ世にありけり（一四五六）」との詠みひと知らずの歌が収められている。『源平盛衰記』は、奈良の都の八重桜は東円堂の栄えだという。

『大和志』は、八重は漢語で千葉《せんよう》のことをいい、樹は興福寺東円堂前にあるという。

筆者は平成一四年春、春日大社へ砂擦《すなず》りの藤とよばれる藤の花を見にでかけた。帰りがけに奈良県庁前で、「奈良の八重桜」に出会った。また奈良公園内の一画となっている興福寺の南円堂のあたりにも、あまり大きなものではないが、一〇本あまり植えられていた。盛りは過ぎていたが、花のいくつかを見ることができた。

古《いにしえ》から「奈良の八重桜」といわれた桜は、標準和名もナラノヤエザクラ（奈良の八重桜）という。『奈良市史　自然編』第五章によると、大正一二（一九二三）年三月七日に東大寺知足《ちそく》院内に生育しているものが天然記念物に指定されたが、古くから文献に記されてはいるが、科学的にはどのような種類に属するのか、不明のままになっていた。晩年に桜の研究に没頭していた植物学者の三好学は、この桜の科学的考証に興味をもち、ほぼこの桜の特徴を概念的にとらえていた。大正一一年四月末ごろ、偶然にも訪れた東大寺知足院の裏山で、赤芽の、たいへん美しく、優雅な気品のある八重桜が咲き誇っているのを見て、これこそ古来から記録のある八重桜に合致することを確認した。大正一一年の『植物学雑誌』第三六号にドイツ文で記述報告し、ナラノヤエザクラと命名した。続いて大正一二年に、文学上、歴史上、植物学上にも貴重な珍稀種として、「知足院奈良八重桜」が天然記念物に指定されたのである。

名桜とされる奈良の八重桜は、繁殖力がきわめて弱く、通常の接ぎ木はもちろん、取り木であっても困難で、樹勢も弱く、寿命も短い。種子には発芽力のあるものが多いので、小清水卓二が昭和一二（一九三七）年に種子を集めて発芽させ、栽培したところ、「奈良の八重桜」の花となったものは三パーセントで、奥山桜（別名・毛山桜）が八〇パーセント、山桜が一七パーセントとなったので、奥山桜がもっとも縁が近く、これが重弁化したものと認められたとしている。

この「奈良の八重桜」の起源は、『奈良名所八重桜』によると聖武天皇（在位七二四〜七四九年）が三笠山の奥に行幸されたとき、非常に美しい八重桜が咲いているのをご覧になられた。お帰りになって皇后（光明皇后）に話されると、皇后はその桜の一枝でも見たいと所望された。天皇は臣下の者に採りに行かせると、臣下の者たちは気をきかせて、その桜樹を根こそぎ掘りとって宮の庭に移植した。以来、春ごとに八重桜を楽しまれた。ところが、聖武天皇から女帝の孝謙天皇（在位七四九〜七五八年）の治政になり、

勢力のある公卿たちは山荘を持ち，その庭には桜の名木などが植えられ，時節には花見宴が催された（『都林泉名勝図会』巻之二，近畿大学中央図書館蔵）

藤原氏の勢力を背後にした興福寺の僧たちはこの名桜が宮の庭にあることを喜ばず、勢力をもってこの桜樹を興福寺の東円堂の前に移植し、興福寺の名桜として誇ったという。ここから前に触れた『沙石集』の一条天皇の后彰子の仰《おお》せだしへとつながるのである。

公卿たちの桜花宴

宮中で行なわれた桜花宴《さくらばなのえん》は、桜花をみる花見の一種ではあるが、百姓たちが稲作の準備で忙しくなる直前に山遊びとともに行なう宗教儀礼としての花見ではなかった。百姓たちの花見は、ところによって異なるが、旧暦三月三日の雛祭りあたりから三月いっぱいにかけて、ムラ（集落）の中で見晴らしのよい山の頂きに酒・肴《さかな》を携えて登り、山に咲く花を眺めたのである。花は桜ばかりでなく、西日本では躑躅《つつじ》のことが多かった。咲いている花を見てまず酒・肴を供え、その後神と一体となるため供えた酒を飲み、肴を食べ、神に豊作や長命を祈ったのである。

平安時代からはじまった貴族たちの花宴《はなのえん》は、農業に関わる宗教儀礼とみることはできないが、花を見て楽しむという当時の風潮のなかで、百姓たちの花見という行為を雅なものとして、さらに優雅に洗練し、相互の親睦を深める機会としたものと考えてよいだろう。

宮中での桜花の花見はすでに触れた。離宮では朱雀院、高陽院が著名であった。公卿や大夫《だいぶ》の家々も桜樹を多く植えており、粟田《あわた》左大臣在衡《ありひら》の山荘、中納言義懐の家などがよく知られ、最も名高かったものは藤原良房邸の染殿《そめどの》の桜であった。ときの仁明天皇はこれをお聞きになり、明年の春はその邸に行幸して見ると仰せ出されていたが、嘉祥三（八五〇）年三月にわかに崩御《ほうぎょ》された。良房は大いに悲しみ、その翌年の春三月、満開の桜の下で法会《ほうえ》を営み奉ったことが『文徳実録』巻三の仁寿二（八五二）年三月一〇日の条に記されている。

壬午（一〇日）右大臣藤原良房、東都の第《だい》において、知行の名僧を延屈《すすめ》して、先皇《せんこう》の御為《ごほんため》に法華経を講じ奉る。往年先皇は大臣家の園に桜樹のはなはだ美しきの有るを聞かれ、戯れて大臣に許すに、明年の春その花を翫《もてあそ》ぶことあらんことを以てす。俄にして仙駕化去《せんがけきょ》（崩御）して、遊賞を遂《と》げず。このごろ春来たりて花発《ひら》く。大臣が恨みて曰く。先皇が所期《しょき》（期待する）の春は今日の是《これ》なり。春の来る期に依り、仙《せん》去りて帰らず。花是《ここ》にありて人は非ず。悲しみに堪《た》えず。道俗の会する者、これに流涕為《りゅうていな》さざる莫《なか》れ。公卿大夫は詩を賦し、懐《おもい》を述べ、或《あ》るいは歌をもって和へ逝《こた》《なきひと》を歎《なげ》く。（原文は漢文）

良房の悲しみの深さがわかろうというものである。この法会の後、良房は文徳天皇にお願いし、仁寿三（八五三）年二月に、かの第《だい》に文徳天皇の臨幸《りんこう》を得たのである。文徳天皇にとっては、先皇の御遺志を遂げさせ賜うためのものであったが、やはり染殿の桜の美しさ、名高さに因ることも大きかったのではなかろうか。

『三代実録』によれば、清和天皇の御宇の貞観六（八六四）年に、天皇は太政大臣となっていた良房の染殿に行幸し桜花を賞せられ、夜に入りて還幸《かんこう》されている。この年清和天皇には御元服があったため、はじめてこのようなことがなされたのである。また、貞観八年三月には、右大臣藤原良相《よしすけ》の西京の第に行幸

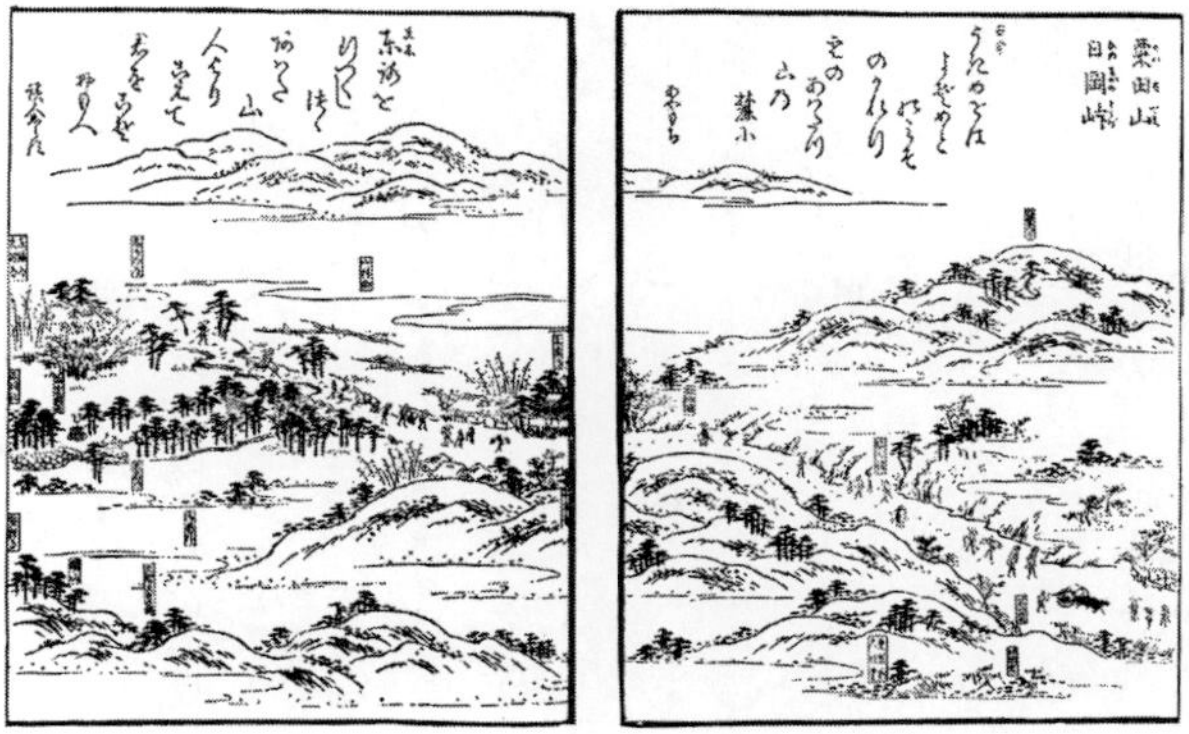

京都東山の粟田山と日岡峠。このあたりは，平安時代には都の花の名所としてよく知られ，公家たちはたびたび花見に出かけた（『都名所図会』巻之三，近畿大学中央図書館蔵）

され、桜花を賞され、ついで閏三月朔《ついたち》にはまた染殿の桜花を賞するため行幸され、日暮れて還幸されている。

桜名所、白川法勝寺の花宴

『日本紀略』の天暦三（九四九）年二月二八日の条には、朱雀上皇の御遊覧が「上皇、東山に御《ぎょ》され、山の花を覧《み》る。更に九条殿に御す」と述べられている。当時の東山、ことに白川一帯には桜樹が多かったようである。粟田左大臣の山荘もここにあり、粟田《あわた》の名は現在も残っている。粟田とは、京都市東山区（むかしは山城国愛宕郡）の地名で、三条白川橋の東にあたり、粟田口《あわたぐち》とよばれ東海道の京都の出入口に当たっている。

白川で行なわれた花見のうちでよく知られたものに、白河法皇と鳥羽上皇の両院による法勝寺《ほっしょうじ》の花の宴があり、崇徳天皇の御宇《ぎょう》の保安五（一一二四）年閏二月一二日に行なわれた。『百錬抄』に「両院法勝寺に臨幸《りんこう》して、春の花を覧られる。太政大臣（藤原雅実）、摂政（藤原忠通）以下、騎馬が先駆けす。内裏の中、宮の女房たち車を連ねて追い従う。男女の装束は錦繡《きんしゅう》を裁《き》る。白河法皇、南殿に於いて和歌を講ぜられる。内大臣は序を献ず」とある。

法勝寺は、白河天皇の発願により承暦元（一〇七七）年に造立された寺である。『千載和歌集』の巻第一・春歌上には「鳥羽院位降りさせ給うてのち、白川に御幸《みゆき》ありて花御覧じける日よみ侍りける（四四）」との、花園左大臣の詞書がある。このときの花の様子を『今鏡《いまかがみ》』のすべらぎ・中は「白河の花の宴」と題して、詳しく述べている。

み寺の花、雪のあしたなどのやうに、咲きつらなりたる上に、わざとかねてほかのを散らして、庭にしかれたりけるにや。牛の蹄《ひづめ》もかくれ、車のあとも入るほどに、花つもりたるに、こずえの花も、雪のさかりにふるやうにぞ侍りける。

受け入れる寺も、発願者をむかえての花見なので、準備おさおさ怠りなかったことがこの文から読み取れる。法勝寺の桜は、雪の朝のように樹上に咲き誇り、地上には前もって別の桜花をまき散らしたように思われるほど、散り敷いている。牛車《ぎっしゃ》の牛の蹄《ひづめ》も隠れ、わだちの跡も埋まってしまうほどであった。さらに梢からは、真冬の雪の盛り時のように、散ってゆく花びらが降り注ぐというのである。法勝寺の桜樹は、たぶん八重桜であったとみられる。一重の桜では、いかに花が多く咲いても、花びらが積み重なるほどの量にはならない。白川には『拾遺抄』『和漢朗詠集』『新撰髄脳』などの編著者で歌人の藤原公任《きんとう》の山荘があり、美しい花の桜があった。『古本説話集』や『今昔物語』に同じ話が収められているのだが、山荘の本当の主は公任ではなくて桜花であるとの歌を詠んだことが記されている。話を意訳すると、

公任大納言が白川の家においでになったころ、相当な地位にある人びとが四〜五人ほど訪れて、「桜花が美しいので、見にお伺いした」と言った。大納言はお酒などをすすめて、この歌を詠われた。

春来てぞ人もとひける山里は花こそやどの主《あるじ》なりけれ

人びとはほめ称えて、それぞれ歌を詠んだのであるが、公任の歌に比べられるようなものはなかった、というのである。歌の意は、春になって人びとが山里を訪ねてきてくれた、このことによって花がこの山

里の家の本当の主だとわかりました、というのである。公任は、自分を訪ねてくれたのではなく、花が目当ての訪問だったので、つい桜花がこの家の主人だとわかったと、皮肉を歌に詠んで示したのであった。その皮肉が通じなくて、訪問者たちはやんやと喝采したと物語はいうのである。

雲林院での殿上の花見

『栄花物語』巻第三一の巻名は、「殿上《てんじょう》の花見」となっており、藤原道長薨去《こうきょ》（道長の薨去は万寿四＝一〇二七年一二月四日）後、長元六（一〇三三）年一〇月までが述べられている。『栄花物語』は藤原道長の栄華を主とし、仮名文で編年体で記された歴史物語である。巻三〇までが正編で、第三一巻から別の編者が記している。

まことにや、殿上《てんじょう》の人々も花見、関白殿も御覧じけるに、斎院より、

残りなく尋ぬなれども注連《しめ》のうちの花は花にもあらぬなりけり

と聞えさせたまへりければ、東宮大夫《とうぐうのだいぶ》の御返し、

風をいたみまづぞ山べを尋ねつる注連結ふ花はちらじと思ひて

この歌のお返しは、かくこそ集《しふ》には、

残りなくなりぬる春に散るぬべき花ばかりをばねたまざらなん

と聞えさせたまへり。民部卿、関白殿に、

いにしへの花見し人は尋ねしを老いは春にも忘られにけり

入道殿などまづ誘ひきこえさせたまひけるを思しけるなるべし。これは法住寺《ほうじゅうじ》の大臣《おとど》の二郎なり。殿のお返し、

尋ねんと思ふ心もいにしへの春にはあらぬ心地こそすれ
と聞えさせたまひけり。

この花見の部分は、選子内親王がまだ斎宮であったころを物語った内容である。殿上の人々の花見とは、関白藤原頼通の一行が花見のため、京の町から出て、観音院より雲林院《うりんいん》をながめて帰ったときのことで、まず山辺《やまべ》の山桜花を眺め、帰りに斎院の桜をみたのである。山辺とは、岩倉の観音院（大雲寺）のあたりとみられる。帰りに斎院の桜を見たのであるから、注連《しめ》を張りめぐらせた神域、つまり斎院の境内にある桜樹は激しい風にも散らないからだと、特別視している。

意訳すると、そうそうそういえば、殿上の人々も花見をし、関白殿（藤原頼通）もご覧になったことがある。その時、斎院から歌で「残るところなく花を尋ね求められるとのことですが、注連を張りめぐらせたこの神域の花は、花の内にも入らないものだったのですね」と申しあげた。それに対する東宮大夫（藤原頼宗）のご返歌は、「風が激しいのでまず山辺の花をたずねたのは、注連を張りめぐらせた斎院の桜は散るまいと思いましたので」であった。

桜狩

平安時代の貴族たちは、花見あるいは桜狩《さくらがり》と称して、心安く付き合いのできる仲間と連れ立って出向くことが多かったことが、和歌集などに数多く見うけられる。出かける先は、神泉苑、法勝寺、雲林院、北山の辺《あたり》、水無瀬《みなせ》、交野《かたの》、白川、東山などであった。東山での花見は『千載和歌集』巻第一・春歌上に右大臣の「東《ひんがし》山に花見に侍りける日によみ侍りける（五四）」との詞書が、同巻第二・春歌下に大納言長家の「後朱雀院御時、上の男ども東《ひんがし》山の花見侍りけるに、雨の降りにければ白河殿にとまりて（八二）」など

雲林院での公家たちの花見の図。桜の枝には詠まれた和歌を記した短冊が下がっている（『都林泉名勝図会』巻之一，近畿大学中央図書館蔵）

の詞書にみられる。

花見にでかけた人たちは、一日桜のもとであそび暮らし、夕暮れになってから帰るという行動パターンであったようだ。

桜狩もまた花見のことである。しかし、別のようにも思われるのは、もとは鷹狩《たかがり》のついでに、桜花を賞したのであるが、いつのまにか狩の方は忘れられ、花見だけが残ったからのようである。桜狩を詠んだ歌に、『拾遺和歌集』巻第一・春に収められたよみ人知らずの歌がある。

桜がり雨は降りきぬおなじくはぬるとも花の蔭のかくれむ　（五〇）

桜狩のさなかに雨が降ってきた、同じ濡れるのであるなら、花の蔭に隠れてしばらく雨を凌《しの》ごう、という意味である。降るともみえないくらい細い春雨は、いつの間にか衣を濡らしているのであるが、春のこぬか雨は花がたくさん咲いた桜の木の下に入っていれば濡れても雅やかであり、もしかしたら濡れも防げると考えたのであろうか。

また『新古今和歌集』の巻第二・春歌下におさめられた藤原俊成

の歌も、都を離れて遠くまで出かけて行なった桜狩を詠ったものである。

摂政太政大臣家に五十首歌よませ侍りける時　皇太后宮大夫俊成
またやみむ交野《かたの》のみ野のさくらがり花の雪散る春のあけぼの　（一一四）

交野の御野《みの》での桜狩のときに見た桜花の情景は、もう再び見ることはないであろう。春のあけぼのに、桜花が雪のように乱れ散る神秘的にさえ思われる景色を私の脳裏は覚えている、という意味である。

交野は、淀川の三大支流（木津川・宇治川・桂川）が合流して一つにまとまって流れはじめた左岸（東側）にあたる。河内国交野郡（現・大阪府枚方市および交野市）一帯をいい、ここには朝廷の禁野《きんや》があった。

交野の地名は、延暦六（七八七）年一〇月の桓武天皇の鷹狩を初見とし、天皇は以後しばしば行幸され、放鷹《ほうよう》（鷹狩のこと）されたところである。この地で、桜狩のはじめともいうべき惟喬《これたか》親王の催しがあったことが、『伊勢物語』第八二段にみえる。これについては、別に触れているので省略するが、これにより交野の春の桜狩がひろく人びとに知られることとなった。

3　桜花を折る人々

桜花の挿頭

俗に「梅は折るべし桜折らぬべし」といわれるが、平安時代の人びとはよく桜の枝を折りとっていた。

咲き誇る桜花を遠くから見るだけでは満足できず、最後にはこれを手にとって、眺め、弄《もてあそ》びたいと思うのは人の常である。さらにまた、家族をのこして花見に出かけているので、美しく咲いている桜花を愛《いと》しい家族の者と共に鑑賞したいとして、手土産に折り取るのである。

『古今和歌集』巻第一・春歌上の素性法師の歌、「見てのみや人にかたらむ桜花手ごとに折りて家づとにせん（五五）」が、その実情をあますところなく表現している。素性法師の歌は、家人とともに美しさを楽しむために土産にしたいというものであるが、桜花の咲く木のもとでは折りとるとともに挿頭《かざし》とされたのであった。

挿頭とは、冠や髪にさす草木の花や枝のことで、古代の鬘《かつら》や髻華《うず》の名残りである。古来草木を頭に挿すことによって、自然の精気を取り入れようとしたものであったが、しだいに飾りとされるようになっていった。舞をするときには、本物の立ち木の枝を折りとって挿すが、ときには造り花を挿すこともあった。

挿頭は冠や髪に挿す木の枝のことで，春の精気をうけた桜の枝もしばしば用いられた。ほころびかけた山桜の枝で，こんなものが好まれたのだろうか。

『源氏物語』紅葉の賀では、「かざしの紅葉《もみじ》いたう散り過ぎて、顔のにほひに気圧《けお》されたる心地すれば、御前《おまえ》なる菊を折りて、左大将さしかへ給ふ」とあり、紅葉が散り過ぎていたのだから、本物の紅葉の枝を挿していたことがわかる。

桜花を挿頭にすることついて『古今著聞集』巻第一八・飲食第二八は、「寛弘三年三月一条院に行幸酒宴の事」の項で、つぎのように記す。

寛弘三（一〇〇六）年三月四日、東三条より一条院に行幸ありけり。先《まず》家の賞がおこなはれて後、御作文《おさくもん》・管弦など有けり。又盃酌の興もありけり。内大臣御盃をたてまつらる。中納言俊賢卿御銚子をとる。左府（藤原道長）天盃をたまはりて、例のごとくかわらけをうつしてのみて、南階《みなみきざはし》をおりて拝舞《はいむ》ありけり。池の辺《べ》の桜の枝をおりて、西階をのぼりて袖を翻《ひるがえし》て、警蹕《けいひつ》を構《かまえ》て、主上《しゅじょう》にたてまつりたりけり。其後人びとのかざしもありけり。

左大臣藤原道長は、一条天皇から盃を頂戴し、恒例にしたがって土器《かわらけ》を廻し飲みし、南の階段をおりて拝舞をしたのである。拝舞とは、叙位《じょい》、任官、賜禄《しろく》のときなどに拝謝《はいしゃ》の意をあらわす礼のことをいい、再拝して袖を左右にふり、手を動かし足を踏み、立ちまたは座して左右左《さゆうさ》を行なうことである。

拝舞ののち、道長は池のほとりにある桜の枝を折り、西の階段からのぼって袖をひるがえし、警蹕《けいひつ》を構えて一条天皇に桜の枝を奉ったのである。なお警蹕とは、天皇または貴人の出入り、神事のときなどに、先払いが「おお」「しし」「おし」「おしおし」などと発声して、あたりを戒《いさ》めることである。その後に、出席した人びとへ挿頭とする桜の枝を賜ったのである。

匂宮、挿頭にと桜を折る

『源氏物語』の椎本《しいがもと》の巻では、桜花を折りとった挿頭《かざし》から、匂宮と宇治八の宮の姫君との恋愛が進んでいく。

二月二〇日すぎ、匂宮は、初瀬《はつせ》詣での帰途、八の宮邸の対岸にある夕霧の宇治の別邸に中宿《なかやどり》をしていた。薫から聞いた八の宮の姫君たちへの関心からである。薫をはじめ若い貴公子たちもこぞって迎えにあがり、にぎやかな管弦の遊びとなった。八の宮は川波を隔てて聞く物の音に、昔の栄華をしのばずにはいられない。翌朝、八の宮から薫のもとへ文が送られてくると、匂宮は自らその返事をしたためた。

かの宮（匂宮）は、まいて、かやすきほどならぬ御身をさへところせく思さるるを、かかるをりだにと忍びかねたまひて、おもしろき花（桜の花）の枝を折らせたまひて、御供にさぶらふ上童《うへわらは》のをかしきして奉りたまふ。

匂宮「山桜にほふあたりにたづねきて　おなじかざしを折りてけるかな野をむつましみ」とやありけん。

御返りは、いかでかはなど、聞こえにくく思しわずらふ。「かかるをりのこと、わざとがしくもてなし、ほど経《ふ》るも、なかなか憎きことになむはべりし」など、古人《ふるびと》ども聞こゆれば、中の君にぞ書かせたてまつりたまふ。

中の君「かざしをる花のたよりに山がつの垣根を過ぎぬ春の旅人野をわきてしも」と、いとをかしげにらうらうしく書きたまへり。

宇治川の左岸にあたる宇治平等院近くの堤から右岸を眺めたところ。『源氏物語』では，宇治川を隔てて，匂の宮が宇治八の宮へ桜枝を贈る。

匂宮はせめてこうした機会にでもと、こらえかねる気持ちから、みごとな桜の枝を折らせ、御供の殿上童《てんじょうわらわ》のかわいらしいのを使者にして、八の宮邸に差し上げられた。このとき和歌が桜花枝とともに添えられるのであるが、これを折枝《おりえだ》といい、後に述べる。

添えられた歌は、山桜の美しく咲いているあたり、つまり美しい姫君たちのお住まいの近くまで訪れてきて、同じ山桜の枝を、私も手折ったのです、という意味である。おなじ挿頭は、同じ血縁を象徴しているもので、あなたと同じ挿頭を手折ったとして、同じ皇族であることの親しみを強調しているのである。

和歌につけられた「野をむつましみ」は、『万葉集』巻第八・春雑歌に収められた山部赤人の歌「春の野にすみれつみにと来《こ》し吾ぞ野をなつかしみ一夜宿《ね》にける(一四二四)」の「なつかしみ」を「むつましみ」に代えて、血のつながる親しみを強めたものである。中西進は『花のかたち——日本人と桜』(角川書店)で、山部赤人の歌の「野をなつかしみ一夜寝にける」を言い換えたものなのだから、むつまじく寝たいという願望がきわめて明瞭に表現されていよう、と述べている。

受けた八の宮は、中の君に返事を書かせられた。和歌には和歌をもって返事するのである。中の君の歌は、「挿頭の花をお折りになるついでに、このような山賤《やまがつ》の垣根の辺りを通りすぎられただけにすぎないのです。行きずりの春の旅人のあなたは……」と、匂宮を春の旅人とし、自分は山賤にたとえ、旅人が春の風物を愛でて通り過ぎたにすぎないと、匂宮の誘いを切り返したのである。

やがて都から帝の仰せによって、藤大納言がお迎えになり、大勢の人びとも何かとにぎやかに京へとお帰りになられていった。若い人びとは、名残りもつきず、ついつい後をふりかえってばかりいる。匂宮もまたしかるべきときをみつけて、とお思いになる。ちょうど花盛りで、四方の霞も眺めやるほどの見所のあるものであった。

花盛りの桜の挿頭が、物語の進行役をつとめているのであるが、花盛りの桜はすぐに散るものである。美しい桜、つまり年頃の美しい中の宮は、美しさのゆえに、匂宮にとっては折りとって自分のものとして頭に挿すものであったのだ。

ついでながら、桜の花と同じ春に挿頭として使われる梅、山吹、藤が平安時代にはどう使われているか見てみよう。

梅は『古今和歌集』(かな序、三六、三五二)、『拾遺和歌集』(一〇一一)、『千載和歌集』(二一)、『源氏物

語』（幻）、桜は『拾遺和歌集』（二八六、三五五）、『源氏物語』（須磨、椎本に二回）、山吹は『枕草子』（見物は）、藤は『源氏物語』（宿木、胡蝶）にみられる。わずかな文献であるが挿頭につかわれたものは、桜五回、梅六回、山吹一回、藤二回となっており、桜と梅が春の季節に挿頭として多く使われていたことがわかる。

折枝とされる植物の種類

繊細で優雅な美意識をもっていた平安時代の貴族たちは、消息を書いたり、書かれたものを包む料紙にも十分な意を用いていた。料紙にも無頓着で、センスのない手紙をもらうと、貴族たちは送り主に軽い軽蔑の念を抱いた。

消息《しょうそく》ということばのもともとは、相手の安否を問い、用事を達成して、心のなかの心配ごとを「消し息《や》む」という意味であった。消息とは、また二人の間で往復する文書である。和歌も贈答和歌といって、『源氏物語』にみられるように匂宮から中の宮に和歌を贈る、中の宮はその贈られた和歌に対して答えるため和歌で匂宮に返事を贈るのである。したがって、この贈答和歌は二人の間を行き来する往復文書の一種である。当時の貴族たちは、和歌を理解することは教養の一つとなっていたため、文章とされていなくても、和歌をみれば相手が何を言っているのかが解った。贈答和歌は、文章で書かれた手紙の役目を十分に果たしていた。

また、消息を結びつける折枝《おりえだ》との調和にも、平安貴族たちは高い関心をはらった。折枝とは、折りとった木の枝のことである。造り花をつけた枝のこともあった。平安時代の宮廷社会では、行事のおりおりに、贈物をする習慣があり、楽器（和琴《わごん》、琵琶、笛、笙《しょう》）、手本（筆跡の巻物）、本書《ほんふみ》（書籍）、帯（束帯用の石帯《せきたい》）、剣などさまざまであった。これらは、いずれも美しい錦の裂《きれ》に包んで渡し、打枝《うちえだ》を結んだ。打枝は折枝とおなじものである。

『とはずがたり』巻二では、柳と桜が折枝としてつかわれる場面がつぎのように描写されている。付けられている御文は、どちらも歌である。

次の日、仲頼《なかより》して御文あり。

いかにせんうつゝともなき面影を夢と思へば覚むる間もなし

紅《くれない》の薄様《うすやう》にて、柳に付けらる。さのみ御返《かへし》をだに申さぬも、かちは便《びん》なきやうにやとて、花だの薄様に書きて、桜の枝に付けて、

うつゝとも夢ともよしや桜花咲き散る程と常ならぬ世に

その後も度《たび》たびうちしきり、うけたまはりしかども、師親《もろちか》の大納言住む所へ車乞ひて帰へりぬ。

万事を華麗に華麗にと、諸事をすすめてきた当時にあって、これも風流（美しく飾ること）の一つであり、消息につける折枝もその発想のなかから生まれたものである。四季折々の風物の中にその美をひときわ発揮させるため、手紙を折り結んでつける折枝も、季節感がただようものを選ぶことが必要であった。

消息を折枝につけることについて小松茂美は『手紙の歴史』（岩波新書）のなかで、「『枕草子』や『源氏物語』になると、俄然《がぜん》、その記載が数を増す。むしろ、消息は折枝につけるのが常識となってきたようである」と述べている。

実際にはどんな折枝が用いられていたのか、小松がとりまとめた「平安時代における消息と折枝一覧表」から春の季節に用いられるものを見てみよう。なお、梅と桜と山吹については、筆者が『源氏物語』（＊印）のものを補った。なお『枕草子』には、この三種について補うものがなかった。

梅——咲きたる梅の花、梅の花のいみじう咲きたる、梅、紅梅、梅の花、めでたき紅梅、紅梅、紅梅の花、紅梅、紅梅、＊散りすぎたる梅の枝、＊梅

桜——桜の花、桜、桜の枝、桜の枝、桜の枝、＊おもしろき花（原文は花だが桜のこと）の枝

松——みどり色あらはれたる松のえだ、様よき松、小松、松、松、松の枝、雪のふりかかりたる松の枝、小松、いろかはりたる松

五葉——白銀の五葉の枝、五葉の枝、五葉、五葉

藤——藤の花、房ながき藤、藤の花

楝《おうち》（せんだん）——楝の花

柳——柳の枝、柳、柳の萌え出でたる、柳の枝、柳

空木《うつぎ》——卯の花、いと葉しげきうつきたる枝

山吹——山吹に、八重山吹の造花、いと面白き八重山吹

小松は、これらを含め折枝の事例六八種を掲げている。そのうち樹木は梅、桜、松、五葉、藤、楝《おうち》、柳、空木《うつぎ》、山吹、橘、樒《しきみ》、榊《さかき》、杜《ねず》、萩の一四種で、草では菖蒲《あやめ》、萱《かや》、菊、桔梗《ききょう》、撫子《なでしこ》、紫苑《しおん》の六種、それ以外に紅葉、枝、花、杖といったものがある。

梅、桜、山吹の折枝と文学作品

本書の主題である桜が折枝としてつかわれた頻度は、六回である。春の花として知られる梅は一二回、山吹は三回、常盤《ときわ》の松は九回、五葉（五葉の松のこと）は四回である。奈良時代には梅が重用されていたが、平安時代になるとそれが桜に変わったとよく言われるが、折枝として物語などに桜が描写された回数は梅

の半分にすぎない。

　春に咲く花として平安時代の人びとに愛されてきた梅、桜、山吹の折枝が描写されている物語や日記作品をみながら、桜が折枝として使われる場面が少ない理由を考えてみよう。梅の出典作品とその回数は、『宇津保物語』に二回、『枕草子』に二回、『源氏物語』に五回、『能宣集』に一回、『蜻蛉日記《かげろう》』に一回、『弁内侍日記』に一回、合計一二回である。桜の出典作品とその回数は、『宇津保物語』に一回、『源氏物語』に二回、『とはずがたり』に二回、『古今著聞集』に一回で、合計六回である。山吹の出典作品とその回数は、『宇津保物語』に三回である。

　ここに取り上げた文学作品のうち『源氏物語』に梅、桜、山吹が描写された場面は、池田亀鑑編『源氏物語事典』（東京堂出版）によれば梅四四例（うめ一〇例、むめ一一例、うめのはな五例、むめのはな一例、むめのか二例、紅梅一四例、および梅花園一例を含む）、桜四四例（さくらばな二例、なでんのさくら一例、やまざくら四例を含む）、山吹一〇例（やまぶきのはな一例を含む）となっている。おなじく『枕草子』では、梅一〇例（梅六例、梅の木一例、梅の花三例を含む）、桜一三例、山吹三例となっている。なお、山吹は折枝の出現回数も、描写場面もきわめて少ないので、検討対象から除外して差し支えないようである。

梅も桜も手近に採取できた

　梅、桜、山吹の関西を中心とした開花時期は、梅は二月中旬〜四月上旬（約六〇日）、桜（山桜）は四月上旬〜四月中旬（約一五日）である。折枝《おりえだ》とするとき花の咲いている期間が、桜は梅に比べると四分の一の日数にすぎない。貴族たちが消息《しょうそく》や文《ふみ》をしたため、折枝につけて相手にわたす活動が、早春の梅の開花から始まって、桜の花が咲き終わるまでの期間同じペースであったとすれば、開花日数の違いが折枝の違

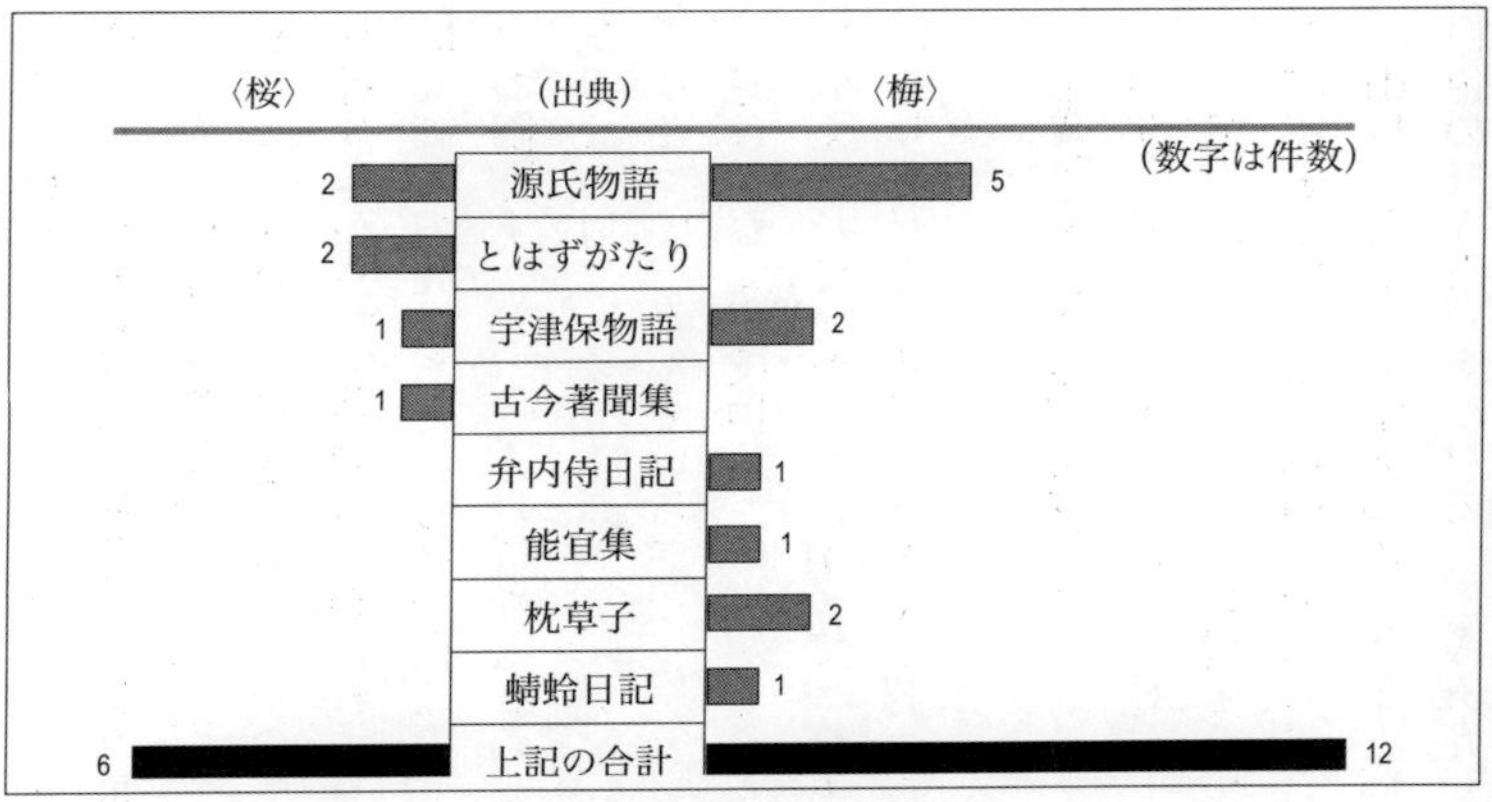

梅と桜が折枝とされた作品名とその件数

いとなると主張することもできる。次には、折枝とするためには、まず花の咲いた木から、枝を折りとってくることが必要なので、入手が容易か困難かということが考えられる。

梅も桜も、どちらも貴族たちの寝殿造りの庭に植えられていた。『源氏物語』少女《おとめ》の巻に「御前《おまへ》ちかき前栽《せんざい》、五葉・紅梅・桜・藤・山吹・岩躑躅《つつじ》などやうの春のもてあそびを」としるされている。

梅は人の家の庭先で、軒下近くに植えられている木で、『源氏物語』末摘花《すえつむはな》の巻には「日の、いとうららかなるに、いつしかと霞みわたれる梢どもの、心もとなき中にも、梅は、けしきばみ、ほゝゑみわたれる、とりわきて見ゆ。階《はし》隠《がくし》のもとの紅梅、いと疾《と》く咲く花にて、色づきにけり」と、庭における階段の近くに植えられていたことがわかる。また河竹の巻では「西の渡殿《わたどの》の前なる紅梅の木のもとに、梅が枝をうそぶきて」とあり、両方ともひょいと手をのばせば届くところに梅の木は植えられ、愛でられていた。そして実際にも、「お前近き若木の梅、心もとなくつぼみて、鶯《うぐいす》の初声《はつこえ》も、いとおほどかなるに」と若木の梅の蕾がふくらみはじめたものを、宰相《さいしょう》の君と聞こえる上臈《じょうろう》（身分の高い女官）が「折りて見ばいとゞ匂ひもまさるやとすこし色めけ梅の初花」と折り取っているのである。

一方の桜は、『源氏物語』須磨の巻では「須磨《すま》には、年かへりて、日長く、つれづれなるに、植ゑし若木の桜、ほのかに咲きそめて、空の気色うらゝかなるに、よろづのこと思し出でられて、うち泣き給ふ折り折り多かり」と須磨へ流謫《るたく》されても、源氏はそこへも桜を植えている。そして京の都では、若菜上の巻に「御階《みはし》の間にあたれる桜の蔭より、人々、花の上も忘れて心を入れたるを、大臣《おとど》も宮も、隅の高欄に出でて御覧ず」と、ごく身近なところに桜の木はあった。そして河竹の巻では「お前の花の木どもの中にも、匂ひまさりて、をかしき桜を、をらせて、「ほかのにも似ずこそ」など、もてあそび給ふ」と、桜の枝を折りとって、弄んでいる。

梅も桜も『源氏物語』の事例をみたが、双方とも、貴族が折り取ろうと思えば、簡単に入手できる場所に植えられていた。したがって、梅も桜も、入手しようと思えば、簡単に、手にいれることができる場所にあり、双方の差異はほとんど認められない。

鑑賞対象は桜は花、梅は香り

つぎに考えられることは、折枝にしたとき花がどれくらい長持ちするかという、花の保存性の長短である。相手に渡った結果、その場限りで御用済みとなるとしても、ある程度の時間までは花がついていることが望ましい。桜と梅の花の保ち具合も、影響しているのではなかろうか。

山桜の花は、通常赤褐色の新葉と同時に出て、花軸の短い散房花序または散形状の花序をつくって淡紅白色の三〜五花をつける。三〜五花が全部同時に開くことは少ないが、満開の後にはすぐに散りはじめ、花の寿命は短い。花には芳香はないが、若い葉にクマリン（天然香料の一種）の香りがある。

一方梅は、前年の枝の葉腋《ようえき》一つに一〜三個の蕾《つぼみ》がつき、各枝の前年の葉腋の数の多少によって一本の枝の花数が決まる。早春に葉よりもはやく、ほとんど柄のない花を開き、芳香を放つが、一本の枝の花が一度に開くことはなく、一花、一花と徐々に開いていくので、一つの枝をみると咲き初めから終わりまでの花期は相当に長い。一つの花の寿命も四〜五日と比較的長い。

開花した花の保存性は、折枝としてどちらも遜色はない。必要とする時節に咲いている方を使えばよいことになり、開花期間の長い梅が多く用いられることは当然となる。

もう一つの選択条件に、花の香りの有無が考えられる。桜の花には香りがなく、梅の花には芳香がある。どうやら折枝の用例の多少の原因は、この花の香りにありそうだ。『源氏物語』から、桜と梅はどのように記述されているのか、いま一度ふりかえってみよう。

桜は、

おくれて咲く桜二木《ふたき》ぞ、いとおもしろき（花宴）
植ゑし若木の桜、ほのかに咲きそめて（須磨）
南殿の桜葉、盛りになりぬらむ（須磨）
まろが桜は、咲きにけり（幻）
三月になりて、咲く桜あれば、散りかひ曇り、おほかたの盛りなる頃（竹河）
花盛りの程、二条院の桜を見やり給ふに（早蕨）

とあって、いずれも咲き誇る花が愛でる対象となっている。

梅の方はといえば、

梅の香をかしきを見出して、物し給ふ（末摘花）

とりわきて、梅の香も、御簾《みす》のうちに匂ひ吹きまがひて（初音）

はかなく袖ふれ給ふ梅の香りは、春雨の雫《しずく》にも濡れ（匂宮）

うち返す端風に、お前ちかき梅の、いといたく、ほころびこぼれたる匂ひの、さとうち散りわたれるに（匂宮）

下に匂へる梅の初花（竹河）

とあって、梅といえば香りといえるほどで、花の香りが鑑賞の対象となっていた。

花の風情より香りが高雅

どうやら平安時代の貴族たちは、花の色や形、花の咲いた風情を賞でるよりも、香りを求めることの方がより高尚で雅《みやび》であると理解していたようである。『源氏物語』幻の巻に、紫の上が死去した翌年の新春、最愛の妻をなくした源氏は悲嘆にくれ、御簾《みす》の中に引きこもっていた。源氏の弟宮の蛍兵部卿が参賀（参《さん》内《だい》して祝賀の意を表すること）に来たとき、源氏からの消息には、「わが宿は花もてはやす人もなし何にか春のたづね来つらん」と、私（源氏）のところには、春を好み（梅の）花を賞美したもの（紫の上）はもういない。それなのにどうして春（蛍宮）が訪ねてきたのか、と問いかけた。蛍宮は源氏を梅の香りになぞらえ、

香をとめて来つるかひなきおほかたの花のたよりを言ひやなすべき

私はこの紅梅の香り（源氏）を求めて来たものなのに、その甲斐もなく「おおかたここの紅梅の花を鑑賞しに、ついでに立ち寄った」とでも言われるつもりでしょうか、と答えたのであった。

蛍宮は「花のたより」、つまり梅花を鑑賞し弄ぶというすこし軽薄に感じられる行為ではなく、高尚で奥深い「香りを求めて」来たのだと、答えたのである。二人の間にやりとりされた梅の花は、「ほのかに開けさしつゝ、をかしき程の匂ひなり」と述べられるように、まことに風情ある花の色と香りであった。

桜は花、梅は香りということを『源氏物語』若菜上の巻は端的に表わしているので、その部分を抜き出すことにする。

今朝は、例のやうに、（紫の上方に）おほとのごもり起きさせ給ひて、（女三の）宮の御かたに、（源氏は）御文たてまつり給ふ。（女三の宮は）ことに恥づかしげもなき御様なれど、御筆など、（源氏は）ひきつくろひて、白き紙に

　源氏　中道に隔つるほどはなけれども心みだるゝ今朝の淡雪

梅《むめ》につけ給へり。人召して、

源氏「西の渡殿《わたどの》より、（女三の宮に）たてまつらせよ」

と、のたまふ。（源氏は）やがて見出して、端近くおはします。白き御衣《みぞ》ども着給ひて、（梅の）花をまさぐりつゝ、供待つ雪のほのかに残れる上に、うた散りさそふ空を、眺め給へり。鶯の、若やかに、ちかき紅梅の末にうち鳴きたるを、「袖こそ匂《にほ》へ」と、（源氏は）花をひき隠して、御簾《みす》をおし上げて、眺め給へるさま、夢にも、かゝる、人の親にて、重き位とは見え給はず、若《わか》うなまめかしき御さまなり。（女三の宮よりの）御返り、すこし程経《ふ》る心地すれば、（源氏は）いり給ひて、女君（紫の上）に、花見せたてまつり給ふ。

源氏「花はといはば、かくこそ匂《にほ》はましけれな。桜に移してば、又、ちりばかりも、心分《わ》くるかた、なくやあらまし」

など、のたまふ。

源氏「これも、あまたに移《うつ》ろはぬほど、目とまるにやあらん。(桜)花のさかりに、ならべて見ばや」

など、(紫の上に)のたまふに、(女三の宮より)御返りあり。紅の薄様に、あざやかに押し包まれたるを、(紫の上に対し)むねつぶれて、

源氏が「袖こそ匂へ」と言ったのは、『古今和歌集』巻第一・春上の「折りつれば袖こそにほへ梅の花ありとやこゝに鶯の鳴く(よみ人しらず、三二)」を引用したものである。さらに、花というものはこのように匂いが勝りたいもので、桜にこの匂いを移してしまったならば……、と話すのであった。

桜の花は美しいけれども、香りがないのが惜しまれると、平安時代の貴族は考えていたことがこれでわかる。

折枝に梅が桜より好まれた理由

文学作品につかわれる折枝《おりえだ》で、桜が梅にくらべて格段に少ないのは、当時の作品を執筆した人たちが、花の美しさは梅も桜もほとんど違わないので、より高尚な香りのある梅の方を多く採用したからである。折枝という消息や文をやりとりする場合には、桜花よりも梅花の方が好まれたといえよう。

さらには、梅花との比較では述べてこなかったものに、桜花は散るという概念が、当時の貴族たちの意識に染み付いていたことも、文をつける折枝を選ぶ選定の際に躊躇《ちゅうちょ》するものがあったのではなかろうか。『古今和歌集』の項で見たように、桜花ちりまがひに(七二)、桜花ちらばちらなむ(七四)、さくらちる花

のところは（七五）、いざ桜我もちりなむ（七七）、さくら花ちるまだにも（七九）、桜のごと、とくちる物はなし（八三詞書）、のどけき春の日にしづ心なく花のちるらむ（八四）など、平安時代の貴族たちは桜花の散りぎわに美しさを感じていた。

「散る」という言葉を『広辞苑』でひくと、一つのものとしての秩序のあるものが、ばらばらの細かい破片となるの意、だとしている。解説として、①離れ離れになって落ちる。断片となって方々に飛ぶ。ちらばる。②ちりぢりに別れ去る。離散する。③（心が）まとまらない。おちつかない。④世間に知れわたる。外へ漏れきこえる。⑤酒が杯からこぼれる。⑥にじみひろがる。また、あたりにひろがり、薄れて消える。⑦（比喩的に）人がいさぎよく死ぬ。多く、戦死をいう。と記されている。解説の①から⑦まで、どれ一つをとっても良い内容のものはない。

②の解説は『源氏物語』蓬生の巻の「さてありぬべき人々は、おのづから参りつきてありしを、みな次々にしたがひて行きちりぬ」、③の解説も『源氏物語』若菜下の「いろいろ目移ろひ心ちりて限りこそ侍《はべ》れ」を引用している。蓬生の巻から引用の一節は、末摘花《すえつむはな》は父の親王の死去で庇護者もいなくなり、頼みの源氏は都から離れた遠い須磨のわび住まいで、文も届かない状態である。庇護者のない末摘花の生活は困窮し、女房たちは末摘花につき用事をしていたが、次第に出てゆき各所に散っていった。月日にしたがって、上下《かみしも》の人の数もすくなくなっていく、というありさまであった。

「散る」という言葉は、このように華やかなものから、一転くらく悲しい別れを伴うものである。桜花の場合も、咲き誇った美しい花も散り落ちた後はきわめて寂しいものである。桜の場合は、花が散った後には実がすこしは実るが、めだつほどのものではない。縁《えにし》を結ぶことを目的としている文のやりとりに、散ることがもてはやされる桜花を折枝とすることは縁起でもないことだと、考えられたのであろう。

一方の梅はといえば、花が散った後には梅の実が大きく育ってくる。花が散った後には実を結ぶことが認識されていて、『源氏物語』梅枝の巻で、兵部卿宮と源氏が紅梅の花を賞でているとき「前の斎院より」と言って女房が「ちりすぎたる梅の枝につけたる御文《おふみ》もて」きたのである。桜花にはこのような場面はない。

桜花は美しく散るものだという観念が、人と人との縁《えにし》をとり結ぶ文を結びつける折枝の使用を左右していた大きな理由の一つであろう。

桜折りたるさま

花が咲いた桜の枝を折りとる行為は、平安貴族にとってきわめて優美で、雅《みやび》なさまと評価されていたことが『源氏物語』東屋の巻に「桜を折りたるさま」という言葉となって表現されている。

薫は、浮舟に関心を寄せつつも人聞きを思い、はばかっていた。浮舟の母中将の君は、薫の希望をきき、あまりの身分の違いを危ぶんで、求婚者の中から左近少将を選んだ。左近少将は、浮舟が常陸守《ひたちのかみ》の実子でないと知り、守《かみ》の後見があてにできないとして一方的に破約し、守の実の娘に急遽《きゅうきょ》のりかえた。常陸守は、中将の君が浮舟のために準備した数々の調度までとりあげて強引にその結婚をすすめる。浮舟の不運を嘆き憐れんだ中将の君は彼女を、いまは匂宮の妻として二条院にいる姉の中の君のもとに預けることにした。

中将の君は、常陸守の低俗な世界から、それを見返したい思いもあって浮舟を二条院に入れた。乳母《めのと》と若い女房たち二、三人ばかりで西の対《たい》の西庇《にしびさし》の北よりの、人目につかない所に部屋をいただいた。常陸守邸での日常からすれば中の君のところでの生活は別世界であった。匂宮は右大臣夕霧の六の君を正室としているので、夕霧邸とこの二条院とを行き来している。

宮渡りたまふ。ゆかしくて物のはざまより見れば、いときよらに、桜を折りたるさましたまひて、わが頼もし人に思ひて、恨めしけれど心には違はじと思ふ常陸守より、さま容貌《かたち》も人のほどもこよなく見ゆる五位、四位ども、あひひざのづきさぶらひて、このことかのことと、あたりのことども、家司《けいし》どもなど申す。

匂宮がお越しになった。中将の君は、どんなお方なのか、その姿を見たく思い、物の隙間からのぞくと、まことに気品の高い美しさで、まるで桜の花を手折ったような風情である。自分が頼りとする夫と考え、情けない、恨めしいとは思うが、それでも心の中では背《そむ》くまいと思っている常陸守よりも、風采も顔立ちも、その人柄もはるかに立派に見える五位や四位の公家たち一同が、ひざまずいておそばにひかえている。

物陰から匂宮の容姿をかいま見た中将の君は、そのあまりの優美さに驚嘆したのが、ここに引用した文章である。匂宮の容姿は「いときよらに、桜を折りたるさましたまひて」と述べられているだけである。この形容の仕方は、『源氏物語』ではここ一カ所に記されているだけである。『国語大辞典』は「桜を折りたるさま」を、「いま折ってきたばかりの桜の花のように、人の容姿が優美であるさま。美しく飾ったさま」と解説している。

「桜折りたるさま」とは美のカテゴリー

「桜折りたるさま」という表現で、人の容姿が優美であるさま、美しく着飾ったさまを形容するというのであるから、『源氏物語』ではここだけの出現であるが、平安時代の貴族たちはすぐに理解できる素地があったのだろう。それについて中西進は『花のかたち――日本人と桜（古典）』（角川書店）において、つぎのようにこの言葉がたくさん使われていると述べている。

ところが、今までの学者の研究をみて、いっそう驚いた。たとえば『源氏物語』（日本古典文学大系）に校注をほどこした一人、山岸徳平は「花を折る」例をいくつもいくつも拾っている。『大鏡』『落窪《おちくぼ》物語』『源平盛衰記』『庭訓往来《ていきんおうらい》』などなど。ずいぶん一般的に使われているのである。おまけに、「花を折りて装束《しょうぞく》きて」というのは、落窪の姫君の描写、何も桜を折ることなどまったく関係ない。それこそ清らかで、匂うように美しい装束をしていたというだけだのに「花を折る」といえば、それだけで一つの美のカテゴリーが王朝人の目の前に浮かんできたのである。

「桜折りたるさま」とは、どのような容姿で、どのように着飾ったさまを具体的にさすのかについて、中西は『枕草子』が「清涼殿の丑寅《うしとら》の隅の」の段に描写した大納言の姿「大納言殿、桜の直衣《のうし》のすこしなよらかなるに、濃き紫の指貫《さしぬき》、白き御衣《みぞ》ども、うへに濃き綾《あや》の、いとあざやかなるをいだして、まゐりたまへるに」をもって示している。『源氏物語』でいえば、「花宴《はなのえん》」の巻の「三月《やよひ》の廿日余、右の大殿の弓の結《けち》に、上達部《かんだちめ》・親王《みこ》達、おほく集《つど》ひて、やがて藤の宴し給ふ」ときの源氏の着飾ったさまも、「桜折りたるさま」の一つの見本となるものであろう。

（源氏は）御よそほひなど、ひきつくろひ給ひて、いたう暮るゝ程に、（右大臣に）またれてぞ、渡り給ふ。桜の、唐《から》の綺《き》の御直衣《のうし》、葡萄染《えびぞめ》の下襲《したがさね》、しりいと長く引きて、皆人はうへの衣《きぬ》なるに、（源氏は）あざれたる大君姿の、なまめきたるに、人々にいつかれ入り給ふ御さま、げに、いと、殊《こと》なり。

源氏が着ている桜とは桜襲《さくらがさね》のことで、表は白、裏は紅花色か蘇芳《すおう》色である。表の生地は唐織の綺《き》といって、唐風をまねて織った錦に似た薄い織物である。その生地は白の生糸で、そこへ金糸や五色の糸を交ぜ、細かい模様を浮かせて織ってある薄いものである。源氏の直衣は、一種特別に派手に見えるのである。

ここまでは着飾ったさまの事例であるが、人の容姿つまり、すがたやかたちの表現をおなじく『源氏物語』から拾いあげてみよう。

大将の君（源氏のこと）、御衣《みぞ》ぬぎて、（二郎に）かづけ給ふ。例よりは、（酔ひて）うちみだれ給へる、（源氏の）御顔の匂い、似る物なく見ゆ。（源氏は）うす物の、直衣《のうし》・単衣《ひとえ》を着給へるに、透き給へる肌つき、ましていみじう見ゆるを、年老いたる博士どもなど、遠く見たてまつりて、涙を落としつゝ居たり。（賢木の巻）

事例としてかかげてみると、容姿も、着飾ったさまも、普通の人と比べると格段の違いが見られるのであるが、「桜折りたるさま」とはこのように、特別なものを象徴的に表わしたものなのであろう。

花桜折る中将

「花桜折る少将」とそのものずばりの題名をもつ物語が、『堤中納言物語』という短編物語集に収められている。『堤中納言物語』は一〇編の物語と一つの断章からできており、短編物語としての巧みな構成とすぐれた筆致を示している。そのうちの一編「逢坂越えぬ権中納言」の中の歌一首が、『類聚歌合《るいじゅううたあわせ》』巻八「六条院禖子《ばいし》内親王家物語歌合」に収められており、天喜三（一〇五五）年五月三日庚申《こうしん》の夜、女房の小式部が提出した作品と判明している。これにより、従来説かれていた『堤中納言物語』一〇編同一作者説は否定されたのだが、この物語集がだれによっていつ集められ、なぜ『堤中納言物語』と名づけられたのかは、いまなおはっきりしない。

「花桜折る少将」は『堤中納言物語』の冒頭におかれ、この物語がつくられた平安時代後期では、「花桜折る」といえばすぐに何事か想像できるほど、流行し、関心をもたれていたことを示しているのであろう。この物語の歌一首が『風葉和歌集』春下に入っている。題名は「花桜折る少将」となっているが、物語の中の主人公は中将の君となっており、題と内容は不一致で、もとの題は「花桜折る中将」ではないかとみられている。

「花桜折る」とのことばについて、大槻修は『堤中納言物語・とりかへばや物語』（新日本古典文学大系二六、岩波書店）の解説において、語義は諸説あり、容貌の美しさを説く向きもあるが、『源氏物語』『狭衣物語』などの用例から、「美女を手に入れる」の意であろう、と述べている。この意味とするならば、美貌の貴公子の物語というよりも、どんな手管で美女を手にいれたのかのほうが、色好みの平安貴族たちの関心をそそる題名であったであろう。

「花桜折る少将」という短編物語の内容をすこし覗いてみよう。冒頭は「月にはかられて、夜ふかく起きにけるも」とあって、月が明るいので夜明けになったのかと騙《だま》されて、夜の深い時刻に起き、物語の主人公の中将は、女のもとから遠いわが家に立ち戻りはじめるのである。

くまなき月に、所々の花の木どもも、ひとへにまがひぬべくかすみたり。いますこし、過ぎてみつるところよりもおもしろく、過ぎがたき心《ここ》ちして、

そなたへとゆきもやられず花桜にほふこかげに旅だたれつゝ

と、うち誦《ず》して、

よく晴れわたった月光、ところどころの桜の木に霞がかかっている。「あちらの方へ、通り過ぎもできない、この美しい桜の木陰に、足がむくので」と、和歌を口ずさむ。中将は、妻問い婚の相手である女の元を出たものの、桜花に心をひかれてまっすぐにわが家へとは向かわない。

桜花の咲く家の透垣《すいがい》のところにしばらく佇《たたず》んでいると、「月と花とを」と口ずさみながら、一三、四歳の女童《めのわらは》が出て来て、桜花の方へと歩いていく。実はむかし、中将はこの家に通ってきたことがあったが、

その女はもう今は出家してこの家にはいない。けれども中将は、物詣《ものもうで》（社寺への参詣）に出かけるため、家の階段を降りるのも辛そうにした貴族ぶった姫君をかいま見て、「うれしくもみつるかな」と思ったのであるが、夜も明けてきたので、帰館された。

中将苦心の誘拐は人違い

日差しが高くあがる時分に中将は起き上がり、「月にはかられて、夜ふかく起きて、出てきて女の家」に後朝《きぬぎぬ》（共寝した男女の暁の別れ）の文を青い薄様に書き、柳につけて供のものにもたせてやった。そこへ主人公の友人、源《げん》中将、兵衛佐《ひょうえのすけ》が小弓を供に持たせてやってきた。男は女の家に泊まって朝方帰り、女に文を送るならわしがあった。

花の木どもの咲きみだれたる、いと多く散るをみて、

あかで散る花みるをりはひたみちに

とあれば、佐《すけ》、

わが身にかつはよはりにしかな

との給《たまふ》。中将の君、「さらばかひなくや」とて

散花《ちるはな》をゝしみとめても君なくはたれにかみせむ宿の桜を

との給。たはぶれつゝもろともにいづ。「かのみつる所たづねばや」とおぼす。

友人たちとの話題は桜花である。桜花が咲きみだれ、たくさん散っていくのを見て、源中将が「見飽きる間もなく、散る桜をながめるときは惜しいと、ただ一途《いちず》に」と上の句を詠むと、兵衛佐が「わが身もかつは、弱ったものだ」下の句をつけた。二人の歌は、満足するほど見る間もなく桜花が散ってしまうと、

自分の身もひたすら弱っていく、というものである。

主人公の中将の君は、「弱くなるだけじゃしようがない」と、二人の連歌をつくり直したのが、散花《ちるはな》ををしみとめても……の歌で、「散る花を惜しみとどめても、あなたがいなくては、誰にみせる甲斐があろうや、わが家の桜を」という意味としたのである。「君なくは」と、友人の詠む体力の衰えにたわむれながらも、さきほど見た姫君を想いおこして、姫君以外には誰に見せようというのか、と詠んだのである。

この歌は、「花の散るころ人のまうで来たりけるに」の詞書で、作者を「花桜折る中将」として、『風葉《ふうよう》和歌集』春下に入集している。この歌集は物語歌集で、平安時代以後の物語約二〇〇種の歌を収録する。

夕方になり主人公の中将は、「殿にまうで給《たまひ》て」と父の邸に伺っている。そのほかは「暮れゆくほどの空、いたうかすみて、花のいとをもしろく散りみだるゝ夕ばへを」と、夜中から昼間また夕方へかけて、主人公の周囲はすべて桜花に囲まれた花づくしとなっている。それを主人公は、「いはむかたなく光りみちて、花のにほひも、むげにけをさるゝ心《ここ》ちぞする」と眺めている。

中将の君に仕える家司《けいし》が、昨夜の「桜多くて荒れたる宿」で中将の君がみた女童《めのわらは》（少納言の君）と恋仲だという。そして姫君はといえば、故源大納言のむすめで、主人公中将の君の伯父（叔父）の近衛大将が養女に迎えて入内《じゅだい》させる心積もりだという。別の日、姫君の略奪を中将の君は計画し、家司の光季が車でやってきて、女童が家に手引きして入れた。

姫君略奪のありさまを、物語はつぎのように述べる。

火はもののうしろへとやりたまへば、ほのかなるに、母屋《もや》にいとちいさやかにて、うちふし給つるを、かきいだきて乗せたてまつり給て、車いそぎやるに、「こは何ぞ、こはなにぞ」とて、心得ずあさましうおぼさる。

中将の君が盗み出したものは、なんと姫君の祖母であった。中将は臥《ふ》している人が姫君だと、思いこんでいたのだ。姫君の乳母《めのと》の解説には、「実は、事前に祖母上が、姫君略奪の計画をお聞きになって、横になっていらっしゃった。年老いて尼になられているので、頭が寒くて、御衣《みぞ》を引きかついで臥せられていた」というのである。

年老いているが尼は美貌であった

この「花桜折る少将」の物語は、色好みで美貌かぎりなき貴公子の中将の君が、恋の浮名をながした果て、うまく老尼に謀《はか》られ、姫君ならぬ老尼を盗みだしてしまった「戯《たわ》けごと」をみごとに、描写している。末尾に「そののち、いかゞ」とあり、後始末はどうなったのか、読む人の想像を逞しくさせる。

前に触れた大槻修の意見のように、「花桜折る」の意味を「美女を手にいれる」とすれば、「花桜折る少将」の物語の主人公は、かつては美しかったであろう昔の美女を誘拐し、手に入れたことになる。この物語は、物語合《ものがたりあわせ》に提出された作品とされており、『源氏物語』の光源氏や匂宮のような美しさの持ち主の中将が、最後にドンデン返しで、老尼を盗み出すのだから、人びとのやんやの喝采をえたことであろう。「桜花を折るさま」の貴公子が、桜花を折り損ねるというのが物語の主題となっている。

主人公の中将には、「桜花折るさま」だと、当時の最大級の賛辞を題名であたえている。中将が女の家から夜更けに帰る道すがらには桜花が咲き、かつて通ったことのある桜多くて荒れたる宿で姫君をかいま見て、翌日に遊びに来た友人との話題も桜ばかりで、さらに桜花の連歌、和歌を詠むのである。父君の邸に伺った夕方も、桜花が散り乱れていた。物語の背景はすべて桜尽くしとなっていて、表題の「花桜折る少将」（実は中将なのだが）が、ことごとく桜花で彩られた背景で進行し、最後に見事なドンデン返しとなっている。

この物語での桜とは何かといえば、「桜多くて荒れたる宿」の姫君をさすこととなろう。したがって花の桜を折るといえば、地面に直結している幹から離れ、その後は折り取った者の自由意思に委ねられることになるので、大槻がいうように「美女を手にいれる」ことをさしていることになる。

「花桜折る少将」の物語では、中将の君が盗み出したのが老尼ではあったが、物語の作者は最後に「御かたちはかぎりなかりけれど」と、尼君の御器量はこの上なくすばらしかったのだけれどもと、尼君が年こそ経ているがかぎりない美女であったと記している。やはり中将の君は「花桜折る」といわれるごとく、平安時代の貴族のカテゴリーの範囲を逸脱することなく、美女を手に入れていたのである。

このように、桜に譬えられる女は、平安時代の「桜折りたるさま」の貴公子、現在の言葉でいうプレイボーイにはとても弱く、簡単に折り取られていた。

桜は折りやすき花

すこし時代は下るが、鎌倉時代の徳治元（一三〇六）年ごろ、中院大納言源雅忠の女《むすめ》で、後深草院の女房であった後深草院二条が執筆した『とはずがたり』巻一には、後深草院が前斎宮《さきのさいぐう》に夜這《よばい》する場面がある。斎宮は伊勢神宮に奉仕した皇女で、天皇の名代として天皇の即位ごとに未婚の内親王または女王から選ばれていた。『とはずがたり』の前斎宮は後嵯峨院の皇女で、飽くなき色好みの後深草院にとっては六歳年少にあたる異母妹であった。

斎宮は廿《はたち》に余り給《たまふ》。ねびとゝのひたる御さま、神も名残を慕ひ給けるもことわりに、花と言はゞ桜にたとへても、よそ目にはいかゞとあやまたれ、霞の袖を重ぬる隙《ひま》も、いかにせましと思ぬるべき御ありさまなれば、まして隈《くま》なき御心のうちは、いつしかいかなる御物思ひの種にかと、よそにも御心苦しくぞおぼえさせ給し。

前斎宮は二〇歳あまりで、成熟されたご様子で、花といえば桜に譬《たと》えても、よそ目にも間違いない。女性の容姿や人柄を草木の風情にたとえる例は、『源氏物語』の「野分」や「若菜下」などにみられる。「桜」は最上の美しさのたとえであったが、前に触れたように女性をもさしていた。ご覧になっている好色な後深草院が何を考えておられるのか、二条にはよそながら前斎宮がお気の毒になった。

後深草院は自分の部屋に入られ、「いかゞすべき、いかゞすべき」と独り言をいわれ、二条に「そなたが幼い時から参って、恩顧《おんこ》を受けたしるしに、このことを叶えたならば、報恩のしるしがあるとみたい」と言われ、前斎宮へ文の御使いを頼まれる。夜が更け、前斎宮もお寝《や》すみになったが、二条が後深草院の「ついさきほどお目にかかったのに、あなたの面影が心に焼き付いて忘れられなくなった」という文をお渡しすると、前斎宮は「御顔うち赤らめて、いと物もの給はず」、返事の文はなかった。二条がこのことを院に申し上げると、院は「たゞ寝給らん所へ、導け、導け」と責めたてられた。

二条の手引きで前斎宮の寝所に後深草院は忍びこむ。二条はといえば、前斎宮の宿直《とのい》の人のそばに「人が少なくて御いたわしく思い、宿直を」と共に寝て、後深草院がどのようにされるのか、そら眠りして伺っていた。

そら眠《ねぶ》りいていたれば、御木丁《ごきちょう》の内も遠からぬに、いたく御心も尽くさず、はやうち解《と》け給《たまい》にけりとおぼゆるぞ、余りに念なかりし。心強くて明かし給はば、いかにおもしろからむと覚《おぼ》しに、明過ぎぬ先に帰入《い》らせ給ひて、

「桜は匂《にほひ》はうつくしけれども、枝ももろく、折れやすき花にてある」

など、仰せありしぞ、さればよとおぼへ侍し。

作者二条の期待も空しく前斎宮は、夜中に自分の寝所に這いこんできた後深草院とすぐうちとけてしまった。二条は「余りに念なかりし」とひどく残念がった。『とはずがたり』で、容姿を桜にたとえられた前斎宮は、後深草院に手折られ「おれやすき花」であるといわれるように、桜は女に譬えられた。前斎宮に譬えられる桜も、天皇や院、あるいは位の高い公卿からの口説きには弱く、たちまちに折れてしまったようである。

『新古今和歌集』においても桜花は好んで折られているが、これは「花桜折るさま」のものではなく本物の桜花が咲いたものである。

内大臣に侍りける時、望山花といへるこころを
よみ侍りける　　京極前関白太政大臣（師実）
白雲のたなびく山のやまざくらいづれを花と行きて折らまし　（巻第二・一〇二）
家の八重桜を折らせて、惟明親王のもとへつかはしける　　式子内親王
八重にほふ軒端の桜うつろひぬ風よりさきに訪ふ人もがな　（巻第二・一三七）

桜花を折るという行為についても、このようにいろいろと解釈されるものであり、桜にかかわる一つの文化が醸成されていたことが示されている。

第四章　鎌倉時代の桜

1　鎌倉時代の武士と桜

源義家の勿来関の山桜花歌

桜の鑑賞は公家などの宮中の人びとがもっぱら記録されているが、武士も発生当初から桜を美しいものと鑑賞していた。発生当初から、武士とは武ばった無骨な美を解しないものとされがちであったが、頭領となる人たちの間では公家たちとさほど見劣りのない教養をつんでいた人たちがいた。武士が生まれてまもない平安時代後期の武将の源義家《よしいえ》（一〇三九〜一一〇六年）の、東北地方の山桜を詠った和歌が、勅撰和歌集の『千載和歌集』巻第二に収録されている。

陸奥国《みちのくに》にまかりける時、勿来《なこそ》の関にて花の散りければよめる

吹く風をなこその関と思へども道もせに散る山ざくらかな　（一〇三）

歌の意は、「吹いて来るな」という名前をもつ関所だが、その名前に反して吹いてくる風は山桜花を道も狭く見えるくらいに吹き散らして敷きつめている、というのである。勿来《なこそ》の関という名前と、来るなといわれながらも山桜花を吹き散らす風の織りなすおかしみを詠みこんでいる。この義家の和歌によって、勿来の地が山桜花の名所ともなったのである。

なお義家は、源頼義《よりよし》の長男で、八幡太郎と号し、武勇に勝れ、和歌も巧みであった。前九年の役には、父とともに安倍貞任《あべさだとう》を討ち、陸奥守兼鎮守府将軍となった。後三年の役を平定している。義家は前九年の役のとき、戦いのさなかに、衣川で安倍貞任と連歌をしたことが『古今著聞集』巻第九（武勇第一二）に記されている。源義家は貞任・宗任らを攻める間、陸奥に一二年間も駐在していた。

頼義が貞任の居城の衣川の館《たち》を攻め戦ったとき、貞任らは耐えきれずついに城の後へ逃れ出た。義家はこれを衣川に追いたて攻め伏せ、「きたなくも、うしろをば見するものかな。しばし引きかへせ。物いわん」と義家が呼びかければ、貞任は見返ったので、「衣のたてはほころびにけり」と義家が言った。貞任は乗っていた馬のくつわを緩め、しころを振り向けて、「年をへし糸《いと》のみだれのくるしさに」と義家の歌の下の句につけた。

これによって義家は、弓につがえていた箭《や》をはずして、帰ったというのである。義家の歌にある「衣のたて」には、貞任の居城である館《たて》と、衣を織るときの経糸《たていと》の意味の「たて」とがかけられていた。このエピソードについて『古今著聞集』は、「さばかりのたゝかひの中に、やさしかりける事哉」と記している。

薩摩守忠度の山桜花の歌

平安時代末期の武将で歌人の源頼政《よりまさ》（一一〇四〜八〇年）が宮中御会で詠った和歌も、『詞歌和歌集』巻第一に収録されている。頼政は白河法皇にとりたてられ兵庫頭《ひょうごのかみ》となり、保元・平治の乱に功をたてた。

深山木《みやまぎ》の其の梢とも見えざりし桜は花にあらはれにけり　（一七）

歌の意は、樹木がたくさん茂った深い山なので、桜が生えているのだとは一向にわからなかったが、花が咲いたので、その存在が初めてはっきりと人に知られるようになった、というものである。たとえば、一緒に入社した人が大勢いて、その存在は人なかにまぎれてしまってまったく認識できなかったのであるが、時節が到来してその才能がパッと現われてきたことを比喩的に詠ったものである。

桜はこの歌のとおり、葉が茂る夏季や落葉時期には、他の樹木にまぎれて、それと知ることは難しい。しかし、時が春に至れば、うす紅色の花を枝先につけるので、遠目でもかなりのボリュームをもった花の群れがみられ、桜木の存在を知ることができるのだ。

平安末期の武将平忠度《ただのり》（一一四四～八四年）の山桜の歌も、勅撰の『千載和歌集』に収録されている。忠度は平清盛の弟で正四位薩摩守、一谷《いちのたに》の戦いに敗れて死んだ。『平家物語』巻第七には「忠度都落ちの事」という段があり、忠度が勅撰集の選者藤原俊成《しゅんぜい》に和歌を託す場面が述べられ、『源平盛衰記』巻三二にも「落行く人々の歌　附忠度淀より帰り俊成に謁《えつ》する事」の段にも同じく述べられている。

『平家物語』は美文で平氏の末期症状を、保元年代（一一五六～五九年）は春の花のように栄えに栄えたが、寿永（一一八二～八四年）の今は秋の紅葉のように、都から落ちていくと述べる。都落ちする平家の人びとのなかに、平清盛の弟である薩摩守忠度の姿もあったが、忠度は何を思ったのか侍五騎と童《わらわ》一人を引き連れ、都に取って返してきた。皇太后宮大夫藤原俊成の居館に到着してみれば、門戸は閉じられていた。

「忠度」と名乗って戸をたたけば、「落人《おちうど》が帰ってきた」と、門の中ではひと騒ぎあった。俊成の「その人ならば苦しかるまじ。開けて入れ申せ」とのことばで門を開けての対面となった。忠度はここ二～三年は京都の騒ぎ、国々の乱れ、戦乱に取り紛れていて、歌の道にも俊成にもご無沙汰していたことを、まず詫《わ》びた。その後、主上（安徳天皇）はすでに帝都を出でさせたまい、平家一門の運命は今日はや尽き果ててしまったと、忠度が属する平家一門の運命の行く末を申し述べた。

このうち世静まって、撰集の御沙汰候はゞ、これに候ふ巻物の中に、さりぬべき歌候はゞ、一首なりとも御恩を蒙《こうむ》って、草の陰にても嬉しと存じ候はゞ、遠き御守《おんまもり》とこそなり参らせ候はんずれ。

忠度はそう言うと、日ごろ詠みおいた歌の中から、秀歌と思われる百余首を書き集めた巻物を、鎧《よろい》の引合《ひきあわせ》より取り出して、俊成に奉った。俊成はこれを開いて見たうえで、「かかる忘れ形見どもをいただいたうえは、ゆめゆめ粗略には致しませぬ」と、預かったのである。薩摩守忠度は、「今は憂《う》き世に思ひ置くことなし。さらば暇《いとま》申して」と、馬にまたがり、甲《かぶと》の緒をしめて、西をさして落ちていった。俊成も、名残り惜しく、あわれを覚え、涙をおさえた。

その後、世が静まって『千載和歌集』が撰集されたのである。薩摩守忠度の巻物の中には、良い歌がいくつもあったが、忠度が勅勘《ちょっかん》（天皇のとがめ）の人であるため、名字も顕わすこともできず、「故郷の花」という題で詠まれた歌が『千載和歌集』巻第一に一首だけ読み人しらずとして入れられたのである。

故郷ノ花といへる心をよみ侍りける　　読人しらず

さゝ波や志賀の都は荒れにしをむかしながらの山ざくらかな　（春歌上六六）

『東海道名所図会』が描く薩摩守忠度の「さざ波や……山桜かな」のイメージ。右図上方の富士山に似た山は，近江富士とよばれる三上山である（『東海道名所図会』巻一，近畿大学中央図書館蔵）

俊成卿は薩摩守忠度が朝敵となったことをはばかったから、この一首だけを収録したのであった。さざなみが打ち寄せる近江国の志賀の都（近江大津宮）は廃都となってすでに荒れ果ててしまっているが、山桜だけは昔のままであるというのが、歌の意であろう。簡単にはそうであるが、練りに練られた歌であった。「さざなみ」は志賀にかかる枕詞で、志賀都《しがのみやこ》は天智天皇の近江大津宮のことである。「むかしながら」は、昔のままにという意味であるが、近江国の歌枕である「長等《ながら》（山）」が掛けられている。

忠度の桜歌はもう一首、『平家物語』巻九の「忠度の最後の事」の項に記されている。

薩摩守忠度は西の手の大将軍であったが、ただ一騎西へ落ちているとき、武蔵国の住人岡部の六彌太と名乗り、ただ一騎追いかけてきた。忠度と六彌太が格闘しているとき、六彌太の童《わらわ》が駆けつけ、刀で薩摩守の右腕をひじから切り落とした。忠度は、もはやこれまでと観念し、西に向かい最後の十念を唱えるのを、六彌太後ろより首をとる。

「よい首討ち奉りたり」とは思へども、名をば誰とも知らざりけるが、箙《えびら》に結ひつけられたる文《ふみ》を取つて見ければ、旅宿《りょしゅく》の花と云ふ題にて、歌をぞ一首詠まれたる

行きくれて木《こ》の下陰《したかげ》を宿とせば花やこよひの主《あるじ》ならまし　忠度

と書かれたりける故にこそ、薩摩守とは知りてけれ。

六彌太が薩摩守を討ち取ったとの名乗りに、敵《かたき》も味方もこれを聞いて、「あないとほし、武芸にも歌道にもすぐれて、よき大将軍にておはしつる人を」と、皆鎧《よろい》を涙で濡らした、と『平家物語』は締めくくっている。

歌の意は、花見に出かけて思わず時を過ごし、桜木の下で野宿することになってしまったので、桜花が今宵の主である、というのであろう。

この薩摩守忠度最期の歌について、小川和佑は『桜の文学史』（文春新書）のなかで、「このころの挿話は散るさくらとして武人の覚悟はかくありたしと、従来のさくらに関するさまざまな文献によく引用されてきた。――しかし果たしてそうだろうか。二つの歌は武人の覚悟という前に、どこまでも優しく、どこまでも風雅なさくらの歌なのではないか」と述べている。私もその意見に賛成である。

鎌倉将軍の桜見物

平家が滅亡し源頼朝が鎌倉で幕府をひらき、ここに武家による政治がはじまった。

鎌倉の地は、桜樹がたくさん生育している地であった。『吾妻鏡《あずまかがみ》』（『東鑑』）巻三五につぎのようにあり、鎌倉将軍が桜花を見にでかけている。

寛元二（一二四四）年三月一日辛丑《かのとうし》　将軍家鎌倉中の諸堂を巡礼し、また桜花を歴覧し給う。

この時の将軍は藤原頼経《よりつね》で、摂家《せっけ》将軍のはじめである。鎌倉幕府をはじめた源《みなもと》家は絶え、摂家から将軍職を要請したのであるが、実権は武家の北条氏が執権《しっけん》としての地位を占めて握っていた。将軍職とはいいながら公家の出身であるため、武家政治でのいわば飾り物の職であった。
武家政治の中心地の鎌倉は、丘陵や海で周囲から仕切られ、七つの切り通しによって外界とつながる天然の軍事的要塞都市であった。中央の平地から谷戸《やと》とよばれる小さな谷が入り組んでいる。いわば都市と里山が直接に接したところであり、桜の生育に適した土地であった。鎌倉で桜花のもっとも名高かったところは永福寺で、すこし時代が溯るが『吾妻鏡』巻一七と同巻二二につぎのように花見に行ったことが記されている。なお永福寺とは、鎌倉幕府の創始者源頼朝の弟で、頼朝に滅ぼされた源九郎義経らの菩提《ぼだい》を弔うためにはじめられた寺である。死後ではあるが、武士と桜との関係をここにみることができる。

建仁三（一二〇三）年三月一五日甲申《きのえさる》　晴れ　永福寺の一切経会に将軍家、舞を覧るがために出御《しゅつぎょ》す。烟霞《えんか》の眺望、桜花の艶色、興あり感ありと云々。

建保二（一二一四）年三月九日甲辰《きのえたつ》　晴れ　晩に及びて将軍家俄《にわか》に、永福寺に出御す。桜花を御覧の為也云々

建仁三年と建保二年のときの将軍は、鎌倉幕府の創始者頼朝の系譜である第三代の将軍となった源実朝《さねとも》（一一九二〜一二一九年）で、彼が同族の義経の菩提を弔う寺に参詣することは当然のことであった。しかし、そこにも何か気分的に制約されるものがあったようで、桜花の花見にかこつけたような感じがよみとれる。

源実朝の桜の和歌

源実朝は、古来、万葉調歌人として名高い。父は源頼朝、母は北条政子で、頼朝が将軍となって一カ月後に鎌倉で生まれた。数え年一二歳のとき、兄頼家の後をついで将軍となった。実朝ははやくから京都風を愛し、元久元（一二〇四）年一二月、京都公卿坊門前大納言信清の娘を妻としたほか、和歌、蹴鞠、管

弦など都の生活様式を大幅に鎌倉にとりいれた。特に、京都の公卿家から妻を迎えたころから作歌に手を染め、藤原定家に師事した。源実朝は武士とはいいながら、鎌倉から一歩も外に出ていないが、私家集『金槐《きんかい》和歌集』（一二一三年）の巻之上「春部」には、大和国の吉野山の桜を詠んだ歌が五〇首も収められている。詞書をみると、「弓あそびをせしに吉野山のかたをつくりて、山人の花見たるところをよめる」、「屏風に吉野山かきたるところ」、「名所ちる花」、「花雪に似たりといふことを」などである。

花雪に似たりといふことを
風ふけば花は雪とぞちりまがふよし野の山は春やなからむ　（七七）

歌の意は、風がふいてくると、花は雪と見まがうばかりに山やまを白くして散り落ちる。吉野の山にはもう春が無くなってしまうのであろうか、である。
賀茂真淵《かものまぶち》が〇〇印（二つ丸印）をした歌がある。

屏風の絵に
山かぜの桜ふきまきおとすなりよし野の滝の岩もとどろに　（七一）

歌の意は、吹きおろす山風が、咲きほこっている桜花にはげしく吹きつける音がする、その山風の中に吉野の滝が岩もとどろにひびきわたってくる、である。
実朝の桜の歌は、実地に山で咲いた桜や、あちこちの人とともに見る機会がすくなかったこともあり、

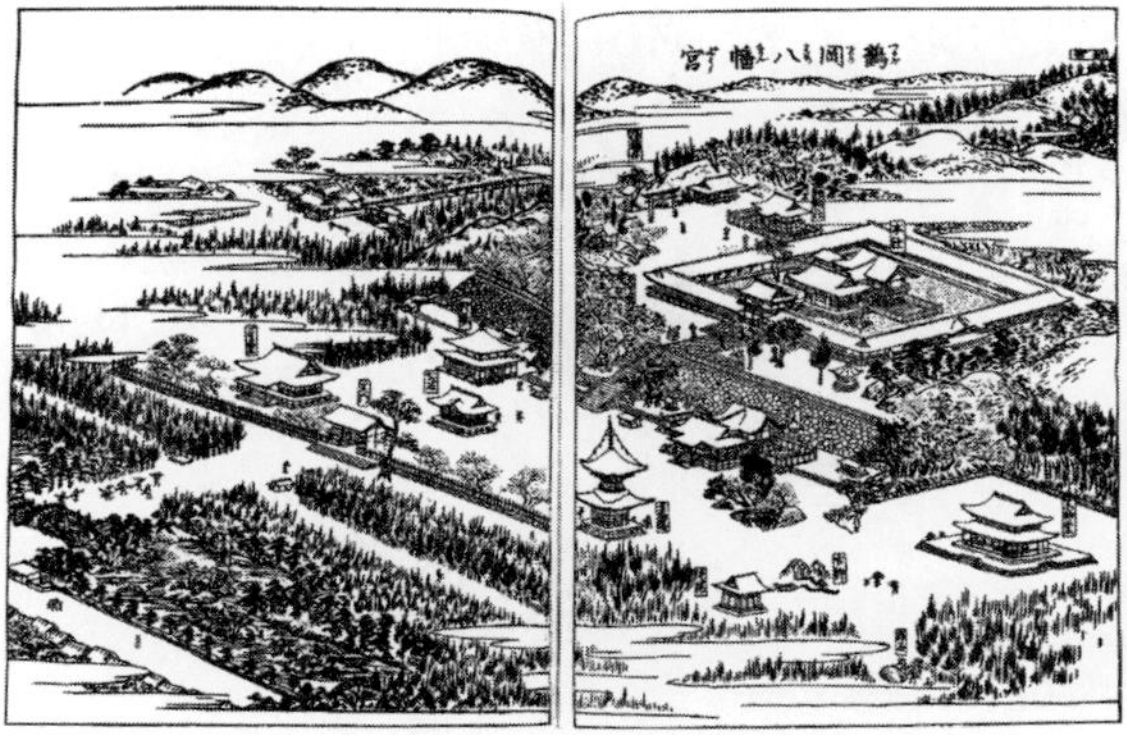

鎌倉・鶴岡八幡宮の社頭にも桜樹があり，鎌倉将軍が花見に行ったことが『吾妻鏡』には記されている（『東海道名所図会』巻六，近畿大学中央図書館蔵）

佳作とされるほどのものは少ない。享年二八歳という若さで亡くなったが、これから経験を積んで、武士として、歌人として充実した歌が作られたであろうものをと、惜しまれる。

鎌倉将軍は三浦半島先端まで桜見物に

この後も『吾妻鏡《あずまかがみ》』には永福寺に将軍家が花見に行ったことが記されている。『吾妻鏡』は、鎌倉後期に成立した史書で五二巻あり、鎌倉幕府の公的な編纂《へんさん》だといわれる。源頼朝の挙兵（治承四＝一一八〇年）から前将軍宗尊親王の帰京に至る八七年間のわが国最初の武家記録で、幕府の事跡を変体漢文でもって日記体に編述されている。

前に引いた『吾妻鏡』巻一七、建仁三（一二〇三）年三月一五日および建保二（一二一四）年三月九日の条（永福寺にて桜を見る）は鎌倉の中でのことであるが、同巻二七には将軍家が三浦半島の先端部にまで桜花を見にでかけたことが記されている。

　寛喜二（一二三〇）年三月十九日辛亥《かのとい》　晴れ　将軍家、御遊覧の為に三崎の磯に出御す。山の桜花尤《もっと》も盛んなり。よって領主駿河の前司殊《さきのつかさこと》なる御儲《おんまうけ》をもって案内申す。相州・武州以下参られ、六浦の津より御船を召し、海上にて若宮の児童の管弦有り、連歌有り。両国司并びに廷尉基綱、散位親行、平胤行等各秀句を献ぜらるると云々。
二十二日甲寅《きのえとら》、天晴る。三崎より還御《かんぎょ》す云々。

このときの鎌倉将軍は摂家将軍の藤原頼経で、三浦半島西側の付け根にある鎌倉から、半島の先端にある三崎の領主三浦義村の館に三月一九日におもむき、同二二日に帰館している。山桜の最盛期であり、領主の三浦氏は別段の配慮のあるご馳走を用意し、案内した。相模国司《さがみのこくし》や武蔵《むさしの》国司なども一緒に集まり、六浦の港から船を出し、海上から管弦の音を聞きながら、和歌が詠まれ、連歌で興じ、陸上の山々に咲き乱れる桜花を楽しんだのだから、大規模な花見であった。

鶴岡八幡宮社頭でも花見のあったことを、『吾妻鏡』巻四三は、「建長五（一二五三）年二月三十日戊寅《つちのえとら》　晴れ、鶴岡林頭、桜花盛んなり。酉刻《とりのこく》、将軍家はかの花を覧《みん》がために、俄に出御す」と記している。

後醍醐天皇の隠岐へ遷幸途上の桜花の歌

鎌倉幕府の将軍は存在するが、実権は執権の北条氏がもっていた。この時代に貨幣経済が進展し、財産の分割相続による所領の細分化によって御家人は窮乏していた。そのうえ二度にわたる蒙古襲来による負担が拍車をかけた。地方での悪党《あくとう》の活動が活発となるなかで、幕府は北条氏の嫡流の当主をさす得宗《とくそう》の専制化、徳政令などで切り抜けようとしたが反発をうけた。この状況をみた後醍醐天皇（在位一三一八〜三九年）は、正中元（一三二四）年討幕計画をすすめたが幕府側にもれ失敗（正中の変）、元弘元《げんこう》（一三三一）年に挙兵を企てたがまたも失敗し、鎌倉幕府の執権北条高時は天皇を隠岐に流すこととして元弘の変は終わった。

『太平記』巻第四の「先帝隠岐国に遷幸《せんこう》の事」によれば、元弘二（一三三二）年三月八日の巳刻、後醍醐天皇は女房三人（三位殿、大納言典侍、小宰相殿）、中将一条行房、少将六条忠顕《ただあき》というわずかな人数を従えて都を出られた。千葉介貞胤《ちばのすけさだたね》、小山五郎左衛門尉秀政、小田尾張守氏久、佐々木入道道誉《どうよ》をはじめ名ある武士十人がおのおの手兵をひきい、総勢七〇〇余騎をもって護衛にあたった。淀、昆陽野《こやの》、蘆屋《あしや》の里、須磨の関、明石の浦、野中の清水、高砂の松など、名の知られた所を天皇はご覧になるも、暗い心地なので御目にも止まらなかったと伝えられている。

『増鏡《ますかがみ》』第一六「久米《くめ》のさら山」は、道中をつぎのように記している。

（播磨にては名も知らぬ）いと高き山の峯に、花おもしろく咲きつづきて、白雲をわけゆく心ちするも艶《えん》なるに、宮この事かずかず思出《おぼしい》でらる。

花はなをうき世もわかず咲きにけり宮こも今や盛りなるらむ

あと見みゆる道の栞《しおり》の桜花この山人のなさけをぞ知る

さるてにも都の花をおぼしやらせ給ふはげにもとは申しながら涙催さるる御事なり。

御製のはじめの歌は、桜花は浮世のことを分け隔てせず咲き誇っており、都でもさだめし桜花の盛りであろうなあ、という意である。次の歌は、桜花の散り敷いた上に人の歩いた跡があって、あたかも道しるべの栞《しおり》となっており、道に迷いがちな自分たちにとっては山人の情け（案内）をつくづく知る、という意である。言外に、この動乱の時代にもかかわらず、桜花は常の年と同じように咲き誇っているが、自分はいまは捕らわれの身で、大宮のある都でもかつて見た桜花が見ごろであろうけれど、いつその都に立ち戻ることができるのであろうか、との感慨が込められている。

播磨国から隠岐島（隠岐国）への道は、美作国《みまさかのくに》を経由するので、いくつもの低い山越えや峠があった。官道はあるが、鎌倉幕府の護送者たちは後醍醐支持者たちの天皇奪還をおそれ、街道からはずれた細い山道をたどった。それにしても、山道の傍らには山桜がたくさん生えていたものとみえ、山道に散り敷いた桜花の花びらに山仕事の人の足跡をたどって、道しるべとすることができたというのである。

十七日、美作国におはしまし著《つ》きぬ。御心ち悩ましくて、此国に二、三日やすらはせたまふ程、かりそめの御宿りなれば、もの深《ふか》からで、さぶらう限りの物のふども、をのづからけじかく見奉るを、あはれにめでたしと思《おもひ》きこゆ。廿一日、雲清寺と云所にて、いとおもしろき花を折りて、忠顕少将奏《そう》しけり。

かはらぬを形見となしてさく花の都はなほもしのばれぞする

御返し

色も香もかはらぬしもぞうかりける都の外の花のこずゑは

又小山の五郎といふ武士に同じ花をやるとて、少将、

うき旅と思ひは果てじ一枝も花のなさけのかゝる折りにて

かくてなをおはしませば来《こ》し方はそこはかとなく霞わたりて、「あはれに遠くもなりにけるかな」と、日数にそへて、宮このいとゞ隔たりはつるも、心細うおぼさる。ほのかに咲きそむると見えし花の木《こ》末《ずえ》さへ、日数も山もかさなるにそへて、うつろひまさりつゝ、上り下るつゞらおりに、いと白く散りつもりてむら消えたる雪の心ちす。

花の春また見んことのかたきかな同じ道をば行きかへるとも

美作国の雲清寺というところでは忠顕が、雲清寺の桜花も都の桜花も変わらないというのが生命《いのち》でありますが、それにつけても都のことが思い出されてなりません、と歌を奉った。天皇からは、色も香りも都の花とまったく変わらないことがかえって憂《う》かりける（つらいことであり）、都以外の地の花は都とは違っ

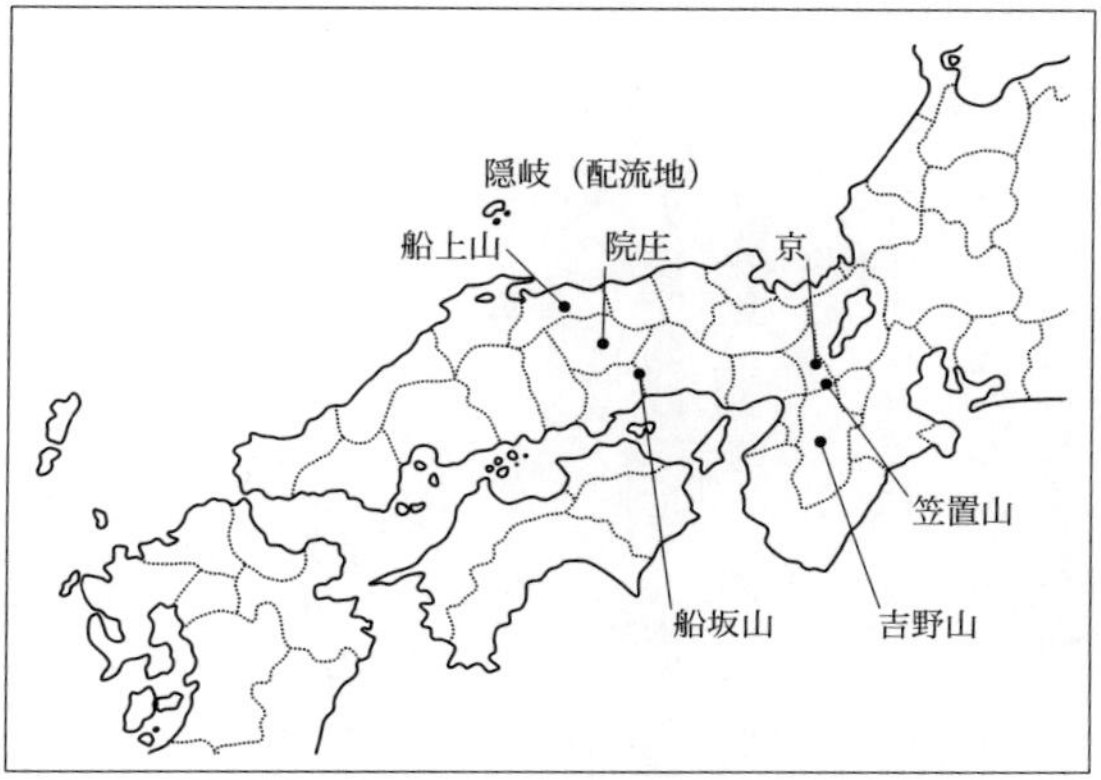

後醍醐天皇に関わる地域。院庄において児島高徳が桜の幹を削り詩をしたためたと『太平記』は記す。

てくれていたらよかったのに、とのお返しがなされた。

また忠顕が天皇に差し上げた桜花と同じ木の花を小山五郎という武士に与えるとき、このたびの辛苦の旅との思いは果てることがないが、陛下が親しくご覧になったと同じ桜花の一枝を警護の武士にくださる出来事もまた、旅のちょっとした面白さというべきではないか、と詠《うた》ったのである。そして最後の歌は、春の桜花をもう一度見ることも難しいであろうし、同じ道をたどってたとえ都へ帰るときに同じ桜花の時期であっても、現在と同じ気持ちで見ることはないであろう、というのである。隠岐へ流れていった後は、どうなることかまったく予想もできないことがらであったのだった。

児島高徳が桜樹の幹に詩を記す逸話

後醍醐天皇一行が美作国に少しの間滞在されていたとき、一行の後を追っていた人がいた。備前国の児島高徳《たかのり》という者で、『太平記』巻四の「備前国住人児島三郎高徳主上を奪い奉る事」には自分の意思を後醍醐天皇に知っていただくため、桜樹《さくらのき》の幹を削って詩を書き付けたことが記されている。児島高徳は後醍醐天皇が隠岐国に遷《うつ》されると聞き、臨幸《りんこう》の路次にめぐり会い、天皇を迎えとり（つまり幕府方から奪還し）、大軍を起こし、義を天下に唱えようと志した。

一族の者たちと難所の船坂山《ふなさか》（船坂峠とも）や杉坂で待ちうけていたが、後醍醐天皇はもはや院庄《いんのしょう》（現・岡山県津山市院庄）に入られたという。高徳の支度は二度も見当はずれになり、今は力及ばずと、一族の者たちと散り散りに別れた。高徳は、自分の志をやり遂げないまま終わることはできず、自分の決意が上聞《じょうぶん》に達するならば、大御心《おおみこころ》を慰め奉る一端ともなるであろうと思い直し、ただ一人、微服《びふく》潜行した。ある夜、後醍醐天皇の御座のある御宿の庭に紛《まぎ》れ入り、そこに立っていた桜の大木の皮を削り、大きな文字で一句の詩を書き付けたのである。

天漠空勾践　　天勾践《こうせん》を空《むな》しゅうすることなし
時非無范蠡　　時に范蠡《はんれい》無きにしもあらず

この時はちょうど桜花が爛漫《らんまん》と咲き乱れる好時節であった。警護の武士が朝方、これを見つけて怪しんだが、何事を書き付けたのか読みかねた。いろいろと相談しているうちに、後醍醐天皇がお聞きになり、ことの次第を尋ねられて詩を書き写させてご覧になった。天皇はやがて「わがためになお計画する忠臣、義臣もいたのだ」と、詩の心を覚られ、竜顔ことに御快く笑み給われた。警護の武士たちはその来歴を知らず、思いとがめることはなかった、というのがこの事件のあらましである。

この事について山田孝雄は『櫻史』のなかで、「あはれ、院の庄の桜の花よ。さらでだに花には大御心の慰みたまひしに、この桜こそは千万無量の御慰めとはなりしならめ。高徳の己《おの》が孤忠《こちゅう》を范蠡《はんれい》に比して千般の思ひを一句に託し叡聞《えいぶん》に達しけるも桜にありしからにこそあれ。あはれ皇国屈指の忠臣と皇国の精華

後醍醐天皇が隠岐へ流される途中にある美作国院庄の居館跡は，現在，作楽神社が祀られている。院庄の桜樹に10文字の詩を記した児島高徳の銅像が同社境内にある。

たる桜花と、げにもふさはしき配合といふべきなり。千載の下嘖々《さくさく》として人口に膾炙《かいしゃ》するは偶然の事にはあらずといふべし。この遺跡は今や作楽《さくら》神社として永く忠臣の芳《かおり》と美とを今に伝へたり」と、絶賛している。

小学唱歌となった桜樹の幹の詩

『太平記』の児島高徳の挿話は、明治時代末期の南北朝正閏《せいけい》論争のとき政府（桂太郎内閣）が明治天皇に上奏し、勅裁《ちょくさい》（天皇の裁断）によって南朝を正統と定めたことにより、高徳は大忠臣とされ、同時に桜は天皇が支配する国の精華として評価されるようになったのである。昭和九（一九三四）年は後醍醐天皇の建武の中興（一三三四年）の六〇〇年後に当たっており、一部の軍人・神職・歴史家たちが後醍醐天皇と南朝およびその忠臣の事績を顕彰したが、これが歴史家に与えた影響には大きなものがあった。

児島高徳が桜の幹を削って詩を記した話は、天皇に忠義をささげる話として学校などで教えられるようになり、桜と忠義がむすびついていったのである。大正三（一九一四）年六月の『尋常小学唱歌(六)』には、「児島高徳」と題された文部省唱歌が載っている。

船坂山《ふなさかやま》と杉坂《すぎさか》と
御《み》あと慕《した》ひて院《いん》の庄《しょう》、
微衷《びちゅう》をいかでか聞こえんと、
桜の幹に十字の詩。
『天勾践《てんこうせん》を空《むな》しゅうする莫《なか》れ。
時范蠡無《ときはんれいな》きにしも非《あら》ず。』

隠岐へ流された後醍醐天皇は、正慶二(一三三三)年隠岐を脱出して伯耆《ほうき》国に渡り、船上山《せんじょうざん》にて土豪の名和長年《なわながとし》を頼った。四月末、関東から西上してきた足利高氏《たかうじ》(のち尊氏)が、後醍醐天皇方に寝返り、鎌倉幕府は滅びた。六月五日、後醍醐天皇は帰京し、高氏を鎮守府将軍に任命した。後醍醐天皇は新政をはじめ、「新儀」を打ち出したが国内各地で戦乱が続いていた。建武二(一三三五)年秋、足利尊氏が後醍醐天皇に旗をひるがえした。建武三年一二月二一日、後醍醐天皇は大和国吉野に走り、京都と吉野にそれぞれ天皇がいる「一天両帝、南北京」がうまれた。

親房の老心を慰撫する桜花の歌

南北朝時代、後醍醐天皇の朝廷に三人の名臣とよばれる人物がいたが、その一人の北畠親房《ちかふさ》は有名な『神皇正統記《じんのうしょうとうき》』を書いている。親房の桜の歌は、『新葉集』巻第二・春歌下に収録されている。

題しらず　　中院入道一品

いかにして老いの心をなぐさめんたえて桜の咲かぬ世ならば　（一一二五）

春の歌の中に

まださかぬ木ずゑあればとたのまずはうつろふ花や猶うからまし　（一一二八）

前の歌は、どうすれば老いていく心を慰めることができようか、ぷっつりと桜の花が咲かないようになったこの世では、というのが歌の意である。後の歌は、まだ咲いていない梢はないかと空頼みに見あげるが、それでも桜花は絶え間なく散っていき、なおも心憂いになってしまうという意である。

後醍醐天皇は、延元四（一三三九）年八月一六日、吉野の行宮《あんぐう》で世を去った。そのころ親房は、常陸国（現・茨城県）にいた。『神皇正統記』には「秋霜に侵されて崩御」とのみ記しているが、後醍醐天皇を桜花に擬し「桜の花が」つまり後醍醐天皇の新政策が実らないこの世では補佐してきた私の老いていく心をどう慰めていけばよいのであろうか、と前の歌で心境を詠ったのである。別の章でふれた『古今和歌集』の在原業平の歌「世の中にたえて桜のなかりせば春の心はのどけからまし」の通常解釈されている意とは別の意味で親房は詠んだのである。

佐々木道誉の大原野桜見物

『太平記』巻第三九には「諸大名道朝《どうちょう》ヲ讒《ざんする》事　付道誉《どうよ》大原野花会事」という一項がある。道誉とは、南北朝時代の武将で、足利尊氏に従い初期の室町幕府に重きをなした佐々木高氏《たかうじ》（一三〇六〜七三年）の法名で、近江半国守護、出雲国・飛騨国守護も兼ねた。『太平記』ではバサラ大名として描かれているが、和歌や連歌に秀でた文化人であった。

大原野《おおはらの》とは、京都盆地の西側にあたる西山のふもとで樫原より西南二〇町（約二キロ）ばかりにある高原で、現在の京都府向日市大原野である。ここに俗に花の寺とよばれている天台宗小塩《をしお》山勝持寺《しょうじじ》があり、大原野寺ともいう。今は衰えて一坊のみであるが、かつては伽藍僧坊が四九院もある大寺であった。

この寺には西行《さいぎょう》が愛したと伝えられ、西行桜とよばれる名木の桜がある。室町時代後期の廷臣で学者の一条兼良《かねら》の著と伝えられる『身の形見』は、「花紅葉を人につかはす事大はらのの花　くろ谷の桜　あらしのもみぢなどはまいらせてもくるしからず」と、もてはやしている。西行桜のさまは、『大原山家記』に「かしこにあやしき桜あり。根は五またにわかれてかこみは牛もかくしつべし」とあり、根元が牛の姿を隠すほどの希有の大木であったことがわかる。室町時代には、しばしば花見の名所として記録に見える。『都名所図会』巻之四は、「当山の境内に桜花《さくら》が多し。盛りの頃は都下の貴賤ここに来って終日花の陰にて歌よみ、西行の霊を慰むるもの多し」と記している。『雍州府志《ようしゅうふし》』には、「勝持寺、大原山と号し或いは大原寺と称す。寺中桜多し。特に西行法師愛するところの樹を、世の人珍玩《ちんがん》する故、或いは花寺と称す」とある。

さて『太平記』は、「柳営《りゅうえい》庭前ノ花、紅紫《こうし》ノ色ヲ交《まじへ》テ、其興類無《たぐひなかり》ケレバ、道朝《どうちょう》種々の酒肴ヲ用意シテ」貞治五（一三六六＝正平二一）年三月四日をその日と期して、室町将軍の御所で花の下《もと》での遊宴（桜花の咲いた下で連歌などをする遊宴）を催す旨、ことさらに道誉にも触れられた。当時の権臣の道誉は、かねてより幕府の管領《かんれい》職の斯波《しば》高経《たかつね》（法名を道朝という）に恨みを含むところがあり、いつかはこれを晴らさんと思っていたから、承知した旨の領状《りょうじょう》を出した。しかしわざと引き違え、京中の連歌師や早歌を歌うような遁世者《とんぜしゃ》や白拍子などの遊芸の達者なものたちを、一人ものこさず引き連れて、大原野の花の下に宴を設け、席を装い、世に類いなき遊びをしたのである。

大原野の花の寺。佐々木道誉はここでバサラな花見をした。この寺にも西行桜がある（『都名所図会』巻之四，近畿大学中央図書館蔵）

当日、道誉はふもとに車をとどめ、曲がりくねった小道をたどった。寺の高欄《こうらん》を金襴《きんらん》で包み、擬宝珠《ぎぼし》に金箔を押し、橋板には中国伝来の毛氈《もうせん》、中国は呉郡産の綾《あや》、蜀江《しょくこう》の錦を敷きのべられており、散りおちた桜花がそれらの上に積もり、朝陽が射し兼ねる深い谷底の橋の一枚板に雪が消え残っている風情ともみられた。紫藤《しとう》の屈曲した枝ごとに平江帯《ひんごうたい》（禅宗で両端にふさのある帯をいう）を掛け、その下で竜の形をした香炉で沈香《じんこう》を薫《く》ゆらせており、やわらかな春風の香があたたかく、思わず栴檀《せんだん》の林に入ったのかと怪しまれるほどである。

桜見物以後の道誉と管領との不仲

本堂にのぼれば、庭に一〇抱もある桜木が四本みえる。この下に一丈（約三メートル）余りの真鍮《しんちゅう》造りの花瓶をならべ、一双の立華《りっか》とし、その間の二つの机の上に二人抱えの大きな香炉を並べて、一斤《きん》（沈香目《じんこうもく》で約七九〇グラム）もの名香を一度に焚きあげた。香炉の香りが風にのって四方に散り、人びとは皆あたかも維摩経《ゆいまきょう》の香積仏《こうせきぶつ》品《ぼん》にみえる香積如来のいる浄土世界にいるような心地であった。その陰に幔《まん》（垂れ幕のこと）を引き、曲彔《きょくろく》（法会の際などに禅僧がすわる椅子のこと）を立てならべて、百味の珍膳を調え、百服の本非《ほんぴ》（当時、栂尾《とがのお》の高山寺より出る茶を本の茶といい、他所より出るを非の茶とよんだ）を飲みながら、懸物《かけもの》を山のように積み上げた。猿楽や白拍手の舞を催し、座の人びとは大口袴《おおぐちばかま》や小袖を脱いで、投げ与えるにまかせた。

宴が終わって帰路につくとき、月明かりがないので、松明《たいまつ》をたくさん焚き、飾った車の車軸をとどろかせ、馬はくつわを鳴らして、馳《は》せ散り、喚《わめ》き叫ぶ様子は、あたかも三尸《さんし》（人の身体の中にあって害をなす三つの虫）や百鬼が夜更けて巷を行くようであった。「花開き花落ること二十日、一城の人皆狂《きょう》せるが如し」と中国の洛陽の牡丹の妖艶な色を風刺するも、まことにそうであろうと思われるばかりであった。

道誉のこの遊びが洛中の人びとの噂となって、管領《かんれい》にも聞こえ斯波高経《しばたかつね》の大きな怒りを買った。斯波管領は、道誉が二十分の一の武家役を二カ年沙汰しなかったことを知り、究竟《くっきょう》の罪科ができたとよろこび、道誉が近年たまわった摂津国守護職を改め、同国の旧領多田庄を没収して幕府の費用を賄う領地としたのであった。このことを期に、すでに三年前の貞治二（一三六三）年のころから不仲であった佐々木道誉と斯波高経の対立が深まっていったのである。

室町殿を花の御所という

さて、鎌倉幕府を滅ぼした足利尊氏の孫義満《よしみつ》が将軍（三代）になるころには、六〇年間続いた動乱も治まり、幕府はようやく安定の時を迎えた。義満は明徳三（一三九二）年、南朝側に和平をよびかけ、南北両朝の合体を実現した。そして公家の地位低下により朝廷がもっていた権限を吸収、また京都の支配権、諸国に賦課する段銭《たんせん》などの徴収権を吸収し、全国的な統一政権としての幕府をつくりあげた。

足利義満（在職一三六八～九四年）は、京都の今出川北小路の北、室町の東にあった後光厳《ごこうごん》院御所の火災跡を申し請け、前右大将公直の菊亭をも併せて一つとし、将軍家の邸宅として建築し、天授四（一三七八）年（北朝永和四年）三月一〇日ここに移った。この邸宅を室町殿とよぶ。足利将軍はここで政治を行なったので、のちにこの幕府を室町幕府とよぶようになった。

室町殿は、その規模は内裏を圧倒し、王朝風の伝統的様式を取り入れた建築様式で、それ以後の将軍邸の模範とされた。室町殿の構えや造りは華麗を尽くしたのみならず、山を築き池を掘り、水や石の美、草木の麗しさは、目にも綾なるものがあった。花木を多く植えられたので、これによって時の人は、これを称して花の御所（花之亭）とよんだ。花の御所の桜について山田孝雄は、『櫻史』のなかで「特に著しいものは、種々の名のある桜を、残らず集めて植えたことである」と述べているが、花木というのだから桜樹が植えられていたことはほぼ推定できるが、諸本は数多くの桜の種類をのこらず集めたということについては触れていない。

この花の御所は、世の人びとがもてはやしたのみならず、その時々の院の御幸《みゆき》、天皇の行幸《ぎょうこう》があって、将軍家としての面目をほどこしたことがしばしばあった。そのうち名高いのは、弘和元（一三八一）年（北朝永徳元年）三月後円融《ごえんゆう》天皇の花見の行幸のことである。その盛儀のありさまは、「さかゆく花　上」（『群書類従』巻第三九に所載）に詳しく述べられている。

永徳元年三月一一日、（後円融天皇）行幸あり。おおよその儀は、御方違《かたたがい》のごとし。ただし白昼たるうへ、右大将威儀をととのへて供奉《ぐぶ》せらるるによりて、関白（師嗣）以下の諸卿、おほく染装束を着《ちゃく》せり。この行幸のとき、御所から室町殿までの道筋には、見物の人たちが垣をつくった。山賤《やまがつ》、長女《おさめ》、御厠人《みかわやびと》のような者までも、国々よりわざわざ上ってきて、この行幸を見物したのであった。

帝の北山殿への行幸

室町殿は、およそ一〇〇年間存在したが、応仁の乱のとき、文明八（一四七四）年一一月一三日夜、近接する土倉・酒屋が放火されて室町御所も一宇ものこさず炎上した。

義満はまた応永年代のはじめ、西園寺公経が京都の北方の衣笠山の東北麓に営んでいた山荘を譲り受け、応永四（一三九七）年から第宅《ていたく》の造営をはじめ、その一部に金閣を建てた。この第宅を北山殿という。義満の死後、遺命により鹿苑寺《ろくおんじ》（通称を金閣寺という）となる。ここに応永五（一三九八）年三月八日、後小松天皇が行幸されたのである。その時のありさまは、関白経嗣の『北山殿行幸記』に詳しく記されている。その中に、北山殿に桜が植えられていたことが記されている。

　此年月たま鏡と磨かれたる上に、二なう猶つくり整へられたれば、目も輝くばかりなり。もとの木たち山のたたずまひも、己《おのれ》と所を得たるに花の木どもをも植えそへられて、総門のうち一町あまりの馬場には、西東わけてひまなくひしと植えならべたる桜、八重一重こきまぜて、今を盛とこの御幸を待ちかねたるも心有《こころある》かほなり。

この年月、つまり創建から今に至るまで、玉や鏡をみがくように手入れされ、他に類のないよう美を尽くされたので、目にも輝くようであった。元からあった樹木や山のたたずまいも、配置の妙を極めていた。そのうえ、花咲く樹木を数多く植えられている。なかでも総門の内側一町（約一一〇メートル）ほどの馬場には、西と東の両側に、すき間なくびっしりと植えられている桜は、八重、一重が入りまじり、今を盛りと咲き誇り、この日の帝の行幸を待ちうけているのも、花ながら心あるものと見える様子である、というのである。義満は、数多くの桜花を天皇のご覧に入れたのみならず、雨となった九日には、御割子《わりご》は台《だい》盤《ばん》に桜花の枝、硯《すずり》のふたに散る桜の花びら、花に文をつけた山吹の枝などで美しく飾っていた。なお、割

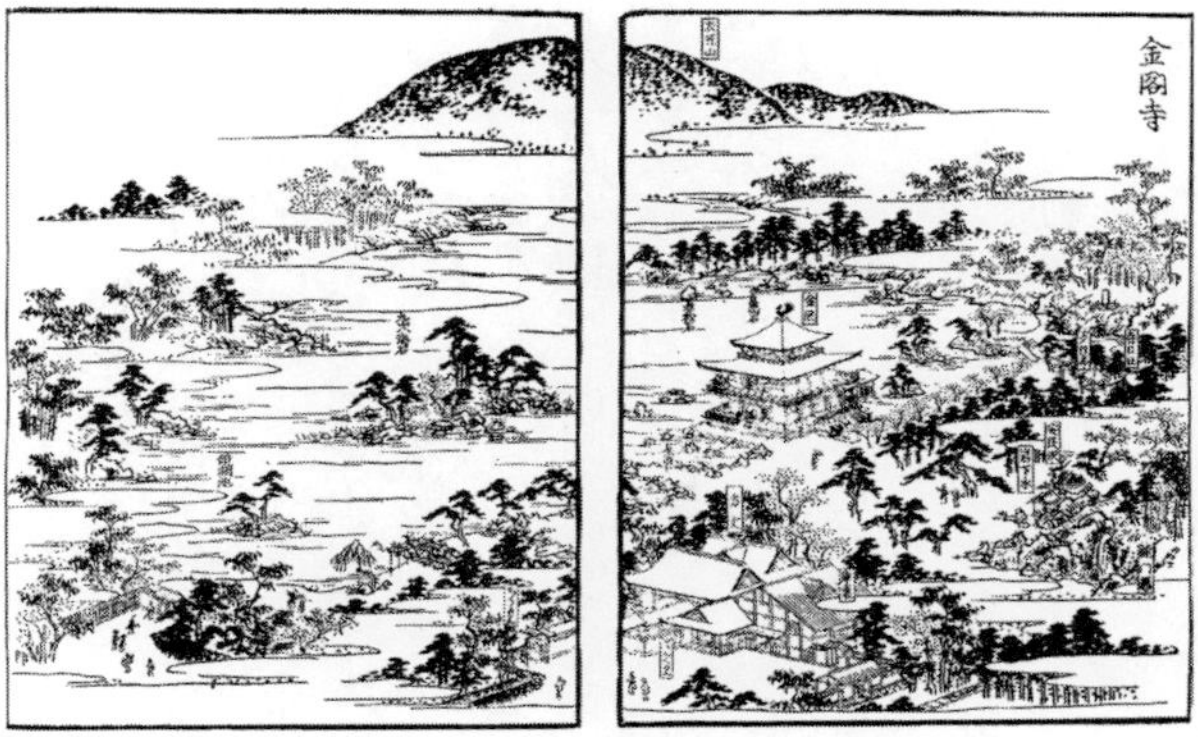

足利義満が京都衣笠山の東北麓に営んだ山荘を北山殿といい，義満の死後は鹿苑寺（通称を金閣寺という）となる。義満の時代に桜が植えられ，後小松天皇が花見に行幸されている（『都名所図会』巻之六，近畿大学中央図書館蔵）

子とは、檜《ひのき》の薄い白木で折り箱をつくり、内部を仕切り、かぶせ蓋にした弁当箱のことである。庭に造った池に船を浮かべ、詩歌の御会があった。詩題には「池台花照宴」（池台の花、宴を照らす）、和歌の題には「花契万年」（花、万年を契る）がだされた。そのほか、連歌、蹴鞠の催しがあり、舞もご覧になるなど、天皇は十余日も逗留されてから還幸《かんこう》されたのであった。

義満が所望した名桜普賢象桜

義満の北山殿近くで、現在の上京区千本通（むかしは朱雀大路とよばれた）の北端、閻魔《えんま》前町には高野山真言宗の引接寺《いんじょうじ》という寺があった。その寺に名桜があり、義満がそれを所望したことが『塵塚物語』の「千本釈迦念仏由来事」という項に記されている。なお、引接寺は室町時代作とされる本尊の閻魔王座像に因んで俗に千本の閻魔堂と言われている。『塵塚物語』は、そのことを次のように伝えている。

北山行幸の比《ころ》は応永一五（一四〇八）年春となり。則《すなはち》釈迦念仏の恒例にあたり、洛中群をなして喧《かまびす》しかりける間停止すべしとの由将軍義満公より仰下《おおせくだ》さると云々。則上使《すなはちじょうし》斯波治部大輔《じぶだゆう》義重をもって彼寺へ仰ありて云、此てらのさくら名木のよし上聞《じょうぶん》に達す。一枝を捧ぐべし。因之彼《これによりかの》住僧大枝を手折て進上す。その時将軍大きに御立腹ましまし、「かさねて小枝を切てさし上《あぐ》べし、名木の大枝は情《じょう》無くて折り取る非可《べからず》」と云々。さて御下行米《おんさげぎょうまい》を下されて当世まで退転なきは右之謂《いわれ》なり。

ときの室町将軍から名桜として世間に知られている桜のひと枝が欲しいと言われ、閻魔堂の住職は大枝をやむをえず折って進上した。ところが、住職の期待に反して将軍家から、「もう一度小枝を切って差し上げること。名木の大枝は、情もなく折り取ってはいけない」とお叱りがあった。それにより御下米をくださったので、今日まで名木が保護されてきた、といわれを述べている。このことが恒例となっていたことを『塵塚物語』は、「このさくらの花盛を待て一枝を公方家《くぼうけ》（つまり足利将軍家）へ進上して、翌日より念仏を始む」と記している。ときの足利将軍でも、『拾遺和歌集』巻第九にある次の歌のように、他人所有の名木の梅木を掘り取ってこいというほどの権力はなかった。

内より人の家に侍りける紅梅を掘らせ給ひけるに、鶯の巣くひて侍りければ
家のあるじの女まづかく奏せさせ侍りける（詠み人しらず）
勅なればいともかしこし鶯の宿はと問はばいかがこたへむ　（五三一）

紅梅を掘り取るように命じたのは時の天皇であり、将軍と天皇とは格段の位違いなので、室町将軍は桜の枝で済ませたのであろう。これを機会に、閻魔堂に名桜保護のための費用の下米《さげまい》を与えているのは、みずからが花好きで、立派な桜花を絶えさせてはならないという考えがあったのであろう。名木の桜というのが、普賢象《ふげんぞう》という種類の桜であった。室町時代に入ると、桜も山桜ばかりでなくいろいろと種類も増え

てきていた。同じ『塵塚物語』に、そのことが記されている。

同所名木の桜あり、普賢象云々

此さくらの花盛を待て一枝を公方家へ進上して翌日より念仏を始むると云々、下行米《さげぎょうまい》五十石を給ふと也。

普賢象といふは古来より名高き花木なりといへり。宇多天皇雲林院《うりんいん》御幸あそばされてはなをえいらんさせ給ふ。此時菅家《かんけ》御供を給ひ青色を謝し給ひ、勅命によりて詩賦御作文《しふおんさくもん》の事当代までつたふる事也。此ふけん象はその種流《しゅるい》なりと。云々

普賢象という桜は、平成のいまも千本閻魔堂境内の西北隅にあるが、現存樹は昭和二九年に植えられたものである。この種類の桜は、花の色が淡く、花弁の中から茶の芽のような双葉がでる。また茎が長くて垂れ下がるのがあたかも、普賢菩薩《ふげんぼさつ》の乗る白象の鼻のようなので、この名前ができた。また一名を普賢堂桜といわれるのは、鎌倉の普賢堂にあった名木を移植したからであるともいう。平安京名木の一つとされていた。

足利義満が所望したとされる名桜普賢象のほころびかけた花。

千本の普賢象桜を称える詩

この寺では（旧暦）二月一五日より涅槃会《ねはんえ》供養のための大念仏が催され、貴賤老若が群集しての仏事となって、釈迦念仏、半念仏、千本念仏ともいわれる。北山殿に近いところに位置しているため、天皇の御幸があったとき、大念仏が延引させられてより後、普賢象桜が弥生の花盛りとなる頃に行なわれるようになった。大念仏は、はじめは鉦《かね》

をたたき、錫杖《しゃくじょう》をふるって踊躍《ゆやく》念仏するだけであったが、のちに狂言をとりいれて大念仏狂言と称した。壬生寺《みぶでら》と嵯峨釈迦堂（清凉寺）の狂言とともに庶民にもてはやされ、京都年中行事の一つとなっていた。現在では、毎年五月ごろ（不定期）に行なわれる。

しばらくはすこし横道にそれるが、このころ普賢《ふげん》という名前の桜があったことは、『碧山日録《へきざん》』の長禄三（一四五九）年二月の条に、

二十六日　仏乗《ぶつじょう》の超侍者頌筵《しょうえん》を開き、普賢の折花を以て題頌《だいしょう》と為《す》。

仏乗とは、一切の衆生をすべて成仏させる教えのことで、大乗仏教のことをいい、仏乗の超侍者とは千本閻魔堂《えんまどう》住職のことである。住職は仏をほめたたえる宴をひらき、普賢の花枝をもって褒めたたえる題とした、というのである。千本閻魔堂が桜の名所であったことは、『親長卿記』に「明応四（一四九五）年二月一三日、千本釈迦堂（閻魔堂）に参詣し、遺経《いきょう》を聴聞す。次に千本の桜を一覧し了《おわ》んぬ」とあり、公卿も住職の説法を聞きに訪れ、ついでに名高い桜を見物している。

千本閻魔堂の桜が、当時は普賢堂《ふげんどう》の名で呼ばれていたことが、禅僧横川小補《しょうほ》の次の漢詩にうたわれている。この文献を発見したのは『櫻史』の著者山田孝雄であり、筆者は先学のかたがたの学恩に感謝するばかりである。

春の暮れ花を看《み》る普賢堂
杜宇《ほととぎす》の声中春に闌《たけなわ》ならんと欲《ほっ》し
城西の桜は雪に一株残る
人生遂《つ》き易《やす》く花落ちて変ず

暗に想う明年子細に看《みん》ことを

この詩は、五山文学とよばれる禅僧たちの漢詩のなかでも、桜を歌った数少ないものである。詩の内容をみるに、杜鵑《ほととぎす》の声が聞こえる時期に、ようやく普賢象桜が咲いていることを述べ、人の命は尽きやすく、花はたちまち花びらと変わり、落ちてしまい、色も形も花とはまったく異なったものとなる。それを来年、子細に見届けようという意である。ここでは詩の題に、普賢象桜が普賢堂として記されている。

普賢象桜の由来

閻魔堂の普賢象桜については、『翰林五鳳集《かんりんごほうしゅう》』巻第七に収められた横川小補の七言の詩と、その序に詳しく記されているので、意訳する。序文が本文の詩よりも格段に長く、桜のいわれが詳しく述べられている。

人の桜花を恵まれることを謝する詩並びに叙《じょ》

桜はわが国においては、桜と曰《いわ》ず花と曰《い》う。洛《らく》の牡丹《ぼたん》の如く、蜀《しょく》の海棠《かいどう》の如し。蓋《けだし》これを尊ぶ所以《ゆえん》也。世に伝えるに鎌倉に堂あり、之《ここ》に普賢を安（置）す。その地に桜があって俗に普賢堂と謂《い》う。或いは普賢象と曰《いう》。和訓に花と鼻は音は同じ。花の色白く且つ大なるは、菩薩が乗れるところの白象の鼻の如く也。両説はいずれが是《ぜ》か。

平安城の西にこの桜あり。実《まことに》名花なり。（略）

今日客ありて桜花を恵まるは普賢堂也。（略）この花を見るを得る。幸《こう》のまた幸なり。感喜余りあれば詩を作りて、これを謝す。

七年普賢堂を見ず
蝶また東西の墻《かき》を過ぎがたし
乱の後花に逢う春は夢の如し
一枝の晴雪《せいせつ》、衣に満ちて香し《かんば》

長文の序文はまず、桜をわが国においては単に桜とは言わず花と言うと、花ということばが桜の代名詞となっているとする。それは中国の洛陽における牡丹であり、蜀における海棠《かいどう》と同じである。まさしく、桜花が尊ばれる所以であると、当時における桜花がどう評価されていたのかが述べられている。

牡丹は中国では花王という。欧陽修の『牡丹記』に、「人牡丹を花王という」とあり、その序に「洛陽の人、花を称するに某花《なになにのはな》という。牡丹を称しては直《ただち》に花という。天下に、直《ただち》に花というは独り牡丹のみ」と記している。これは洛陽で単に「花」というときは、ただちに牡丹をさしているという意味である。

平安時代からわが国では花といえば「桜」のことを示すようになっていたので、横川小補は当時美花としてこれも評価されていた牡丹でもってたとえたのである。中国で牡丹が尊ばれるごとくに、わが国においても「まさしく、これ（桜）を尊ぶ所以なり」と、中国の牡丹とわが国の桜を同等視しているのである。なお、平安時代に牡丹が渡来したとき、貴族たちは自分たちの美的体系に組み入れ、「深見草《ふかみぐさ》」というみやびな大和言葉の呼び名をつけ、宮廷内での秘密の花としていた。のち、しだいに民間にもれだしたのであった。

普賢象桜見物と応仁の乱の影響

横川小補の詩の解説の続きである。鎌倉の普賢菩薩を安置している堂に桜があり、俗にこの桜を普賢堂という。あるいは普賢象ともいう。わが国の訓《よ》みかたでは、鼻と花の音《おん》はおなじ「はな」である。花（鼻）が白く大きく、菩薩が乗る白象の鼻のようなので、普賢象という。二つの説は、いずれかが正しい。

平安京の西にこの桜があるが、応仁の乱（応仁元＝一四六七年）がはじまり、文明九（一四七七）年までつづいた東軍細川勝元と西軍山名宗全とが、それぞれ諸大名をひきいれ、京都市内で対抗した大乱によって、京都は戦乱の巷《ちまた》となった。それが数えて七、九年にもおよんだ。そのために普賢堂桜を見ることができなかったと、小補は残念がるのであった。

今年甲午《きのえうま》（文明九＝一四七七年）、西軍が東軍に負け従うこととなって軍勢をしりぞかせ、囲みを解いたのは喜ばしいことである。今日、客があった。恵んでくれる桜花は、普賢堂である。私が花と向かい合うことは、十年の旧友のごとくである。ああ、先日までの日々とはなんと異なることであるか。生きて太平の日に逢うだけでなく、この普賢堂の花をみることができたのは、幸《こう》のなかの幸であるというのだ。

応仁の乱のときは、世俗を離れた禅僧でも、花見を楽しむことはもとより、京都の町中を東から西へと横切ることもできなかったことが、この詩の序文からよみとれる。

普賢象桜がある千本の釈迦堂（閻魔堂）で行なわれてきた大念仏も、応仁の乱のときには途絶えていたことが『長与宿禰記』の文明一三（一四八一）年の条に見える。

三月六日、今日嵯峨釈迦堂大念仏始まる也。一乱中無沙汰、当年興行云々

応仁の乱が収束したのは文明九年であるから、嵯峨の釈迦堂の大念仏は乱後四年を経過しなければ、復活しなかったことになり、乱の影響の大きさがわかる。これより後は、普賢堂桜は、たえることなく、人びとにもてはやされた。『宣胤卿記《のぶたねきょうき》』には、つぎのようにある。

文亀二（一五〇二）年三月九日　千本の念仏普賢堂に詣でる。桜花盛り也。

この桜が江戸時代まで存在していたことは、『和漢三才図会』につぎのように記されていることからわかる。

庭前に桜有り、普賢象と名づく。花を折りて京師所司職《しょししょく》に献上すれば、米三石を賜ふ。これをもって十箇日の、花鎮《はなしずめ》融通《ゆうずう》の踊り念仏を勤める。もって恒例と為す。

千本の閻魔堂の普賢象桜の花枝を将軍家に献上することは、前に触れたように室町三代将軍義満のとき以来恒例となっていたようであるが、室町将軍家が滅び徳川将軍になってからはじまった京都所司職では、下げ渡される米も室町幕府の五〇石の六パーセントにすぎない三石に減らされていた。

2 鎌倉時代に桜の園芸種多数出現

『徒然草』と桜

鎌倉時代の著名な随筆集『徒然草』（延慶三＝一三一〇年～元弘元＝一三三一年にかけて執筆）第一六一段は、「花の盛りは、冬至より一五〇日とも、時正《じしょう》の後、七日とも言えども、立春より七十五日、大様違《おおようたが》わず」と記している。

桜の花の盛りは、冬至から一五〇日、春分の日（時正のことで、昼夜の長さがおなじことをいう）より七日と世間では言うが、立春から七五日でおおかた違うことはないという。鎌倉時代末期は、立春から七五日後といえばだいたい四月二〇日・二一日・二二日ごろとなる。荒川秀俊の『気候変動論』によれば、一一世紀から一四世紀は寒冷期になっているので、桜の花が咲く時期が現在よりはずっと遅かったという。

また『徒然草』第一三七段は、桜花は真盛りを見るだけのものであろうかと、つぎのように記している。

花は盛りに、月は隈《くま》なきをのみ、見るものかは。雨に対《むか》ひて月を恋ひ、垂れこめて春の行衛《ゆくえ》知らぬも、なほ、あはれに情深し。咲きぬべきほどの梢、散り萎《しお》れたる庭などこそ、見所《みどころ》多けれ。歌の詞書にも、「花見にまかりけるに、早く散り過ぎにければ」とも、「障《さわ》る事ありてまからで」なども書けるは、「花を見て」と言えることに劣れる事かは。花の散り、月の傾ぶくを慕ふ習ひはさる事なれど、殊にかたくなる人ぞ、「この枝、かの枝散りにけり。今は見所なし」などは言ふめる。

桜花は真盛りに咲いているものだけを、月は雲一つなく照り輝いているものだけを、見て賞翫するものであろうか。降りしきる雨に対しながら見えない月を恋い、簾《すだれ》を垂れて家のなかに身をこもらせて、『古今和歌集』巻二に載せられた「垂れこめて春の行くへも知らぬ間に待ちし桜もうつろいにける（藤原因香）」のようなことも、またしみじみとした思いがあって、情趣が深く感じられる。咲いてしまった桜木の梢も、桜花が散ってしおれ残っている庭などこそ、見所が多いものである。和歌の詞書にも、「花見に行ったが早くも散りすぎていた」とも、「差し支えがあり花見に参りませんので」などと書いているのは、「花を見て」ということに劣っていることであろうか。花の散りぎわや、月の傾くのを慕う心しきたりはもっともなことであるが、桜花の情趣を理解しない人は「この枝も、かしこの枝も桜花は散ってしまっている。今は見所なし」などというのであると、兼好法師はいう。桜花は、花盛りばかりでなく、その時そのときの情趣をよくわきまえて鑑賞するものであると、警鐘を鳴らしている。

定家の初学百首と桜

鎌倉時代前期の歌人の藤原定家（一一六二〜一二四一年）の歌風は、絢爛《けんらん》・巧緻《こうち》で新古今調の代表とされている。定家は生涯に数多くの桜の歌を詠み、『古今著聞集』などに南殿の八重桜の枝をきりとることなどで、桜に関わる逸話を残している。しかし、定家を西行のように桜の風狂者《ふうきょうしゃ》（物狂いした人）とよぶ人はいない。桜、ことに八重桜を好んだのであるが、むしろそれよりも梅が好きで、とくに老齢になり地位も上がるにつれ、ステータスとして梅の名木を手にいれることに腐心《ふしん》している。『明月記』には「水無《みな》瀬《せ》ノ里ノ梅花ヲ衣筥《ころもばこ》ノ蓋《ふた》ニ取リ入レ、随身秦頼弘ヲ以テ使トナシ、大内ニ献ジ」（承久元年二月二三日）、「只紅梅ト翠柳トニ対ス」（寛喜三年二月一六日）、「早梅ノ下枝ヲ送ラル。南ノ築垣ノ辺ニ栽ウ」（同一七日）など、梅に関する記述も多い。

定家は『明月記』を二〇歳の治承五（一一八一）年二月五日（七月一四日に改元があって養和となる）から記しはじめている。定家はこのとき、専門歌人の最初の関門の一つである初学百首なるものを詠んでいる。

建久八（一一九七）年に仁和寺の守覚法親王（後白河法皇の第二皇子）からの注文で詠んだ五十首歌の春歌一二首は、桜花が春の季節にクライマックスとなるように詠まれている。「あらたまる春のあけぼの」からはじまり、「花かとぞみる峰の白雪」、「いまだふるさとの雪の下草」と、早春はまだ雪の気配があることを詠む。つづいて「梅の匂ひもかすみつつ」と梅が咲き、「柳春をわすれず」と柳が芽吹き、「鴈《かり》がねのかへるつばさに春雨」と、しだいに暖かくなっていく様子を順に詠っていく。そして「まちしさくら花咲けば」と待たれていた桜便りとなり、「春を経て雪とふりにし花」と早くも桜花の散るころとなって、「桜花うつりにけりな」と、もう散ってしまったと詠嘆の歌となるのである。それはまさに「春の夜の夢の浮橋」であり、「春のゆうぐれ」で、「行く春よ」と、過ぎ去っていく春を立ち上がる雷雲の白雲にみるばかりとなるのである。一二首の春歌に、さくら花、花、桜花とという三つのことばで桜花が詠われ、人びと

建武２年に出雲国から竜馬が献上されたときの御所の様子。庭先には大木の桜が満開の花をつけ，竜馬献上に花を添えている（『都林泉名勝図会』巻之四，近畿大学中央図書館蔵）

が浮かれる陽気な春を詠いあげている。

建仁三（一二〇三）年二月、定家は南殿（紫宸殿のこと）の桜の花見を行なっている。定家は前年に左近衛権《さこんえごん》中将に任ぜられていた。

廿四日。朝、天晴ル。巳ノ時、正親町《おおぎまち》ニ向フ（女房、小童ヲ具ス）。相公ニ謁シテ即チ出デ、大内ニ向ヒ、密《ひそか》ニ花ヲ見ル。一時許《ばかり》ニシテ、帰宅スルノ間、藤少将・兵衛佐来タリテ招引シ、又大内ニ向フ。南殿ノ簀子《すのこ》ニ坐シテ、和歌一首ヲ講ズ。狂女等、謬歌《びゅうか》ヲ擲《な》ゲ入ル。雑人《ぞうにん》多ク見物ス。講了リテ連歌アリ。

この日は晴れており、午前九時すぎに妻子をつれて参議のところへ挨拶に行き、内裏でひそかに花見をした。妻子をつれて人目をはばかっての花見なので、しばらく見たのち帰宅した。そこへ今度は、和歌所の藤少将（藤原雅経）と兵衛佐（貞親）がやってきて、御所へ花見に行こうと誘ったのである。帰ったばかりなのだが、再び御所に向かう。紫宸殿の簀《す》の子にすわり、和歌を一つ作った。『新古今和歌集』巻第一六・雑歌上に収められている次の歌である。

近衛司《このえのつかさ》にて年久しくなりて後、うへのをのこども大
内の花見に罷《まか》りけるによめる

春を経てみゆきに馴るる花の蔭ふりゆく身をもあはれとや

思ふ（一四五四）

このとき、同行した家長の兄の最栄もつぎの歌を詠んでいる。

木梢《こずえ》にはなほ大内の山桜風もあだには思はざりけり

紫宸殿の南にある桜は左近の桜と呼ばれ、左近衛府《さこんえふ》の官人は儀式のときにはその桜の側に列するのがしきたりであった。左近衛府の長官は左近衛大将であり、定家はまだ中将より下の権《かり》の中将という地位であった。このあとにぎやかに和歌が詠じられ、連歌の会が催され、酒盛りとなった。

桜の歌が多い『拾遺愚草』

元久三（一二〇六）年三月七日、定家の主家である九条家の主の藤原良経《よしつね》が急死している。定家も編纂にかかわった『新古今和歌集』の仮名序も良経筆であり、太政大臣であった。定家は追悼の歌を詠んでいる。

昨日までかげと頼みしさくら花ひとよの夢のはるのやま風

歌の意は、昨日まで大樹の蔭と頼みにしていた桜（主家の良経）であったが、それも一夜だけの春の夢のことで、山風に無残にも散って（急死して）しまった、なさけないことだ、という追悼をこめたものである。若死する人が多かった当時であっても、三八歳という働きざかりで病もなにもなく突如薨《こう》じたことを、桜花の「いのち」にたとえて素直にその急死を悼む歌である。

太政大臣でも死んでしまうと、たちまち権勢がなくなり、住家が惨憺《さんたん》たるありさまとなることが、『明月記』に記されている。良経の死後三カ月の六月一一日、定家は良経の邸へ行った。「月前（月の中を）中《なか》御門《みかど》殿ニ参ズ。南庭ヲ見回スニ、橋ノ金物放チ取ラルト云々。眼前ノ荒廃、一身哀慟《あいどう》ス」と嘆いている。勢力をもつ主人がいなくなると、いかに位が高くても、その住まいが豪華であるほど、盗賊にねらわれ、貴重な金物はことごとく剝ぎ取られてしまうのであった。

『名月記』の嘉禄二（一二二六）年正月二七日の条には、「昨今庭前ノ小樹ヲ剪《き》リ八重桜枝ヲ続《つ》グコト五、六本」とある。定家は八重桜が好きであったのか、御所の紫宸殿の渡殿《わたどの》前の、まだ咲く前の八重桜の小枝を切りとって、穂木とするために持ち帰ったことはすでに触れた。

定家が五五歳の建保四年（一二一六）三月一八日に完成した自選の全歌集である『拾遺愚草《しゅういぐそう》』上には、百首歌が一一編収められ、その一一〇〇首の歌のなかで春の歌は、二一〇首（春の歌一五首の百首歌が二つある。梅花の歌は二五首、桜花の歌は二八首、花の歌は四六首となっている。春の歌二一〇首のなかで、桜花と花の歌が七四首あり、三五パーセントをしめており圧倒的な多さである。ここでの「花」とは「桜花」のことを詠ったものである。

一一月に桜花咲く異常気象

『明月記』の寛喜二（一二三〇）年一一月二十一日の条には、「草木ノ体《てい》、今年多ク非常違例《いれい》ノ事有リ。尤《もっと》モ怖ルベキ事カ。桜ノ木多ク花開ク。筍《たかうな》ノ生《お》フル、人之ヲ食スト云々」とある。この年は夏と秋が寒冷で、諸国では六月に雪が降り、七月に霜があり、八月には風水害で穀物がたいそう損じ、草木が冬のように萎《しお》れあるいは枯れた。さらに冬には一転、温暖となって筍《たけのこ》が生え、麦が黄色く熟した。また蟬《せみ》や蜩《ひぐらし》などは歳末になっても、鳴き止まず、時候の戻和《もどりそむく》ことがはなはだしく、古今いまだかつてないことであった。諸国はたいへんな飢荒《きこう》（食べ物がまったくない大荒れの飢饉）となった。当時の一一月といえば冬なのに、桜花が咲き、筍《たけのこ》が発生するほどのひじょうな異常気象の年であった。

それでも定家は公卿であり荘園からの収入もあるため、飢えることはなかった。七〇歳となった定家の慰みは、わが家の庭に植えている草木や梅・桜といった花樹であった。『明月記』寛喜三（一二三一）年正月二五日の条は、つぎのように記す。

堀ノ東ノ白梅盛ンニ開ク。南庭ノ西ノ柳ヲ掘リ捨テ（柳三本、夏陰《かげ》リ暗キノ故、一本ヲ捨ツ）其ノ跡ニ西庭ノ八重桜ヲ栽《う》ウ。閑人只之ヲ以テ徒然《つれづれ》ヲ支フ。

夏に繁茂しすぎて屋内が暗くなるのを嫌って柳を掘り返し、その跡地に八重桜を植え替えたのである。定家は桜花は、山桜よりも里桜のぼってりとした華麗な八重桜が好みであったようだ。同二月二七日の条には、「庭ノ八重桜（今年栽《うえ》）僅カニ開ク」と記し、移植が成功したことを喜んでいる。

『明月記』貞永二（一二三三）年二月二一日には、「桃花盛ンに開ク。八重桜（継木《つぎき》）開キ始ム。毘沙門堂ノ花半バ開クト云々」とあり、かつて他所《よそ》から貰って接ぎ木していた八重桜の花が咲き始めたことを喜んでいる。そして烏丸北頭柳辻子の相国寺塔頭西の入口にある毘沙門堂の桜が、半ば開いたことを聞き知った。三日後の二四日、新勅撰集の撰歌のため左目が大いに腫れるという眼病をいたわりながら、毘沙門堂へとおもむき、車の中から桜樹をうかがってみると、「花半バ開クカ」という状態であった。毘沙門堂の桜は名桜であったのか、『拾遺都名所図会』は『後愚昧記』を引用し、「応安二（一三六九）年二月一九日に毘沙門堂に向かいて花一見」したことが記されている。

『平家物語』の桜町中納言

鎌倉時代の初期にあたる承久（一二一九〜二二年）から仁治（一二四〇〜四三年）の間に成立し、軍記物語や謡曲、浄瑠璃などに多大の影響をおよぼした『平家物語』巻一の四「我身の栄花の事」に、桜町の中納言とよばれる桜好きの公家のことが記されている。

そもそもこの成範《しげのり》の卿を桜町の中納言と申しけることは、すぐれて心すき給へる人にて、常は吉野山を恋ひつつ、町に桜を植えならべ、その内に屋を建てて住み給ひしかば、来る年の春ごとに、見る人桜町とぞ申しける。桜は咲いて、七か日に散るを、名残を惜しみ、天照大神に祈り申されければにや、三七日まで名残ありけり。君も賢王にてましませば、神も神徳をかがやかし、花も心ありければ、二十日の齢《よわい》を保ちけり。

桜町中納言は鎌倉時代よりすこし前にさかのぼる人であるが、琵琶法師などによって鎌倉時代以降語りつたえられているので、後の人に影響をおよぼしたことはたしかであろう。桜町中納言と呼ばれた藤原成範は、保元の乱（保元元＝一一五六年七月におこった内乱）ののち後白河法皇にもっとも気にいられていた信西《しんぜい》（藤原通憲《みちのり》）の子である。だが通憲（信西）と藤原信頼との勢力争い、源義朝と平清盛との勢力争いが原因となった平治の乱（平治元＝一一五九年一二月）で成憲の父信西は討たれ、成憲の婚約者だった清盛の女《むすめ》は花山院左大臣藤原兼雅《かねまさ》に嫁いでしまった。不遇の成憲は桜花に心を傾けるようになっていった。彼は常ひごろは、桜花が山を覆い隠している吉野山にあこがれ、そのはてには元紀貫之邸跡の屋敷地に桜を植え、桜樹のしげるなかに家を建てて住んだ。そのため、人びとは桜花が咲く季節が到来すれば、その屋敷のことを桜町というようになった。

桜花は咲いてから七日もすれば散ってしまう。それを彼は惜しみ、天照大神に懸命に祈ったので、二一日（七×三日で、二一日となる）までも桜花の名残りがあった。天皇が賢くあれば神の神徳を輝かせることができるし、花も栽培してくれる人に心を得て、二〇日間ものあいだ咲き続けると、いうのである。

桜町中納言のこの話は、室町時代に至って能楽師の世阿弥が、「泰山府君」という能にしあげた。桜町中納言が桜花の延命を「天照大神」に祈ったとされているが、これは角川文庫版の『平家物語』（寛文一二年刊の平仮名整版本）によったものであるが、別の系統の本では「泰山府君《たいざんふくん》」とされているという。泰山府君は中国山東省泰安の北方にある泰山（標高一五二四メートル）の山の神である。道教では人の寿命や福禄をつかさどるとして祀る。能では、天女も惜しむ桜の命が、泰山府君の力で、一七日《いちひち》（七日のこと）から三七日《さんひち》（二一日のこと）まで延ばされることが物語られる。

ところで、藤原成範（桜町中納言）が愛した桜木を、のちの人は「泰山府君」とよんだという。桜に泰山府君という名前の品種があり、後に述べるように大島桜を親として、鎌倉時代に東国の相模国あたりで生まれたとされるものである。成範は平安時代末期の人であり、鎌倉時代に生まれた桜の品種を見ることはできないはずである。泰山府君という桜の品種とは別物を、京都の人たちが能の名称から、こう呼んだと考えればよく、二物でありながら一つの名称でよばれていた時期があったことが示されている。

泰山府君という桜について怡顔斎《いがんさい》・松岡玄達は『桜品』において、「泰山府君。全く虎尾《とらのお》に同じ。但し枝曲折ありて、枝に相つらなって末にいたりまばらに花貼《はなつく》。一枝の間、断続して一所に攅《さん》す（あつまること）。泰山、虎尾一種にして分る」。屋代弘賢は『古今要覧稿』巻第二八〇・草木部において、「弘賢曰《いわく》、此の花もと対馬国より出たりよりて対山木《たいさんぼく》といふ。その国の人にとふに然《しか》なり。今も猶、此の種多しといへり。

『新古今和歌集』巻第二の太上天皇の御製「さくら咲く遠山鳥のしだり尾のながながし日もあかぬ色かな」を絵にしたもの。数本の桜の花見に大勢が訪れている（『都名所図会』巻之三，近畿大学中央図書館蔵）

宗対馬守義成女《むすめ》、太田摂津守資次に嫁せしところ、此の樹を千駄木の別邸にうつし植しより、世に名をしる人ありといひ伝へたり。今も太田家にてはタイサンボクととなふるなり。然るに、桜町中納言の故事を引て、泰山府君とかけるは好事者の附会《ふかい》なり。猶正誤に弁ずべし」と述べている。『古今要覧稿』の著者は、『平家物語』で桜町中納言が好んだ桜は泰山府君ではなく、別物だと述べているのである。

『新古今和歌集』の桜

藤原定家は源通具《みちとも》、藤原有家、藤原家隆、藤原雅経らとともに、建仁元（一二〇一）年一一月三日後鳥羽上皇の院宣をうけて和歌所を設け、勅選和歌集として二〇巻の『新古今和歌集』を元久二（一二〇五）年三月二七日に撰進した。『新古今和歌集』の妖艶な情調象徴と、本歌取り、三句切れ、体言止めなどの特色は、新古今調といわれ、万葉調・古今調とともに歌調の三典型とされる。もう一つ本集の特色とは、後鳥羽上皇をはじめとして、五人の選者以下当時の作者の歌を多く選んでいることである。

『新古今和歌集』に収められた桜花の歌は、春歌上（巻第一）に一九首、春歌下（巻第二）に五九首、賀歌（巻第七）に二首、哀傷歌（巻第八）に七首、恋歌一（巻第一一）に二首、雑歌上（巻第一六巻）に二四首、雑歌中（巻第一七）に三首、雑歌下（巻第一八）に一首の合計一一七首となる。

表現方法は、桜、桜花、さくら、さくら花、桜咲きぬ、はつざくら花、さくら咲きに、花咲き、八重ざくら、八重桜、やまざくら、山ざくら、はな、はなさかりなどとされている。たんに「花」と表現されている歌が合計七四首にもなり、桜の歌の六三パーセントを占める。前の時代から、花とは桜花のことをいうことが、浸透していたことが示されている。なお梅の歌は少なく全部で二五首で、桜の歌の二〇パーセント強にすぎない。

桜花の詠われている場所は、よし野、吉野の宮、みよし野の山・里・高嶺、野遊びの野辺、春の山里、立田の山、葛城の高間、石上《いそのかみ》のふる野、白雲のたなびく山、わが宿、霞立つ春の山辺、交野《かたの》の御野《みの》、初瀬山、山深い杉の群立《むらだち》、山里の庭、琵琶湖の上、逢坂の関、東山、大内（内裏のこと）、月輪寺、法金剛院、高陽院、興福寺、雲林院《うりんいん》、白河、最勝寺、南殿の桜、公家の邸（前大納言公任の白河の家、京極前太政大臣家ほか）などである。

『新古今和歌集』の桜歌もおおむねは、『古今和歌集』に収められている桜花の歌のように、花が開きはじめてから散り終わるまで順序立てての配列となっている。桜花の歌の最初となっている歌は西行法師の「よし野山さくらが枝に雪降りて花おそげなる年にもあるかな（七九）」と、寒い年なので開花がおそくなっていることを詠っている。だが、西行の歌の次に収められている歌は、「さくら花咲かばまづ見むと思ふまに日かず経にけり春の山里（藤原隆時・八〇）」とあるように、桜花が咲いたなら見に出たいと思っていたのだが、たちまち日数を経てしまったという、桜が散るころの歌となっている。

また、次の歌のように、似たような発想で詠まれる歌が多くなっている。

八重桜を折りて人の遣はして侍りければ　道命法師
白雲のたつたの山の八重ざくらいづれを花とわきて折らまし（巻第一・九〇）
内大臣に侍りける時、望山花といへるこころをよみ侍りける
京極前関白太政大臣（師実）
白雲のたなびく山のやまざくらいづれを花と行きて折らまし（巻第二・一〇二）

『百人一首』の桜

藤原定家は、わが国の古典作品のうちもっとも広く親しまれた『百人一首《ひゃくにんいっしゅ》』を撰集している。百人一首とは、百人の歌人の歌を一人一首ずつ選びだしたものである。成立時期は一応文暦二（一二三五）年とされているが、それには諸説があり、有吉保は「その成立は後鳥羽上皇の崩御の延応元（一二三九）年二月二十二日から、定家の死の仁治二（一二四一）年八月二十日までの間を想定したい」（『百人一首』講談社学術文庫）と述べている。選んだ歌は、天智天皇から定家の時代の藤原家隆（一一五八～一二三七年）、藤原（飛鳥井）雅経（一一七〇～一二二一年）までである。

『百人一首』に収められている歌で詠われている植物は、桜が最も多く六首である。花が三首、八重桜一首、山桜一首、桜一首となっている。次いで紅葉《もみじ》の五首、蘆《あし》の三首、しのぶ草の二首、松の二首であり、以下は一首ずつで、苫《とま》、若菜、秋の草木、さねかずら、草、白菊、梅（花とよまれている）、篠《しの》、茅《ちがや》、八重《やえ》葎《むぐら》、さしも草（よもぎのこと）、笹、稲、槇の、合計一九種類である。

『百人一首』の桜の歌を、出典などとともに掲げてみる。

題しらず　　小野小町

花の色は移りにけりないたずらにわが身世にふるながめせし間に　（『古今集』春下一一三）

桜の花の散るをよめる　　紀友則

久方の光りのどけき春の日にしづ心なく花の散るらむ　（『古今集』春歌下八四）

一条院御時、奈良の八重桜を人の奉りけるを、その折、

御前に侍りければ、その花を題にて歌よめとおほせごとありせば　　伊勢大輔

いにしへの奈良の都の八重桜けふ九重ににほひぬるかな　（『詞歌集』春二九）

大峰にて思ひもかけず桜の花の咲きたりけるを見てよめる　　大僧正行尊

もろともにあはれと思へ山桜花よりほかに知る人もなし　（『金葉集』雑上五二一）

内のおほまうち君の家にて、人々酒たうべて歌よみ侍りけるに、

遥かに山の桜を望むといふ心をよめる　　権中納言匡房

高砂の尾上の桜咲きにけり外山の霞立たずもあらなむ　（『後拾遺集』春上一二〇）

落花をよみ侍りける　　入道前太政大臣

花さそふ嵐の庭の雪ならでふりゆくものはわが身なりけり　（『新勅選集』雑一、一〇一五）

一首目の歌は、桜花の色はむなしくもすっかり色あせてしまったことよ、私が世間とかかずらっている長雨の間に……、という意味である。花の色を、桜花の色とみる説と、自分の色香の衰えとする説がある。また、表面的には桜花の色があせたことを嘆き、裏面では自分の容色の衰えたことを嘆いた歌であるとの説もある。

二首目の歌は、春の日がのどかにさしているのに、どうして落ち着きもなく桜花は散っていくのであろうか、という意味である。

三首目の歌については、前に触れた。

四首目の歌は、私と同じように山桜もなつかしく思ってくれよ、花のお前よりほかに私の心を知るものはいないのだから、という意味である。詞書からみると、吉野山の奥の院の山上は標高が高く、吉野山よりも山桜の咲く時期がおそい。季節おくれの山桜花を修験道修行の大峰で思いもかけず発見し、呼びかけた歌である。

五首目の歌は、高い山の峰の桜が咲いたよ、人里の山の霞よ立たないでほしいものだ、という意味である。高砂とは、もともとは砂が高く積み重なった意味で、播磨国（兵庫県）にこの名の地名があるが、ここでは高い山という普通名詞となっている。

六首目の歌は、桜花を誘って嵐が庭一面、雪のように花びらを吹き散らしているが、降り（古り）ゆくものは雪ではなく実はわが身であるのだなあ、という意味である。入道前太政大臣とは藤原（西園寺）公《きん》経《つね》のことで、源頼朝の妹婿の一条能保《よしやす》の女《むすめ》全子を妻とし、鎌倉幕府と親しく、承久の乱の後いちじるしく権勢をもった。藤原定家は公経の姉を妻としており、親戚関係にある。

以上『百人一首』に収められた六首の歌を見たのであるが、共通点はよくわからない。後世『百人一首』が広まるにつれ、この桜花の歌をつうじて、桜花とはこういうものだとの理解を深めたことには大きなものがある。

『夫木和歌抄』の桜

鎌倉時代の延慶三（一三一〇）年ごろに藤原長清が、『万葉集』以後の家集、私撰集、歌合《うたあわせ》、百首歌などから、従来の撰にもれた歌一万七三五〇首をあつめ、四季や雑に部立てし、類題に分類した三六巻もの私撰類題和歌集の『夫木《ふぼく》和歌抄』の巻第四・春部四・題花には、桜花の歌を四九六首という膨大な数を収めている。桜花の表現をみると、花、はな、さくら、花桜、桜花、はなさくら、さくら花、山さくら、やま桜、山桜、八重桜、遅桜《おそざくら》、おそ桜、はつさくら、いとさくら、しだりさくら、さくら木などと表現されている。その桜花は形容されて、もとあらのさくら、はつさくら花、わかきの桜、うつりゆくさくら、にほふ桜、わか桜、くれなひのうすはなさくら、ひさくらの花、うすざくら、いぬ桜、つきさくら、などと詠まれているのである。桜花が詠まれている所をかかげると、山、里、わが宿、宮の大盤所の前、斎宮のやり水、原、庭、山の峰、山の端、河、岩根、やま路、関、磯、滝の上、まがき、かど田の沢、山田の原、潟、川の渡場、神垣、浦、小島などで、人びとが生活する場、あるいは生活するために目をやる場所のほとんどすべての場所にある桜花が詠まれている。

また、歌に詠まれた地名を掲げると、

①奈良県——吉野、白河の里、奈良山、奈良の飛鳥、奈良の都、高円の山、春日野、春日山、みかさの野辺、みかきの原、三室、小初瀬、左保山、初瀬、吉野川、みよしの野の山、吉野山、三輪の山、葛城の山、石上のふるの社、みむろ山、天香具山、三輪山の檜原、いこま山、立田の峰、立田山（竜田山）、手向け山、飛鳥の里、南淵山、島山、布留やま、かたをか山。

②京都府——桂の山里、ならしの岡、ならひの岡、小野山、花のみやこ、水無瀬河、水無瀬山、音羽山、いなり山、大内、小塩の山、大原山、小倉の峰、小倉山、遠里小野、伏見の里、鞍馬山、こはた山、

ひらの外山、比良山、宇治、深草の里、嵐山、あだし野、やはたや山。

③大阪府——和泉のあら山、住吉の里、住吉の浦、交野の御野、交野の渚、難波潟。

④兵庫県——武庫山、須磨の関屋、淡路島、高砂の山、蘆の屋。

⑤和歌山県——紀伊の中山、高野山、いとかの山、和歌浦、那智山、熊野の山。

⑥滋賀県——志賀の浦、粟津の原、高島の山、朝倉山、伊吹山。

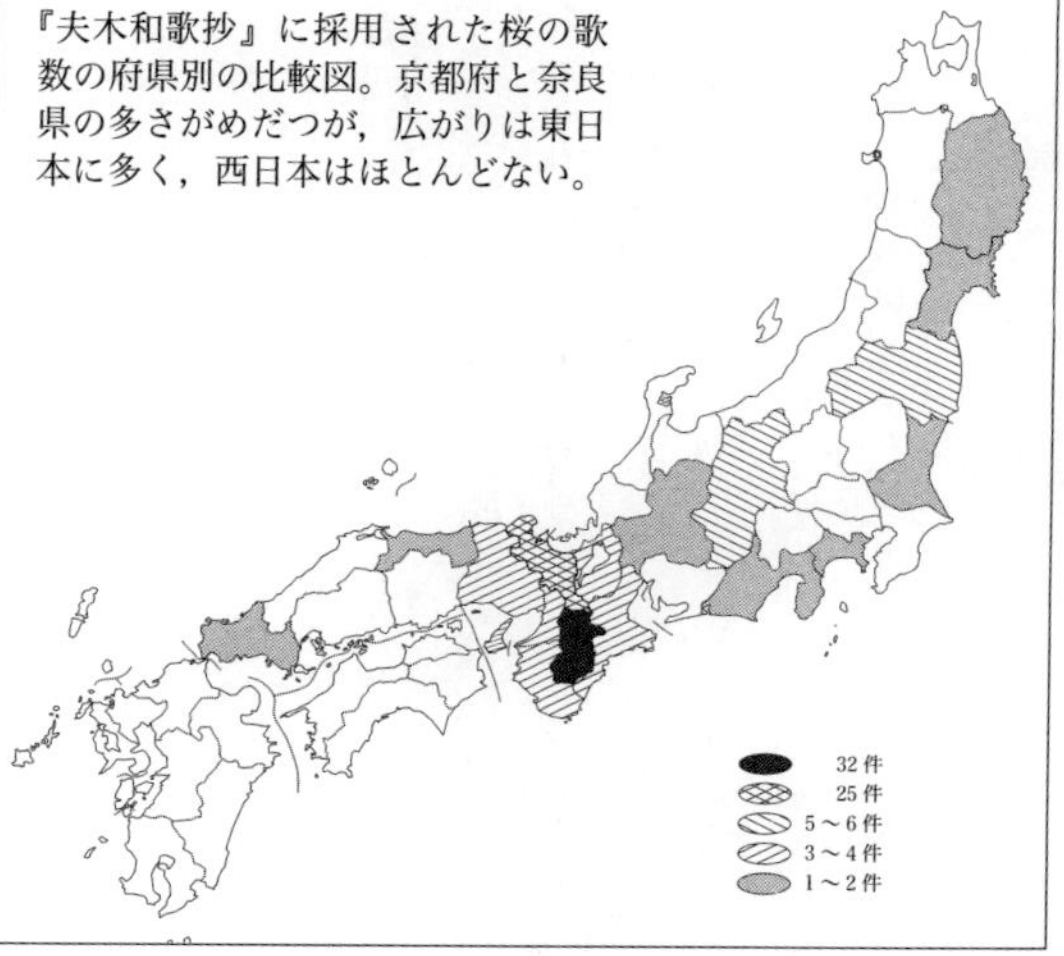

『夫木和歌抄』に採用された桜の歌数の府県別の比較図。京都府と奈良県の多さがめだつが，広がりは東日本に多く，西日本はほとんどない。

⑦三重県——鈴鹿川、鈴鹿の関、鈴鹿山、みもすそ河、五十鈴川、浅香の山。

⑧岐阜県——位山、不破の関。

⑨静岡県——うつの山、田子の浦。

⑩神奈川県——足柄山、箱根の山。

⑪長野県——木曾路、おばすてやま、浅間の山。

⑫茨城県——筑波山、

⑬宮城県——名取川、末の松山。

⑭福島県——白河の関、勿来の関、みちのくのしのぶ山、いはきの山。

⑮岩手県——ころもの関。

⑯鳥取県——因幡の山。

⑰その他——あさつまの片山、玉河、あなしの山、かすみの関、たかきの山、さこしの峰、こもち山、

あしほ山、のちせ山、かめのを山、ちとせ山、中川の渡、とませの山、響き灘、奥津島山、やす川の渡、いわた川。

などである。

このように畿内から東は遠く陸奥《みちのく》の信夫山《しのぶやま》までの地名が桜とともに歌に詠まれている。ところが京の都から西の方をみると、因幡の山（鳥取県）と播磨国（兵庫県）の高砂の峰や淡路島（兵庫県）、響灘（山口県）がわずかにみえるだけで、これ以外の中国・四国地方はもちろん九州における地名をみることができない。桜は全国に分布している樹木ではあるが、その花を愛でる風をもつものは畿内より東に片寄っていることが、『夫木和歌抄』からよみとることができる。

『夫木和歌抄』に収められた四九六首の桜の歌の作者は、後京極摂政、西行上人、従二位家隆などで、よみ人知らずを除くと、いずれも官位をもつ人あるいは僧侶ばかりである。「よみ人知らず」と名前が匿名とされている人であっても、事情があって伏せられているだけで、歌合などという和歌の集いに出席できたり、「家集」などの歌集をもつことができる人は、どこかで官につながりのある人であった。

『梁塵秘抄』の桜

当時の一般民衆は桜花をどのように見ていたのか、それを知るのは難しい。すこし時代をさかのぼるが、平安時代末期に後白河法皇（一一二七〜九二年）が御撰された『梁塵秘抄《りょうじんひしょう》』（一一六九年ごろ成立）には、当時の今様《いまよう》や和讃《わさん》が収められている。後白河法皇は『梁塵秘抄口伝集《くでんしゅう》』巻第一〇に、「そのかみ十余歳の時より今に至る迄、今様を好みて怠る事なし」、「四季につけて折を嫌わず、昼はひねもすうたひ暮し、夜はよもすがら唄ひ明かさぬ夜はなかりき」、「かくのごとく好みて六十の春秋を過ぎにし」と、その傾倒ぶりを語っている。後白河法皇に今様を教えた人びとは、遊女《あそびめ》、白拍子《しらびょうし》、舞人《まいびと》、猿楽などの、庶民を相手とする技芸の持ち主たちであった。

『梁塵秘抄』巻第一は、長歌（一〇首）、古柳（目録には三四首とある）、今様（目録では二六五首とある）が収めてあり、巻第二には法文歌（今様体で二二〇首）、四句神歌（おおむね今様体で二〇四首）、二句神歌（短歌体で一二二首）が収められている。巻頭の長歌一〇首は『拾遺和歌集』（一〇〇五年ごろ成立）の壬生忠《みぶのただ》岑《みね》と平兼盛の歌であるから、庶民の歌としては除外する。私が見ている『新訂　梁塵秘抄』（岩波文庫版）は、巻一は断簡とされ、目録通りの歌の数が収められていない。桜が唄われるのは巻第二の雑歌の次の歌である。

春の初《はじめ》の歌枕、
霞鶯帰る雁、
子《ね》の日青柳梅桜、
三千年《みちとせ》になる桃の花　（四三二）

この歌は、春のはじめに詠われる歌枕は、かすみ、うぐいす、帰る雁、子《ね》の日、青柳、梅、桜、桃の花、であると、たんに歌枕の一つであるとしているだけである。なお、三二三番に「山の調《しらべ》は桜人《さくらびと》、海の調は波の音」とあるが、これは桜の歌ではなく、催馬楽《さいばら》の「桜人」という曲名にすぎない。

巻第二の雑歌と二句神歌での唄われる植物を掲げると、苔、松、蓮、小楢《こなら》、萍《うきくさ》、一本葛《ひともとかずら》、紫檀《したん》、赤木《あかぎ》、胡竹《こちく》、楢《なら》、柴《しば》、虎杖《いたどり》、さるとり、柏、笹、草、苦瓜《にがうり》、甘瓜《あまうり》、紅南瓜《あこだうり》、瓢《ひさご》、茄子《なすび》、竹、唐竹《とうのたけ》、萱《かや》、山葵《わさび》、茨《うばら》、紅葉《もみじ》、栴檀《せんだん》、菩提樹、杉、芹《せり》、蓴菜《ぬなわ》、牛蒡《ごぼう》、河骨《こうほね》、蕨《わらび》、土筆《つくし》、青柳《あおやぎ》、梅、桜、山吹、蘇芳《すおう》、寄生樹《ほや》、榊《さかき》、撫子《なでしこ》、花橘《はなたちばな》、柞《ははそ》、篠《しの》、夏草、姫小松、藤、梛《なぎ》、若菜の五二種で、桜は梅とともに四三二番に一度登場するだけである。本編ともいえる『梁塵秘抄』巻一および巻二には、ほとんど桜は登場せず、いわゆる一般民衆は桜花については何も感じていないように読み取れるのである。

やすらい祭の桜花

しかしながら『梁塵秘抄口伝集』巻第一四には、これを撰《えら》ばれた後白河法皇（在位一一五五～五八年）が天皇になられた前年の久寿元（一一五四）年三月のころ、京都の紫野《むらさきの》社での風流《ふりゅう》遊びとして、「桜に花がさいた」とのことばがある歌を唄い、笛、太鼓、すりがねで、男女がむらがり集まり囃す歌が収められている。

はなやさきたる　付所　やすらいハナヤ
はなやさきたるや　同　やすらいハナヤ
はなやさきたるや　同　やすらいハナヤ
　帖音にて唱て急に乱拍子になりぬ。
やとみくさのはなや　同　やすらい花や
やとみをせばなまへ　同　やすらい花や
やとみをせばミくらの山に　同　やすらい花や
やアまかまでなまへ　同　同

平安時代，後白河法皇のときから連綿とつづく京都紫野今宮神社の「やすらい祭」。(『都名所図会』巻之六，近畿大学中央図書館蔵)

やアまるまでいのちをば　同　同
やちよのちよそへや　同　同
やこのとめをなまへ　同　同
やこのとそをやねのせき　同　同
やはしめてなまへ　同　同
やはしめてちよふる神の　同　同
やミやとのミせむや　同　同
やさりなへこなへ　やとるまろねやすら
やさけなへとなへ　やひたまろもやすら

返唱

やさかこはたひに　とりたふなり
やたどりたつなり　やよよひにきて
よひにきて　ねなましかわ
やとりたゝまし　やとりたゝまし
やいまあらさはで　ねなへましものを
いまはもひでゝ　あなにしたらこひむ

紫野は京都市北区大徳寺周辺の地をいい、平安京大内裏の北郊の原野で、かつては遊猟地として禁野《しめの》に指定されていた。ここに疫《えやみ》の神として知られる今宮神社がある。一条天皇の御宇の正暦五（九九四）年六月二七日、船岡山に祀られていたが告夢《ゆめのつげ》があり、長保三（一〇〇一）年五月九日、ここの紫野に遷《うつ》して、今宮とあがめられていた。

この歌について江戸時代の安永九（一七八〇）年に京都で出版された『都名所図会』巻之六は「今宮の社」の項で、つぎのように述べている。

弥生十日には夜須礼《やすらい》まつりとて、加茂・上野の里人、烏帽子《えぼし》・素襖《すおう》やうのものを着、太刀をかたげ、笛を吹き、鉦鼓《かねつづみ》をならし、この社をめぐりてやすらひ花よと囃《はや》しける。一説に、春陽の節にはかならず疫《えやみ》の神分散して人を悩ますなれば、当社をなだめしづめてをどりを催すとなり。また、高雄《たかお》の神護寺の法華会には、加茂・今宮より祈念して悪気をなだめんとして、踊りをなしけるより始まるとかや。さるゆえに、高雄の法華会はやすらかにはてよとはやせしを、いつの頃よりかやすらひ花よ、あすなひ花よ、なんともいう説あり。

そして「紫野今宮　三月十日　やすらひ祭」の図も、「当所と加茂の人々社内をめぐりて、やすらひ花よと踊りたはむれ、神をいさめて疫癘《えきらい》をはらふなり」と図の中で説明している。現在も行なわれており、錦蓋《きぬがさ》を中心として四人の黒毛・赤毛の鬼を従えて一団となり、氏子の区域を踊り巡っており、京都三大奇祭の一つである。この錦蓋の下に入って身体を撫《な》で厄《やく》をおとす、その厄を笠に集めて神社に封じ込めるというのである。江戸時代の「やすらい祭」と、現代の「やすらい祭」とは、すこし意義が異なってきているのである。

『梁塵秘抄』のこの歌の詞にある「はなやさきたる」の「はな」も、これをうけてうたう「やすらいハナヤ」の「ハナ」も、どちらも桜花のことである。「桜の花が咲いた」との唄うことばに対して、「ぐずぐずと躊躇《ちゅうちょ》し、止まっておれ、桜花よ」と受けるのである。桜花が散るのを、疫神《えやみのかみ》が飛散するしるしとみたのである。桜花は、「花ほど疾《と》く散るものはなし」といわれるように、満開となったとみるまに、三日もすれば花弁一つひとつがちりぢりになり、風に乗って飛び散っていく。それを、そんなに早く散らず、しばらくは桜の枝に止まっていてくれと、疫神《えきびょう》を諌《いさ》め、疫病の蔓延のすこしでも遅くなることを願ったのである。

桜の園芸種とその親

『夫木和歌抄』にある実に多くの桜の歌は、山や野原などの桜を詠っているのだが、その桜を花の美しさを身近に愛でるため、人びとは住居のまわりで栽培するようになった。

現在は山野に自生する山桜などは別にして、桜の数多い種類のほとんどは人によって栽培されている。実は山桜という種も栽培されているから、桜のほとんどすべての種（スピーシス）および品種が栽培植物ということになろう。この栽培花木として桜の品種は、びっくりすることに一挙に出揃った時代は鎌倉時代であり、作り出した人は関東農民であると、斎藤正二は『日本人とサクラ――新しい自然美を求めて』（講談社）で主張する。なぜ鎌倉時代に関東で作られたのか。

優れた生物学者で遺伝育種学の権威として知られる中尾佐助は、『栽培植物の世界』（中央公論社）に収められた論文「サクラとツバキ」の中で、中世関東農民が桜の園芸品種の開発者であるとの作業仮説を発表した。中尾の作業仮説は、林弥栄の報告「園芸品種百選」（本田正次・林弥栄編『日本のサクラ』誠文堂新光社）に記載されている代表

桜の野生種の一つ大島桜。この桜との交配で数多くの里桜の名桜が生まれた。

的な里桜（園芸品種）一〇〇種について、その植物学的帰属を調査し、整理し、そのうえ中尾みずからの手で表を作成した結果もたらされたものであった。

その中尾が作成した「サトザクラ（園芸品種）百選の植物学的帰属」の表を掲げるが、本書では縦書きに直した。

①オオシマザクラ品種（*Prunus lannesiana* cv.）（七六）

普賢象、関山《かんざん／せきやま》、一葉、松月、福禄寿、白妙、楊貴妃、天の川、鬱金、御衣黄《ぎょいこう》、日暮《ひぐらし》、八重曙、菊桜、麒麟、朱雀、紅虎の尾、渦桜、法輪寺、御車返、祇女、五所桜、大提灯、江戸、九重、有明、白雪、駿河台匂、糸括《いとくくり》、千里香、早晩山《いつかやま》、雨宿、嵐山、旗桜、墨染、王昭君、牡丹、鷺の尾、水上、妹背、東錦、浅黄、苔清水、長州緋桜、兼六園菊桜、狩絹、御室有明、鬼無稚児桜、旭山、太白、突羽根、手弱女、胡蝶、名島桜、満月、名月（明月）、滝匂、類嵐《たぐいあらし》、真桜、小汐山、太田桜、奥都、金剛山、手毬、便殿、紫桜、玖島桜、福桜、大村桜、鵯桜、薄墨、紅提灯、梅護寺数珠掛桜、上匂、松前早咲、大芝山、八重紅虎の尾

②ヤマザクラ品種（*P. jamasakura* cv.）（七）

佐野桜、菊枝垂、御信桜、琴平、不断桜、白菊桜、市原、虎の尾

③カスミザクラ品種（*P. verecunda* cv.）（三）

奈良八重桜、撫子桜、簪桜《かんざしざくら》

④エドヒガン品種（*P. pendula* cv.）（二）

枝垂桜、八重紅枝垂

⑤*P. xyedoensis*（二）（*P. lannesiana* オオシマザクラ×*P. pendula* エドヒガン）

染井吉野、衣通姫
⑥ *P. xsieboldii*（三）（*P. apetala* チョウジザクラ× *P. lanneaiana* オオシマザクラ）
奈天、高砂、猩々
⑦ *P. xsubhirtella*（三）（*P. pendula* エドヒガン× *P. incisa* マメザクラ）
十月桜、彼岸桜（小彼岸桜）、熊谷
⑧ *P. xintrorsa*（一）（*P. pauciflora* シナノミザクラ× *P. campanulata* カンヒザクラ）
椿寒桜
⑨ *P. xparvifolia*（一）（*P. incisa* マメザクラ×ヤマザクラ系）
冬桜（小葉桜）
⑩ *P. xkanzakura*（一）（*P. campanulata* カンヒザクラ×ヤマザクラ系）
寒桜
⑪ *P. xmiyoshii*（一）（*P. pauciflora* シナノミザクラ×ヤマザクラ系）
泰山府君

里桜（園芸種）の一品種の御車返。大島桜との交雑で生まれたとされる。

この表から、桜の園芸品種一〇〇種のうち、大島桜品種が実に七六種を占めていることがわかる。また表に示されているように、大島桜と江戸彼岸を掛け合わせたものが染井吉野・衣通姫であり、大島桜と丁字桜《ちょうじ》を掛け合わせたものが奈天《なてん》・高砂・猩々《しょうじょう》であるから、これらを合算すると八一種もの桜が大島桜から分かれたものとなる。

桜の園芸種は鎌倉時代に相模湾沿岸で
日本の野生の桜は、前に触れたように九種である。園芸品種は、九種の野生の桜のどの種を親とし、あるいはどの野生種と野生種が交配して生まれたのか、その系統を明らかにすると、桜発展史のなかで、いつの時代に、人間がどのように作用してきたのかという、桜と人間とのかかわりあいが見えてくる。桜発展史における人間のかかわりとその時代を、ついに中尾佐助がみつけたと、斎藤正二は中尾を評価している。そして中尾の「サクラとツバキ」という論文の次の部分を引用しているので、すこし長いが重要なのでここに掲げる。

サトザクラの大部分の品種の親になったオオシマザクラの野生している場所は、他の野生のサクラ類とは違って非常に狭い地域、すなわち、房総半島、伊豆半島の南部、伊豆七島などに限られている。こんなところにしかないオオシマザクラが、サトザクラとして大発達をするためには、その地域に長い年代にわたる文化の蓄積がなければならない。ところが偶然、オオシマザクラの場所にそれがあったのである。源頼朝が開いた幕府が鎌倉に所在したことである。鎌倉幕府は一一九二年に始まり、建武中興以後に関東管領の所在地となり、いわば西の京都に対して東の鎌倉として、文化の大中心地として栄え、約四〇〇年間存続してきた。その最後は、北条早雲の築いた小田原城が豊臣秀吉によって破られた一五九〇年のことで、小田原落城によって豊臣秀吉の関東平定は終わった。このように鎌倉、小田原といった地域が、関東の要点になっていたのである。そして、そのすぐ近くにオオシマザクラの野生地がひかえていたのである。この地方では防風林や薪炭林に生長のよいオオシマザクラが植えられており、オオシマザクラを移植する習慣のあったことと、鎌倉、小田原の文化とが結びついて、サトザクラの品種が選びだされ、栽培植物のサトザクラへと発展した可能性は極めて高いといえよう。

日本のサトザクラの成立は、源頼朝が幕府の場所を鎌倉に選んだというような偶然のようなことがらに負っているといってよいだろう。もし頼朝が、東国武士のまんなか関東平野の中心にでも幕府をおいたら、おそらく今日のサトザクラは非常に貧弱なものにしかなっていなかったであろう。

以上のような推定は、今のところ歴史的な文書によっては証明できていない。サトザクラの品種が文書に多数あらわれるのは、江戸時代の元禄八（一六九五）年に江戸染井の花戸三之丞によって著された『花壇地錦抄』が最初で、そこには四六品種が記載されている。小田原落城から約一〇〇年後のことである。品種改良のテンポからすると、サトザクラは鎌倉、小田原が文化の中心であった時代に相当高度に発達していたと推定できる。その後は江戸がサトザクラの中心地となり、そのブームの頂点は江戸末期にやってくるのである。

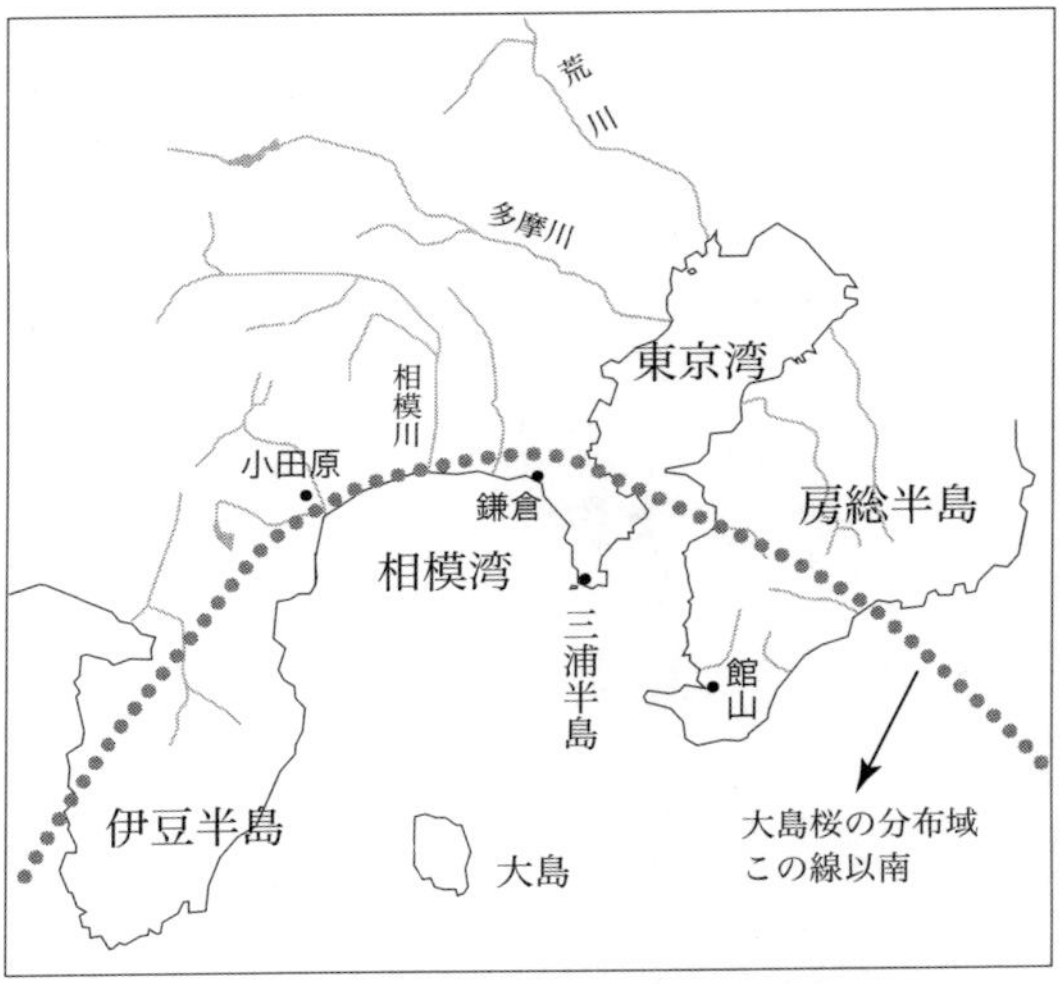

野生種の大島桜の分布域は相模湾沿岸で，関東の中心として長く文化の栄えた鎌倉と小田原の地を含んでいる。

　この論文では示されていないが、中尾は綿密な品種の系統調べを行ない、生物学的にみて園芸品種のうち八〇パーセントまでもが、大島桜を親としていることを突き止めたのである。その大島桜の分布地は、房総半島、伊豆半島南部、伊豆七島というごく狭い地域に限定されていることがわかった。

野生に生育する植物が人間の好みの姿に変わっていくにあたっては、文化とよばれる人とのかかわりが必要であり、さらに品種改良のテンポというか、最小限必要とされる年月（時間）を考えなければならない。ごく限られた地域を生育地としている大島桜品種が大発展するにあたっては、野生地域をカバーして長年月にわたる文化の蓄積が必要であると中尾は考えた。江戸は文化の中心としての年月が長く続いているが、一六〇三（慶長八）年に徳川家康が幕府を開き、一六九五（元禄八）年には大島桜品種の里桜が書物に記載されており、その間たかだか六二年間にすぎない。一つの品種だけなら作り出すことも可能だろうが、八〇種もの品種改良には時間がたりない。

中尾は、そこで大島桜野生地域の長期の文化集積地として相模湾の東西にある鎌倉と小田原にいきついた。相模湾沿岸地方の文化は、源頼朝の鎌倉幕府創設から小田原城落城（後北条氏の滅亡）までの、約四〇〇年間続いていたのである。さらにこの地方では、防風林や薪炭林に生長のよい大島桜が植えられており、大島桜を移植する習慣もあったと、大島桜と日常的に人びとが接していたことをあげる。そして、「鎌倉、小田原の文化と結びついて、サトザクラの品種が選びだされて、栽培植物のサトザクラへと発展した可能性はきわめて高い」と、結論づけたのである。しかしながら、この結論は推定であって「今のところ歴史的な文書によって証明はできていない」と、正直に述べている。

文献での証明は今後の課題

中尾の説を文献で証明することについて、中尾の説を紹介した斎藤正二は、「中世初期ごろの武士および農民が盛んに田畑、耕地の開発に励み、そのさい、支配＝収奪の手の及ばない山間部へ山間部へと進出していった、ということはよく知られている歴史的事実すらを、じつは、サクラの品種開発に密接な関わりのあることとして評価し直して差し支えないのである」とし、「オオシマザクラの野生地に接している関東武士や関東農民が、このオオシマザクラと何らかの接触関係を結ばなかったとは、かえって、想像しにくいのではあるまいか」という。

そして「関東南部に自生しているはずのオオシマザクラに標的をあわせ、すこしずつ、関東武士や関東農民の生活形態（＝生活哲学）および生活様式（＝生活習俗）との関わりを明かしていくならば、それほど無理＝無暴な論理を用いずとも、中尾が言うところのことを消極的＝間接的に証明できるのではあるまいか」と、示唆を与えている。斎藤は自分でも、仮説検証の作業を開始していて、目下の段階（昭和五五年当時）ではいまだ理論化に成功するところまでいっていないが、辛抱強く丹念に文献を渉猟する心積もりを固めていると著書の中で記す。

内海延吉は『三崎郷土史考』のなかで、「鎌倉幕府の基礎がかたくなって平和の日が続くと、武士は武から解放され、その生活が文化的に向上すると、しだいに素朴さを失ってくる。すると田舎の素朴さにひかれて、行楽を半島の地に求める。鎌倉から眺める三浦半島の海に果てる姿は、鎌倉武士の心をその最果ての地三崎に誘ったのであろう」と、分析している。三崎には源頼朝に関連のある言い伝えに、桜梅桃の三御所があり、海南神社の大銀杏は頼朝の手植えと伝えられている。

三浦半島の先端部にある神奈川県三浦市の曹洞宗本瑞寺《ほんずいじ》は、三浦三崎宝蔵山にあり、かつては桜の御所とよばれた。江戸時代の宝暦（一七五一〜六四年）の頃に記された『三崎誌』には、「ムカシ鎌倉右大将ノ命ニテ宝蔵山及城島ニ桜数千株ヲ植タリ。春来レバ好花ハ繚乱トシテ、興アル詠ナリシトゾ、歳月ハ悠久、今ハ枯レ尽シタリ。カツテ惜シムベキ哉」とある。内海延吉氏が『三崎郷土史考』を記すときには、山門をはいると左手に数年前まで枯れつきた桜の大樹の幹が数本残っていたと述べている。現在は普賢象ほか、数種類の桜が植えられている。

なお余談だが、桃の御所は見桃寺で『三崎誌』には「歌舞島ニアリ。今ノ見桃寺ハ即ムカシ鎌倉右大将花ヲ賞シタマヒシ処トゾ」と記されているという。椿の御所の方は、寺伝に「この地は妙悟尼住せし処にして、園中椿樹おおくありしゆへ、世俗椿の御所と称す。後一寺となし、大椿寺の号を授けしという。今も境内椿樹両三株あり」とされている。妙悟尼とは、源頼朝の室とつたえられるが、側室のことである。

鎌倉桜と普賢象桜

中尾佐助は、鎌倉や小田原などの相模湾沿岸を中心とし、鎌倉時代に大島桜を元に里桜が数多く生まれたとする。だが一度に生まれたのではなく、徐々に世の中に出て、その美しさを称えられていた。別項での京都の千本釈迦堂の普賢象《ふげんぞう》は、鎌倉の桜を移したものとされる。普賢象という桜は、中尾佐助の大島桜品種（七六）の冒頭に記された品種である。また山田孝雄の『櫻史』は、『活所桜譜』の記述を引用して桐谷《きりがやつ》について述べる。

桐谷為桜第一色白而微紅茎尤長。原出鎌倉桐谷。

意訳すると、桐谷《きりがやつ》は桜の第一となす。色白くして、微《かす》かに紅、茎はもっとも長し。原《もと》は鎌倉の桐谷に出ず、となる。桐谷とは、材木座の東の谷（辧ケ谷）より東に一つ隔てた谷《やつ》（経師ケ谷）のことである。

江戸時代の貞享二（一六八五）年八月に出版された『新編鎌倉志』巻之八「称名寺」の項で、文殊《もんじゅ》桜を「堂の前東にあり。あるいは云、むかしの桜は枯れて、今あるは新木なりという」と述べている。普賢象《ふげんぞう》桜についいては、「千葉《せんよう》なり。花の心より一葉出ず。堂の前西の方にあり」と記し、そして『園太暦』には「延文二（一三五七）年三月一五日に、南庭に桜樹を渡し栽《うえる》。殊絶の美花也。号鎌倉桜とあり。蓋《けだ》し称名寺に所在の桜樹か。昔永服寺にも名花有とみえたり」と、南北朝の動乱がはじまる直前の時期に植えられていたことが記されている。そしてその呼び名も、鎌倉桜だというのである。

文政一二（一八二九）年に武蔵国八王子の植田孟縉が編纂した『鎌倉攬勝考』巻之一付録の物産の項は、鎌倉桜をやや詳しく述べている。

是は古《いにし》え、第御堂の勝長寿院の境内へ実朝将軍植させられし桜をいふ。建永二（一二〇七）年、右府《うふ》諸大名へ課せられ、国々のさくらの名花を数百株御庭へ栽《うえ》させられ、其内にて珍花なるものを勝長寿院へ根こして移され、年々花盛の節に至れば渡御《とぎょ》有て和歌の会を催されしを、往々『東鑑《あずまかがみ》』に見へたり。また京都にてもこの花を賞せられて鎌倉桜と名つけ給ひしといふことも、ものに見えたり。されば当所の名産なるゆへ、今は跡かたもなければ茲にしるせり。

そして同書巻之一一付録は普賢象桜について、「仍《かさね》て、鎌倉桜と有は是ならんか。また按《あんず》るに、延文の頃（一三五六〜六一年）まで有にしや。鎌倉桜と称せしものは、一様ならぬ珍花なりし由。勝長寿院などは、将軍家御所より遠からぬゆへ、正慶（一三三二〜三四年）の兵火にて、皆焼亡して絶えたりといふ。延文の頃の桜は、古えの芸樹にや」とあり、鎌倉桜といわれるものは普賢象桜ではないかという。

鎌倉幕府第三代将軍の実朝（在職一二〇三〜一九年）が国々に命令して桜樹を集め、その中に普賢象桜が含まれていた。その桜の出所は『活所桜譜』によれば、地元である鎌倉の一つの谷に生えているものであった。

『新編相模国風土記稿』巻之二九・村里部・足柄下郡巻之八の「早川庄　元箱根下」の別当金剛王院の項に、庭前の山上に浦島桜があったが、今は枯木となっている。幹は二囲《かかえ》で、浦島太郎手植えと伝えられ山中七名木の一つである。応安元（一三六八）年、土岐存浩が当所に来たって桜花一枝を乞うたが、僧はこれを許さなかった。これにより存浩は、浦島の箱根の桜云々という歌を詠った。歌は「うらしまが箱ねのさくらおしむともあけばくやしきかぜやふかまし」（『日工集』）というのである。

同書巻之三四・足柄下郡久野村（現・小田原市久野）の總世寺には、大門の入口にそれぞれ三囲《かかえ》もの二株並んで立つ花立松《はなたてまつ》がある。伝えられているのは、寺の四世忠室が三浦義意《よしおき》（戦国時代初期の武将で、相模三浦氏最後の当主。北条早雲の相模侵攻による落城のとき自決。二一歳）の首に松樹および桜花を折って手向け歌を詠った。のちその二種の枝をここに挿したのだが、それに枝葉が出てきたものがこれである。桜は中古に枯れ倒れた、と記されている。人を弔うために桜花が手向けられた事例の一つである。

さて、大島桜を農耕地の防風林用の生け垣にしている実例なんて、すぐに見つかるさと私は簡単に考えて、もとの勤め先の図書館の相模湾沿岸の地方史（誌）をめくってみたのだが、どこをみてもそんな簡単なことは記されていなかった。歴史書には、庶民の平々凡々たる日常生活は記録されていないのである。庶民は日記を記さないし、開拓を行なっても、それが為政者にみつかれば税を巻き上げられるので、あくまでも為政者に秘密のまま開拓は進行する。そして新たに開拓された農耕地でも、農作物の被害を防ぐ風よけのため樹木を植えても、一つ一つ樫《かし》を何本、槇《まき》を何本、一位何本などと樹種を特定して記すことはもちろんない。現在では駿河湾方面では、防風林として大島桜が植えられるということであるが、たぶん櫟《くぬぎ》や小楢《こなら》などと同じような取り扱いがされ、ふつうは雑木、よほど樹木をよく知っている人でもたんに桜と記されるだけであったと、考えられる。そんなことから、中尾が示唆した相模湾地方での、大島桜栽培の事例を見つけだすことはできなかった。

第五章　室町・桃山時代の桜

『看聞御記』の桜

室町時代は、現代の日本文化を培養した時代だともいわれる。

この時代初期、後崇光院《ごすこういん》伏見宮貞成《さだふさ》親王（一三七二～一四五八年）は応永二三（一四一六）年から文安五（一四四八）年まで日記を書き続けられた。それは『看聞御記《かんもんぎょき》』とよばれ、筆者の貞成親王の日常生活はもちろんのこと、世間の風説や市井のできごとまで記され、この時代の政治・文化あるいは歴史上の貴重な資料とされている。もちろん、春の到来とともに梅や桜についても数多く記述されている。

伏見宮は庭に樹木を植えることが好きだったようで、邸宅の庭には、梅、桜、松、栗、躑躅《つつじ》などが植えられていた。松などはみずから山で掘りとってきて植えている。伏見宮は応永二五（一四一八）年二月から、庭園の修飾をはじめられた。ところが応永二七年の春、足利将軍義持の弟の虎山永隆侍者の大光明寺退蔵菴築庭のため、伏見殿旧跡の庭石はことごとく取り去られた。義持の内意によるものであった。権力をもっているものは、欲しい物は誰のものでも取り上げることができた時代であった。

以前、このシリーズで『梅Ｉ』（ものと人間の文化史）を書くときに調べたものを、もう一度振り返ってみると、日記は応永二三（一四一六）年から文安五（一四四八）年までの三三年間であるが、欠けている年があるので、桜および梅について触れられている年は二〇年分であった。その二〇年間で、桜および梅の開花期において一日に一つ記述があれば（実際には四つも五つもの記述がある年がある）一件として数えると、桜は八七件で、梅は一〇二件あった。件数の数え方は、梅では「梅花一覧」「庭田紅梅一本」「即成院梅同一覧」などの記述をもって一件とし、桜では「御所庭前花下敷畳令賞翫」「庭前花盛也」「大光明寺花一覧」などの記述をもって一件とした。

平安時代から春の花は梅から桜へと変化した、あるいは和歌の数で桜花の歌が梅花の数を圧倒していることがそれを裏付けるなどとよくいわれる。『看聞御記』という一つの日記のなかではあるが、記述された件数で比較すれば、桜の方が持て囃《はや》されたとは必ずしもいえない。桜花の記述件数と梅花の記述件数とを比較するため、桜の記述数を一〇〇とすると梅のそれは一一七となる。

また、同日記に記された梅花と桜花の贈答歌および連歌の発句数を合算したものを比較してみても、桜花三二首、梅花三七首となっており、桜花のものを一〇〇とすると梅花のそれは一一八となり、前に述べた記述の件数の比較とほとんど変わらない。『看聞御記』における記述数においては、桜にくらべ梅の方が優位に立っているのである。

桜花が『看聞御記』に現われるのは、応永二三（一四一六）年三月四日の条であるが、桜花については平安時代からたんに「花」と称されてきたので、日記においてもただ「花」とのみ記されている。「大光明寺の花、盛なり。御所様、御覧になられる。御病気以後初めての御出ましで、もっとも珍重なり。新御所、余（伏見宮のこと）、三位、長資朝臣、行豊がまいり候。寺の長老徳祥和尚が出会いお茶を献じ申し上げる。これで還御《かんぎょ》される。花下において惣得菴が参会する。花一見の由かまえられ、かの菴へ招引申され、

『看聞御記』の著者・伏見宮は，自宅近くの御香宮へよく出かけていた。日本百名水の井戸があり，香水として知られている（『拾遺都名所図会』巻之二，近畿大学中央図書館蔵）

このための参会なり」と記されている。

花見でのできごと

大光明寺は伏見宮の祖父崇光天皇が落髪出家して法皇になられた寺で、花木が名高く、伏見宮は毎年のように観桜されていた。応永三一（一四二四）年三月三日の桃花宴には、花見の群衆がおしよせ、女房が輿《こし》を花下にかつぎ据え、酒宴をしようとして下部《しもべ》が花枝を折った。僧らは花枝を折ることと寺の中での酒は禁制であるといってこれを咎めたので、下部は怒って抜刀し乱暴しようとしたが、朋輩《ほうばい》の諫止《かんし》により事なく済み、花枝を寺が取り返したという騒動もあった。

応永二二年の大光明寺での花見のときはお茶だけであったが、花見にお酒はつきものであり、伏見宮も盛大に酒宴を行なっている。

応永二五年二月二三日　御所庭前花下敷畳令賞翫。御香宮聖慶俊於社頭参会捶持参。彼是及酒盛。地下輩祗候。予又酒海召寄。数献之間。連歌一折云捨共申。其後音曲乱舞。花賞翫催興。予不知前後沈酔了。

仙洞《せんとう》御所の庭に咲いている桜花の下に畳を敷き、花を愛でていた。そこへ御香宮《ごこうのみや》（伏見にある神社）から慶俊が酒樽を持参して参会したので、たちまちのうちに酒盛がはじまった。地下《じげ》の輩《ともがら》、つまり清涼殿に昇殿をゆるされない六位以下の官人が、手伝いにきた。予（伏見宮）は酒を盛る容器の酒海《しゅかい》を召しよせ、数献《すうこん》を飲むうちに連歌の一折《ひとおれ》（一区切り）を言い捨てた。その後音曲がはじまり、乱舞となった。花を賞《め》でもてあそぶこの催しは、おもしろく楽しいことであった。予（伏見宮）は、前後が分からないほどに酔いつぶれた、というのである。一献が酒三杯であるから、数献をすごせば、最低一五杯は飲んでいる。どの程度の大きさの酒海であったのかわからないが、なかなかの酒豪だったとみられよう。

応永二六（一四一九）年の桜花は、三月五日からはじまる。同年は二月二九日に「庭前の梅花を賞翫」しているので、梅花が終わりすぐに桜花の春となっていた。三月五日は「大光明寺の花、女中の面々がこれを見にいった。予（伏見宮）は出頭せず」と、女性たちだけが花見をたのしんでいる。翌六日には三位、重有、長資朝臣、阿賀丸をめしつれ「大光明寺の花を賞翫し、ことに殊勝なり」と記す。同月九日には、自宅の庭前の花が盛りとなっている。

同月一一日には、「朝早く御香宮の花を一覧し、そののち猿楽の桟敷《さじき》を見た」。同月一二日には、菊亭大納言に庭先の花枝を一本、短冊をつけてやっている。

としをへて君かなかめし故郷の花もむかしの春や恋しき
ちりやらてあらしにのこるやとの花君が御幸《みゆき》の時やまつらん

菊亭大納言からは中一日おいて、お返しに歌が贈られてきた。

春をへてなれにしやとの桜花手折をみても猶そ恋しき
花はよしさかり過ともこの春はなれしむかしの友をとははや

菊亭大納言からの返歌によると、伏見宮が贈った桜枝は盛りをすこし過ぎていたものであったらしい。二首めの歌は「花はよしさかり過とも」と、やんわりと皮肉をきかしたものとなっている。

同月一三日には、「風呂に入る。その後大光明寺の花を一覧する。落花が地に満ち、その興趣はたいしたものであった」と、地面に散り敷いた桜花の趣があるものだと、鑑賞したのである。桜花は、木からひんぷんと散り落ちる花びらの風情が愛でられるのであるが、このように、地面を花びらが覆っている状態のものも鑑賞の対象となっていたのである。

桜花と詩歌のたのしみ

応永二八（一四二一）年の二月二六日には「大光明寺の花が盛り」となっていたが、三月一日に至って寒い嵐のような風が吹き、雪が舞った。そして二日には、明け方になって雪が降りだし、ついに一寸（約三センチ）ばかり積もった。前日の嵐で地面には桜花が散り敷いており、落花の上に雪がさらに積もりかさなる風情の興趣は、はなはだ深いものがある、と寒さにもかかわらず伏見宮はよろこんだ。桜花が散るようになった時分に雪が降ることいまだ見たことがなく、希有《けう》のことである。そこで一首と歌を詠んだ。

おもひきや花こそ雪とちるうへにかさねて雪の積へしとは
またみすよむかしはしらす花のうへにかかるみゆきのつもるなさけを

遅桜さかりをまつも程遠しかくめつらしき雪をとははや

重有朝臣からのお返し

さそなけにむかしはしらすこの比《ころ》の花と雪とを枝にみんとは
遅桜さかりはまたし如何にして梢の雪を花とみせまし

このような時期の降雪はきわめて珍しいことなので、伏見宮はまた三位に落花を、歌を添えて一蓋《ひとふた》を与えている。

またかかるなさけはみすよちる花にかさねてつもる今朝の白雪
我もとは人もとひこぬ庭の雪なさけなしやと花もうらみん

三位からのお返し

さそなけに今朝はまことの雪までも散りしく花の影にそふらし
花と雪嵐もわかすさそひきて庭のこ松にふきそためぬる

そして芝殿が一樽持参してきたので、雪見としゃれたのであった。

伏見宮は、和漢一折《ひとおれ》（なお別の日には和漢連句と記す）という発句と漢詩の一句（あるいは二句）をもっての連歌を行なっている（応永二九年三月）。この形式を連歌というべきなのか、連詩というべきなのかはわからないが、連歌に通じており、さらに発句にも漢詩にも通暁していなくてはできないものである。与謝蕪村の「春風馬堤曲」は、発句と、漢詩と、漢詩訓《よ》み下し文で構成されているが、伏見宮の三連だけで終わる形式はあまり見かけない。実験的なものではなく、きわめて普通に行なわれていたように読み取れる。

ちるころは八重よりふかし花の雪　　宰相
桃紅上苑春（桃紅《くれない》にして、上苑《じょうえん》の春）　　洪得喝食
夕霞《ゆうがすみ》ひかけの山にうつろひて　　伏見宮

花の春色そふ松のみとりかな　　椎野
桃映夕陽紅（桃夕陽に映え、紅《くれない》なり）　　伏見宮
迎客林鶯囀（客を迎える林鶯《うぐいす》の囀《さえず》り）　　用健

これで一折である。別の日、野遊びに出たときの和漢一折である。

伏見宮親王は、花のころには自宅の庭にある桜を愛でるとともに、御香宮、御所の桜、大光明寺、妻の親元の庭田大納言邸、馬場、晩景門などへ、桜花の遊覧に出かけている。

応永二八（一四二一）年一一月二日、後小松上皇は仙洞《せんとう》御所に御泉水をつくられ、諸人が木石を献ずるのを聞き、伏見宮も同六日に伏見殿庭前の信濃桜一本とかれこれ三本を、九日には梅一本と唐桃《からもも》一本を献じている。

永享四（一四三二）年三月四日の日記には、室町将軍が花見を挙行したことが記されている。当時の将軍は、足利義教《よしのり》である。「室町殿、今日花を御覧。東山や花頂《かちょう》（知恩院のこと）および若王子などにおい出なる。見物のため前の宰相、行豊朝臣、持経、重賢、承泉は朝早く京へ出る」というのである。

藤原氏長者の『後法興院記』

伏見宮親王の『看聞御記』につづいて室町末期の世相がよく記されているものに、『後法興院記《ごほうこういんき》』がある。公卿近衛政家（一四四四～一五〇五年）の日記である。応仁（一四六七～六九年）から永正（一五〇四～二一年）へ、といえば、いうまでもなく応仁・文明の大乱とつづく戦国初期の混乱期にあたり、この間に伝統の公家社会は、新興武士勢力の下剋上《げこくじょう》の動きを前に、いうなれば音高く崩壊していった時代である。この時期を五摂家筆頭の近衛家を率いなければならなかった政家の生涯は、数多い公家の中でも、もっとも波乱にとんだ生涯であったといわねばならない。

『後法興院記』の資料としてのメリットは、まさしく、この激動の時代、それだけに資料のきわめて乏しい時代の、貴重な証言である点である。いま陽明文庫に伝えられている自筆原本は全三〇巻、寛正七（一四六六）年二一歳から永正二（一五〇五）年の死の直前六月四日にいたる四〇年にわたり、この間文明元～一〇年の一〇年間を欠くだけで、ほとんど連続している。この混乱期の日記が、このように多量にのこされていること自体、同時代証言として資料的に無限の恩恵をあたえられるのである。

後法興院は近衛政家の法号で、近衛房嗣の二男であるが、寛正三（一四六二）年に兄教基が早死にしたので近衛家の後嗣《あとつぎ》となった。後法興院の日記は寛正七（一四六六）年正月一日（同年二月二八日改元があって文正となる）から始まっているが、このころから世上は不穏な情勢がつづいていた。同正月一八日、上御霊における畠山政長と畠山義就の対立から応仁の乱が勃発したのであるが、日記にはまったく触れられていない。しかし、しだいに不安な世相となってくるにつれ、そのようすが日記の記述にはあふれている。

この日記における桜の記述は、まず文正元（一四六六）年閏二月二日の条に「前庭桜花盛開《さかんにひらく》」とあり、前庭に植えられている桜花はもはや盛りになったことから述べられている。いつごろから開花がはじまったのか、日記は触れていない。当日は楊弓《ようきゅう》という弓の遊戯や蹴鞠が行なわれた。夜はおそくまで十種香《じしゅこう》をきいている。そして子刻《ねのこく》のころ、南方で火事のあったことが記されている。同月一〇日には、実相院から桜枝一枝が贈られ、これをそのまま仙洞《せんとう》御所へと進上したところ、ことのほか悦喜《えつき》のよし仰せ下されたのである。

南殿の桜樹の植え替え

翌文正二（一四六七）年二月二四日には、乱のことについて「世上のもののいうに、今出川殿の籌策《ちゅうさく》（計略のこと）によるも、まずもって無為の由と世間ではいう。もっとも然るべきことであるか。細川と山名の間のこと也」と記している。世上を騒がせている武士たちのせり合いは、細川と山名との間のいざこざであると、この時点では近衛政家は考えていたようである。同月二九日には「前庭桜花盛開」と記しているが、翌三〇日には、申刻《さるのこく》に近所の武士の騒動が終わる、飯尾大和守と二階堂との確執也と、政家の邸のちかくでも武士の騒動が発生していたことが記されている。三月一日には、晩方に大館二郎、同十郎、同民部少輔、有馬馬助、越阿弥などがきたので、桜花の下で酒宴を張り、大いに飲み、真夜中の子刻に裏（奥の寝室のこと）に入った。

応永元（一三九四）年三月九日は、この日は例年花を賞翫する日となっていた。一〇日には、実相院から桜花の枝に歌が付けられたものを贈られている。一一日には、殿と政家は鞍馬寺に参詣している。途中の山路にある桜花は大きく、趣があった。寺の、とある坊において酒宴を張ったが、山中から遠望した桜花の趣はすばらしいものであった。日没時分に帰宅している。三月一四日には、鷹司前関白のもとより桜花の枝を贈られたが、それには酒樽と肴などが添えられていた。

すこし年代はとび、文明一九（一四八七）年二月二三日には、「南殿の桜、植えるべく進めるの由を伝奏《てんそう》をもって仰せ出だされる。当時八重桜、得難き間、一重桜となすといえども、植え進めるというか。如何に有るべきかのよし、きっと申しいれる」とある。後土御門天皇（在位一四六四〜一五〇〇年）から「御所紫宸殿の南庭にある左近の桜は、植えられた当時は八重桜は得難いため、やむをえず一重桜を植えていたが、これの植え替えを進めよ」と伝奏を通じて仰せられたのである。伝奏は、親王家・摂家・社寺などの奏請を天皇や上皇に取りつぐ役である。同月二六日、勧修寺大納言が昇進の礼のためにきて対面したとき、南殿の桜は一重桜であるといっても植えすすむべき云々と話がでた。それは先規（先例）にあるいは一重桜を植えらるとのことがある云々、という内容が話されている。

この時の桜は、いつ植え替えられたのか日記は記していないが、同年一一月一〇日の日記には、もう一度別の一重でない桜を植え替えたと記されているので読み下す。

南殿の桜、今日植え替える。去る春、植え進む処《ところ》のものは枯れ了《おわんぬ》。今日、栽《う》え進める上木は、按察卿《あんさつきょう》亭の桜也、これを給う可《べく》の由、先日その命あり。昨日、内々に時宜《じき》を伺い、今日植え進める。長泰が奉行する。

この春に植え進めるよう天皇から仰せだされ、一旦はその時に植えたのだが、それが枯れたので、按察卿亭の桜を、ここに植えたというのである。この桜が八重桜なのか、一重桜なのかについて日記は何も記していない。

桜の花見と梅見

桜花を見て楽しむことを花見というのであるが、『後法興院記』では文明一四（一四八二）年三月一四日の条に「前庭の桜盛り也。女中衆花見の事」とある。翌々日の一六日にも「女中衆花見の事」、一七日にも「女中衆花見の事」と記されており、花見という語が使われはじめている。梅花を鑑賞することは花見とはいわず「梅見」と『後法興院記』は記している。梅見の方は延徳三（一四九一）年二月二一日の条に「女中衆梅見の事有り」と記され、花見よりおよそ一〇年も遅い日記に記されている。

梅樹も梅園のように集植されていないので，名梅とよばれるものを見に出かけた。梅見という。図は西行とめこかしの梅とよばれるものである（『拾遺都名所図会』巻之三，近畿大学中央図書館蔵）

同年の桜花の鑑賞については、二月二八日の条は「庭前の花盛んに開く。花見の事有り。家僕外園宰相来る。酒宴なかばに侍従大納言来る。すこぶる大飲に及ぶ」とある。翌日（二九日）には「女中衆花見の事有り」、さらにその翌日の三月一日には「理覚院僧正加持のため来る。次に沙汰申す花見の事。中山中納言来る。蹴鞠有り」と記されているように、桜花の花見は三日間で終わっている。三日見ぬ間の桜かな、と俗に言われるように、桜花の移ろいは早いものであった。

梅見も花見も招かれた人は、そこで御馳走になるだけでなく、やはり招いてくれた人への返礼の宴をもつことが慣例というか、礼儀の一つになっていたようである。延徳三（一四九一）年春の梅見も花見もそれぞれ返礼がなされている。梅見の方は、同年三月一八日で「聖門、今日下御所において沙汰申す一献云々。聖門より言伝《ことづて》あり。梅見の事の返礼有り」と記されている。花見の方は三月二五日で、「この日家僕においいて朝食を給う。花見の事の返礼なり。これは毎年の事也」としるしており、毎年花見の後、いく日かすぎてお返しの宴なり、朝食の席が設けられたというのである。

室町時代には『看聞御記』や『後法興院記』に見られるように、公家・武家・禅僧たちは庭園に桜をよく植えている。室町幕府の初代将軍足利尊氏は、常在光院（知恩院の一角）の桜のかたわらに樹王亭をつくり、将軍の居館である室町御所は花の御所あるいは室町花亭ともよばれた。禅寺では、天竜寺、西芳寺、臨川寺などには、ことに桜がおおかった。五山の頭領の夢窓国師は、西芳寺に将軍尊氏を迎え、花を見て「この庭の花みるたびにうえおきし昔の人のなさけをぞしる」との歌を詠んでいる。六代将軍義教《よしのり》は、醍醐寺、若王子《にゃくおうじ》、鞍馬寺などに花見に出かけている。八代将軍義政は、西芳寺の春の花・秋の紅葉を愛して、毎年見にきたほどである。公家の桜では、室町時代末期には近衛殿に桜の御所の異名がついていた。

西芳寺の花見に上皇が御幸

西芳寺でもっとも著名なものは桜であった。光厳上皇（在位一三三一～一三三三年）と光明上皇（在位一三三六～四八年）の御幸《みゆき》も、足利尊氏と直義の兄弟および足利義詮《よしあきら》が法談に訪れたのも、多くは桜の花盛りであった。康永元（一三四二）年四月八日、光厳上皇がはじめて御幸され夢窓国師に弟子の儀をとられたのも、

『大和名所図会』に描かれた天皇や上皇の花見の行幸のありさま。牛車の屋根に八葉蓮華文が記されている（『大和名所図会』巻之二，近畿大学中央図書館蔵）

最初は桜花の盛りの予定であった。『夢窓国師和歌集』には、「花の盛に、西芳寺に御幸なるべしと聞えけるに、打ちつゞき御さしあひありて、のびゆけるほどに、花の散りけるをみ給て」との詞書で「なをも亦《また》千とせの春のあればとや御幸も待たで花の散るらむ」の歌を詠んでいる。

その後光厳上皇は、桜花を見るために康永三（一三四四）年閏二月一九日と、貞和三（一三四七）年二月三〇日の二度も御幸されている。『園太暦』には、後の御幸のとき黄金池の花下で舟に乗られたことが記されている。小屋形のある御料舟に上皇と花山院大納言、また別の舟に藤原公賢ほか殿上人が数人、もう一つの舟には足利直義と夢窓国師ほか殿上人が数人のった。池の中をこぎまわるうち、花の下での舟遊びの興趣の感嘆に堪えられなくなった公賢は笛、笙《しょう》、ひちりき等をとりだし、曲を奏した。この間に日は暮れ、花下に座をうつして蠟燭《ろうそく》を立てて、演奏を聴きながら、花を楽しんだのであった。

貞和五（一三四九）年三月二六日、光明上皇は天竜寺御幸のあと西芳寺で花を見られた。光厳上皇は御不預《ごふよ》により、新院のみ御幸されたのである。『夢窓国師和歌集』に「西芳精舎に御幸なりて、両株の佳花叡覧《えいらん》ありける」との和歌の詞書がある。この時も乗舟の興があった。この年の上皇の御幸に前後して、足利尊氏もまた西芳寺の花のさかりに夢窓国師を訪ね、法談をしている。

室町八代将軍義政は、康正三（一四五七）年より文正元（一四六六）年に至る一〇年間、つまり応仁の大乱の勃発する前年まで、毎年連続し、ある年は四回も遊びにきている。さらにこの西芳寺を模して、文明一四（一四八二）年より東山殿（現在は通称銀閣寺とよばれる）の造営を始めている。

そして応仁の大乱がはじまり、文明元（一四六九）年四月二二日に谷ノ城が落ち、西軍は火を放って西芳寺、峰ノ堂、谷ノ堂などを焼きはらったのである。そのため西芳寺は、庭間の湘南亭をのこすだけとなった。そのうえ、乱のさなかに池の堤も切り落とされ、池の中は芝草の茂るままに放置されたのであった。

詩僧のため桜を植えた道灌

禅僧たちと桜花のことである。萬里集九《ばんりしゅうく》はかつて京都の禅僧であったが、応仁の乱ののち還俗《げんぞく》（僧から俗人に還ること）し、文明一二（一四八〇）年に美濃の鵜沼《うぬま》に定住してから梅花無尽蔵《ばいかむじんぞう》と号した。そして『梅花無尽蔵』と名づける漢詩集に、おびただしい漢詩をのこした。禅僧の常として梅花の詩がほとんどであるが、桜の詩もわずかながらある。

集九は文明一四（一四八二）年ごろから武蔵国江戸城主で、扇谷《おおぎがやつ》上杉定正の家臣太田資長（道灌）と交渉があった。文明一七（一四八五）年に道灌から江戸に招かれ、新たな庵室を提供された。道灌は城中に鎌倉の建長寺などの禅僧や喝食《かっしき》（禅家で、大衆に食事を大声で知らせる役僧）を招き、集九とともに詩会を催したり、城中にある天神廟の数百株の梅花満開の下で詩を評し、和歌を講じた。道灌は招いた集九のため、彼の住居に桜を植えたことが、『梅花無尽蔵』第二に記されている。

庭の背《うしろ》に数株の桜花、則《すなはち》春苑道灌（太田資長）静勝公、余（萬里集九）の為手ずから栽《うえ》しところ也。戊申（長享二年）仲春の末盛んに開く。余は花の下に坐し、和やかに涙ながらこれを作る云々。

二月纔《わずか》に残る春の一日
邇来《じらい》国無く風塵しからず
午《ひる》に禽《ことり》啼《な》き破る半簾《はんけん》の影
黙《もく》して斯《か》の花に対し故人を憶《おも》う

太田道灌は、江戸に招いた文芸の師のために、新築した庵の後ろにみずから桜樹を数本植えた。長享二（一四八八）年には、その桜花が開き盛んになったのであるが、そのとき道灌は主君の上杉定正によって謀殺（一四八六年）されていた。集九は、満開の桜花をみながら、一人黙然と道灌のことを偲んでいたという意である。道灌がどんな桜樹を植えたのかはっきりとしないが、武将でありながら詩や和歌をよくしたので、梅花も桜花もともに愛し、身近なところにそれぞれを植えていたのである。集九は、道灌が亡くなった後は、心から楽しむことがなく、日々上方へ帰る気持ちが募っていたが、上杉定正の引き留めによりその想いを果たすことができないでいた。この年の秋七月二六日、道灌の三周忌にあたり、線香供養をいとなみ、涙をながしながら追善としてこの詩をつくって祠堂《しどう》の壁に記し、わが家のある美濃国に帰る意思を亡き道灌の霊に告げたのであった。

『梅花無尽蔵』第三には長享二（一四八八）年制作の漢詩を収めてあるが、その題に、六年前（文明一四＝一四八二年）に尺余（約三三センチ）の桜苗を植えたと記している。

余六年前、尺余の桜苗を庭の背《うしろ》に挿す。今始めて花着きたり。歓びて手を抃《う》ち焉《いず》れに、老妻と醜妾《しゅうしょう》の名とりなごむ。樹下につきて花の寿を祝い、小詩を作る。嘉樹伝に擬して云う。

桜苗纔《わずか》尺余を挿して従《よ》り
六年の今日初めて花を着ける
根深く枝茂り恙《つつが》無きを希《のぞ》む
学郭《がくかく》□《(不明)》聊《いささか》馳せ盧《ろ》を護る

詩の意味は、題にも記しているように、わずか三〇数センチの桜の小苗を六年前に植えつけたのが、今日やっと花をつけた。まことに嬉しいかぎりで、今後は深く根をおろし枝をはり、つつがなく大木に育ってくれることを祈った。学問の外回りを、いささかでも護ってくれるであろう、というのである。

集九は『梅花無尽蔵』にあきれるほど多数の梅の詩を残しているのだが、桜花の詩はほんのわずかしか作っていない。それでも大和の花の吉野山をたずねている。しかし、時節が五月初めであったため、「一樹に花無く今緑の陰、遺恨なり唯傾枕《ただけいちん》の如く聴く」と、葉桜になっていて恨めしい思いをしたと詩に作っている。

禅僧たちと桜花の漢詩

元和九（一六二三）年に編纂された五山禅僧の漢詩集に、『翰林五鳳集《かんりんごほうしゅう》』がある。この詩集は後水尾天皇（在位一六一一〜二九年）が勅して、鎌倉・南北朝以降その当時に至るまでの五山禅僧の詩をひろく集め、題材によって春、夏、秋、冬、招寄分韻、雑和などの二七部に類聚したもので、六四巻という膨大な漢詩集である。

春部は巻第一から巻第九まであり、詩の題には春寒花遅、春遊先花、花始開、尋花、花竹有和気、探花宴、古寺尋花、花満山、花使、花挿頭、花史、花間新緑、落花埋路、落花如雪、落花又舞、花飛送客、春雷啓蟄、野馬、春江鴛鴦、春鷗、蛙市、春雁、春鶯、款冬花、梅、梅花、梅香、臥梅、野梅、梅枝、紅梅、紅白梅など、まことに雑多な題がつけられている。花ということばが題のなかにあっても、詩句の花は梅花であることが多い。和歌のように題だけで花を桜花とよむことができないのが、禅僧たちの漢詩である。

禅僧の詩集のつねであって桜花の漢詩は、梅花を詠ったものに比べると格段に少ない。桜花が詠われている詩の題をみると、見花、遊天台看花、山寺見花、花下小集、花時過西山故人、花時問故人、花院松風、花交松、故郷花、落花如雪、花飛送客、交、夕花、尋残花、典厩第看花、窓前看花などである。禅僧の桜の表現を見ると、

一枝の桜を挿すに雪頭に満つ　　　　　仁如
頭は是白耶花《これしろかな》は是白《これしろ》なり
野外の霞が遮てる松は亦斑《またまだら》なり　　　英甫
白桜の吹雪く大原山
庭桜は雪の如く雪絮《ゆきわた》の如し　　　村庵
洛下の名花之《ここ》に独り有り
桜梢の吹雪晴辰を弄う　　　　　熙春
惜しむ可《べ》し春光に忽ち塵を作る

庭下の山桜花薫を欲する
一枝暖かく雪と色を分け難し　　無己

禅僧たちは、どうも桜の花の色も白が好みだったようで、頭髪の白さや、吹雪の白、あるいは雪と色比べなどのことを吟じたのである。終わりに引いた無己の詩句は、俗に言われるように、桜の花に匂いを求めていたのである。

漢詩に詠われた桜の種類は、山桜、銀桜、白桜（鞍馬寺）、糸桜（竜安寺、法勝寺、近衛殿）、信濃桜（細川典厩の宅）、晩桜、右近桜、紅桜（大覚寺）、垂糸《いと》桜である。禅僧たちの漢詩の桜はいずれも京都の禅寺や武家の邸のもので、それらは北野宝城院、聴松軒、屛風絵、萬寿寺、普賢堂、大覚寺、竜安寺、法勝寺、鞍馬寺、細川典厩邸の桜である。

信濃桜と糸桜

信濃《しなの》桜は、前の伏見宮貞成親王の『看聞御記』のところで、後小松上皇（在位一三八二〜一四一二年）の仙洞御所にこの桜を献じたことを触れた。『翰林五鳳集』第四の瑞渓《ずいけい》の漢詩にも細川典厩邸の信濃桜のことが述べられている。

細川典厩《てんきゅう》公宅の庭花盛んに開く。俗に謂《い》うところの信濃桜なり。一日たまたま席に陪《ばい》す。公就《つ》きて詩を求む。聊《いささか》小絶を呈す。
主人の胸宇浩《きょううひろ》くして涯《きわまり》無し

四海九州春一家
庭下の白桜千樹の雪
洛陽坐《いながらに》して信陽の花を看《み》る

細川典廐邸の桜は著名で、政国、政賢の父子二代があいついで村菴霊彦《そんあんれいげん》、天隠竜澤《てんいんりゅうたく》、瑞渓周鳳《ずいけいしゅうほう》など五山の禅僧を招き、花見の宴を開くこと四〇年にもおよんでいる。

糸桜は竜安寺と法勝寺、および近衛殿の邸のものが詠われている。竜安寺《りょうあんじ》は、臨済宗妙心寺派十刹の一つで、文明年間（一四六九〜八七）に細川勝元がはじめたもので仁和寺の東北に当たる。『翰林五鳳集』巻第七に仁如の竜安寺の糸桜の詩と、虎関の法勝寺糸桜の詩が載せられている。法勝寺の糸桜については、虎関の詩は省略するが、『風雅和歌集』巻第二・春中には浄妙寺関白右大臣の「糸桜さかりに法勝寺をすぐとて」の詞書で「立□《(不明)》らて過ぎぬと思へ糸桜心にかかる春の木の本」の歌がある。

竜安寺の糸桜を見る　　仁如
春色闌《たけなわ》の時意自《おのずか》ら知る
花前《かぜん》の宴を開きともに相歌う
糸を繰り繋《つな》がんと欲《ほっ》す好風景
情は桜樹に似て頭緒多し

竜安寺は、豊臣秀吉の聚楽第《じゅらくだい》に近かったので、秀吉がよく訪れていた。天正一六（一五八八）年の春のこと、たまたま秀吉が訪れたとき、桜花がまだほころびず淡雪が降った。そのときに秀吉が詠んだ歌によって、さらに糸桜は名高くなっていったのである。

時ならぬ桜の枝に降る雪は花をおそしと誘ひぬるらん

歌の意は、冬でもないのに桜の枝にふりしきる雪は、今年の開花が遅いぞ遅いぞと催促する天の知らせのようにも思える、というのであろう。

越前朝倉一乗谷の糸桜

糸桜は、室町時代当時はもてはやされて、各地で植えられていたものとみえる。糸桜とは、現在でいうところの枝垂《しだれ》桜のことで、垂糸《たれいと》桜と『翰林五鳳集』において詠われているものも同じ桜であろう。同集巻第五には、連歌師宗長（一四四八～一五三二年、宗祇の高弟）の一三回忌に因んで、近衛殿の糸桜のもとで倭漢の席が設けられたことが記されている。また同集巻第五に「近衛殿賞糸桜」と題された江心の詩が載せられ、その樹姿がふつうに見られる桜樹と大いに異なっているところから「春に入り庭桜の始めて奇なるを見る、花若《も》くして香り無し柳枝と誤《あやま》れたり」と詠んでいる。

怡顔斎《いがんさい》松岡玄達（恕庵《じょあん》、一六六八～一七四六年）は、『桜品《おうひん》』のなかで糸桜を、「糸桜、彼岸桜と一時に開くなり。また垂枝桜ともいふ。芸花園に地接といふものあり、花ふつさりとして薄色あり。津国池田木の道の辺より来るは花しろきなり。彼岸桜と花全くおなじ。ただし枝梗柔軟□（不明）として柳の枝のごとし」とし、『夫木和歌抄』の俊頼の「あすもらんしたり桜の枝ほそみ柳の枝にむすほれにけり」の歌を引用している。

糸桜は禅僧たちが詩に詠った京の都ばかりでなく、地方にもあった。織田信長に敗れた朝倉義景の居城であった越前国（福井県）一乗谷の南陽寺は、糸桜で名高かった。義景は文学を好んだ好事の士であり、永禄五（一五六二）年秋八月二一日、近衛尚道の子の大覚寺門跡准后義俊大僧正をむかえ、一乗谷阿波賀河原において曲水宴をもよおし、詩歌を詠じた。また同一一年三月、一乗谷南陽寺糸桜の花の下に足利義昭を迎え、和歌の会を催し、旅情を慰めたことが『朝倉始末記』巻四に、つぎのように記されている。

ココニ亦朝倉屋形ノ艮《うしとら》ニ、美景無双ノ名境南陽寺ト号スル禅寺アリ。地形従来幽奇ニシテ、眺望殊《こと》ニ勝《すぐ》レシカバ、繁栄尤《もっとも》盛ンナリ。之ニ加ヘ庭前ニ絲桜《いとざくら》アリ。麗華爛漫トシテ恰《あたか》モ大真ガ笑ヲ含ミ、濃香芬芳《ふんぽう》トシテ常ニ西施《せいし》ガ匂ヲ留シガ、時シモ弥生上旬開敷ノ最中ナリケレバ、義昭公駕ヲ枉《まげ》テ、終日御遊覧被成《なられ》ツツ諸臣ト共ニ倭歌《やまとうた》ヲ催サレシ。（略）絲桜ノ題ヲ賜リテ、各一首ヲ連ネケリ。

諸共ニ月モ忘ルナ絲桜年ノ緒長キ契リト思ハゞ　源義昭公
永キ日モ覚ヘズ暮ル夜ヲ懸テ飽ヌハ花ノ絲桜哉　仁木義政
夕月夜暫シ休ヘイト桜花ノシナヒニムスボワレツヽ　喝食明慶
桜花枝モタワヽニ絲ハヘテ木ノ間洩来ル春ノ夜ノ月　佐々木高成
君ガ代ノ時ニ相逢イトサクラ最モ賢キ今日ノ言ノ葉　朝倉義景

南陽寺は天正元（一五七三）年八月、朝倉氏滅亡の時、兵火にかかって焼け失せ、名高かった糸桜もこのときに焼けた。現在その遺跡は桑畑となり、片隅に庭の石組の一部が残っているにすぎない。

鞍馬天狗とうず桜

鞍馬寺は洛北の鞍馬山の中腹にある鞍馬弘教の総本山で、もとは天台宗であった。平安京の北方鎮護と、京都の人の福徳の寺として信仰を集めている。江戸時代の『都名所図会』巻之六は、雲珠《うず》桜が世に名高いが、これは唐鞍《からくら》のしりがいにつけられる宝珠のかたちをした雲珠《うず》に似ているところから、鞍馬の縁《ゆかり》にしていう、とされている。どんな桜なのかよくわからないが、白桜とされているので、花色は白かほとんど白に近いものだったのであろう。

霞たつくらまの山のうず桜手折《たお》り枝折《しお》りに折りぞわづらふ　　顕季（『歌林集』）
これやこの音にききつつうず桜くらまの山にさけるなるべし　　定頼（『夫木和歌抄』）

鞍馬寺は、源義経が幼少の遮那王《しゃなおう》・牛若丸といっていた時代に鞍馬天狗から武術を教わったことを連想する人が多いだろう。室町時代初期の能役者であり能作者である世阿弥の作（別の説では、同時代の宮増作という）とされる「鞍馬天狗」という謡曲がある。室町時代は、民衆の地位が向上し、武士や公家だけでなく、一般の人びとも楽しむ文化が生まれた。能も上流社会に愛好されたが、さらにより素朴で娯楽性のつよい能が各地に根をおろし、祭礼などのときにさかんに演じられた。このころ能の合間に演じられるようになった狂言は、風刺性のつよい喜劇として、とくに民衆にもてはやされていた。

謡曲の「鞍馬天狗」は、まず鞍馬山の奥の僧正ガ谷にすむ山伏（実は大天狗）が、鞍馬寺の花見を聞き伝えて登場する。それから鞍馬寺に仕える能力《おもあい》が、当山において毎年花見が行なわれ、当年は一段とことにみごとなので、東谷《ひがしたに》へ花見の招待の使者として赴く。招待状を受け取った東谷の僧は、西谷の桜は今がまっ盛りだと思われるが、どうして今まで便りをくださらなかったのであろうか、と文を広げて読みはじめる。

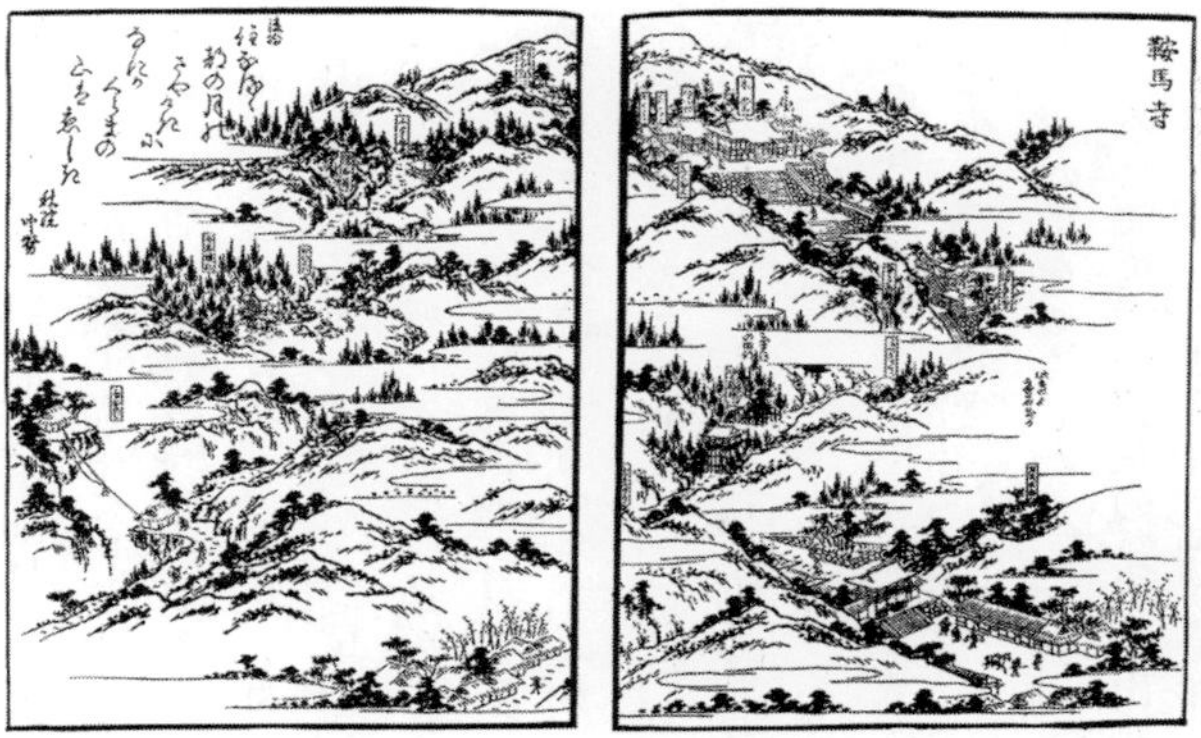

謡曲「鞍馬天狗」は，桜の枝を手折り目印とすれば山奥も迷うことがないと，奥山まで咲き続く桜の多さを語る。うず桜がことに有名で，京の公家たちも花見に出かけた（『都名所図会』巻之六，近畿大学中央図書館蔵）

一筆啓上せしめ候、古歌に曰《いわ》く、

今日見ずは悔しからまし花盛咲きも残らず散りも始めず

げに面白き歌の心

東谷の僧は、たとえこの音信《おとづれ》が来なくても　出かけていって花の木陰でその盛りを待とうものを……と、牛若丸をはじめ稚児たち数人と西谷へ花見にでかけ、地謡が鞍馬山の雲珠桜を語りはじめる。

花咲かば告げんと言ひし山里の告げんと言ひし山里の
使いは来たり馬に鞍鞍馬の山の雲珠《うず》桜
手折り枝折りをしるべにて奥も迷はじ咲き続く
木陰に並《な》み居ていざいざ花を眺めん

地謡は、桜の枝を手折って目印にしていけば、山奥も迷うことはないと、奥山まで咲き続けるほどの桜の多さを語る。やがて山伏に気づいた僧たちが、はなはだ不作法者なので追い払おう、と言いはじめる。いやいや、桜花は遙かに人の家を見て、そこに花があれば入って賞翫するもの。身分が高いか低いか、親しかろうが疎《うと》かろうが、おかまいなしなのが春を尋ねる慣わしなのだ。ましてここは人家もなく、浮き世から遠くはなれた鞍馬寺で、その本尊は大慈悲を施す多聞天（毘沙門天の別称）である、と引き留められる。

やがて謡は稚児の中にいる牛若丸へと話題は移り、あなたの素性がわかってみると、真っ暗な鞍馬山の木陰の月や山里の桜同様、見る人もない境遇、よその桜が散った後に咲けばよかったものを……と、月にも花にも捨てられた不遇な牛若丸への同情が語られる。そして大天狗は、「さてもこのほどお供して、見せ申しつる名所《などころ》の、愛宕《おたぎ》・高尾《たかお》の初桜、比良《ひら》や横川《よかわ》の遅桜、吉野・初瀬《はせ》の名所を見残す方《かた》もあらばこそ」と、天狗の住処である修験道の地で同時に花の名所をことごとく案内したと、牛若丸への感謝のことばを述べる。謡曲「鞍馬天狗」は、鞍馬山の桜の花見にかこつけて、牛若丸（後の源義経）と武芸を教えた天狗との経緯《いきさつ》を語っていくのである。

謡曲の「鞍馬天狗」に、「花咲かば告げんといひし山里の、使ひは来たり、馬に鞍、鞍馬の山の」とうたわれた鞍馬寺の桜花は、どの時代よりも室町時代に名高かった。そして花見の群衆がおしよせたのである。

『看聞御記』などによると永享七（一四三五）年三月九日、室町六代将軍足利義教は夫人とともに鞍馬寺の桜花を観覧し、管領《かんれい》が沙汰をしての一献があった。そのときの支度は申し分のないもので、最善をつくし、また美をつくしたものであった。これ以外にも、同一一年三月二日と嘉吉元（一四四一）年三月二日、それぞれ鞍馬寺の桜花の花見に出かけている。

横川景三・周興彦竜などの五山禅僧は、『蔭涼軒日録《おんりょうけん》』によれば長享二（一四八八）年二月二九日鞍馬寺において、鞍馬寺看花を題として詩をつくっており、景三は詩の一句に「山風吹雪花狼藉」（山風に花は吹雪き狼藉なり）と記している。また蔭涼軒主は、延徳四（一四九二）年三月二〇日に鞍馬寺にあそび、「参詣の者道路に充溢《みちあふれ》、満山の桜花盛開にして、実の銀世界なり」と、日録に記している。室町幕府の四職《しき》家の一つである赤松播磨守も、同月二三日に花見行楽のため、鞍馬寺に参詣している。さらに大永四（一五二四）年三月一一日には、三条西実隆が人びとを誘って鞍馬寺の花を歴覧し、たそがれになってから帰宅したと『実隆公記』は記している。

流行の連歌師と桜

能や狂言などのほか、室町時代には祭礼や正月・盆のときなどに都市や農村ではなやかな姿をした人びとが踊る風流《ふりゅう》が流行していたが、これが念仏踊りと結びついて、しだいに盆踊りとして定着していく。室町時代に成立、流行した民衆芸能は、多くの人びとが楽しみ、共同で行なうことが一つの特色で、当時は茶や連歌《れんが》の寄り合いも多く催されていた。連歌は、和歌を上の句と下の句にわけて、一座の人びとがつぎつぎに連作して五十句・百句にまとめあげる共同作品であった。前の時代の南北朝時代に二条良基《よしもと》が編集した『菟玖波集《つくばしゅう》』が勅撰集に準ぜられ、和歌と対等の地位を築いていた。応仁の乱のころ、宗祇《そうぎ》が正風《しょうふう》連歌を確立し、『新撰菟玖波集』を撰集している。連歌は、これを職業とする連歌師が各地を遍歴し、普及に努めたので、地方の大名や武士だけでなく、民衆のあいだでも愛好され流行した。「花下《はなのもと》連歌会」とか「編笠連歌会」だとか、民衆と上層が一緒に連歌をつくる座があったりした。連歌を集大成した宗祇も連歌師として、たびたび諸国をまわり、連歌の師匠をつとめている。

宗祇の高弟で、宗祇の旅にも多くつき従い、戦乱の世に連歌師としてみずからも高齢にいたるまで旅に明け、旅に暮れ諸国へ都の文化を伝播しながら渡り歩いた宗長は、『手記上・下』と『日記』を残している。大永七（一五二七）年三月、亀山（現・三重県亀山市）での桜に関する句を拾ってみる。

三月七日、鈴鹿山をこえて、亀山に逗留し、一四日に連歌があった。

おそざくらのちぞさかまし盛《さかり》かな

折りしも花の比《ころ》、亀山の左右寺々の花さかり過て、青葉まじりの山路をわけ、河原三町ばかり、神戸《かんべ》（現・三重県鈴鹿市神戸）佐藤長門守宿舎。一日有て、翌日連歌とて、発句。一廻《ひとめぐり》（同座の人がそれぞれ一句ずつつけて終わること）もよほしに、脇の亭主が、

さくらばのこる庭の木ぶかさ

何となく、暮春のおもかげやさしく候て、又、廿首題ありて一続、

宗長は亀山で遅桜《おそざくら》を、神戸で葉桜が読まれた句を記していた。遅桜とは、怡顔斎の『桜品』は「花桐谷の八重にて少し小さく、寒暖の差別によれば諸花に遅れて開く」としており、遅咲きの桜のことである。葉桜についてはいうまでもない。

永禄一〇（一五六七）年春、東国にくだった連歌師紹巴の『富士見道記』に、伊勢の白子の不断桜について「白子観音寺に不断《ふだん》桜とて名木あり」の記事がある。

不断桜を詠んだ連歌師たちの発句につぎのものがある。

冬さくは神代も聞かぬ桜かな　　宗祇

花いつは葉さへ冬なき桜かな　　宗長

後ぞ見ん春はこと木の詠かな　　紹巴

不断桜は、三重県鈴鹿市白子町寺家の白子観音境内にあって、古幹二本とほかに新幹が数本ある。古幹

二本は大正一二（一九二三）年三月七日、国の天然記念物に指定されている。

『和漢三才図会』も、「白子観音寺の寺内に桜樹あり。毎年四時に花を開く。不断桜と称する名木なり」と記しており、むかしから名高い。この桜は里桜の一種で、じっさいは夏をのぞく春季、秋季、冬季に開花する性質がある。通常の桜は春季に開花するが、この不断桜は春以外にもすこしずつ花を開く。俗に「返り花」といわれる現象に似ている。ここ観音寺は藤原不比等が聖武天皇の勅を奉じて建立した勅願所と称せられ、天平勝宝年間（七四九〜五七）に建立されたといわれている。いつごろから桜が植えられていたのかは不明である。観音は子安観音ともいわれ、妊娠、安産を祈願する仏であり、この桜の葉は安産の守札に添えて信者に頒《わ》けられる。寺からは岩田《いわた》帯に桜葉を添えて授けられるのであるが、これを押しいただいて見るとき、胎児が男子であれば葉の裏が、女子であれば葉の表が見えると伝えられている。

観音寺の縁起を語るとともに、不断桜のいわれを説くものに作者不詳の謡曲「不断桜」がある。古くから観音寺に伝わるもので、貞享三（一六八六）年版の観世流二百番外百番の三として載せられているという。

醍醐の桜会と足利将軍の花見

桜花の咲く時分に行なわれた法会《ほうえ》に、桜会《さくらえ》というものがある。平安時代から鎌倉時代を経て室町時代まで、東大寺、醍醐寺、仁和寺、賀茂社などで行なわれていた。東大寺の桜会は法花会《ほうかえ》といい、起源は奈良時代にさかのぼり、天平勝宝八（七五六）年別当の良弁《ろうべん》が公家に奏して諸寺の名僧をまねき、法華経を講じたのにはじまるとされている。東大寺の桜会は鳥羽天皇の頃（在位一一〇七〜二三年）までは行なわれていたとされるが、その後は詳らかではない。

醍醐寺《だいごじ》の桜会は、終わりに観桜の宴を寺内の清滝宮で催すので、清滝会《きよたきえ》ともいわれ、もっとも華やかとされている。清滝とは滝の名前で、これに基づいて祀られる醍醐の鎮守清滝権現のことをさしている。この社は、山のうえにある上《かみ》の醍醐が本宮で、下《しも》の醍醐にも祀られている。『密宗血脈抄』には、平安時代末期に始められた桜会のことが「元永元（一一一八）年三月一六日　清滝会始めて行なわれる。是桜会の根元也」と記されている。醍醐の清滝付近に桜が多かったことは、『金葉集』の異本巻二・一八に収録されている贍西《たんぜい》上人の和歌で知ることができる。

醍醐にまかりたりけるに、清滝に花のちりたりけるが峰には雪のようにつもりて
　水にはつもらざりけるをみてよめる
ちる花の流るる水につもらぬもそれさえ雪の心ちこそすれ

醍醐寺の桜会も鎌倉時代に行なわれなくなったが、その後もなお醍醐寺の塔頭《たっちゅう》の理性院、蓮蔵院、西南院、三宝院などには桜が多かった。室町時代の第六代将軍の足利義教《よしのり》（在職一四二九～四一年）の時代に桜花がもっとも優れていたのは、仁王門から一町南にある妙法院であった。

『満済准后日記』によれば、醍醐寺座主の満済は応永三三（一四二六）年二月二三日には花を一通り眺めたのち連歌百韻をなしている。永享二（一四三〇）年三月一七日、足利将軍義教は諸大名をひきいて、雨の降るなか、京の町中から山科の醍醐寺妙法院に花見に来た。寺のもてなしによる五献《ごこん》が終わり、自蔵院の桜花をまず見て、すぐに妙法院に立ち戻って桜花を鑑賞している。連歌が行なわれ、摂政の藤原持基が参会した。連歌の人びとは、山名、赤松、一色、吉原、京極加賀入道、赤松上総介、山名中務大輔、三上近江入道、玄阿、祖阿などであった。将軍の沙汰で発句があった。

京都山科にある醍醐寺での花見。秀吉はここで豪華な花見をしたが，図は毎年行なわれる庶民の花見風景である（『拾遺都名所図会』巻之二，近畿大学中央図書館蔵）

とをく問（訪カ）ふかひある花のさかり哉
千代をなれ見ん松と桜木
池水の月もしつかに春すみて

管領《かんれい》以下の大名は、召し出されて盃をいただき、そののち宿坊に退出した。将軍義教は連歌を終わったのち、金剛輪院に帰り、満済は灌頂院にもどったのである。

翌一八日もまた妙法院で一献あり、諸大名はことごとく将軍のお側に参上し、ご機嫌をうかがった。将軍からは、連歌一折《ひとおれ》（ひとふしあるいは一区切りのこと）興行の沙汰がだされた。

うす雪に降なす花の嵐かな　山名
又さかり待つつゝじやま吹
永日やくれぬに月のまつ出て　満済

義教はこの日京へ帰り、清水寺、花頂坊（知恩院の一院）、勝定院などで桜花をみている。翌永享三（一四三一）年二月二一日にも、将軍義教は醍醐にきて花を見たうえ、三宝院で猿楽を楽しんだ。『看聞御記』によれば、同年二月一九日伏見宮に仕える女中衆が花遊に訪れ、夕方まっ暗になってから帰っており、翌年三月六日にも再び訪れている。

室町時代の応仁の乱（一四六七年に始まる）は、東西両軍にわかれての合戦がつづき、両軍とも決定的な勝利をおさめることができず、京都とその近郊での合戦はいつ果てるともしれなかった。これを契機として世は乱れ、いわゆる戦国時代となり、およそ一〇〇年間争乱の世がつづいた。織田信長によって統一へと向かいはじめたが、信長は本能寺の変で挫折し、統一事業は豊臣秀吉に継承された。秀吉は天正一八（一五九〇）年の後北条氏討伐・奥州平定により全国統一をなしとげた。

秀吉の醍醐の花見

秀吉は、華麗な吉野山花見につづき、醍醐で行なった豪華絢爛な花見が、『太閤記』巻一六の醍醐之花見に記されている。慶長二（一五九七）年三月八日、秀吉はたまたま家康らとともに醍醐にあそんだ。その景勝に感じ入り再遊を期した。翌三年三月一五日に大規模な花見を催すことを企て、下準備のため同年二月九日を手はじめに二月中に五日間、三月には二日間も醍醐を訪れ、三宝院の仁王門その他の修復を指示し、醍醐寺にあわせて一〇〇〇石を与えたのである。花見は北政所《きたのまんどころ》や奥殿の女房たちを慰めることにあったが、幼児の秀頼にも見せたいという思いもあったようだ。

花見の準備として正月二〇日に、五奉行の前田玄以、浅野長政、増田長盛、石田三成、長束正家に対し、醍醐御普請之覚という七カ条におよぶ心得を記した文書が出されたと『太閤記』は記しているが、この文書は確認できていないとされている。

一つ目は三宝院の小破損箇所の修理、大破箇所は新しく建て直し、畳なども新しくすること。二つ目は、院外五〇町（五・四キロ）四方には三町（三二四メートル）に一カ所番所をたて、弓・鉄砲の者で、かたく番をすること。三つ目は、秀吉居城の伏見から醍醐に至るまで、道の両側に柵を設置すること。四つ目は、寺々には当日逗留する諸家の名前を記したやど札をかかげ、寺内での破損箇所は修理すること。五つ目は、三宝院の内外の掃除を念入りにすること。六つ目は、振る舞いなどすべて潤沢にすること。七つ目は、百姓以下ならびに往還《おうかん》（街道のこと）の旅人に迷惑をおよぼさないこと、というものであった。

醍醐寺の方も前年に秀吉の助力により復興し、隆盛をみせはじめたところで、この花見のために、山上の上醍醐から麓の下醍醐の間の桜馬場を中心に、大和などから桜三〇〇〇本を移植していた。花見挙行日前後の天候は、一三日の午後から大風雨となり、一四日は曇りで晩には晴れ、花見当日の一五日は晴れ、一六日は雨降りとなり二〇日ころまで晴れることはなかった。『満済准后日記』には、「太閤御所威光顕然」と記されている。

京都山科の醍醐寺にむらがった花見客。秀吉の花見を見に来る人もこんな混雑だったのであろうか。

花見の催しは太閤秀吉が主人で、北政所、西之丸（淀殿）、松之丸（秀吉の側室・京極高次の妹）、三之丸（秀吉の側室・信長の五女で名は未詳）、加賀殿（前田利家の三女）、東御方（前田利家の正室）が客であり、それぞれ輿《こし》に乗り、東御方を除くそれぞれの輿には二人ずつの武将が付き添った。宿舎に到着した女性たちは、装束を変えたのだが、それはそれはよそおいをこらしており、花とその美しさを競ったことであろう。

醍醐の三宝院が宿舎で、これより寺々の名花、あちこちの花園まで、道の左右に柵をつくり五色の緞子《どんす》の幔幕《まんまく》をうち、秀吉と秀頼（当時六歳）、北政所などの女性たちが従い、徒歩で練りゆくありさまは、まことに美々しいものであった。園中には一番から八番まで、茶屋が構えられており、それぞれの亭主が饗応したのである。『太閤記』は花見の様子を「唐玄宗後宮の花軍《はないくさ》に戯れし風流陣、随煬帝《ずいのようだい》が宮女を集め花に月に興ぜし夜遊之庭」にたとえ、その壮麗は文章表現にはつくしがたいものがあり、太閤一代の栄華がここに極まったといえよう、と記している。

太閤の醍醐の花見のようすを描いた古い絵図が、京都市左京区一乗寺谷田町の旧家である田辺正直（昭和五八年当時八五歳）さん宅でみつかり、醍醐寺では「貴重な史料」とよろこんでいると、『京都新聞』は報じた（昭和五八年四月六日付）。

田辺家は現在は漬物店を経営しているが、代々、京都御所出入りの武家で、公家関係の史料をたくさん保存されており、田辺さんが蔵でこれらを整理中、「豊公芳埜《よしの》花見人銘録」と題名のついた絵図をみつけた。『京都新聞』はこの絵図を醍醐の花見だとみているのだが、絵図の銘にある「芳埜」とは「よしの」のことであり、文禄三（一五九四）年の二月下旬に行なった吉野山での花見の模様ではないかと思われた。しかし出席者の名前に大老の徳川家康の名前がないとのことであり、吉野山の花見には家康は出席しているので、吉野山のときのものではない。題名の「芳埜」は、「桜」の花見のことを、桜の代表である吉野をもって示したものであろうと考えられた。

絵図はたて六〇センチ、よこ三〇センチほどの和紙に木版印刷されたものである。太閤が中央に座って杯をかたむけ、背後には家来たちがひかえ、横手には花見に招待された諸大名がずらりと居並ぶ豪華な花見の酒宴風景がしめされている。また日吉丸とよばれた少年時代から天下を治めるまでの太閤の一代記を紹介する記述も添えられている。絵の下には、大老の加賀一〇〇万石の前田利家、安芸広島八五万石毛利輝元をはじめ、家門（親族のこと）、五奉行、中老、賤ケ岳七本鎗衆、七手組番頭、譜代の順で列席した諸大名や家来衆約一〇〇人の名前が相撲番付のようにもらさず列挙されており、当時の大名の勢力図が一目でわかるという。末尾には、太閤のお供の数は六万余との記述もあるという。図には「三条通寺町東　栄昌堂」と版元らしい名前が記されており、田辺さんは「当時、何十部か何百部か印刷されたうちの一部を、当家の先祖がつかえていた公家が保存していたのでは……」と推測する。印刷された時期は、古書店などの話では江戸時代ではないかという。太閤の行なった花見の状況が、ほど遠くない時期に木版印刷され、現在によみがえったのである。京都とはなんと、古いものをよく保存しているところであろうか。

秀吉は醍醐三宝院に報いるため、新知行地として日野三カ村（現・伏見区日野）、勧修寺村（現・山科区勧修寺）、笠取村（現・宇治市東笠取・西笠取）、小野村（現・山科区小野）の一六〇〇石を寄付した。秀頼より銀子（白銀）二〇〇枚と小袖十重、北政所より鳥目《ちょうもく》（銭のこと）一〇〇貫と精糸《しらいと》二〇疋《ひき》（絹布二反を一疋とする）が贈られ、その他の御局がたからもおびただしい贈物がなされた。そして、醍醐の寺々、門前の人びと、お供に加わった人びと、醍醐以外の八幡山、比叡山、愛宕山などの寺へも、方々からの捧げ物を分与し、伏見や大坂の普請衆にも酒・肴を与えたのであった。

秀吉は、この醍醐の花見の三カ月のち、病に倒れ伏した。

第六章　江戸時代の桜

1　江戸初期の桜と吉宗の桜植栽

家康以前の江戸の桜野

応仁の乱後のおよそ一〇〇年間にわたる争乱の世に平和をもたらした豊臣秀吉の死後、政権をにぎったのは徳川家康であった。家康は、織田信長の桶狭間《おけはざま》の戦いの後から信長の全国統一事業に協力し、東海地方に勢力をのばしていた。天正一八（一五九〇）年、秀吉からの命令で関東にうつり、関東の大部分をしめる約二五〇万石の領地を支配することになり、江戸を居城とさだめた。慶長八（一六〇三）年に家康は、征夷大将軍に任ぜられ、江戸幕府をひらいた。以後江戸の地は、江戸時代はもちろんのこと、明治維新のとき東京と改められ、現在にいたるまでわが国を支配するための拠点となった。

家康が関東に入ったとき、江戸城西丸のところは野山であって、ところどころに田畑もあり、春は桃、桜、躑躅《つつじ》などの花も咲き、江戸の人びとの遊山所とされていた場所であった。『甲子夜話《かっしやわ》』には、徳川初代の将軍家康が小日向《こびなた》（現・東京都文京区）にある慈雲山竜興寺の桜を見て、和歌を詠んだことが記されている。むかしこの地は桜野とよばれていたという。

小日向の竜興寺は高処にして、富岳遠望の勝地なり。寺に桜樹あり。神祖御詠短冊ニ書《しる》せ給ひしを蔵《おさ》むるといふ。この地始め桜樹多くありし曠処《あれどころ》なり。神祖御遊覧のとき御詠を桜樹につけ置《おか》れしを、その辺に釈迦文院と云る真言の小院在《いえ》りて、帰御のあと右の御詠を取収めおきしを、寺の開山玄門和尚創建のとき、ここを見立て、暫く釈迦院に寓《ぐう》せしに、その御詠を請受《こいうけ》て、竜興寺造営のとき、寺の鎮守として小祠をたてて、御短冊を神体として祭れりと云。御詠は、

終《つい》に往く道をば誰も知りながら去年《こぞ》の桜に風を待つつ

（竜興寺に聴きて記す所）

竜興寺がここへ移ったのは、寛永（一六二四〜四四年）のころだと『小日向志』は記す。そしてそのころ、この地は人家もなくて、茫々《ぼうぼう》たる芝原であった。桜樹が多くあり、花のころは人びとが集まって今の東叡山や飛鳥山のような賑わいであったから、地名を桜野といったのだ、と記す。竜興寺の鎮守は桜野大権現社といい、正面三尺一寸（九三センチ）、奥行二尺七寸（八一センチ）という小さなものであった。

慶長（一五九六〜一六一五年）以来、徳川将軍はしばしば諸侯の邸宅を訪問した。秀忠、家光の二代がことに多かったことが、『東武実録』『寛永日記』『正保録』『慶安日記』その他に記されている。太平の徳川の代になっての当初は、政略上からこれを必要としたためである。したがって、大名諸侯の間に第邸《だいてい》の壮観を競うものが出て、いわゆる御成門や御成書院を構えるものがつくられた。二代将軍秀忠（在職一六〇五〜二三年）は、花卉《かき》を愛し、ことに椿をよろこび、ついに一代の流行をもたらしたのであった。

慶長期の江戸人の花栽培

慶長三（一五九八）年三月に、日比谷から現在の芝に移転した増上寺には、寺内十景の一つ桜の井が方丈の庭の南西にあった。崇源院殿（秀忠夫人）から賜わった鉢植えの垂桜《たれざくら》が、観音堂のほとりに植えられていた。その垂桜の枝が井戸を覆い、春風に匂いが散り、すばらしい好風景であった。十景の一つとして、むかしから賞していたが、今は枯れ、井戸も名前だけ残っている。文昭院殿の御霊屋《みたまや》の後ろには、糸桜があった。富士見坂の西と東に、それぞれ二本の桜があり、いつも夕映えに花色が深くなるので夕日桜と呼ばれた。この桜は垂糸《いと》桜であった。

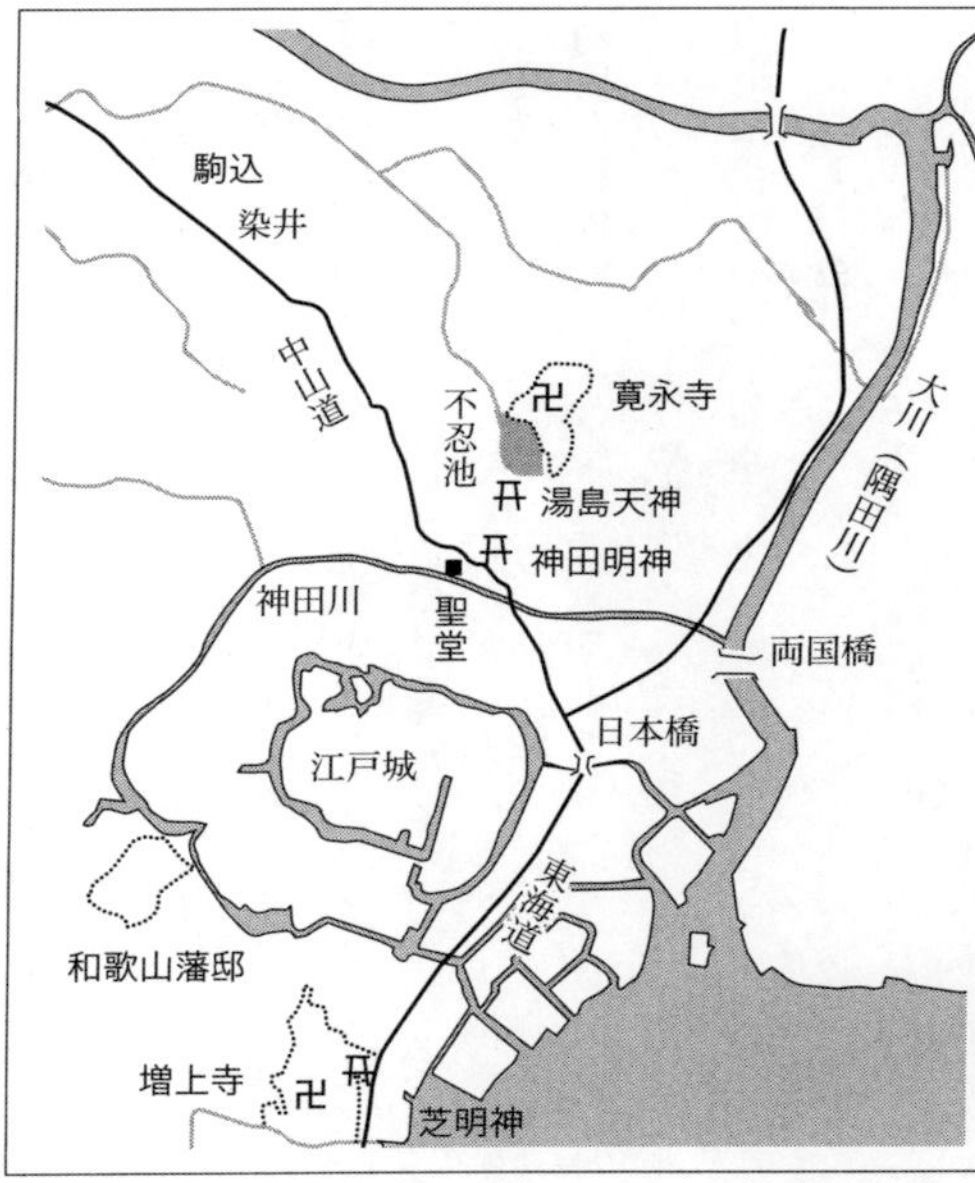

江戸時代初期の桜の名所であった寛永寺・湯島・神田明神・聖堂・増上寺・紀州藩青山別邸と江戸城からの位置。植木職たちの住む染井は図左上にあたる。

また『江戸名所記』（寛文二＝一六六二年版行）は、「庭にさく普賢桜や増上寺」の句を記しており、普賢象という種類の桜もあったのであろう。

『慶長見聞集』は三浦浄心の作で、慶長一九（一六一四）年に成立したとされるが、寛永（一六二四～四四年）初年ころまでの記事がふくまれており、ほぼ家康と秀忠が将軍のころの新興都市江戸での見聞を説話形式で記したものである。そのなかに「花折る咎《とが》に縄かかる事」という項があるので、概略を記す。縄にかかるとは、罪人にされること。

春三月五日、湯島の桜花が盛りと見えたが、これは後に江戸代官の桜だとわかった。三浦浄心は、湯島の寺に所用があり、童《わらべ》を使いにだした。桜花が道のほとりに咲き乱れているのをみて、童は手土産にしようと思い、一枝手折ったところを花守に見つかり捕らえられた。主人の浄心までも、役所に呼び出された。最後には、湯島天神の別当のとりなしによって、ようやく赦《ゆる》されたというのであった。初期の江戸の町には、「これは…」と目を見張るような名木の桜があったことが、これでわかる。

しかし、このころはまだ、個人的な屋敷や、神社や寺の庭などに、一～二本から多くても一〇本程度が植えられていたようで、並木やあたり一帯を埋め尽くすような集団的な植え方はされていなかったようだ。江戸の人びとはようやく到来した平和な世を、春は花を眺めて楽しんでいたことが、『慶長見聞集』の「江戸町衆花をあいする事」という項にみることができる。

> 見しは今江戸の町人とめるもまづしきも心やさしくありけり。わづかなる庭のほとりにも花木を植置《うえおき》詠《なが》め給へり。一花ひらくれば、四方の春長閑《のどか》にして紅花の春のあしたこうきんしゅう（古今集）のよそほひかや。げにも花故に里もひなびねば江戸はさながら花都匂ひふんぷんとしてあるくさきざきに花のすり衣《ころも》色香に染ぬ人もなし。若《もしくは》、俄《にわか》に山風野風吹来《ふききたり》て妙なる花をちらさんやと硯薄紙《すずりうすがみ》を懐中し、花の下の狂人雲に似霞《かすみ》の如し。心々に詩を嘯《うそぶ》き歌をずし給へり。誠に人の心のうきたつ物は春の気色なり。

江戸の町人は、貧富はあるがそれぞれ、狭い庭の一隅にも花木を植えていた。紅の花の咲く春は、江戸は文字通り花の都となり、花の香りが芬芬《ふんぷん》とただよい、道行く人は誰一人花の色香に染まらない者はない、というのである。いろいろな花の樹木や、草花が植えられていたことであろう。その中には本書の主題である桜が植えられていたことは、当然のこととみてよいであろう。

寛永二(一六二五)年、徳川幕府は寛永寺(山号は東叡山という)を創建した。名古屋城主徳川義直、和歌山城主徳川頼宣、水戸城主徳川頼房、伊勢国阿野津城主藤堂高虎などが東照社および堂塔を造営し、数年で完成したのであった。ここには、すみぞめの桜、大般若桜という桜があった。『江戸紀聞』によると、この寺の桜は建立のときから数多く植えられたものとみえ、春ごとに花見の遊客が群れをなしてくることが、ふるくから取り沙汰されているとある。

『江戸砂子』は、清水堂後の井戸の端にある桜は秋色桜《しゅうしき》といわれたとする。小あみ町の菓子屋の娘あきという者が一三の年に花見に来て、「井の端のさくらあやふし酒の酔　秋色」という句をよんだ。この句が宮様の耳にはいり、感心されたという。娘あきはのちに、秋色という俳諧の宗匠となった。誰いうとなく、この桜を秋色桜とよんできた、と伝えられる。このほか、吉野桜は屏風坂のぼり口の左の山の峰にあり、慈眼大師が植えられたもので、慈眼大師の堂の前の桜は糸桜で、これは類いなき名木である。

林羅山一〇〇種の桜を植える

東叡山寛永寺の桜樹は、寛永一三(一六三六)年ころにようやく成木として花つきもよくなり鑑賞できるようになったのか、人びとの観桜のための来訪がこのころよりはじまったようで、「季春十日、東舟子と共に、大成殿前の桜花を見る」(寛永一三年)や「東叡山に到り、廟庭《びょうてい》の花を見るに、時の細雨に値す」など、『羅山詩集』の詩の題にそのことが見られる。なお細雨に値すというのは、糸桜の細い枝がたくさん垂れているようすが、あたかも細かな雨が降っているように見られるとの形容である。羅山はまた、承応三(一六五四)年にもここを訪れ、詩を賦している。

羅山・林信勝（僧号を道春という）は幕府の儒学者であったが寛永七（一六三〇）年冬、上野の忍岡《しのぶがおか》に幕府から土地をいただき、弘文院という学問所を興し昌平黌《しょうへいこう》の起源をつくった。尾張藩主の徳川義直は儒学の師である羅山の学問を支援するために一宇の堂を営み、孔子および四配《しはい》（顔子、子思、曾子、孟子）の像を安置し、釈奠《せきてん》（孔子を祀る典礼）の礼を行なう所として、先聖殿と称した。越えて九年、羅山は聖廟を建て、その廟のかたわらに花樹を植え、岡を名づけて桜峰といったのである。なかでも桜花は、百余種あって、寛永一三（一六三六）年ごろには、十分に観賞することができたと、『羅山詩集』などにみえる。桜以外には、忍岡に備中守堀田正俊が松を植え、山口翁が杉を植えたが、延宝五（一六七七）年には別のところへ移植されている。桜は一〇〇株余が植えられていた。

花の種類は一〇〇品余あったが、わかっているのは次の三一種である。

祖鞭、呉笠、白鷺州、商皓、瓊楼、玉岑、孟之反、千里、鶩毛、玉堂雲、遺愛、王家、連珠、十哲、曲江濤、界春、夷斎、幽谷、一叟、門雪、斎桓、梨雲、鍾山、粉米章、三寂、堆臥、陶酔、楊妃、聚星、藍田、五朶雲の類

羅山（信勝）が自分で桜の名前をよぶ場合は、その意味するところは詩句（漢詩）のものであったり、花の状態や枝の容《すがた》からとったものであったという。いまは遺っている種はない。ただ観音閣のかたわらにわずか一株が存在している。香芬《こうふん》が特異であって、これは酔楊妃《すいようき》であると伝えられている、と『昌平志』は記している。またここには、梅、桃、杏がそれぞれ数十株ずつ植えられていた。

徳川家康が天正一八（一五九〇）年に江戸に移って以降、わずか四〇年後の寛永七（一六三〇）年の江戸には、すでに一〇〇種を越える桜花の種類が名前をつけられて植えられていたのである。中尾佐助が指摘したように、各種の桜の品種が前の時代からできあがっており、江戸とその周辺のどこの誰とも知れな

いが、栽培しこれを賞でた人がいたのである。染井村の伊藤三之丞・伊兵衛などが元禄一〇（一六九七）年に著した『花壇地錦抄』に先立つこと、およそ七〇年前のことであった。それにしても、儒学者の名づけた品種名は、なんともむつかしいものであった。

なお、羅山の弘文院および先聖殿は、元禄三（一六九〇）年に湯島台に移され、これを湯島の聖堂という。この移動により、上野台はすべて寛永寺の土地となったのである。移転のとき、桜樹が移し植えられたかどうかは不明である。

大名屋敷や社寺の桜

寛永九（一六三二）年七月、紀州和歌山城主徳川頼宣は赤坂に邸地をいただき、のちにここに庭園をつくり西園とよんだ。この庭園は明治維新ののちは、青山離宮庭とされたところである。この苑はおよそ十数万坪という広大なもので、天然の地形により自然の風景地をかたちづくっていた。一つも人為の造作はなく、山岳の起伏に優れ、緑陰や泉石の美しさは、実に別天地をつくっており、あたかも遠い仙境にはいって景勝地を探勝する趣があった。深林は鬱蒼《うっそう》として幽邃《ゆうすい》で、路に迷うかと思うと、たちまち豁然《かつぜん》とあたりが広がり桃源郷に入る。桜樹が山また山につらなり、吉野の花かと疑われる。楓林《ふうりん》が渓間にわたって箕面《みの お》の錦《にしき》を欺くほどである、とされた。箕面は大阪北郊にあって、この渓谷での秋の紅葉狩りは京の嵐山とともに著名である。錦とは紅葉のことで、紅葉の錦を着て帰るといわれたことによる。

苑内に植えられた桜の名所を、寛政二（一七九〇）年の山元豊湖共昌の苑図《そののず》から掲げると、外苑には西行桜・西行井（西行が鎌倉からこの地に至り、桜花を見て和歌を詠み、井の水で足を洗った）、弄花苑《ろうかえん》（四面がみな桜樹である）があった。また文政一一（一八二八）年の「紀の紫折《しおり》」には、北の御庭にある向陽亭のかたわらに枝垂桜の大樹があり、また北庭の薬園には椿畑および幾百種の花卉盆栽とともに、園の隅に奈良の都の八重桜の大樹があったと記されている(『東京市史稿』遊覧編第一巻)。

寛永一三(一六三六)年に長門国萩城主毛利秀就がいただいた青山別業《べつぎょう》の庭には、池のほとりや軒端に糸桜の古木があり、池にわたる板橋のたもとの糸桜は橋の両側の水に糸を垂れ、風情があった。

目黒不動(寛永元=一六二四年の幕府創建)には金王桜《こんのう》があり、「こんのうさくらさかりにて、いまははるべの気《け》しきかな」と『東めぐり』に記されている。『江戸名所記』(寛文二年刊)には、桜はことのほかに蔭が古びた古木である。花は咲くけれども、ここかしこにあるだけで数は少なく、まばらである。花色は白である、と記す。また、谷中《やなか》感応寺では、本堂より西の開山堂・経堂の前に花が見られる。卵塔場《らんとうば》(墓地のこと)へ行くみちのかたわらには、匂いのすぐれた花がある。しだれ桜の盛りの頃は、いまだ余寒があるため見る人がすくない。浅草桜は、風呂屋の前にあったと『紫の一本』は記す。

承応四(一六五五)年三月、白山神社は社地を徳川徳松の別業とするため小石川指ケ谷に移転された。この社には、八幡太郎義家が旗をたてたと伝えられる旗《はた》桜という桜木があった。年を経たものであるが、古木のもとより若葉が茂生し、かわりなく咲く花が、真に旗の形をしていて名花なり、と『続御府内備考』は記している。

寛文期の江戸の桜の名所

寛文二(一六六二)年五月に版行された『江戸名所記』には、当時の江戸遊覧、参詣所として、寺では東叡山など四十数カ所、神社では湯島天神など六カ所、遊覧場所として不忍池や吉原など一一カ所が掲げられている。当時の江戸における桜にかかわる場所がよくわかるので、ここまで述べてきたもの以外についてこれを掲げる。

忍岡稲荷は太田道灌が勧請《かんじょう》したもので、社の右かたに糸桜がある。柳の枝に桜の花を咲かせたようで、春風にうちなびくようすが朱の玉垣によく映えて、あたかも禰宜《ねぎ》（神職のこと）が振る白幣《しろぬさ》を柵をへだてて見るようであった。誰の作か不明だが「わかおもふねかひをみつの御社《みやしろ》にゆふかけてさく糸桜かな」との和歌が記されている。

谷中の法恩寺には、本堂の両方に桜樹が一本ずつある。花便りの風ののち、花がほころびはじめると、曼陀羅花《まんだらげ》（仏教用語で、天上に咲く花の名）が地からわきあがって木ずえにむらがりとまったものかとおもわれる不思議さで、参詣する人びとは帰ることもわすれて一日中眺めている。うき立つ春の日に、諸人は心の憂さもわすれ、ただうっとりとしている。また谷中の善光寺の門内には、両方に並びたつ桜があった。芝の大仏の門の左には、並木の桜が枝を互いに交錯させ、春には梢から雪花ともみられる花びらが舞い、散り落ちてくるので、捨て難い場所の一つである。

牛込の右衛門桜は衛門の守が東に下ってきたときに植えられたもの、と伝えられており、百人町の末の柏木村円性寺の内にある。この花は、はじめは名はなかったが、老木となって枯れたとき、武田右衛門とかいう者が枝を継いだことから、その名が付けられたという。花は大輪で、蕊《しべ》は長く、匂いは茴香《ういきょう》（芳香のあるセリ科の草）に似て、一～二町先まで香ってくるという。ほかの花よりも、開くのが遅い。

徳川四代将軍家綱（在職一六五一～八〇年）時代の寛文八（一六六八）年ころより、江戸の武士や町人たちの間に、桜花を賞でることがようやく盛んになってきた。桜花の場所は、東叡山が花見の第一とされ、これに浅草観音（浅草寺）が次いだ。そのほか谷中の感応寺、四谷の自性院、芝の大仏、渋谷の金王八幡、柏木の円性寺の桜もまたその名前が知られていた。浅草の桜については、寛永年中（一六二四～四四年）に、

『羅山詩集』の武州州学十二景中において「浅草花雲」と題された詩に、「花靄《はなもや》漫漫我が襟に吹く、門外の薄霞《うすがすみ》紅錦《こうきん》厚し」と詠じられている。

上野の花見は大繁盛

『元延実録』によれば、寛文八（一六六八）年三月六日の上野は花盛りであった。四代将軍家綱は側の者に、例年は花見に東叡山へ人びとが群集して、たいへん繁昌するが、当年は二月朔日《ついたち》より六日まで続いた大火のためほとんどが焼けたので、さだめて上野には人がなく、花も色を失い、寺の中が寂莫《じゃくばく》としているであろうと思われる、と。そう言って家綱は大久保出羽守忠朝を召しだし、花見の者たちがいるか否かを見て帰れ、従者を召しつれず穏便に行って来るよう仰せ付けた。

出羽守は白小袖を脱ぎ、袴をはき、編笠をかぶって馬に乗り、槍ももたず、徒歩の供をわずか五、六人連れて出かけた。仁王門の外で馬をおり、侍一人、草履取り一人、挟箱《はさみばこ》持ち一人の主従四人で、門内のあちらこちらを見てまわると、花見の貴賤男女が群集していた。内幕や外幕をひきまわして酒宴し唄い舞う者があり、あるいは幕のない者は席を設け琴三弦で唄いさざめいている所もあった。おのおのがさまざまに戯れ、楽しんでいた。

出羽守は、帰ってこのことを報告すると、将軍家は機嫌がよく、今度の大火に士農工商ともに財宝をことごとく焼失していたので、四民どもは困窮して花見のことはなかなか思い出すことはなかろうかと推量していたところ、憂いもなく例年に変わらず花見、遊興することは、江府のいまだ衰微していない証拠である。おおいに喜悦するところなりと、家綱は仰せられた、と『元延実録』は伝えている。

江戸上野にある清水堂から花見する人々の姿。左手には不忍池が広がっている（『江戸名所図会』巻之五，近畿大学中央図書館蔵）

芝の雲上野の桜咲きにけり　一鉄（『江戸新道』延宝六＝一六七八年）

仮幕や小袖の咲て八重の花　心色（同）

花幾重通鑑《つがん》綱目上野山　山夕（『俳諧江戸弁慶』延宝八年）

花見には吉野まさりや上野山　小山（『大夫桜』延宝八年）

東叡山では、黒門から仁王門の並木の桜の下では花見はされなかった。東照宮の脇うしろ松山の内や、清水のうしろに、幕をして見る人が多かった。幕の多いときは三〇〇を越え、少ないときでも二〇〇あまりもあった。このほか連れだした女房の上着の小袖や、男の羽織を、弁当をしばってきた細引《ほそびき》（麻をよりあわせた細くて丈夫な縄）に通して、桜の木に結びつけて仮の幕とし、毛氈《もうせん》・花むしろを敷いて酒を飲んだ。鳴り物は法度なので、鳴らすものはいなかった。小歌、浄瑠璃、踊り、仕舞は、咎められることはなかった。

本町、通町をはじめ、金持ちもそうでない者も、町方では女房、娘は正月小袖というものを仕立てた。花見小袖といって結構に手をこめ、伊達《だて》なもの、数寄《すき》に好みのものを着て花見に出たので、花よりも見事であった。花のころは、たいてい昼すぎころから雨が降るが、それでも傘をささず、小袖を濡らして帰ることを、遊山の手柄としていた。

桜品種の初文献『花壇綱目』

水野元勝は寛文五(一六六五)年に『花壇綱目』を著し、延宝八(一六八〇)年に上中下三巻三冊として刊行された。刊行以前は写本をもって伝えられていた。刊行本は、花壇用の草花を四季にわけて、上巻は春の部三五種と夏の部八一種、中巻は秋の部五七種・冬の部五種・雑の部六種を、それぞれの種について花色、花の形、花期および養い土、肥料、分け植えなどを記している。下巻は諸草を培養する土質や肥料について詳しく記し、さらに牡丹《ぼたん》、芍薬《しゃくやく》、菊、椿、梅、桃、桜、躑躅《つつじ》の変種、花の銘、花の形付けを記し、終わりに牡丹と蘭《らん》の培養法を詳しく述べている。この時代において、四季の草花培養を一つずつていねいに記しているのは珍しく、園芸書としてわが国最初の出版物である。当時の人びとが、いかに園芸に関心をもち、さらに栽培をしていたのか、園芸の進歩を推し量ることができる。

各巻に絵と和歌があり、上巻は牡丹の絵で「名ばかりはさかても色をふかみ草(牡丹の別称)花咲ならば何にみてまし」、中巻は梅の絵で「咲きつゝくあまた梢の梅が香をひとへになして匂ふ春かぜ」、下巻は桜の絵で「春毎にみれどもあかす桜ばなとしにや花の咲まさるらん」と、和歌が添えられている。掲載されているそれぞれの変種の数は、延宝期(一六七三〜八一年)以前に改良されたものと考えられる。

牡丹《ぼたん》の変種	一品
芍薬《しゃくやく》	三二品
椿	六六品
梅	五三品

桃　八品
桜　四〇品
躑躅《つつじ》　一四七品

芍薬を除いた他の六種はいずれも樹木であり、樹木の花に関心が寄せられ、それらの変種をつくりだす改良に力が注がれていたことがわかる。春の花として桜とよく比較される梅が五三種で、桜は四〇種にとどまっている。桜は前に触れたように、忍岡に林羅山が興した弘文院（寛永七＝一六三〇年）には、一〇〇種もの桜が植えられていた。ここの桜を三十数年後の水野忠勝は、見たことがなかったのであろうか。

なお、『花壇綱目』の「桜珍花異名の事」には、つぎのように記されている。

山さくら（一重なり、桜の中にては中輪なり）、ひかん桜（うす色白、中輪なり）、きりか八《やつ》（白、八重、一重、大輪なり）、いと桜（中輪なり）、江戸桜（中輪大輪あり）、うつ色（一重で中輪なり）、浅黄桜（中輪なり）、ちもと（小輪なり）、伊勢桜（中輪なり）、匂ひ桜（中輪なり）、こんわう（中輪なり）、うば桜（中輪大輪あり）、衛門桜（八重で大輪なり）、あり明（小輪中輪あり）、わしの尾（中輪なり）、霧か谷（小輪中輪あり）、楊貴妃（中輪なり）、猩々（小輪中輪あり）、塩か田（中輪なり）、南殿（薄赤色有、中輪なり）、いわいし（薄朱色、大輪なり）、正宗（中輪なり）、てまり（中輪なり）、爪紅（赤色で小輪）、態うへ（中輪なり）、せき山（小輪なり）、普賢象（中輪なり）、ひめ桜（中輪大輪あり）、仁和寺（中輪大輪あり）、虎の尾（中輪大輪あり）、奈良桜（八重、一重、中輪）、よし野（中輪、八重、一重）、車かへし（中輪大輪あり）、法輪寺（大輪なり）、きりん桜（中輪大輪あり）、さかて桜（中輪なり）、糸くゝり（中輪なり）、はちつ（中輪なり）、大山木（中輪大輪あり）、八重一重（中輪大輪あり）、右が桜の名なり。此のほかにもあるへし。

貞享四（一六八七）年の『江戸鹿の子』は、当時の江戸の名木二〇株をかかげている。それによれば、桜は金王《こんのう》桜、浅黄桜、糸桜、衛門桜の四株、松は荒磯乃松、鞍懸《くらかけ》松、腰懸《こしかけ》松、壱本《いっぽん》松、千年の松、相生松の六株、榎は二本榎、印榎《いんえのき》、臂掛榎《ひじかけえのき》の三株、その他はもちの木、連理の藤、印柳《いんやなぎ》、杖銀杏《つえいちょう》、楊枝《ようじ》杉、印杉、高尾の紅葉《もみじ》とされていた。

染井の植木屋著『花壇地錦抄』

元禄八（一六九五）年、江戸の染井村（現在の豊島区駒込のあたり）の植木屋である伊藤三之丞が『花壇地錦抄』を出版した。彼は染井村の農家であったが、近くの藤堂大学頭《だいがくのかみ》高久の下屋敷に出入りして、庭の世話をしているうちに植木屋となり、後には江戸第一の種苗商人として成功した。『花壇地錦抄』は、いわば種苗商人として扱っている商品のカタログであった。しかしながら、この著作物は日本の園芸の歴史上たいへんに重要なものとなっている。わが国の園芸は、江戸時代に独自の力で大発達をし、いろんな植物が改良された。時とともに消えた園芸品種も、名前が残り、図示（後に息子が描いて著作物としたものであるが）されているのである。

『花壇地錦抄』巻二は「木之類」として、椿の類、山茶花《さざんか》の類、躑躅《つつじ》の類、さつきの類、躑躅の五木《ごぼく》、さつきの八木、梅の類、桃の類、海棠《かいどう》の類、桜の類という八種の花を楽しむ樹木の品種名を掲げ、特徴を簡略に記している。同巻の桜の類の項は、「桜は房くくり、花茎長くさがりて咲くをよしとす。尤《もっとも》うるはしき色ありて」と、桜の観賞するところを冒頭に記している。全部で四六種の名前が載せられ、そのうち三〇種は小説明がつけられているが、ここでは品種名のみ掲げることにする。

吉野、なでん、奥州なてん、楊貴妃、きりかやつ、ちょうちん、大てまり、小手鞠、大ちょうちん、わしの尾、らいてう、とらの尾、浅黄、しだれ、ひかん、大しだれ、右衛門桜、色よししだれ、ふけんざう、丸山、たいさんほく、こんわう桜、ちもと、にはざくら、なら桜、しほがま、ぼたん桜、ひよとり、うば桜、ちごさくら、いぬさくら、ひたちころ、はちす、きりん、うすいろ、ひざくら、おそさくら、いとさくら、いとくり、くまかへ、ありあけ、しゃうしゃう、さこん、まさむね、ほうりん寺

『花壇地錦抄』が出版されてから一五年後、三之丞の息子である伊藤伊兵衛政武が『増補地錦抄』を宝永七（一七一〇）年に出版しているが、これには椿、山茶花、つつじ、さつき、梅、桃、楓はあるが桜にはまったく触れられていない。伊藤伊兵衛政武はさらに享保四（一七一九）年に、『広益地錦抄』を出版している。載せられている絵も政武が描いている。桜は同書の巻之一「木の分」に、不断《ふだん》桜と芳野《よしの》しだれ桜の二種が載せられ図示されている。

伊藤伊兵衛政武（一六七六〜一七五七年）は、父三之丞の跡をついで種苗商となったが、江戸城にも出入りし、八代将軍吉宗の知遇を得ている。吉宗は染井村の伊藤の種苗園を見にいったことがある。その政武は『地錦抄付録』を享保一八（一七三三）年に、撰著、自画で出版している。桜は同書巻之三の花木の部に「若木不断桜」がただ一種載っている。

正徳（一七一一〜一六年）のころ、俳人の園女が深川の永代寺の境内に三六本の桜樹を植えた。園女桜とも歌仙桜ともいわれた。『江戸名所図会』は園女桜について、正徳年間に園女という俳諧をこのむ婦女がこれを植えたといわ

染井の植木屋（『絵本江戸桜』東京都中央図書館特別買上文庫蔵）

れ、歌仙桜とも名づけられている。その頃は三六株あったので、歌仙との名がついた、と記している。今は枯れて、わずかに残っている。花は一重の中輪で、花色は薄紅、品種は未定とされている。

桜樹の多数植栽は隅田堤から

徳川八代将軍吉宗（在職一七一六〜四五年）の享保二（一七一七）年五月、隅田川（隅田川は古くは墨田川・角田河とも書いた。本書では隅田川に統一した）の木母寺門前から寺島村上り場に至る堤上の左右に、桜樹が植えられた。これが隅田堤への桜樹植栽のはじまりである。『東京市史稿　遊園篇』第一に収録された「隅田村名主坂田家書上」には、つぎのように植え付け当時の状況が記されている（なお、原文に二行書きで記されている部分については、〔　〕書きにした）。

向島隅田村寺島村須崎村小梅村大堤通桜植付原本

一、享保二酉年五月徳川家八代将軍有徳院〔徳川吉宗〕代〔隅田村内梅若境内木母寺へ引続き〕隅田川御殿〔関屋の里元御前栽畑〕御庭へ赤松、躑躅、桜その他御植付之砌《みぎり》、御見通御慰薄き故、木母寺門前より寺島村内橋場渡船場脇御上り場迄、大堤左右へ桜百本御植付相成候。

一、同十一年中、同所へ桃、柳、桜共百五拾本御植増相成、後々不絶様、親木より芽出して根分育、控継可致様、取締役松下伊賀守〔当恒〕より坂田弥次右衛門被申付候。

一、制札

定　一、此桃柳桜御用木ニ候間枝折又は抜取不可者也

如此文にて松下伊賀守殿より被相渡、六ケ所へ相建来り候。

一、初年より手入方根廻り四季掃除見廻り番人賃肥代共、年々書上通下渡り候処、其後一ケ年人足賃

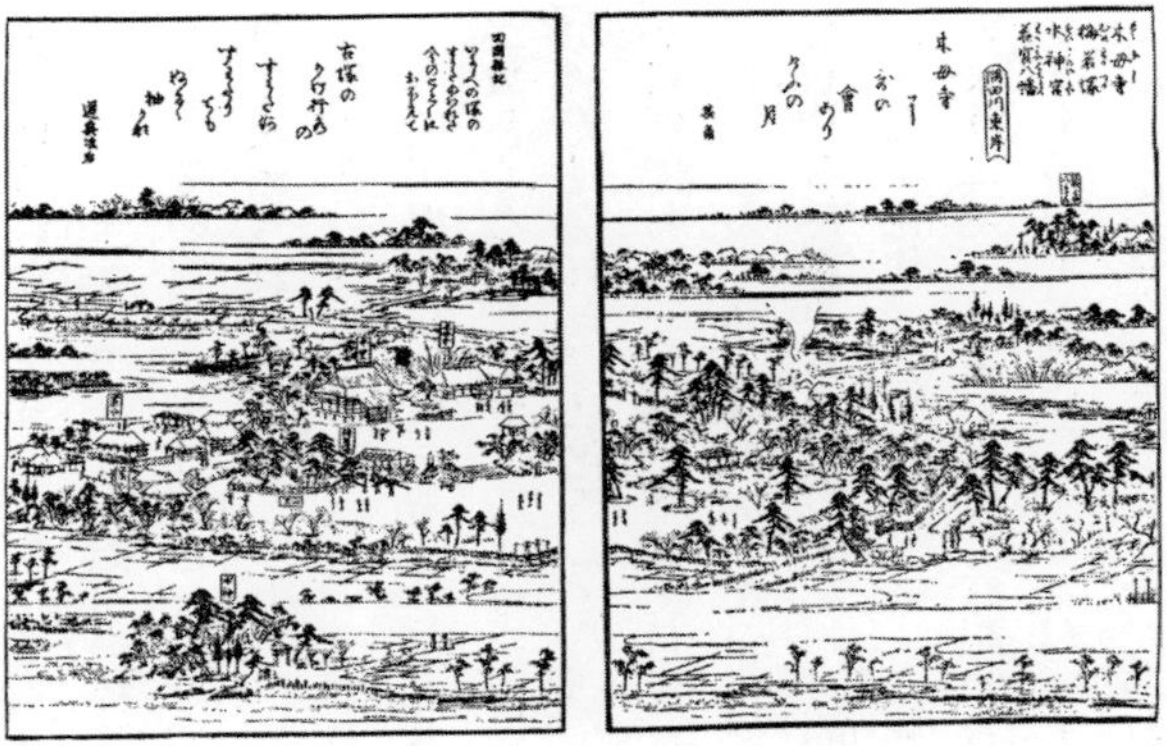

江戸向島の隅田堤に接した木母寺。八代将軍吉宗の時代に下流の小梅からこのあたりまでの堤の両側に桜が多く植えられた（『江戸名所図会』巻之七，近畿大学中央図書館蔵）

肥代共四両永百拾壱文三分に御定に付、見廻り番人之儀は、花中百姓共、葭簀張茶屋□（不明）成、見張番為相勤候事に相成、寛政五丑年に至り、金弐両二分永弐百文に減方相成、慶応三卯年迄、年々下渡り候。

一、天保二卯年三月、右桜古木に相成、枯損し多分有之に付、根分控木大堤左右寺島村へ八拾弐本、須崎村九拾弐本、小梅村へ弐拾九本、合弐百三本取締役坂田三七郎自費を以植付、夫《それ》より向島大堤通四ケ村共植竝《うえならべ》、其後嘉永七寅年十月弐百本植足《うえたし》有之候。〔大熊喜邦云、須崎村宇田川き代祖父宗兵衛生存中、弘化三年大洪水の際、大に桜樹の損木ありしを以《もって》、三囲社堤上より寺島村境まで凡《およそ》百五拾本を植付たりと。即ち本人自費に係るとの説あり〕

隅田村名主坂田家書上

八代将軍吉宗のときの享保二（一七一七）年、隅田御殿の庭に赤松や躑躅《つつじ》・桜を植えた際、将軍がここに遊びにきたときの慰めとして、大堤の左右へ桜を一〇〇本植え、さらに同一一年には同じところへ桃、柳、桜をそれぞれ一五〇本ずつ植え増した。そしてそれらの樹木が絶えないようにするため、蘖《ひこばえ》（根から出た芽）を育てておくようにと、申し渡された。枝が折りとられたり、あるいは樹木が抜き取られないように、制札は六カ所にたてられた。

植えた年から手入れ、四季の掃除、見回り番人の賃金、肥料代などの費用を書き上げて取締役に報告すると、その費用が下げ渡された。翌年には、それらの一年分の費用が定額として四両と永楽銭《えいらくせん》一一文三分に決められ、寛政五（一七九三）年には減額されたが、慶応三（一八六七）年まで継続して下げ渡されていたというのである。

隅田川堤に桜が植えられてから一一〇年が過ぎた天保二（一八三一）年には、古木となって枯れたものが数多くなったので、取締役が自費で二〇三本を植えて補っており、嘉永七（一八五四）年にも二〇〇本が植え足された。弘化三（一八四六）年には、大洪水のため桜樹の傷みがひどかったので、地元の宗兵衛が自費でおよそ一五〇本植え付けた、と文書は記している。

隅田川の寺島村御上がり場から、木母寺門前までの堤の両側に桜、桃、柳が植えられたのは、ここの庭を訪れる将軍の春の慰めを第一目的としていたが、実際には徳川将軍が桜花の咲く時期に訪れたことはなかった。徳川一一代将軍家斉（在職一七八七～一八三七年）の業績を記した『文恭院殿御実記』には、つぎのように記されているので意訳する。

あるときお側に仕える者が、王子筋へ毎年行かれるが、いつも初夏なので飛鳥山の桜花も青葉のみである。桜花が盛りのころであれば、ひとしお面白く楽しみもあろうかと、申し上げた。家斉は、吾もそう思う。だが、あの山の桜は享保のとき植えさせられ、花の都となってからこのかた、春は諸人集い花を翫《もてあそ》ぶと聞く。行くと決めたら、二～三日前から人の往来を禁止することになり、そのうち雨風などがあれば花は散りすぎる。一人の慰めのために、衆人の春遊の妨げとなることはいかがと考え、花のころは行かない。飛鳥山のみならず隅田川もまた同じ、と仰せられた。そののち家斉は、小納戸頭取御場掛の者を召しだし、飛鳥山・隅田川の桜に枯株があるときは心掛けて植え継ぎ、ながく花が衰えないようにせよと仰せられ、すべて享保（吉宗）の意思を継続させられたという。

御殿山・飛鳥山への桜植栽

品川御殿山の桜について『東京市史稿　遊園篇』第一は、「享保（一七一六～三六年）に至り桜樹を栽《う》えて四民遊観の場とす。『再校江戸砂子』は植桜を寛文中（一六六一～七三年）の事とし、諸書之に仍《よ》る。而《しか》も享保前の諸書此地桜花有るを伝えず」と、記している。御殿山は長禄（一四五七～六〇年）のころ太田道灌が居住していたところといわれ、寛永（一六二四～四四年）のころ徳川家の狩の御殿があったので、御殿山といわれていた。書物によって五〇年間もの開きがあるが、『東京市史稿　遊園篇』は吉宗時代の享保期に植えられたことを支持している。

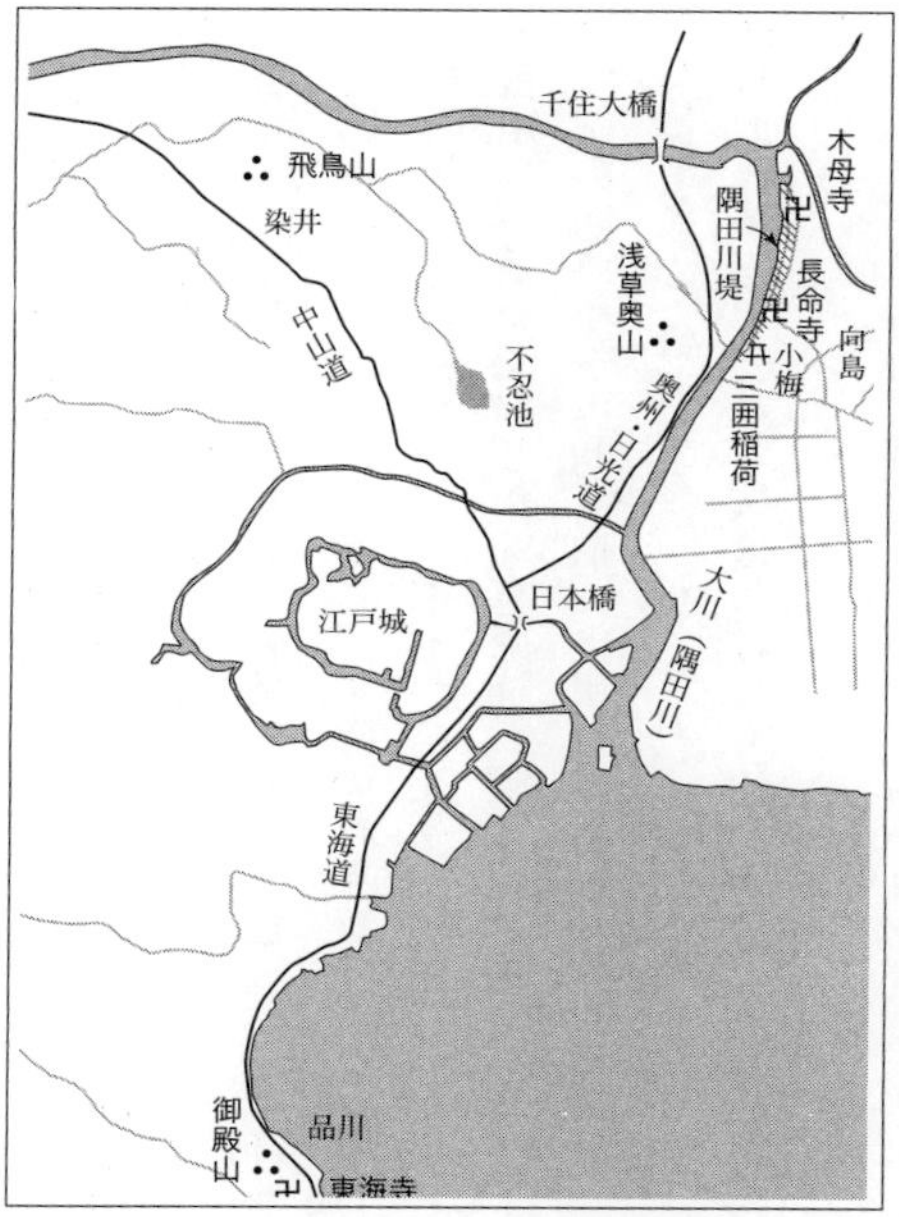

八代将軍吉宗が桜を植えさせた御殿山・隅田川堤・飛鳥山の位置。江戸城の北側に２カ所，南に１カ所，図示できなかったが西側（小金井）に１カ所である。

『新編武蔵風土記稿』は、御殿山の広さは三町八段五畝二九歩（約三万八三〇〇平方メートル）で、今は幕府領の御林で、桜樹が多い。有徳院殿（将軍吉宗）が、大和の吉野山の種を移して植えられたところである。享保六（一七二一）年二月、山上に制札をたて、遊人の狼藉《ろうぜき》を禁止された、と記している。そのため桜樹の植栽は、隅田川の堤上と同じころに植えられたものと考えてよかろうと『東京市史稿』は推定している。

徳川八代将軍吉宗はまた、享保五年（一七二〇）九月飛鳥山に、江戸城内の吹上苑《ふきあげのその》で育成していた桜苗二七〇本の植栽を家臣に命じ、実際の作業は染井の植木屋伊藤伊兵衛がこれを移し植えた。翌六年三月には松と楓をそれぞれ一〇〇本ずつを交ぜて植え、同年九月にはさらに桜樹一〇〇〇本を移植している。

吉宗の業績を記録した『有徳院殿御実記付録』は、吹上の庭に桜、楓の苗が多く生えているのを吉宗が見て、小納戸松下専助常恒（後伊賀守）に育成を命じた。別に分けて育成すると、まもなく苗が六尺（約一八〇センチ）ほどになった。それで、広尾隅田川のほとりや飛鳥山に植えられた。そのなかでも飛鳥山はおよそ桜三七〇本、桜はわけても年をおって枝葉がしげり、花時は燦爛《さんらん》として美観を形成していると記している。

飛鳥山之事

一、享保五子年九月桜苗二百七十本吹上より金輪寺え廻、御物見向より染井花屋伊兵衛持之山へ同月七日より植初、同九日までに植。

但、赤芽桜　七十本

右掛　若林平蔵

坂尾源左兵衛

御庭掛　須藤宗庭

伊奈半左衛門家来　野澤太五右衛門

一、同（享保）六丑年三月十五日右桜植候新井へ交植

一、紅葉百本

一、松百本

御庭掛　須藤宗庭

伊奈半左衛門家来　星野又兵衛

一、同年七月二十六日飛鳥山新田其外古田共滝野川村名主吟味。右掛伊奈半左衛門家来三浦安右衛門。吟味相済、絵図書付受取、松下専助へ坂尾源左衛門持参。

一、同年九月滝野川分堰上古田飛鳥山上共植。

一、桜苗木　二百五十本

吹上下役　福島市左衛門

伏見茂左衛門

植木屋長助手代　茂兵衛

右之者桜為持参。

同十二日一、桜苗木　三百本。

同十三日一、三苗木　四百五十本。

右不残苗木、根元より三寸（約九センチ）程宛に伐植申候。

子丑両年　都合桜　千二百七十本植。

（以下略）

このようにして桜が植えられたのちの反応は、享保一七（一七三二）年の『江府名勝志』は、浅香山（飛鳥山とは記されていない）は王子権現の手前にある山で、遠望の景のもっとも勝れているところである。近

年公儀（徳川幕府のこと）より桜数千株植えさせられて、春花の景はことに美しい、と記している。

浅草奥山の桜の植栽

享保一八（一七三三）年の春、浅草の浅草寺の奥山に桜樹が植えられた。浅草寺には寛永（一六二四～四四年）のころ、すでに桜花のあったことは前に触れた。貞享（一六八四～八八年）・元禄（一六八八～一七〇四年）のころ、松尾芭蕉が詠んだ句に、桜花のあったことが明確に記録されている。

花のくも鐘は上野か浅草か　　芭蕉

享保一八年、浅草寺観音堂うしろの藪をひらき、多くの桜を植え、千本桜といった。植えた人は、新吉原の遊女たちであった。桜樹の一株ごとに、願い主の札があり、その中の多くは北方の佳人で、女筆でうるわしく記されていた。享保一八年一〇月ころから植えはじめ、翌一九年春にはじめて花が開き、この花見は盛大に行なわれた。江戸の人びとは身分の高い人もそうでない人も区別なく、遠近《おちこち》をとわず集まってきた。そのむかしの上野の花見のように、最寄りごとに幕を引きまわし、毛氈《もうせん》をしきつらねて、一日中遊びくらした。その賑わいの光景は、享保一九（一七三四）年の「印本浅草寺千本桜」と題された奥村源八政信の筆による画本にていねいに描かれている。花のもとに幕を引きまわし、婦人が短冊をしたためているところ、または木に短冊を結びつけているところの様子を描いている。また同書には、浅草寺桜と題をもつものなど数多くの俳句が記されているので、いくつか掲げる。

よそ外の桜は知らず夜の声　鼠肝
裏門へ誘へばそちする夕さくら　湖十
浅草も鐘はありもの山さくら　超波
誰どのゝ腰のものぞや札さくら　呑舟
現してさらば雪見を桜狩　竜廿
時あって奈良を舅《しゅうと》のさくらかな　来爾

享保二〇（一七三五）年正月に刊行された『続江戸砂子』には、このころ江戸市民が四季に遊覧するところを掲げている。それによると、梅屋敷の梅、根岸の藤、椿山の椿、上野の桜花と藤、大窪の桜花、飛鳥山の桜花、染井の躑躅《つつじ》と百種楓、亀戸の藤、佃島の藤、白山の時鳥《ほととぎす》、芝切通の時鳥、駿河台の時鳥、落合の蛍、両国橋の納涼、浅草川の舟遊、武蔵野の虫の音聞、真間の虫の音聞、品川海晏寺の紅葉、下谷正燈寺の紅葉、行人坂明王院の紅葉、向岡の雪見、王子の雪見、牛島の雪見などであった。桜花は三カ所があがっている。

同書はまた、名木類聚《るいじゅう》として松、梅、桜、榎、柳、杉、銀杏、椿、楓、樟、藤、紅葉など一七種が集められ、そのうち桜はつぎの二〇本が記されている。

吉野桜（上野にあり）、秋色桜（上野清水のうしろ）、糸桜（上野慈眼堂）、歌仙桜（深川八幡）、百枝桜（谷中妙林寺）、九品桜（川はた六あみた）、母衣桜（西か原六あみた）、千本桜（浅草寺）、塩竈（高田天神）、しらぬ桜（高田五智堂）、金王桜（渋谷八幡）、金王桜（青山教覚院）、右衛門桜（柏木村）、拾ひ桜（青山梅窓院）、糸桜（増上寺廿四日御仏殿）、兼平桜（小日向新坂蜂谷氏やしきの内）、延命桜（品川来福寺）、大井の桜（品川の先大井村西方寺）、泰山府君桜（三田松平主殿頭御館にあり。八重桜の遅き花也）、浅黄桜（谷中感応寺にあり。八重にして帯青し）

八代将軍吉宗は元文二（一七三七）年三月、王子において鷹狩をし、飛鳥山（総坪数一万六五〇〇坪＝五万四四五〇平方メートル）を金輪寺に寄付した。飛鳥山は、武蔵国北豊島郡王子にある岡のことである。飛鳥山の名前の由来は、鎌倉時代の元亨（一三二一～二四年）のころ、豊島景村が紀伊国の熊野の神を勧請したとき、その境内社の一つに飛鳥王子という神を祀った土地であるとされている。文明一〇（一四七八）年に豊島氏が没落して後は、世の変遷につれて祠《ほこら》もくずれ、樹木が生いしげって、祠の所在さえわからないほど荒れ果てていた。寛永（一六二四～四四年）のころ、三代将軍家光がこの地を通ったとき、その荒廃したさまをなげき、飛鳥の神祠《かみのほこら》を本社、熊野神社の境内に移したので、これより飛鳥山は名のみで神の祠のない土地となっていた。

庶民遊楽のため飛鳥山へ桜を

飛鳥山の地は時期は不明だが、幕府の御鷹匠である野間氏の私領地となっていた。吉宗が鷹狩をしたとき、自分の出身地である紀伊国の熊野神社を勧請した祠があるのを見て、感じるところがあり、社殿の改築を命じた。そして、せっかく享保の年に桜樹は植えられたが、その地が野間氏の領地であるため、人びとは憚《はばか》って花見には来なかった。それだから、花を衆とともに楽しむ吉宗の意に叶っておらず、私領の土地を収公《しゅうこう》（没収すること）し、土地を金輪寺に寄付するとの上意となった。その後日を経て、寺社奉行大岡越前守より表だって上意が寺に伝えられ、金輪寺に寄付となったのである。野間氏は代地として別の土地を賜っている。その盛挙は石碑に刻みつけられた。

飛鳥山の桜花。ここから富士山を望むことができ，江戸の人々は桜の季節には花見によく出かけた（『江戸名所図会』巻之五，近畿大学中央図書館蔵）

「飛鳥山碑始末」（『東京市史稿　遊園篇』第二所収）によれば、将軍吉宗より「今より後、諸人《もろびと》が、躬《み》の山（吉宗のもつ山という意味で、飛鳥山のこと）を遊楽の地とせよ」と仰せられた。その始まりとして、身近で給仕する人、坊主、陸尺《ろくしゃく》（かごかき人足や掃除夫など）など上中下のこらず、吉宗からその事の趣により飛鳥山での遊びを賜った。

人びとは酒、肴は山川の珍味をつくし、山下も山上も幔《まんまく》を引きめぐらせて、終日酒宴となり宴楽を尽くしたのである。その日は花ぐもり、ときどき雨が降ったがそれも一興で、咲きつらなった花の下に車座になって、人びとは酔狂に乗って、舞い、唄い、狂態を発する者も数多くいた。唄いながら飛鳥の橋を渡り、金輪寺の門よりそのまま案内を請わず入り、松坂という田舎節を声高にさけび、仏殿の板敷きをうちならし、まことに傍若無人のありさまであった。それでも寺では、権僧都《ごんそうず》をはじめ寺の童子などもとがめることなく、いずれも笑いながら見ていた。その後、再び飛鳥山の幔を引き、宴を開いた、というのである。

元文二（一七三七）年三月一一日、桜花の盛りのころ、将軍吉宗は飛鳥山で観桜の行事を催した。お供は若年寄西尾隠岐守、お側渋谷和泉守、同小笠原石見守、小姓小堀土佐守など一五人、御小納戸は土岐大学頭など一〇人、奥医師、御目付、そのほか旗本の家人など数多く、一説には数百人といわれる数であった。お供の者たちは、二度も酒宴を賜った。将軍吉宗も機嫌よく、みずから社内を歩き回って桜花を賞で、楽しんだのである。

将軍吉宗は元文二（一七三七）年八月二五日、飛鳥山の山上に石碑をたてて由緒を記し刻ませた。碑文は儒者成島道筑の撰ならびに書で、その文章の格調の高さと石碑の書は当時の学者間に喧伝されたものであった。その後、吉宗は飛鳥山のふもとの滝野川の左右の岸に海棠《かいどう》をたくさん植えさせ、山上にはさらに桜に交えて松数十本を植えさせ、山の西側にあたる田んぼには菜種《なたね》を作らせた。桜の花の咲くころ木の間より望むと、菜の花が黄金《こがね》をまいたように見え、その景色は一口には表現できないほどの見事さとなった。「これ府内近きほとりに、名勝をひらきたまふべしと御事ぞ」と、『有徳院殿御実記付録』は記している。

これにより飛鳥山の花盛りのころは、江戸中の貴賤老若の見物がおびただしいものとなったのである。元文二（一七三七）年に植えられてから一六〜一七年を経て、桜樹は大木に生長し、花のころは満山が春の盛りで白雪が降ったようである。貴賤の人びとが山に満ち、男女がそれぞれ花をかざり、幕をうち、三味線や笛などをたずさえてきた。日々あたかも群集が湧いてくるようで、まことに東都一番の花の名所となったのであった。『承寛雑録』には、「惜しむらくは、東国の田舎者の風俗によって、衣食器物をかざってみせびらかせ、それを人に誇る類いのみで、上《かみ》の意（寄付した吉宗の意）を拝して花に心を寄せる人があるとは思われず、詩歌として残っているものはない」と記されている。

小金井の玉川上水両岸に桜を

八代将軍吉宗の元文二（一七三七）年、幕府は代官川崎平右衛門に命じて玉川上水の上流にあたる小金井に桜樹を植えさせた。玉川上水は羽村というところで多摩川を分水し、小金井村（現・東京都小金井市）

の北を西から東に流し、江戸の四谷に至る人工の川で、承応年中（一六五二〜五五）に開通している。『武蔵通志』によれば、幕府が桜樹の植栽を命じたのは享保年間（一七一六〜三六）のことで、元文二年に植栽が終わったとされる。同書は、小金井桜は武蔵野村・関野新田境村より小金井村を経て、小平村・鈴木新田に至るまでの玉川上水の両岸にあり、桜樹は千余株もの数でほとんど一里（約四キロ）におよんでいた。小金井桜とよばれるのは、小金井新田がその中央で、もっとも美しく映える地にあたるからである。植えられた桜樹は、大和国の吉野山および常陸国桜川の種であったとされている。

両岸に桜樹を植えさせた目的は、文化年間（一八〇四〜一八）に建てられた石碑の記述によれば、二つあった。

その一つは、「衆根《しゅうこん》深く堤の中に入りて長く壊闕《かいけつ》の患《わずらい》無からむことを欲し」たからで、数多くの桜樹の根が堤の中に深く入り込み、根の力によって堤が破れたり決壊するおそれがないことを求めたのである。さらには、花見に訪れる人びとが、堤を踏み固めることをも考慮に入っていたのであろう。

二つ目は、「且又吾《われ》東方の医家一二方函《ほうかん》、桜茹《おうにょ》及び花は総《す》べて解毒の剤に用いる。則《すなわち》水毒《すいどく》も亦《また》解すべし」とあり、わが方《ほう》（医術のこと）の医家一〜二の診断によると、桜の甘肌《あまはだ》や花などはすべて解毒剤として使うので、同じ意味から水の毒も分解することができる、というものであった。桜樹が解毒剤として使われることについてはよくわからないが、むかしから井戸の側に桜を植えることはしばしばあり、全国に「桜井」なる地名もあるところから、このような考え方もあったのであろう。

桜樹が生長してから後は、樹は人が抱えられないほどの大きさとなり、枝葉がしげり、春時は両岸の花が触れ合い、人はその中につつまれ、艶やかな雲とも暖かな雪の中にあるとも感じられた。桜花の中に一本の清流が流れ貫き、落花がひんぷんとして舞い落ち、流れくだり、見物《みもの》であった。

小金井村の玉川上水の川岸の桜樹は、元文二（一七三七）年に植えられてから、六〇年近い年月を経過する間、江戸から遠くはなれ、しかも辺鄙《へんぴ》であったため、江戸に住む人びとが桜花の遊覧にでかけることは少なかった。寛政六（一七九四）年にいたって、古川辰（古松軒）が幕府から命令をうけ、江戸の近在を巡り、探って、小金井村の桜のすばらしい眺めをほめたたえた。

古松軒は『四神地名録』（寛政六年の自序あり）のなかで、梶の新田、関野新田を上水が流れ、その左右には大樹の桜が数百本、土地の人は千本桜と称している。この節には満開して、その眺めは口では言えないほどだ。江戸の近くであれば、貴賤が群集して繁盛するであろう。世に言葉のある都の花は歌に詠まれ、田舎の花は枯れると言われるが、誰一人称える人もなくては、今さらに散り、消えてしまうであろう。しかしながら、生まれながらの性質で、咲く時をわすれず、今を盛りと咲き乱れる風情は、ひじょうにやさしく、ひとしおの感慨がある、と記している。

寛政九（一七九七）年には大久保忠休が武蔵野の八景をあげ、小金井の桜花をその一つに数えた。これらによって、享和（一八〇一～〇四年）のころから、江戸の人びとが桜花の季節にはここまで足を運び、遊観するようになったのである。

松平定信の浴恩園桜図譜

松平定信（一七五八～一八二九年）は、徳川家三卿の一つである田安中納言宗武《むねたけ》の第三子であるが、白河城主の松平定邦の嗣《あと》を継いだ。天明七（一七八七）年老中首座を命じられ、寛政五（一七九三）年までこの職にあり、寛政の改革を断行した。定信は和歌や絵画に長じ、『花月艸紙《ぞうし》』や『宇下人言《うげのひとごと》』『集古十種』などの編著があり、隠居して楽翁と号した。

寛政五（一七九三）年閏二月、松平定信は築地で稲葉氏の別業江風山月楼のあった地の一部を賜り、園池をおこし、浴恩園と称し、公務の暇なときにはここに来て心を養っていた。浴恩園については、定信が柴野栗山に委嘱して書かせた『浴恩園記』があり、佐野城主の堀田正敦の『浴恩園の記』が、また和学所の北村季文の和歌がある。園内の名所は五二を数え、花に因んで名づけられたものに「花の下道、桜が淵、花のかけ橋」などといったものがあった。しかし浴恩園は、文政一二（一八二九）年の大火事のとき、焼失した。

定信は、この浴恩園に栽培している梅、桃、桜、などを画家に写生させ『浴恩園春秋両園梅桃双花譜』や『浴恩園春秋両園桜花譜』（定信はこれを「花之鑑《はなのかがみ》」と名づけた）などの図譜を残している。

松平定信の浴恩園に栽培された品種の一つ楊貴妃。「花之鑑」にそれが写されている。

> 浴恩園春秋両園の梅桃桜の花描かせて、ときはの春をのこしてんとすんで、花はおなしなれとも、ほりの深さ浅さもことなり、画にかきて一様とみゆるも、いささかの色たがひしもあり。または枝のさきより花のつきさま、実の結ぶさま、あるは咲きおりの遅速にて、その名もたかへりとかいなすおりは、けぢめわかれねば、ここにのさず。名ところのもまたおなじ。その名木のは実をうえたる故に色などのと木にたかへるおほし。ことし初めたれば春ことにまた描きつくべき也。梅桜のうちに桃のはなのいささかまじれるは、うつとし。かりにまぎれしなり。外にもとむるもうるさければ、両園のうちのみをしるす。文政五のとしやよひ廿九日花月翁しるす。

定信はどこからどう集めたのかわからないが、実にたくさんの種類の桜をあつめ、描かせている。花月翁（定信の号）が記しているように、園にあるものだけを描いているのであるが、念のためここにその桜の種類を掲げる。

いせの不断桜。よしのゝ奥山桜のたね。ませ桜。白川小峰さくら。多武峰桜。丁子桜。なりみねのゝ桜。松尾桜。〔大和さらさ桃〕。姥桜。延命桜。青竜山。泰王。尾越。駒止。菊さくら。嵐山。東路。車かへし。奈良。三井寺。芍薬桜。右衛門桜。時雨亭さくら。薄墨桜。辨殿桜。三笠山桜。さか泰山府君。白妙。挑灯。地主。王昭君。薩州緋桜。児さくら。暁桜。うず桜。幡桜。芳野奥山。三輪のさくら。対州桜。鞍馬。桐ケ谷。めこた越（如意寺）。南殿御橋。渡り山。外山。小しほ。長谷。くれは。やまくれなゐ。鳳来寺。岩石。薬園王。普賢堂。都桜。舞鶴。一葉桜（筑土明神）。して桜（肥後）。蘭麝さくら。牧西桜（宮崎）。あり芽。遊仙桜。浅黄桜。大挑灯。駒つなぎ。熊谷蓮勝寺桜。大膳桜。絹さくら。本願寺。無名。尾上桜。普賢象。無名。あけほの。垂枝八重。楊貴妃。遅さくら。帆掛。普賢象。残雪。さゝなみ。くらま遅桜。しほがま。有明。玉はゝき。あやさくら。浅黄桜（感応寺）。八重にほひ桜。ひよ鳥。庄司。雲のそて。二重さくら。筑前住吉桜。奈良八重さくら。菊南殿。児桜。伊勢桜。泰山府君（八重一重桜）。無名。江戸桜。大江戸桜。王子白桜。うはさくら。八重一重。黄ちりめん。法輪寺。白舞。松月。しおがまさくら（奥州より来）。一重あさぎ。香花桜。紅普賢。寿星さくら。白雲峰。大鵬。無名。薬の園（寒山大木）。曙桜。壬生平野浅黄桜。酔楊妃。金王。名古屋黄桜。隅田川。匂ひ桜。鞍馬遅桜。

以上のように一二五種が同図譜には描かれ、収録されていたのであるが、〔　〕書きで記したように桃が入り混じっている。また無名とされているものが四つあるのだが、これが同一の花なのかどうかは、実際の絵を比べてみないとよくわからない。

松平定信領国に桜山を造成

松平定信は『守国公御伝記』によると、文化五（一八〇八）年三月、清らかに晴れた朝方に隅田川の桜花を見ようと思い立ち、夜明け前に駕籠《かご》の支度を命じた。吾妻橋をすぎたころ、東の空が白みはじめた。向島の堤で駕籠をおり、木母寺あたりをぶらぶらと歩き、爛漫と咲き盛る桜花を心静かに賞覧した。わいわいがやがやと群れ騒ぐ花見の俗客に煩わされることがなく、俗世間の煩いから離れた早朝の花を見ることができたといい、ゆっくりと帰途についたのである。

松平定信の『花月艸紙』には、当時の花見にゆく人びとの生態が記されている。

けふはいとのどかなり、いでやすみだかわらの花みんと、小舟にのりて行きたるが、花みんとたち出るもろ人のさま、げにみやこのみやびを尽せり。さまざまの心々に打ちむきて行くに、女房なども何か口たゝきつゝ、心そらにありくもあり。馬はせて花をもめにかけず。いとばうぞく（下品なさま）に行くもあり。やごとなき人にや、人々打ちこみてつゝましげに行く女もあり。あるは木かげにてはやひさごかたぶけ、何やらんやたて出だしかいつけ、かうよりして花の枝につけて、われはがほなるふぜいなるもあり。けふはげに晴にはれて、一天に雲なく、ふじもつくばも手にとる計《ばかり》にみえたれど、又それを打ちながむる人もなし。ましてかく晴れたる日はとみに雨風のあるなどといふことは、露思ふものあらじかし。

同書はこの後、筑波山に細い雲がかかり、それがいつの間にかひろがり、突風がはじまり、驚いているうちに雨が降り出した。暑いほどの日和だったので、心地よい雨だという人もいたが、たちまち人の声も聞こえなくなった。馬を馳せる者、驚きあわてて堤から転げ落ちる者、女などは見苦しいほどにあわてている。酒に酔って濡れるのもわからない者もいる。舟できた者は船頭をせかせて橋の下にかくれるが、橋の上を逃げ帰る人の足音が雷のように頭上からひびく。やがて雨が止み、月が出る。このように、桜花咲く時期の一日の花見客のすがたを、実にみごとに描写している。
ついでだが、松平定信は領国の白河城の北にあたる金勝寺が景勝に富んでいるのを愛し、ここに別荘を営み、その辺りに桜や桃を多く植えた。桃は、その果実を人の採るのにまかせていた。白河の桜の花は紅を帯びているけれども、香気が乏しいので江戸から種を取り寄せ、苗木を育てて植えたものである。定信はこの地を桜山と名づけ、その別荘を一遊亭と名づけて、人びとと共に楽しむ地としたのであった。また、城の東にある山には楓《かえで》を植えて紅葉の山と名づけ、城南の大沼をも含めてこれらを人びととともに楽しむ地、いわば公園としたのである。

2 江戸の桜名所と花見

芭蕉の桜の句

芭蕉が江戸深川の草庵に隠棲したのは、延宝八（一六八〇）年で、三七歳の冬であった。芭蕉は正保元（一六四四）年、四方を山にかこまれた伊賀盆地内の城下町上野（現・三重県上野市）に生まれ、寛文一二（一六七二）年に江戸へ下った。芭蕉の俳句に詠まれた桜の種類を『芭蕉俳句集』（岩波文庫）からいくつか拾ってみる。

姥桜《うば》さくや老後の思ひ出《いで》

京は九万九千くんじゅの花見哉
うかれける人や初瀬《はっせ》の山桜
糸桜こゝやかへるさの足もつれ
風吹《ふけ》ば尾ぼそうなるや犬桜
植《うう》る事子のごとくせよ児桜《ちご》
草履の尻折《おり》てかへらん山桜
奈良七重《ななへ》七堂伽藍八重ざくら
木の葉散《ちる》桜は軽し檜木笠
命《いのち》二つの中に生《いき》たる桜哉
思ひ出す木曾や四月の桜狩
観音のいらかみやりつ花の雲
顔に似ぬほつ句も出でよはつ桜

などで、芭蕉が詠んだ句の桜の種類は、姥桜、山桜、糸桜、犬桜、児桜《ちご》、八重桜、それにたんに桜とだけ表現したものがある。

桜を形容した表現に、はつ桜、滝の花、花の陰、花の木陰、花ざかり、花の上なる月、さくら散る、花見、桜狩、花見の座などがある。芭蕉は、はじめのころはわりあいによく桜を詠んでいるが、後年になるにしたがって桜の句は極端に少なくなる。桜の俳句としてよく引用される芭蕉の句に、つぎのものがある。

探丸子のきみ別墅《べっしょ》の花みもよほさせ給ひけるに、むかしのあともさながらにて
さまざまの事おもひ出す桜かな　　貞享五年（元禄元年）

花見に招かれた先でのことで、むかしここで行なわれた花見の跡がそのまま、そっくり残っていたので、ついありし日のいろんな事柄が思い出されてきたと、芭蕉は素直に詠んだのである。しかし、題はほとんど無視され、通常句だけが読まれるので、句を読んだ人は句の言葉どおり桜花をみる。このことによって、読者は自分がこれまで経験してきたさまざまな事柄を連想するのである。わずか一七文字の中にみずから物語を詠みあげるという俳句の短い言葉がもつ、強さであろう。

季節感を大切にする芭蕉はまた、桜の季節の農事を詠み込んだ句もつくっている。午《うま》ノ年（元禄三年）の、伊賀の山中でのできごとである。

種芋や花のさかりに売りありく

里芋は、桜の花ざかりのころが植える季節なので、種芋売りが里を回っているのである。

飛鳥山の桜を宣伝する也有

九代将軍家重《いえしげ》の時代の宝暦（一七五一～六四年）のころ、江戸浅草の浅草寺の境内に多くの桜を植えて寄進し、これを太申《たいしん》桜と名づけた人がいる。江戸三十軒堀で材木商をいとなんでいた和泉屋甚助がその人で、姓を藪内、名を信熊、号を太申《たいしん》といった。彼は経済的にも裕福で、風流を好み、そのうえ自分の名前

が江戸中に広まることに種々の努力をしていた。が、多額の金銭を使うにもかかわらず評判もたたず、人びとの物笑いとなっていた。努力の一つに、浅草寺境内への桜樹の植栽や、亀戸天神への連歌堂の寄進、高辻中納言の額を申しうけたことなどがあるが、名前を広めるための行為とはいえ、当時の人にも後世の人にも利益は大きなものであった。

浅草寺境内に桜を植えた太申は、太申桜という浄瑠璃《じょうるり》を作らせて芝居での宣伝を行ない、道中の雲助《くもすけ》(街道のかごかきなど)には銭をあたえ、「お江戸の、ナ、太申さまは、さくらがおすき」と唄をうたわせたこともあったと伝えられている。また、時の儒者の井上蘭台に「太申桜記」という文を作らせ、石に刻んで浅草寺の境内に建て、さらに印刷して世間に配った。太申は虚栄心を満たすために桜樹を植えたが、その行為が一つの機運になって、あちこちの寺院や神社などに、桜樹の植栽が盛んになったことが、井上蘭台の漢詩から読み取れる。江戸に桜が多いのは、こんなことも一つの要因となっていたのである。

寛政八(一七九六)年に刊行された『花信風《はなだよりかぜ》』が網羅した寺など桜名所の所在地は、番町、牛込、早稲田、大塚、護国寺、駒込、田端、日暮《ひぐらし》、東叡山、四軒寺町、湯島、鳴子、千駄ケ谷、青山、麻布、広尾、目黒、池上、平塚、谷中、三崎、大久保、角筈、四谷、赤坂、品川、大井、奥沢、深川、神田、西原、王子、滝野川、染井、牛込、雑司ケ谷、高田、渋谷、柏木、駒込、大塚、市ケ谷で、ほぼ江戸全域に広がっていた。

天明期(一七八一~八九年)の俳文家として名高い也有《やゆう》に、飛鳥山の賦《ふ》がある。也有とは尾張藩の参政である横井孫右衛門時般《ときつら》の号であり、暮水とも号す。尾張藩で一二〇〇石の禄をもらっていた高級官僚のひとりである。半掃庵也有の筆名で『鶉衣《うずらごろも》』の著がある。太田南畝《なんぽ》は『一話一言』巻二九の尾張二老侍の中で也有のことを、二〇歳から三〇歳ごろまでは武技の習練に努め、学問は小出氏にうけ、詩を賦し、文をつくり、また和歌を詠じた。とくに俳諧、連歌を好み、最も戯文《げぶん》がうまかった。天下に俳諧、連歌を好む者で尾張の也有翁を知らない者はなかった、と記している。その也有の『鶉衣続編下』に飛鳥山賦が収められている。

けふはこの事かの事にさわる事あり。あすは飛鳥山の花みんみんと心に過《よぎ》る日数もやゝ弥生の廿日あまり、尋《たず》ねし花は名残なくちりて染かはる若葉の其色としもなきを、春を惜む遊人は我のみにもあらず。ここに酒のみ、かしこにうたひて、此夕暮を帰るさわするゝも、中々心ふかきかたにおもひなさる。

ちり残る茶屋はまだあり花のもと

山下千里のまなじり、さはる者なく、うらうらと霞わたたれる田野村落の詠えならず、きせるをくゆらすこと暫時あり。

雲雀《ひばり》より田打へ遠し山の上

このように、桜花の盛りばかりでなく、散り残った桜花、はたまた葉桜の若葉色を賞《め》で、行く春を惜しむ人がいたのである。まことに江戸は諸国から人が集まってきた街であり、桜花に引きつけられる人が多くいたことを、也有は示している。

小金井桜をみた儒者の印象

文化年代（一八〇四～一八年）前後における江戸の桜花遊覧場所の主なものは、上野（寛永寺の境内）、隅田堤、飛鳥山、御殿山、伝通院、護国寺、大井村の桜、感応寺などであった。すこし遠方の地ではあるが、小金井の桜も見る人が多くなっていた。

文化三（一八〇六）年二月二八日、大学頭《だいがくのかみ》林衡《はやしひとし》（述斎）は儒士佐藤坦《たいら》（一斎）とともに小金井に桜花を

小金井の玉川両岸の桜を江戸から遠く足をのばして遊覧に来た（古市夏生・鈴木健一校訂『新訂江戸名所花暦』ちくま学芸文庫，筑摩書房）

見に出かけたことが、佐藤坦（一斎）の「小金井橋観桜記」（『愛日楼文』文化三年）に記されている。漢文なので、その一部を読み下し（意訳）する。

武州西の境、その水を玉川という。渠《みずみち》をほり、これを引き、東の江都に入る。都城西七、八里、多摩郡となす。渠は実にこれを経る。桜樹数千株ありて、その両岸を挟む。植え列は数里、毎年の花時は盛観を極める。小金井橋はその中間にあたり、花はその名を取って称す。去歳三月、述斎先生が余を従えて、観にゆく。玉川に沿い二里、金橋を得る。岸を隔てて松、杉、林をなす。その極まるところ一桜樹有り、すでに尋常の物に非《あら》ず。半里を行くに、はじめて飄片《ひょうへん》の水に浮かぶを見る。よって花所の遠からざるを知る。新橋にて南岸にはじめて桜を得る。その間は十歩に一を植える。花は皆単弁で稠密《ちゅうみつ》、みな乾き抱き合い、高低互いに承《う》け、濃淡を互いに出し、目の極まる所、幾千百株かを知らず。望むところ一色、連亘《れんこう》数里、花の大観を極む。

この観桜記によって、小金井の桜はとみに名声を天下にとどろかせ、文人墨客が争ってここの桜を賞するようになっていった。

『玉川砂利』（文化六年）は、「小金井の桜は、両岸五六町（約六〇五〇メートル）に植えたが、今は二〇町（約二一六〇メートル）余である。人々が心にまかせて、大なる枝を折り取って帰る。後より植え添えることがないので、年々減ずること当然である」（意訳）と、花見に来た人が勝手に大きな枝を折りとって、桜樹を衰えさせていると嘆く。

また『遊歴雑記』は、「この長流に渡した橋は七つある中で、小金井と貫井の二つは有徳君《うとくのきみ》（徳川吉宗）が架けさせられたもので、その風景は小金井で最も優れる。橋の上より西の方は、富岳や箱根山を望み、両岸をさしはさむ桜花は、前後の尽きるところをみない。まことに武州国一の壮観、春色ここにあつまるものであるか。この小金井橋の左右に両三軒の飲食楼があり、いささかの飢えをしのぎ旅情を慰める。遊覧の客は、たいてい、この飲食楼に泊まる」とする。隅田村の花見に比べれば、花は良いが、昔からの僻地なので、後の人は歩いてそのことを知るであろう、と交通不便な地であることを嘆いている。

上野は、江戸開発が最初にはじまったところで、すこぶる名所とされていた。初花として中堂の西にある犬桜が咲き、立春六〇日目ごろが見ごろという。これが上野の花の咲き始めであるが、文化年代のころは老木となり、咲きだしが遅い。糸桜は慈眼堂をはじめ、領王院、等覚院、護国院、寒松院または清水など彼岸桜につづき、年の寒暖にもよるがいずれも早く咲く。清水の観音堂の前、石段の上の右の方にある一本の桜をもって、飛鳥山との見合いの桜とされていた。この花の咲くころに、飛鳥山の花が真っ盛りとなる。

木のもとは汁も鱠《なます》もさくらかな　芭蕉
分《わけ》入れば寺の背戸なり山さくら　希因
弁当に茶の水くむやさくらがり　嵐雪
此上野あるべきはなの山さくら　以風

上野はすべて吉野山の桜の種を植えたものだという。ふもとでは早く、奥では咲き方が遅い。上野のお寺の花見に参ると、お山の木立はうるわしく繁茂している中に、花もいまを盛りと咲き満ちている。諸人の袖をつらねて行き合い、まことに大江戸の盛りなるありさまとみえる。花見にきて咲き栄えた桜の下でゴロリと寝てしまいたいものだ、というような上野での花見の印象が『吾妻乃都ぞ《あずまのみやこ》』（文化九＝一八一二年）には記されている。

隅田堤の桜花

隅田川の花について「角田川に桜ほめ誇る詞並歌《ことば》」（『吾妻乃都ぞ』）は、待乳山《まつちやま》を左に見て、右はみめぐりの岸辺を過ぎて、木母寺というお寺のこちら側の木陰に、しばらく舟を止めた。酒を酌みかわし、宴をしていると、むこう岸の桜花は今日を盛りに咲き誇っている。日はうららかに射している。鶯も声高らかに囀《さえず》り、唐歌《とうか》（漢詩のこと）を好む人はまず杯《さかずき》をあげて、「黄鳥一声酒一杯」と叫ぶ。大和歌《やまとうた》（和歌のこと）も詠う。とりどりに面白みがある。杯のめぐるままに、ある人は舷《ふなばた》をたたき、ある人は棹《さお》を打ち、ある人は岸にのぼり、ある人は花をかざし、ある人は柳をつかむなど、おのおのさまざまに立ち振る舞う。散り落ちる花が、着物にかかり、やつしてきた袖に栄えある心地がする、というのである。

また文政一一（一八二八）年の『遊歴雑記』（小日向廓然寺前住職の十方庵敬順作）は、

堤の左右は一面に木母寺の門前より南の方、凡《およそ》七、八町が間、更に余木を混えず。往来の両側に挟んで、花王の古樹幾千株、花形またあざやかに、その香芬々として、眺望いはんかたなく、世上の春をここにあつめたるがごとし。飛鳥山、王子辺にくらべては、水辺といひ日あたり能《よ》ければ、花の盛り十四、五日も早し。またここに木母寺より南の方隅田堤通り凡一町ばかり西なる土手下の桜は、根の少し上より枝五本にわたり、四方へ繁茂する事凡《およそ》五、六間。此五本の枝の内に、一本は二間余あがりて又枝を生じ、太さ凡一尺四、五寸廻りもあらんか。此枝のみ八重桜にして、花また普賢像(象)とやらんにて、諸木に抜群して艶かしく、此枝又四方へのびる事三、四間、此花の下にお出茶屋あり。

と、隅田川の桜について述べている。

御殿山（現・東京都品川区）の桜について『吾妻乃都ぞ』は、春のころは平原の地一面に、桜花そろい咲く風情は、当所の一大壮観ともいえよう。この地は海辺なので、ほかより花が少し早い。おおかた立春七〇日ころが花盛りである。眼下に舟の行き交う海は、一望のなかに収められ、はるか市中に近く、房総の山々を遠望でき、西北には白金、目黒などの高地を見晴らし、木立のまにまに桜の満花を見る。絶景にして佳興あり、と記している。

武蔵国荏原郡大井村（現・東京都品川区）には、青西光寺本堂の前に古木の桜がある。高さ三、四丈（九〜一二メートル）、枝四方へ繁茂してのびること五、六間（九〜一一メートル）もある。東南の方にある来福寺には桜がおびただしくあり、数百種の色数を集めている。いずれもおおむね古樹で、東武の一壮観となっている。花王の種は数百種あるというけれど、ここに三十余種を記すとして、塩竈《しおがま》、薄雪、有明、よし野、人丸、大挑灯《おおちょうちん》、楊貴妃、奥州、普賢象、延命袋、鵯《ひよ》、大牡丹、夜乃月、虎の尾、愛染王、志賀、墨染、八重捻《ひねり》、大手鞠《おおてまり》、大しだれ、小しだれ、面影、大納言、少納言、熊谷、御所車、矢しほ、緋さくら、小町、荒磯、雪こかし、難波津を掲げている、

これらの桜の花形は、おのおの美しく、あるいは浅黄あり、または鬱金《うこん》に似たものもあって、よくものようなものを昔から集め、植えておいたものである、と『遊歴雑記』は記している。

数多い桜名所を記す『遊歴雑記』

『遊歴雑記』の著者小日向廓然寺の隠居釈大浄は、文化九（一八一二）年弥生の春、寺のしごとを後継者に譲った。性質として賑やかなことを好まず、ただ静かな生活をよしとしていた。もっぱら香、茶、俳諧のほか、和歌を詠むことで楽しんでいた。しかし隠居という身の上では、日ごろ何かと窮屈な思いをすることが多い。その鬱屈《うっくつ》を補い、英気を養おうと、春秋には遠近《おちこち》をあるき、寿命を楽しむことにしていた。なかでも春の桜花の時期や秋の紅葉のころには、都鄙《とひ》を独り歩き、訪れた寺社ではそれぞれの勝景を愛し、僻地の自然らしい風色を見ることを慰めとした。大浄は、江戸近辺の名所古跡をめぐり、文化一一（一八一四）年九月に『遊歴雑記』初編を脱稿し、文化一二年に二編、文政二（一八一九）年三編、文政六年に四編、文政一二年に五編を脱稿している。

大浄は江戸の名高い糸桜ばかりを集め、それに優劣をつけ、秩父や坂東などの巡拝に倣って、糸桜の名樹を三三番にまとめあげた。糸桜は彼岸桜の類なので開花からすぐ花盛りとなるため、大浄は最寄りの所の桜から逆に遊歴し、三日くらいの間に見つくしてしまうことにしていた。三三番にまとめあげる選定の基準は、枝が垂れしげる範囲が五間（九メートル）四方以上のものとした。ここにまとめたもの以外にも、糸桜の良いものは数百株あるといわれるが、選定基準以下の大きさの糸桜は記さなかった。大浄の選定基準は、主観的な花の善し悪しや樹形といったものではなく、樹木の大きさという客観的な物差しであり、大木の糸桜が当時の江戸に

『遊歴雑記』で大浄は，江戸の名高い糸桜（枝垂桜）34株を特集した。写真は京都府井手町にある枝垂桜の老樹。

はたくさんあったことがこれでわかる。

一番　四ツ谷鳴子浄圓寺　　二番　麻布笄橋長谷寺　　三番　伝通院内西側の寮
四番　大塚青柳町護持院　　五番　駒込鰻縄手海蔵寺　　六番　小石川白山蓮花寺
七番　番町通御厩谷　　八番　谷中日暮里延命院　　九番　麻布広尾天眼寺
一〇番　牛込早稲田五智堂　　一一番　牛込通寺町保善寺　　一二番　谷中養福寺
一三番　小石川天神　　一四番　目黒村祐天寺　　一五番　高田馬場先穴八幡
一六番　谷中経王寺　　一七番　東叡山慈眼堂　　一八番　上野山内領王院
一九番　上野山内等覚院　　二〇番　青山梅窓寺　　二一番　上野山内護国院
二二番　千駄ケ谷仙寿寺　　二三番　青山最勝寺　　二四番　牛込藁店光照寺
二五番　上野山内寒松院　　二六番　東叡山内清水　　二七番　駒込吉祥寺
二八番　小日向服部坂上道栄寺　　二九番　滝野川村弁財天　　三〇番　雉子堂八幡
三一番　田畑村與楽寺　　三二番　根津権現宮　　三三番　湯島鱗松院
三四番　広尾光輪寺

（注・三三番というが実際は三四番まである）

大浄が選んだ糸桜三四株のうち、ふるくから植えられていた上野山内（東叡山寛永寺境内）のものが六本も入っている。いろんな書に上野の糸桜が出ているが、なるほど江戸全体でみても、その威容を誇るにたるほどの糸桜であった。

『遊歴雑記』（文化九年ころの稿）は四ツ谷柏木村にある著名な右衛門桜について、

圓照寺の本堂と薬師堂との間にあるが、古来の名木は枯れ朽ちてその根元から若木が生長し、いまは四方へおよそ四、五間（七～九メートル）繁茂している。竹で垣がつくられ、そばへ人を寄せつけな

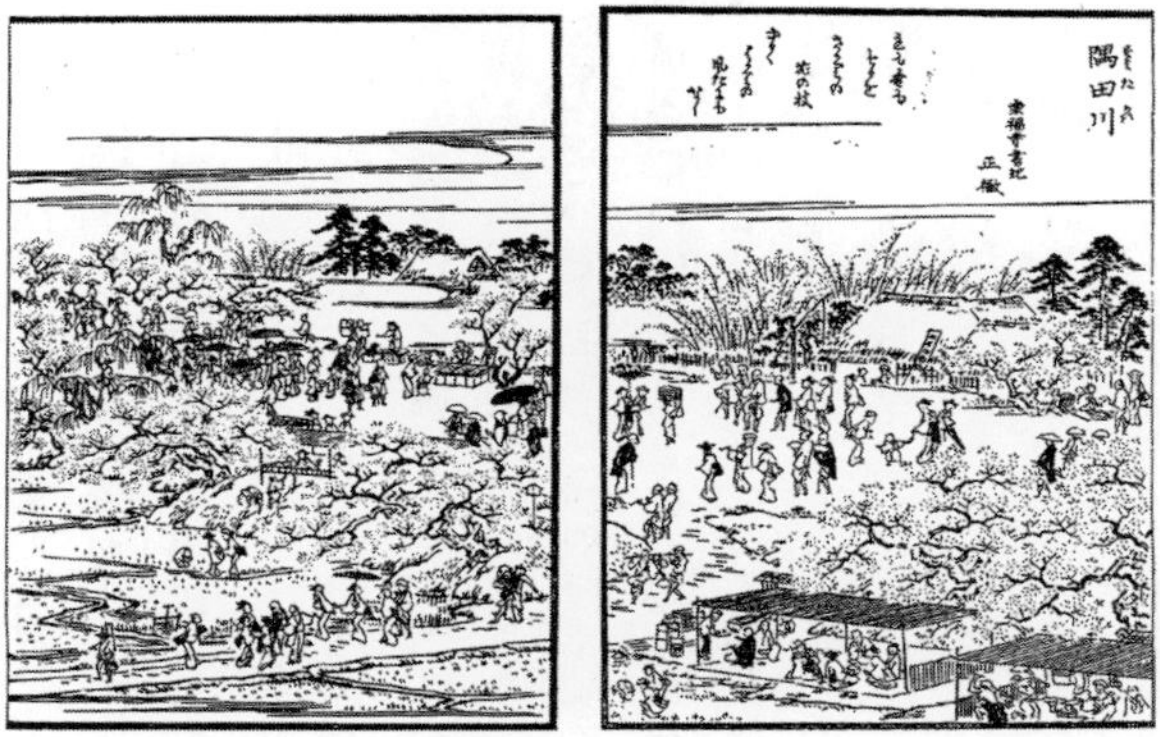

隅田川の堤は江戸の人々にとって格好の春の行楽地であった（古市夏生・鈴木健一校訂『新訂江戸名所花暦』ちくま学芸文庫，筑摩書房）

いようにしている。また本堂の前正面にも桜木が一株ある。花盛りはおのおの立春七四、五日目を見ごろとする。惜しいことに、土地が辺鄙で、神田下谷より先の人は、噂のみ聞いて、ここにやってこない。

と、残念がっている。

文化・文政期の桜名所

文化一〇（一八一三）年、大浄は大和郡山城主柳沢保泰（松平甲斐守）の染井の別業《べつぎょう》などを訪れている。松平甲斐守の下屋敷は、六《りく》義園《ぎえん》とよばれる名園であった。訪ねたのは秋の菊の季節なので桜の記述はない。

『東京府文献叢書』に誰の記述かわからないが、おそらくこのころの人のものであろうという、六義園の記録がある。桜にかかわる部分だけ引くと「此先紅葉《もみじ》多し。左の方の山を桜の花園といふ。むかしは桜多かりしに、今は楓のみ多しといへり。御亭の跡あり。吟花亭跡と云」とあり、かつて将軍綱吉の側用人から老中となった柳沢吉保が当主であったときから代替わりをしており、当主の勢力が衰え、庭の手入れが不十分になっていた様子がうかがえる。

文政二（一八一九）年三月、清水広敷の用人村尾源右衛門正靖は、

江戸城の南側にある行楽地を見にでかけ、「南郊看花記」(『嘉陵紀行』所載)という紀行文を残しているので、それに従って、当時の桜の状況を探ってみよう。

増上寺の乾《いぬい》門の奥の右手には、柳や桜が多数植えられており、これは一四年前(文化二年)、市ケ谷の念仏坂から夕方に火が出て、赤坂からこのあたりまで焼け広がり、赤羽で火はとまった。この辺の金地院、薬師堂などが焼け、増上寺の内にも及び御霊屋《みたまや》が危なかったので、火除《ひよけ》のため院や堂は所を変えられた。水野左近将監の屋敷も数十間も後へ退けられ、町家は替え地をもらって移った。そのとき、山内に道が付け替えられ、柳や桜が植えられたのであった。つまり、江戸名物の火事の類焼防止のため、火除地を広く確保したので、そこへ柳や桜を植えたというのである。

白金稲荷山のふもとは、みな桜花で、ことに鳥居の右にある二本は八重の薄色で、今を盛りに咲き誇っている。ここより赤羽に行く道側は、みな花の木を植えている。年を経たなら、さぞ美しいものになるであろう。瑞蓮院の東、池の弁財天の島にも、よい桜花が四、五本ある。祠《ほこら》の門のそばの木は、やや古びて花はとても美しい。

白金を下り長応寺、泉岳寺を通って裏門から入った如来寺は一四、五年このかた桜を数百本植えており、増上寺と同じ八重の美しい桜である。桜木をまばらでなく木を込めて植えているのは、当座の見た目の良さを望んで、永世の景色を図ったものではなかった。もし自分(村尾源右衛門のこと)に桜花の木を植えさせたならば、山桜と里桜を交えて疎《まば》らに植え、もっぱら成長を先とし、当初の見た目よりも数年の後の見た目をとるであろう。小さな庭に桜花を植え、春を貯えるためには、八重の里桜にまさるものはないが、大きな場所には必ずしも里桜を必要としない。さらに考えると、山桜にも八重の薄色があり、深山にはえるものに八重はない。八重にも一種、寿命の長いものがあるという。

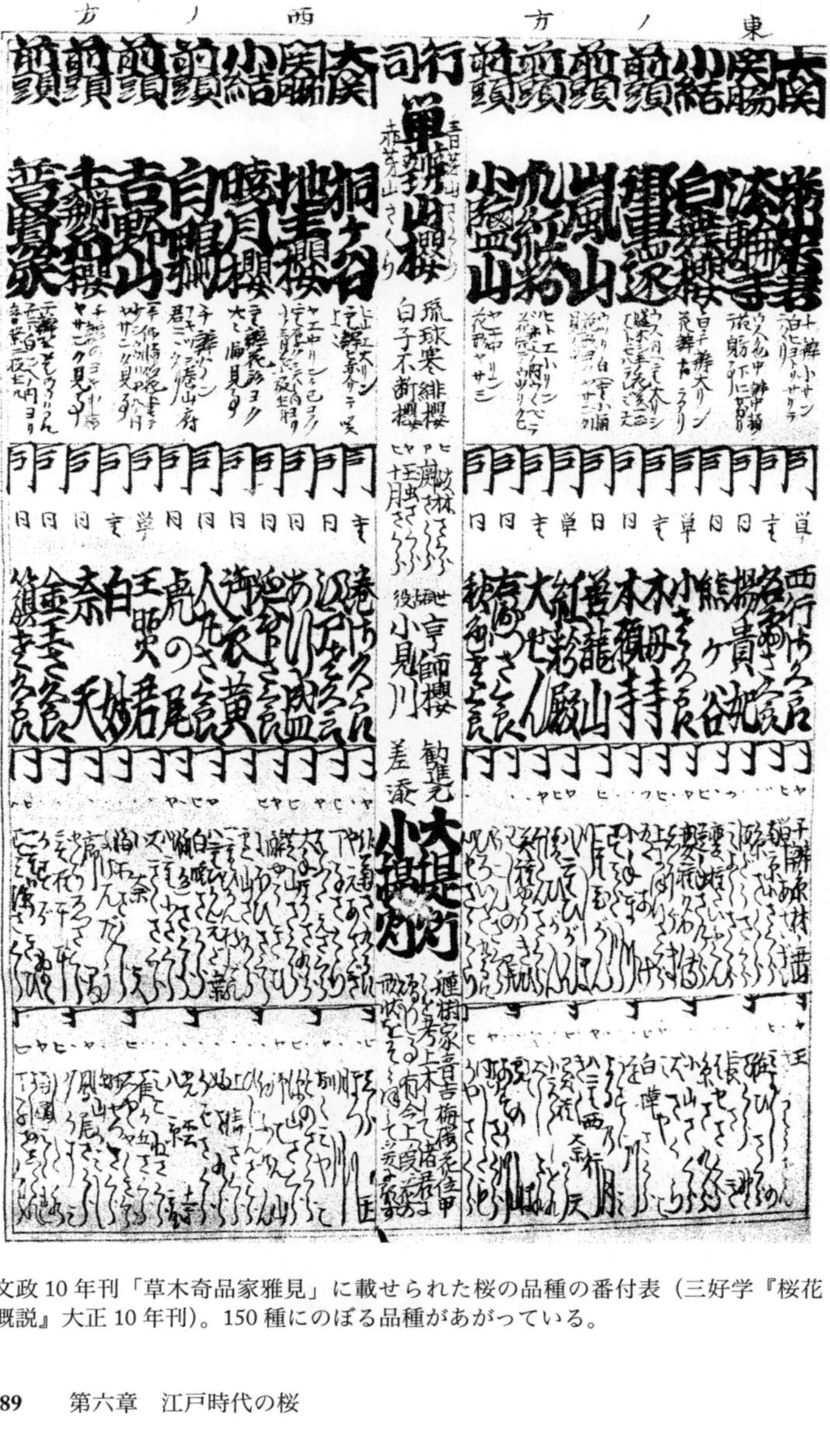

文政 10 年刊「草木奇品家雅見」に載せられた桜の品種の番付表（三好学『桜花概説』大正 10 年刊）。150 種にのぼる品種があがっている。

御殿山は天明のころ伯母ときたことがあるがむかしのことで、古木の花はそのころよりなお残り少なく、若木が植えられている。来福寺の書院の庭に、老木が一本ある。春日局が植えた塩竈《しおがま》という桜である。

うえし人の心をぞ汲汐《くむしお》がまの花さく春のかけにとひきて
塩がまのうらなけかしく尋《たずね》きてむかしをしのぶ花の木の下

この木はもと、梢より広がって庭の半ばを覆うばかりであったが、いつのころからか幹が朽ちて、今は三分の一に余るという。花の色も白くなっている。むかしは、この庭に、大挑灯《おおちょうちん》、小ちょうちん、手まり、楊貴妃、普賢象などの桜数十種があり、みな春日局の手植えのものといわれた。
さらに進んで西光寺の有明桜、車返し、児《ちご》桜などを見る。名主五蔵の宅にある八重桜で薄色の台命《だいめい》桜、池上本門寺の八重桜の薄色のものを見ているが、日暮れになり一日中歩いた花見は終わる。

文化期の鑑賞樹木と桜
おなじころの『遊歴雑記』も、当時の江戸における桜花について述べている。まず高輪にある帰命山如来寺にある五智堂の境内には、数千株の桜が一面爛漫と咲きそろっていた。一重はすこし散りはじめ、八重はいまだ盛りには至っていなかった。門から本堂までの道敷《みちしき》のほかは、桜ばかりである。東側は山際まで五〇〜六〇間（九〇〜一〇五メートル）はことごとく桜で、西の方は南北一丁（約一一〇メートル）ばかりの幅七、八間（約一三〜一四メートル）はみな桜ばかりである。
品川の御殿山は、数千株の桜が繁茂しており、一重や八重が花色を競って咲いている。しかし、近ごろ桜樹の植え付けもないため、立ち枯れや風折れがある。山の掃除もすみずみまで行き届かず、塵芥《じんかい》が積もっている。これらからみて、ちかごろは将軍の御成《おなり》もないのであろう。飛鳥山は桜は多いというが狭く、総体に掃除がされていないので汚穢《おわい》という感じである。

東武西の久保東大横町から入り、芝切り通し坂上増上寺黒門の内番所より、引き続き白金稲荷の際までのおよそ二町（約二二〇メートル）の両側左右は桜ばかりである。花は艶やかで、路傍いちめんの花王（桜花）なので、眺望は口で言うこともできないくらいだ。惜しいことに、火を禁止して蕎麦《そば》を飲まさない。

そして『遊歴雑記』は、『花暦』が如来寺境内の桜を洩らしているのは愚かというものだ、と評する。これだけではなく、隅田堤、飛鳥山、上野の花のみを知って出板《しゅっぱん》したのは、ひとがぞよめき逍遥《しょうよう》するがためである。実に花を愛し、風景の勝地を賞する人は少ない。ゆえにこの地（如来寺境内の桜）を洩らして、物知り顔に『花暦』などを出したのは拙《つたな》いというほかなく、世上の人を欺く罪人である。隅々まで花を尋ねて愛する人は少ないかな、と嘆き、こっぴどい批評をしている。

類なき名桜として江戸の人たちに知られた右衛門桜（『江戸名所図会』巻之四，近畿大学中央図書館蔵）

文政期（一八一八～三〇年）における江戸での賞観樹を『武江物産誌』（文政七年）でみると、梅一一カ所、桜五二種（あるいは箇所）、桃四カ所、梨三カ所、柳四カ所、海棠《かいどう》花二カ所、牡丹四カ所、躑躅《つつじ》六カ所、紫藤《ふじ》七カ所、紅葉一三カ所、卯の花六カ所をかかげるとともに、草本の桜草・紫雲英《れんげ》四カ所、燕子花《かきつばた》六カ所、菊六カ所を書き上げている。そして別に銘木類として、松五二本、杉四本、榧《かや》二本、山茶花《さざんか》二本、銀杏《いちょう》四本、槐《えんじゅ》一本、樟《くす》一本、榎《えのき》一一本、蘆《あし》一カ所、笹二カ所、竹九カ所が挙げられているが、桜には名木がまったくみられない。古木になって枯れ朽ちてしまっていたのであろうか。賞観樹とされた桜について、ここに掲げることにする。

上野山王社前（ひとえの彼岸桜）、同清水観音堂後、同山門の前、同大仏堂前、同慈眼堂、同寒松院、同護国院（彼岸・しだれ）、同谷中門内（彼岸・しだれ）、車坂（ひとえ）、絲桜（増上寺）、伝通院大黒社内、谷中善照寺（ひがん・しだれ）、根岸西蔵（ひがん・しだれ）、根津権現、養福寺（日暮里）、谷中七面境内（ひがん・しだれ）、乗圓寺（鳴子村。ひがん・しだれ）、長谷寺（麻布）、光林寺（麻布）、麻布広尾（木下屋敷）、右衛門桜（大久保村・柏木村）、雲井桜（伝通院寮舎）、駒込神明前（ひとえ・ひがん）、文箱桜（市ケ谷、火の番町）、芳野桜（上野）、犬桜（上野）、秋色桜（清水御供所）、感応寺（谷中）、瑞林寺（谷中）、飛鳥山（八重）、隅田川（八重）、王子権現、根津権現、御殿山（品川）、小金井（玉川上水辺）、広福寺（玉川）、千手院（千駄ケ谷）、深川元八幡、大井の桜（品川来福寺、常蓮寺にあり）、塩竈（高田明神）、金王桜（青山教覚院）、兼平桜（小日向）、延命桜（品川、来福寺）、泰山府君（三田）、千本桜（浅草）、浅黄桜（感応寺、長命寺）、歌仙桜（深川八幡）、百枝桜（谷中妙林寺）、九品桜（田畑六阿弥陀）、母衣桜（西ケ原）、八重垣（神田明神）、十月桜（王子権現）

以上のとおりで、上野地区が最も多く、桜の名所といえば上野だといっても過言ではない状態になっていたのである。

『江戸名所花暦』の第一は上野の桜

文政一〇（一八二七）年の『江戸名所花暦』は、江戸の人びとが遊覧する場所として、鶯、梅、椿、桃、彼岸桜、桜、梨花、山吹、菫草《すみれぐさ》、桜草、藤、躑躅《つつじ》、郭公《かっこう》、牡丹、樗《おうち》、杜若《かきつばた》、卯の花、橘、水鶏《くいな》、合歓木《ねむのき》、蓮、納涼、荒和祓《みそぎ》、牽牛花《あさがお》、七草、萩、月、虫、菊、紅葉、寒菊、水仙、寒梅、連理楠、松、枯野、千鳥、雪について、それぞれ見所を記している。

同書は、桜については東叡山（上野）をまず第一に掲げている。東叡山は、一山の桜は種々あって、開花には遅速がある。当山は東都第一の花の名所であり、彼岸桜より咲きはじめ、一重、八重がおいおいに咲きつづき、弥生の末まで桜花が絶えることがない。

糸桜は、立春より六〇日め。慈眼堂の前通り坊中、寒松院、等覚院、護国院である。

犬桜、糸桜に同じ。彼岸桜に似て、花形大きく変わっている。中堂の西寒松院の前より、谷中のかたへ行く道より左の方に大樹一本あり。これが当山の花の咲きはじめである。大仏辺では、立春より六〇日め。四軒寺では、立春より六〇日め。車坂は、立春より六〇日め。山王社頭は、立春より六〇日め。清水観音は、立春より六〇日めである。

彼岸桜の見所は花屋敷であり、立春より五〇日め。花屋敷は番町厩谷杉田家の屋敷のことで、いま厩谷松平氏の屋敷をいう。天明（一七八一～八九年）のころは、佐野善左衛門殿の邸宅であった。大樹であって、桜屋敷ともいわれた。

成子乗圓寺では、立春より五〇日めで、寺は四ツ谷新宿のさき堀内道にあり。これまた、大樹である。ちかごろ、大門の左の方の空き地へ桜の苗木を植え込んでいる。

無量山寿経寺伝通院も同じく、寺は小石川安藤坂の上である。正念寺も同じく、寺は駒込土物店新道である。この寺は桜がたくさんあるので里では俗に、さくらの観音という。宝珠山延命院も同じく、寺は谷中日暮里妙隆寺へ行く道の角にある。

日暮里も同じで、この地は彼岸桜より咲きはじめて、弥生のころまで花がある。

木下侯庭も同じ時期で、麻布広尾にある。幹の太さは、ふた抱え半ある。南北へ二二間一尺余（約三八メートル）、東西へ一九間余（約三四メートル）、小山に雪が覆っているように見られた。花の頃に見物を許されていたが、近ごろは止められた。

慈眼山光林寺も同じ時期で、寺は麻布新堀端にあり、境内に大樹がある。枝垂れた枝は地について、滝の落ちるようである。花の色は成子乗圓寺の花によく似ている。この光林寺の前新堀のむこうをそえて広尾の原と唱え、桜の咲いたころより、貴賤の人びとが思い思いに、酒肴をもって来て、毛氈《もうせん》、花むしろを敷き、こちらにまとまり、あちらにたむろして、賑やかに興ずるさまは、天和《てんな》（一六八一〜八四）のころ（四代家綱の治世）の光景が思いだされる。もう一つは牛天神で、以上の九カ所を掲げている。

桜花の見所のいろいろ

桜の見所として『江戸名所花暦』は、まず隅田川堤を掲げている。

隅田川堤は江戸第一の花の名所であり、この花は享保（一七一六〜三六年）のころ将軍の命令により、植えられたものである。今も枝を折ることの禁止は、諸人が知っている。堤を曲行して木母寺大門に向かう所、左右より桜の枝覆いかぶさり、雲のうちにいるかと思われるばかりである。この地は桜に限らず、四時ともに景色の良い地であるから、都より下ってこられたやんごとなき人たちも、ひとあたりは遊覧される。

梅柳山隅田院木母寺は隅田村にあり、この辺に大樹の桜がある。境内一の佳木である。水神社《すいじん》は、木母寺の門前より左の方へ三町（約三三〇メートル）ほど行くと、森がある。ちかごろ、風流の遊び客が桜を植え添えており、堤と同時に花盛りとなる。

新吉原の大門のうちには，通りの左右に桜が植えられ，人びとが群集した（古市夏生・鈴木健一校訂『新訂江戸名所花暦』ちくま学芸文庫，筑摩書房）

新吉原は、山谷にある。毎年三月一日より大門のうち、中の町通り左右を除く中通りへ、桜数千本を植える。常には、ここも往来の地である。年ごとの寒暖によって、花が遅れたならば三月一日より後に植え込むこともある。葉桜になっても、人びとは群集する。

金竜山浅草寺の境内は千本桜といわれ、元文（一七三六〜四一）のころ寄付を得て植えたものである。今は一カ所にまとまっていないが、奥山のところどころに見える。神田明神社頭は、本宮のうしろに桜がたくさんある。また東方の茶店より望むと、浅草本所築地のほとりまで眺望できる。桜馬場は、昌平坂聖堂西の方の横手の馬場のことである。むかしは桜、楓の大木があったのでこの名とされたが、今は柳のみである。

飛鳥山は、王子権現より南の方にある芝山である。八重、一重の桜数千株が植えられ、花盛りのころは、木の間に仮の茶店を設《しつら》えて、群集する。はるか東北を眺めると、足立郡の広地が眼下に見えて、荒川の流れが白布をひいて、すばらしい佳景である。

小金井《こがねい》橋は、玉川上水の堤である。ここの桜は、元文年間（一七三六〜四一年）に台命《たいめい》（将軍の命令）をもって、大和国吉野山および常陸《ひたち》国桜川の種を植えさせたのであるが、いずれも大樹となって、開花のとき小金井橋の上よりこれを望むと、岸をはさんで桜がひんぶんとして、前後の尽きることがわからないほどで、実に一奇観となっている。

以上のほかにも天澤山竜光寺、諏訪山吉祥寺、白山神社、花渓山道栄寺、長耀山感応寺、慈雲山瑞林寺、根津権現、王子権現境内、岸稲荷社、右衛門桜、金王桜、三縁山増上寺、御殿山、海賞山来福寺、西光寺、元八幡宮が挙がっており、全部で三〇カ所に及ぶ名所を掲げている。

個人造営の長者丸桜園

天保五（一八三四）年三月一三日、幕士鈴木政恭（岩次郎）や小林元雄（歌城）らは、麻布長者丸（現・東京都港区）に住む幕府天守番に勤める久保勝章（一七八七～一八六一年）の園中の桜花を賞しに出かけている。久保勝章は、通称を帯刀《たてわき》といい、桜顚《おうてん》または白桜亭と号した。

武田酔霞（信賢）の「久保桜顚翁の墳墓に就て」（雑誌『桜』第二号）によると、弘化（一八四四～四八年）の中葉に川村対馬守が、久保桜顚翁の宅に桜花を見物に行くころは、もはや翁は隠居し剃髪《ていはつ》していた。徳川将軍へもたびたびお伺いし、また将軍家から拝領したといって、山茶花《さざんか》もおよそ五、六〇種も植えてあった。また蓮花も愛し、園の窪んだところへ蓮花の鉢を数種並べて培養していた。居宅は古いが、しごく奇麗にされていた。広さは、およそ三〇〇坪（約一〇〇〇平方メートル）ほどで、大名の隠居などもしばしば見物にきたという。そのほか、何によらず、種々の草木の鉢植えもあって、人が望めば遣《や》っていた。

桜顚翁は、平素から素人のよろこぶ重弁の桜を田楽桜と名づけてことのほか賤《いやし》めていたので、単弁、重弁でも世にありふれた桜は一本もなく、みな世にも稀な奇品、名花であり、松岡玄達および蘆田鈍永翁（この二人は『桜品』の著者である）が現存して、これを見たならば、さだめし腰が抜けて一語も出すことができないと思われる。園中の桜花が満開のとき門内にはいれば、香気馥郁《ふくいく》、見慣れない花ばかりで、一見桜とは思われないものが最も多かったという。

『名園記』に収められた「麻布長者丸久保帯刀園」（金令子随筆甲午（天保五年）下）には、三月二五日に桜花を見にいったことが記されている。金令子は、瀬名、小林歌城などと共に、長者丸桜園を訪れた。

主人は富士見御宝蔵番にして、面やや熟せり。共に旧を説く。瀬名氏客冬某を介して主人の花一株を得たり。所謂御衣黄《いわゆるぎょいこう》とて浅黄桜、花弁の中に萌黄《もえぎ》の筋二条あり、御衣《ぎょい》の彩《いろ》と同じきと云。春に至て花を開きしをみれば、至て小弁にして紅也。花葩《はなびら》三十片もあらん。殆ど冬菊に類せり。紫荊にも似たり。大に怪しむ。終に一、二弁を携来て、主人に示して其故を問ふ。主人花をみて大に驚告《おどろきつげ》て曰《いわく》、是《これ》大に錯《あやま》てり。去年根を分つ時、某の諸侯へ五、六株を贈りし時、同く分ちたる時誤れるならん。是は真《しん》普賢象《のふげんぞう》とて、御衣黄よりは品第遥《はるか》に上なる物也。幸に君に獲《と》られしは、吾欺《あざむ》かざるを表するに足れり。かの諸侯は定て望を失うべしと笑ふ。御衣黄は是也とて、自ら行《ゆき》て示す。実に花容前に記するかごとし。真普賢象は是也とて、此花をも示す。園中百三十六品あり。数年心を用て売品を尋ね、春来諸園を尋て主人に懇請し、翌年枝を乞受て接樹《つぎき》し、此如くの林をなす。就中貴价《なかんずくきかい》公子の秘蔵をば、百計して枝を請ふ。其苦心幾許《いくばく》といふを不知《しらず》、或は遠村に行て樹下に臥して其葉を能《よく》認む。金橋に行て野宿せし事あり抔《など》、縷々《るる》かたらる。自ら思らく、花に顚《てん》して一生を贈る愚なるに近しと。

長者丸桜園には一三六種もの桜が植えられていたが、主人の久保桜顚が苦心して接木《つぎき》などによって集めたものであった。久保桜顚は人が訪ねてくるのをよろこび、花が咲く時期には、貴人や一般の人たちの来観者が多かったことが、右の訪問記に記されている。金令子たちが話しこんでいるときも、人が幟《のぼり》のようにやってきた。下駄や杖の持ち込みは禁止し、下駄の人には草履《ぞうり》を出して貸した。来観者が多かったのは、桜顚が快く客を迎えたこともあるし、また彼が世の種芸家や本草家、そのほか文墨の人たちとの交際がひろかったからであろうと思われる。

しかし文久元（一八六一）年五月の久保桜顚死去の六年後、慶応三（一八六七）年一〇月、一五代将軍徳川慶喜が大政奉還をなし、徳川幕府は瓦解したのであった。職を失った桜顚の跡継ぎ栄左衛門（幕府富士見御宝蔵番勤め）は、この桜園を維持することが困難となり、園内の桜をすべて駒場御薬園へ収めた（『東京市史稿』遊園篇第三）。

桜花を写生した『長者ケ丸桜譜』

長者丸桜園の一三六種の桜花は、本草家の中でも岩崎灌園とともに画の名手とされ、ことに桜花の写生が得意であった坂本浩然が描いている。『長者ケ丸桜譜』といわれる桜花図譜がそれである。『長者ケ丸桜譜』の作成を坂本浩然に依頼したのはこの図譜の旧蔵者の増田繁亭（通常は金太郎または金太と称した）であろう、と三好学博士（昭和一三年初版『桜』冨山房）は推定している。増田繁亭は、江戸青山権現原西手前に住んだ花屋で、種芸に長じており、また築山庭造りが巧みであったから、諸屋敷へ出入りした。人となりは風雅で、ひろく名高い人たちと交わりをし、文晁、雲峰、雲停などの画家と行き来し、ことに本草家の坂本浩然とは懇意であった。増田繁亭は、その当時流行っていた植物の変わり物を図録にした『草木奇品家雅見』（文政一〇年開板）という書物をつくっている。

さて『長者ケ丸桜譜』の図は山桜（赤葉二種）から衣笠桜まで一三五図ある。いずれも浩然は精細に描き、彩色は鮮明だという。『長者ケ丸桜譜』と言われるが、もとこの図譜には題名がなく、図を入手した三好学博士が名づけたものである。図の大きさはおおよそ、縦四寸（一二センチ）、横三寸余（一〇センチ）である。一図ごとに当時の著名な俳人の鳳朗、卓池、梅室の句を添えている。紛失した図を除き、一三三図

（うち辨殿は重出）の桜の名はつぎのとおりである。

山桜（赤葉二品）、同（緑葉）、松月桜、柴船、遅桜、姫子桜、在原桜、享師桜、燕尾桜、西行桜、婆桜、一文字桜、雪の曙、泰山府君、雲井桜、下溝桜、辨殿桜、駒繋桜、絲括桜、鴨枝桜、山枝桜、手鞠桜、箒桜（一名天ノ川）、数珠掛桜、不断桜、真普賢象、雨宿桜、常盤桜、蘭奢待、雪山桜、彼岸桜、白彼岸桜、御衣黄、八重彼岸、辨殿桜、祇女桜、暁桜、王昭君、薄墨桜、海棠桜、千本桜、山形黄桜、白山旗桜、祇王桜、嫩木桜、黄金桜、夕栄桜、小梅桜、南殿桜、初雪桜、旭山桜、柴山桜、左近桜、敦盛桜、熊ケ谷桜、左衛門桜、有明桜、小町桜、大菊桜、殿桜、元日桜、布引桜、楊貴妃桜、大提灯、千里香、紅枝垂、鎌倉桐ケ谷、月暈、金山香、紫桜、爪紅、芳野枝垂、薄化粧（一名玉藻前）、玉簾桜、江戸法輪寺、丁字桜、琉球緋桜、外山桜、朱雀桜、人丸桜、虎尾桜、御殿山、芳野桜、小金井、小春桜、江戸桜、隅田川、滝桜、千代枝垂、御所桜、入相桜、伊勢桜、千羽桜、廊間桜、芙蓉桜、奈良桜、香桜、大膳桜、醍醐桜、鷲の尾桜、紅延命、浅黄桜、一葉桜、滝の川、禿桜、地主桜、筑波桜、白舞、萬里香、嵐山桜、吉祥閣、上溝桜、朝日桜、初瀬桜、塩竈桜、小提灯、路頭桜、朝霧桜、九重桜、小縁桜、手枕桜、帆掛桜、名島桜、樺桜、袖振桜、枡花桜、鞍馬山渦桜、白鴨、小塩山、紅鴨、初雁桜、金王桜、衣笠桜

坂本浩然が描いた『長者ケ丸桜譜』に載せられている白山旗桜（三好学『桜』昭和 13 年刊，近畿中国森林管理局蔵）

この『桜譜』の桜は、当時江戸青山の長者丸の久保桜顛の桜園に植えられた種類を写生したものであることは、

三好の考証（「浩雪桜譜解説」）によって明らかにされている。

天保期の桜の名所

天保九（一八三八）年印行の『東都歳時記』の二月の条には、当時の桜の名所が記されている。

彼岸桜（立春より五四、五日ころより）は、東叡山の山王、車坂、二ツ堂の前両側、四軒寺町入口、寒松院の原、大さくら、そのほか上野山中は彼岸桜が多い。

枝垂桜（同じころより）は東叡山（坊中に多い）、谷中日暮里（養福院、経王寺、大行寺、長久院、西光寺、吉祥院など、そのほか寺院の庭に多い）、湯島麟祥院、根津権現社、小石川伝通院（本堂の前左右）、大塚護持院、広尾光輪寺（麻布）、成子乗圓寺（大木なり）、中野宝仙寺、目黒祐天寺、池上本門寺（大木、本坊の前にあり）、聖坂功運寺、そのほか寺院に多い。

単弁桜（同六〇日めころより）は、東叡山（山王、吉祥閣の傍ら、寒松院の辺四軒寺町林中、御本坊の西門、慈眼堂の前、中堂の艮隅左右松の中）、谷中七面宮境内、駒込吉祥寺、小石川白山社地旗桜、大塚護国寺、小金井橋の両岸（江戸より七里余あり）である。

単弁桜（立春より六五日目のころより）は、東叡山（山王、清水、四軒寺町、奥の並木）、飛鳥山、王子金輪寺の前、平塚社辺、奥沢九品仏、目黒祐天寺、品川御殿山（東海寺鎮守の社辺にもあり）、鮫洲西光寺（醍醐桜）、同所光福寺（この所を大井という）、高輪如来寺（世に大ぼとけという）、隅田川堤、木母寺辺、大窪七面宮境内である。

重弁桜（立春より七〇目のころより）は、東叡山（清水秋色桜、中堂の後）、谷中日暮里、王子権現社辺、滝の川、根津権現社内、谷中天王子、堂瑞林寺、品川御殿山、鮫洲西光寺、光福寺、浄蓮寺、同来福寺（二八品の桜あり）、大塚護国寺、渋谷金王桜（一名憂忘桜）、千駄ケ谷仙寿院（新日暮里という）、柏木圓照寺右衛門桜、砂村元八幡宮前、吾妻森辺、日本堤である。

遅桜（同じころより）は、東叡山（清水石坂の上、同所本覚院、車坂の辺）である。

浅草寺の千本さくら、深川八幡の園女が植えた歌仙桜は、いま少しおそい。

そして『東都歳時記』は、「以上は父親の県麿《あがたまろ》が選んでおいた花暦の一枚摺りによって日並び（開花日）を記録した。ただし、ここに記したものは、花が開きはじめた日並びである。真っ盛りを見ようとするなら、これより遅れて見るべきである。桜にかぎらず、開花の時候はたいてい定まっているが、年の寒暖によって少しの遅速がある。また種類によっても前後があるので、一寺一山といえども、ともに盛りを等しく見ることは困難である。ある人が言うには、怡顔斎《いがんさい》（松岡玄達）の『桜品《おうひん》』に載るところの桜は六九品で、いま東武には百余品におよぶ」という。

手習の師を車座や花の児《ちご》　嵐雪

花のころには、手跡、音曲の師匠は門下の童子幼女と集って花見に出る。また吉原の禿《かむろ》（遊女見習いの一〇歳前後の少女）の花見があり、上野の日ぐらし、隅田川などが最も多いと、まとめている。

天保期の江戸の花見場所

『東都歳時記』と同時期の『花の十文』は江戸の花見場所を、①互天武彌満《ごてんやま》、②美南能雲美辺《みなみのうみべ》、③仁志能耶麻辺《にしのやまべ》、④古雅念慰《こがねい》、⑤多喜能賀者《たきのがわ》、⑥安寿加野満《あすかやま》、⑦雲閉能《うえの》、⑧非愚良志《ひぐらし》、⑨與志者楽《よしわら》、⑩寿美多雅《すみたか》

波《わ》という一〇カ所のエリアを当て字で書き、あそびながら紹介している。

御殿山のエリアでは穀雨《こくう》（太陽暦では四月二〇日ごろで、春の最後の節日《せちび》）二、三日前より七日ほど咲きつづき、愛でる心は花の雲に乗合い、花の香りをくゆらせながら、心ゆくまで滄海《そうかい》を見渡す面白さは、何にたとえられようか。慈眼山光林寺の糸桜は非常に大きな古木であり、竜谷山功雲寺の糸桜だけでなく、この花に続いて一重や八重が咲きつづく名所であるとする。

南の海辺エリアは『万葉集』の名所で、穀雨のころ盛んである。大井の水車の川辺の花は、手も濡らさずに錦を織る。海晏寺の西明寺殿の墓は、花の雪中にたち、隣の泊船寺の芭蕉堂は西明寺殿との背中合わせで花の錦を被る。来福寺には命を延ばす桜がある。光福寺に至れば蘭奢待《らんじゃたい》（桜の品種名）の名木は花盛りで匂っている。夕映えの西光寺の醍醐桜は八重一重《やえひとえ》で車返しとも称する。

西の山辺エリアでは、中野宝仙寺の大師堂の前にうるわしい花の糸桜がある。鳴子の里の常円寺には糸桜の大木が一本あり、おおよそ二、三〇〇年の年を経ていると伝えられ、四方へ一四、五間（二五～二七メートル）ほど枝が広がっている。清明《せいめい》（太陽暦では四月五日ごろ）のころは七、八分咲きで、境内は花に満ちあふれる。帰り道にある養国寺の糸桜は、遠くから雪の山のように見える。隣の全勝寺糸桜も咲き乱れ、法善寺には今も古木の名花がある。また子《ね》（北）の方には柏木の衛門桜、午《うま》（南）の方には金王《こんのう》桜もある。長者丸の白桜亭では、あまたの名ある桜が一目に見られることは、めでたい限りだ。

小金井エリアでは、穀雨より五日ばかり前に至ると満開となる。桜の古木に花が爛漫と咲き乱れ、小金井の流れに沿って咲き連なり、堤は草花の錦をしき、見あげれば雲のごとく波のごとく、一里半（約六キロ）あまりが見渡せる。

滝野川エリアでは、山上山下に一重、八重の桜が咲き続く。

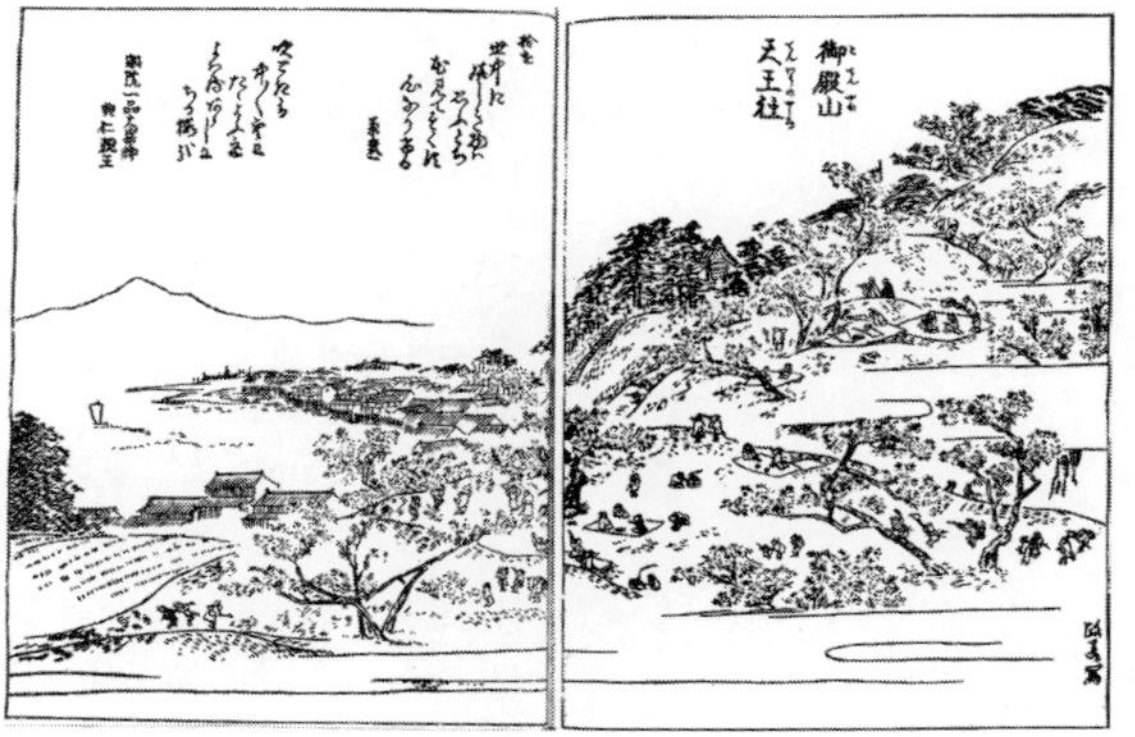

品川の御殿山の桜は，近くに海を見ながら花見ができるので，江戸市民にずいぶん楽しまれた（『東海道名所図会』巻六，近畿大学中央図書館蔵）

　飛鳥山エリアでは、音羽護国寺に詣でると楓《かえで》に混じって八重桜が麗しく咲いている。市ケ谷袋寺町妙典寺と蓮秀寺の糸桜は名花で、清明のころ盛んに咲く。

　上野エリアでは、清水堂・山王山のあたりの花の景色をみると、外には桜花の景色は見られないほどである。山王山は桜の峰とも称し、林羅山も桜を植えたことが伝えられている。車坂に車返しの花がある。吉祥閣七堂伽藍は花に輝く。御坊の糸桜の大木の名花は、みなご存じのとおり。伝通院の本堂前の糸桜は、清明に見ると七、八分咲きで、言葉に尽くしがたい。白山社の下の桜は清明より五日めに、一重の白が盛りである。千駄木の世尊寺の糸桜も清明に咲きみちる。穀雨のころに上野では、山中花ばかりで、見る人も雲のごとくで、おしなべて白雲と見えた。

　日暮エリアは浄光寺、妙隆寺、修性院、青雲寺、本行寺があり、四時の花が絶えず、類いない勝地で、遊観の地なので、隠逸の老人も深窓の養女も、山中を歩き保養することがよろしい。谷中領玄寺の会式桜、一重の白花が美しい。

　隅田川エリアは、日本堤の花の雲、木母寺の桜の中に梅若祠があり、柳が緑の枝をたらしている。水神の祠から三、四丁（三、四〇〇メートル）の堤は、古木が多く茂っていて花のトンネルをくぐるように人びとが行き交っている。吉原の花見の一群は禿《かむろ》十余人が花かんざしを輝かせて続き、振り袖も混じって遊女二、三〇人ばかり。華やかなことはいうまでもなく、花の中の花見である。

つづいて幕末における江戸の桜名所の動きを簡略に記す。

嘉永二（一八四九）年、代官大熊喜住は小金井の桜樹の植え継ぎを田無村里正の半兵衛富宅で付近の村人に諮《はか》らせると、皆よろこんで、数百本の桜木を足し植えたという。民間の人びとも、名のある桜をたくさん養成していたことが、これでわかる。

嘉永六（一八五三）年、品川沖に砲台を築くため、高輪泉岳寺丘陵と品川御殿山が掘り崩された。

安政三（一八五六）年の一一月から翌年にかけて、浅草寺の境内の奥山に桜樹千本が植えられた。『続武江年表』は浅草の桜植栽は、このたびで三度だという。

慶応二（一八六六）年六月、上野の山内が締め切られ、人びとの立ち入りが禁止された。慶応四年正月に鳥羽伏見の戦いがあり、前の将軍徳川慶喜は江戸に帰り、上野の大慈院に入り謹慎したのであった。

3　花は桜木人は武士

三味線歌に唄われる桜花

江戸時代の元禄期（一六八八〜一七〇四年）は、全国的に生産活動がさかんになり、貨幣経済が発展した時代であった。自然科学では本草学《ほんぞうがく》や農学、医学など実用的な学問が発達した。国文学の研究もこのころから始まり、契沖《けいちゅう》が『万葉代匠記《まんようだいしょうき》』を著述するなど、古典の研究はのちに古代精神の探求へとすすみ、国学として成長していくのである。
元禄期はあらゆる文化が醸し出されるとともに、爛熟した時代でもあった。風俗は上下ともに華美になり、庶民もいろいろと新しい流行を追いはじめていた。三味線の歌、箏《そう》（十三弦の「こと」）の歌もこの時代に完成し、さらに前の時代から流行していた歌を集め、出版された。その一つとして、室町時代末期から元禄期にかけて広く人びとに愛された三味線演奏の流行歌を集成し、元禄一六（一七〇三）年六月に出版された『松の葉』という書がある。その第二巻の長歌の一一番目に「桜尽くし」という歌がある。ここに当時の人びとに知られた桜の種類が唄われているので、すこし長いが掲げる。

飽《あ》かでのみ花に心を尽くす身の、思ひ余りに手を折りて、数ふる花のしなじなに、わきて楊貴妃、伊勢小町、誰が小桜や児《ちご》桜、百《もも》の媚《こび》ある姥《うば》桜、我や恋ふらし面影の、花の姿を先立てて、行方分け越し三吉野の、雲井に咲ける山桜、霞の間にもほのかにも、見そめし色の初桜、絶えぬ眺めは九重の、都返りの花はあれども、馴れし東《あずま》の江戸桜、名に奥州の花には誰も、憂き身を焦がす塩竈《しおがま》桜、花の振袖八重《やえ》一重《ひとえ》、下には無垢の緋《ひ》桜や、樺《かば》に浅黄《あさぎ》をこき交ぜて、訳よき縫《ぬ》ひの絲桜、引く手数多《あまた》の身なりとも、せめて、一夜の戯《たわぶ》れに、酔《えひ》を勧むる熊谷の、猛《たけ》き心は虎の尾の、千里も通ふ恋の路、忍ぶに辛き有明桜、君の情けの薄桜、よしや思ひを桐が谷《やつ》、浮世を捨てし墨染桜、昔を忍ぶ家桜、花の扉《とびら》の寂しきに、月の影さへ遅桜、闇はあやなし紅梅《こうばい》桜、色こそ見えね折る袖も、匂ひ桜や菊桜、花の白露春ごとに、打払ふにも千代は経ぬべし

折からの風にそよぐ山桜花。三味線歌の一つ「桜尽くし」には，数多くの桜の種類が唄われる。

ここには掛詞《かけことば》や語呂あわせでもって、二八種の桜が唄われている。春の宵は、こんな桜尽くしの歌をきながら、余裕のある人はのんびりと桜花を楽しんだにちがいない。

賀茂真淵と桜

賀茂真淵（一六九七〜一七六九年）の『賀茂翁家集』巻之四に「桜の詞《ことば》」という文章がある。賀茂真淵は国学四大人《うし》の第二とされ、また歌人として盛名があった。これによると、国学者で歌人の真淵が桜をどう見ていたのかがわかる。『賀茂翁家集』は真淵の代表的な歌文集で、真淵の死後、門人の村田春海が編集し、文化三（一八〇六）年に出版された。巻之三と巻之四は雑文で、巻之五は紀行文である。古文調の長文なので引用は省略し意訳する。

四季の内では春が一番で、十二カ月のうちでは弥生（三月）に比べる月はない。その弥生の光うららかで風も和やかな春の心より生まれ出て、咲き栄える桜花は、千以上もある花よりも優れたことは頷《うなず》くことができる。この花は唐国《からのくに》には生えていず、大和国に咲くことは誠のことである。唐人《からびと》が愛《め》でる梅は形がくるしく、桃は色が仰々しい。大和の桜こそ、近くに行くと色は浅く、名づける詞もないほどだ。山々や海の向こうの島々にも満ち咲くときには、高貴な人もそうでない人も賞《め》でつくす間もなければ、これを名づけず、強《しい》もしない。唐土《もろこし》の人の心でつくられた政《まつりごと》には、梅のようにかぐわしい匂いもあるが細かく苦しげで、桃のように深い色もあるが仰々しすぎる。それだから、ここを撓《たわ》め、かしこを切り捨て、強《し》いて修正し教えようとすれば、民の心は耐えることができず、乱世となり、人の国とすらなり果てる。これを思うと、春に比べる時もなく、桜にまさる花もなく、大和に比べられる国もなく、神の道に及ぶ道もないことを、天《あま》の益人《ますひと》（数が増し栄えゆく人民）は天つ心のままに、知らず覚えず心を向け、栄える（桜花）のもとで遊んでいるのであろう、歌っているのであろう。

このように、真淵は桜花こそが、第一の花であると称えたのであった。

なお、この「桜の詞」の前に「梅の詞」という文章がある。真淵は「梅の詞」で、梅は元人《もと》の国（唐《から》の国のこと）の物だと、日本産でないことを強調する。さらに、枝は頑《かたく》なに屈《かが》まり、花も苦しげにかじかんでいる。ただ雪の下から香りが出て、まだ鶯《うぐいす》も知らない春を告げるのでめでたいものである。だが、おおよそ春は咲き、夏は茂り、秋は衰え、冬は冬籠もりすることが天の常道なのだが、梅は独り冬の寒さに耐え他の花がまだ冬姿なのに、季節に先立って最初に花を開くことは物狂おしいものであると、かなりの偏見を述べている。そして桜は春の盛りを待って吉野山にのどかに咲くのを見れば、梅の香りなどとるに足らないものであると、桜との比較をしているのである。

梅と桜は、春に里で咲き、人びとに愛されてきた花であるが、日本産であるか、そうでないかの違いで評価することは、国学という、わが国の歴史が最良とする学問の偏狭さといっていいだろう。国産種と外来種との比較をするのであれば、米、麦、大豆、粟、大根、蕪《かぶ》など日常の食事の材料はすべて渡来種であるが、これについて真淵の説をみない。

真淵が訪れた吉野山の桜の詞

真淵の「よし野山の花をみてよめる」と詞書のある長歌は、大和国の吉野山の桜の季節にここを訪れて詠んだものである。前半を省略し、後半と反歌を掲げる。

世の中に　さかしらおすと　ほこらへる《(誇)》　翁がともは　八百万《やおよろず》　よろずの事ら　きゝしより

見《みる》はおとるとぞと　いひつらい　ありなみするを　みね見れば　八雲白雲か　谷みれば
大雪降と　天地《あめつち》にこゝろおどろき　よの中に　ことも絶《たえ》つゝ　ゆく牛の　おそき翁《おきな》が
うつゆふの　さか《（狭）》りしこころ　くい《（悔）》もくいたり

もろこしの人に見せばやみよしのゝよし野の山の山さくら花

世の中では賢《さか》しらに、聞くよりは見ることのほうが劣るというが、吉野山に来て桜を見れば、峰は八雲《やくも》（幾重にも重なっている雲）や白雲がかかったようで、谷は桜花で真っ白に埋まり、大雪が降ったごとくの景観に驚いたというのが長歌の意である。反歌では、唐土《もろこし》の心ある人をここに連れてきて、この花を見せてやりたいものだ、と詠う。歌の真意には、全山満開の桜花で、見渡すかぎり花の雲、花の波であり、この花の中にこそ日本人の心が、日本人の物の見方、考え方が表現されているのだ、と唐土の人に桜を理解させようとの考えだったのだろうと山田孝雄などは解釈している。この歌は後世、同家集のつぎの歌とともに一対として日本人の精神を桜に求めることの基準とされてきたのである。

うらうらとのどけき春の心よりにほひいでたる山さくら花

歌の意は、日差しがやわらかくのどやかさこそが春を象徴したものであり、その春の心の具体的な表現として匂い（たくさん咲き）だしてきたのが山桜花である、というのである。この歌でもって、山桜こそ春の象徴であり、日本の花の代表とすべきであろうと、考えている人が多い。山桜花をもって日本人の精神を代表できるという人もあろうが、山桜花は日本の花の代表的なものの一つではあるが、日本人の精神を代表するかどうかについては論議すべき点が多いと私は考える。

賀茂真淵は和歌をとくに尊び、彼の学問や芸術は歌まなびが重要な地位をしめる。『賀茂翁家集』や『賀茂翁遺草』の中から真淵の桜の歌をいくつか掲げてみる。

雲とのみまがふ桜のさかりには心もそらになりにけるかな
大路ゆく人の袂《たもと》も桜色に染るぞ花のさかりなりける
かげろふのもゆる春日の山桜有かなきかの風にかをれり
あか駒の引馬の坂のもと桜もとの心をわすれぞさく
すくな神つくれる舟に木の花や咲や姫こそのりていずらめ
陰ふかむ青はの桜あか楓夏によりてもあかぬ庭かな
おくれては物すさましく見ゆる世に今も桜のめつらしきかな
あしがらの関の山路を越えくれば夏ぞ桜はさかりなりける

冒頭の歌は、真淵の桜の歌としてよく引用されているものである。

賀茂真淵は、元禄一〇（一六九七）年に生まれ明和六（一七六九）年に没した、江戸時代中期の国学者であり歌人である。号を県居《あがたい》という。遠江国敷智《ふち》郡浜松庄岡部郷伊場村（現在の浜松市東伊場）に生まれた。享保七（一七二二）年四月江戸への下向の途中、浜松にたちよった荷田春麿《かだのあずままろ》（春満）と出会い、享保一三（一七二八）年上京して春満に入門し学んだ。元文二（一七三七）年三月、四一歳のとき江戸に出て諸生を教授し、古典の研究、古道の復興、古代歌調の復活に没頭した。延享三（一七四六）年五〇歳のとき、田安宗武に和学御用を命ぜられ、国学の師となる。門人に本居宣長、荒木田久老、村田春海、加藤千蔭、楫取《かとり》魚彦《なひこ》などがいる。

本居宣長と桜花三百首の歌

真淵の思想はその門人本居宣長《もとおりのりなが》（一七三〇～一八〇一年）に引き継がれた。本居宣長は、国学四大人《うし》の一人で、号は鈴屋《すずのや》など。伊勢国松坂の人で、京へのぼり医学修業のかたわら、『源氏物語』などを研究した。賀茂真淵に入門し、古道研究を志し、三十余年を費やし大著『古事記伝』を完成した。儒教や仏教を排して古道に帰るべきを説いた。宣長は生まれる前から桜の名所の吉野山と縁があった。宣長の父小津三四衛門定利は、はじめ子供がなかったので同族定治を養い跡取りとしていたが、なお実子を欲しく思っていた。大和国吉野の水分神《みくまりのかみ》を世間では子守明神といい、子を与えたまう神であるとしていたのでこの神に祈り、男子をお授けくださいと願い、生まれてきた子が宣長だという。宣長はかつて、そのことを歌に詠んだ。

みくまりの神のちはひのなかりせばこれのあが身はうまれこめやも

宣長は四三歳のときの明和九（一七七二）年三月、吉野へ花見をかねて水分神に詣でている。その紀行を『菅笠《すがかさ》日記』といい、本書では別の項ですこし触れている。山田孝雄は、「桜の山にます神に祈りて授けられし子なる宣長はある意にて桜の化身といふべきなり」と、宣長と桜との関わりの深さを述べている。

宣長は寛政一一（一七九九）年春、ふたたび吉野山を訪れ「吉野百首」を詠み、その翌年の寛政一二年秋、

「枕の山」と題して桜花三百首を詠み上げている。その跋《ばつ》に、秋のなかば夜長になり、老いて思い出すことが多いなか、春の桜のことが思い出され、時節ではないがこの歌を詠もうと思いついた。一つ二つ詠みだしたところ、気がまぎれるようなので、良いことをはじめたと、同じ筋で二つ三つあるいは四つ五つと、夜ごとに詠み、一〇〇首にしてみようとまず思った。数は満ちたけれど、物足らないので、また詠み詠みしているうちに三〇〇首を越したので、これを綴じたというのである。三百詠というが、実際には三一五首が収められている。

鳥虫に身をばなしてもさくら花さかむあたりになづさはましを
日ぐらしにみても折《おり》てもかざしてもあかぬ桜を猶《なお》いかにせむ
春ごとににほふ桜の花みても神のあやしきめぐみをぞおもふ

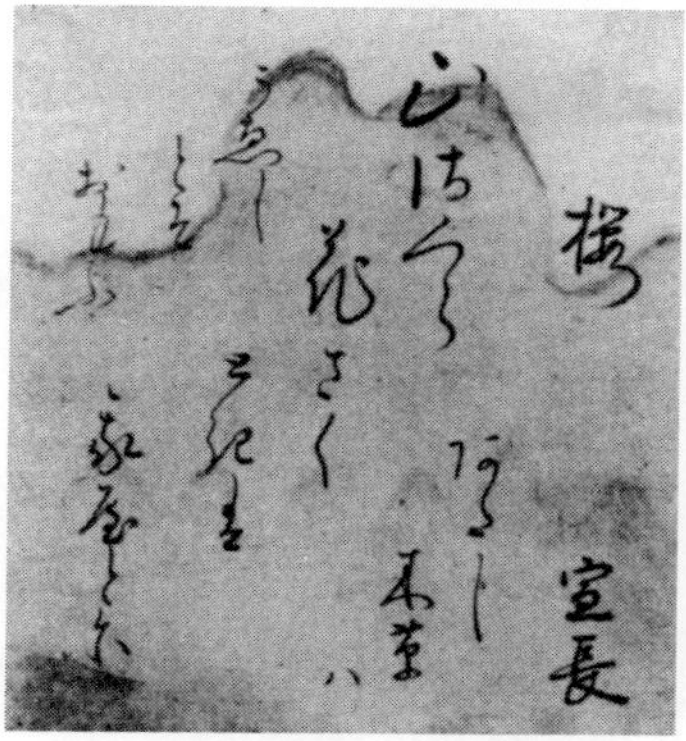
本居宣長筆の桜の和歌（三好学『桜』昭和 13 年刊，近畿中国森林管理局蔵）

はじめの歌は、鳥や虫にこの身が変わっても、桜花の咲いているあたりなら、離れずにいたいと思うという意である。次は一日中眺めていても、折りとって見ても、かざしてみても、飽きることがない桜花なので、この上はどう愛《め》でたものであろうか、という。春の到来とともに咲き匂う桜花をみるにつけ、神の不思議な力の恵みを思わずにはいられない、と終わりの歌はいう。桜にのめりこんでいく宣長の姿が彷彿《ほうふつ》と浮かびあがり、終わりの歌で桜を作り出した偉大な神への祈りが捧げられているのである。

宣長の『玉勝間』六の巻に、「花のさだめ」という文がある。

花はさくら、桜は、葉あかくてりて、ほそきが、まばらにまじりて、花しげく咲たるは、又たぐふべき物もなく、うき世のものとも思はれず、葉青くて、花のまばらなるは、こよなくおくれたり、大かた山ざくらといふ中にも、しなじなの有て、こまかに見れば、一木ごとに、いささかかはれるところ有て、またく同じきはなきやう也、又今の世に、桐がやつ八重一重などいふも、やうかはりていとめでたし、すべてくもれる日の空に見あげたるは、花の色あざやかならず、松も何も、あをやかにしげりたるこなたに咲るは、色はえて、ことに見ゆ、空きよくはれたる日、日影のさすかたより見たるは、にほひこよなくて、おなじ花ともおぼえぬまでなん、朝日はさら也、夕ばえも、……

この文で宣長は、花は桜であると宣言する。省略した以下の文に、梅の花、桃の花、山吹、杜若《かきつばた》、撫子《なでしこ》、萩、薄《すすき》、女郎花《おみなえし》、菊、躑躅《つつじ》などについて言及しており、これら今の人がもてはやす花は数多いが、桜に勝るものはない、と明言するのである。

そして桜では山桜で、しかも葉色が赤く細いものがまばらにあり、花が数多く咲いているものは比べるべき物もないほどで、浮世のものとも思われない美しさだ。桜花を見るときは、曇り空で見上げたのでは花の色が鮮やかでない。松やそのほかの青々とした茂みのこちら側で咲いたものは、色が映え、ことに美しい。空がよく晴れ渡った日に、日影からみると、色鮮やかで美しく映え、同じ花とは考えられないほどだ。朝日が射すと、さらにそのことがわかる、と桜花の見方にも触れている。好きだから、余計に関心が深まり、どこか違っているなどというのは、よほどよく観察していたのであろう。山桜の花が一本ごとに、どこか違っているなどというのは、よほどよく観察していたのであろう。

「朝日ににほふ山桜花」と大和心

宣長はかつて、門人から請われるままに山桜花と題して歌を詠んだ。その歌が戦前のある時期、歌を詠んだ宣長の気持ちとは違った意味にとらえられて、多くの日本人に知られることとなった。

しきしまの大和心を人とはば朝日ににほふ山桜花

敷島は大和にかかる枕言葉。大和心を一言で言えばどういうものかと人が問うたならば、私は直ちに、朝日に輝き映じる山桜花のようなものだと答えるであろう、というが歌の意であろうか。宣長は前に触れたように、花の中では桜花が第一であり、桜では山桜であると述べている。そして、桜花を見るとき朝日を受けたものが最もよいといっており、みずからの美しさを誇ることなく、朝日という強い光のなかではじめて、その本来の美しさを発揮することができる山桜こそが、大和心であると言いたかったのであろうか。

咲き誇る山桜の花。のちに大和心が大和魂に変質していった。

宣長の門人となり、のちに養子となって宣長の学問を引き継いだ本居太平は、ある人に遺した書簡に、この宣長の和歌についてつぎのようにいっている。

朝日に匂ふ山桜花の御歌、人人の問ふ処に御座候。
先師はたゞうるはしきよしいひ置たるのみに候。

宣長は、歌のことばのように、朝日をうけて咲きほこっている山桜花がうるわしいといっているだけだ。そして山桜花と同様に、大和心というものもただ麗しいものだと考えればよろしい、と。それ以上は、宣長の国学というものを敷衍《ふえん》した解釈で、歌のことばが一人歩きし始めた一つの事例だといってよかろう。

山田孝雄《よしお》はその著『櫻史』でこの歌について、「かれが心をさながらに写し出せるものにして宣長その人が歌と姿をかへたるものといひつべく、又わが大和心の姿を耳にきかせ目に見せむと詠じたるものといふべく、千古以来、人のいはむとしていひ得ざりし所、しかも亦《また》桜の為には之にすぎたる歌やあるべき。わが大和心と桜と宣長と所謂《いわゆる》三者一致してはじめてこの詠ありといふべきなり」と記す。大和心というとらえどころのない精神的なものを、宣長が山桜花に託したというより、これを解釈する山田が抱いている大和心を山桜花に託した見方であろう。

『櫻史』（講談社学術文庫版）の校訳者山田忠雄は宣長のこの歌について、「実に桜こそは、個が単独に自己の絢爛《けんらん》たる美を他に誇るものではなく、層層相重なった衆の調和の妙が映発する中に自ら美を感得せしめる、和の花である。桜に勝る、和の花は恐らく他に、その比は無かろう」と注釈している。

つまり、桜花は一つだけ単独で美しく咲くものではなく、一つの花芽からすくなくとも三〜四個の花に分かれる。一本の枝にはたくさんの花芽がつき、それぞれ花芽から三〜四個の花が、それらがほぼ一斉に咲く。一つの桜木はいくつもの枝が重なり合って層をなしているので、枝いっぱいについた花の重なり花の層ができる。山田忠雄は、たくさん積み重なっては層をつくり、ほぼ一斉に咲くという調和をとり、その美しさを見る人に感じさせ自分で悟らせる、和の花であるというのである。和の花という言葉のなかに、木ごとに枝ごとに咲く時期の調和がとれているという意味と、大和つまり日本のことをいう和という意味の二つを含ませて解釈しているのである。「桜に勝る和の花は恐らく他にその比がないであろう」とすることも、桜ほど調和のとれた花はほかにはないであろうということと、桜花に勝る美しさの花は日本にはないであろうという意味とが複合した文章になっている。これをどう解釈するか、その人の知性、感性にかかわっている。

宣長の「大和心《やまとごころ》を人問はば……」の歌について木村陽二郎は『私の植物散歩』（筑摩書房）のなかで、「よく人はこれを武士の心ばえに結びつける」という。しかしながら、「宣長は町人であって、ここでいう大和心は、梅を花の第一とした漢心《からごころ》に対し、桜を第一とする大和心を歌ったもので、散りぎわのいさぎよさとは無関係のものと思われる。さらに言えば、おおしい近世武士気質は中国的思考とみなして排斥し、めめしさをもの哀しさを知る日本的な想念と宣長は思ったのである」と、桜花と武士とを結びつけたものではないと解釈している。

新渡戸稲造の大和魂と桜

宣長のこの歌によって、武士の精神と桜花とを結びつけた人に新渡戸《にとべ》稲造（一八六二〜一九三三年）がいる。新渡戸の考えは、本来ならば明治の項で述べるべきであろうが、宣長の歌が及ぼした影響の一つとして、ついでながら触れておこう。

新渡戸稲造は病気療養のためアメリカ滞在中の三八歳（明治三二＝一八九九年）のとき、英文で『武士道』を著した。昭和一三（一九三八）年に矢内原忠雄が訳したものが、『武士道』として岩波文庫に収められている。同書第一五章「武士道の感化」において、まず「武士道は最初は選良《エリート》の光栄として始まったが、時をふるにしたがい国民全般の渇仰《かつごう》および霊感となった。しかし平民は武士の道徳的高さまでは達しえなかったけれども、「大和魂《やまとだましい》」は遂に島帝国の民族的精神《フォルクスガイスト》を表現するに至った」と、幕末から明治期には武士道と大和魂とが結びついたものとなっていたことを述べている。そして桜が、国民の花となっていることをつぎのように説く。

本居宣長が、

敷島の大和心を人問はば　朝日に匂ふ山桜花

と詠じた時、彼は我が国民の無言の言をば表現したのである。

しかり、桜は古来我が国民の愛花であり、我が国民性の表章であった。特に歌人が用いたる「朝日に匂ふ山桜花」という語に注意せよ。

大和魂は柔弱なる培養植物ではなくして、自然的という意味において野生の産である。それは我が国の土地に固有である。その偶然的なる性質については他の国土の花とこれを等しくするかも知れぬが、その本質においてはあくまでも我が風土に固有なる自然的発生である。しかしながら桜はその国産たることが、吾人の愛好を要求する唯一の理由ではない。その美の高雅優麗が我が国民の美的感覚に訴うること、他のいかなる花もおよぶところではない。（略）

太陽東より昇ってまず絶東の島嶼《とうしょ》を照し、桜の芳香朝の空気を匂わす時、いわばこの美しき日の気《き》息《そく》そのものを吸い入るるにまさる清澄爽快の感覚はない。

創造者自身馨《かんば》しき香りをかぎてその心に新たなる決心をなしたもうたと記されたるを見れば〔創世記八の二一〕、桜花の匂う好季節が全国民をその小さな住家の外に呼び出すに何の不思議もないではないか。たとい彼らの手足が暫時労苦を忘れ、彼らの胸が悲哀を忘れても、これを咎めるな。短き快楽が終れば、彼らは新しき決心とをもって日常の業に帰るのである。かくのごとく桜が我が国民の花たるゆえんは、一にして尽きない。

このように新渡戸は、桜花はわが国の人びとが古来から愛してきた花であり、国民性を具体的に指し示すときの印となっていたもの、大和魂はわが国の風土において生まれた自然発生で野性的なものであり、桜も国産でその美は高雅優麗でほかのいかなる花もおよばないと説き、さらに桜の季節には全国民が花見に出ることをあげ、したがって桜は国民の花である、と述べている。

新渡戸は、一旦はこのように桜花を国民の花だと結論づけてみたものの、桜花を大和魂だと明確にすることをみずから疑問視する。「しからばかく美しくして散りやすく、風のままに吹き去られ、一道の香気を放ちつつ永久に消え去るこの花、この花が大和魂の型《タイプ》であるのか。日本の魂はかくも脆《もろ》く消えやすきものであるか」と。新渡戸が述べるように、パッと咲いてパッと散る桜花をもって、日本人の気質とすることに筆者も賛成できない。

「花は桜木人は武士」の諺と忠臣蔵

真淵と宣長という二人の国学者と歌人の桜花との関わりをみてきたが、真淵は元禄、宝永、正徳、享保、元文、寛保、延享、寛延、宝暦、明和という年号を生き、宣長は享保、元文、寛保、延享、寛延、宝暦、明和、安永、天明、寛政の年号の時代の人であった。

真淵の幼少のころになるが、播州赤穂の浪士（義士）による高家の吉良上野介邸への討ち入りという事件があった。その仇討ちは元禄一五（一七〇二）年一二月一四日の夜で、義士が切腹を命じられたのは元禄一六年二月四日である。赤穂義士の事件は、はやくより浄瑠璃や歌舞伎に演じられている。切腹を命じられた一二日後には劇化され、二月一六日より江戸堺町の中村座で、曾我の夜討ちに託して演じられた。その後赤穂義士劇は、京、大坂、江戸の三都でしばしば演じられている。

延享四（一七四七）年六月、京の中村粂太郎座の歌舞伎「大矢数四十七本」が好評であった。そのため人形浄瑠璃の作者竹田出雲、三好松洛、並木千柳が合作で、それまでの数多くの義士劇から趣向や着想をとりいれ、寛延元（一七四八）年八月に『仮名手本忠臣蔵』という人形劇をつくった。大坂の竹本座で人形浄瑠璃として初演され、すぐに歌舞伎芝居にも取り入れられ、人気を博したのである。翌年には江戸の森田座でも上演されている。『仮名手本忠臣蔵』十段目のなかに、「花は桜木人は武士」ということばが出てくる。

塩冶判官《えんやはんがん》の家来大星由良ノ助に、討入りの武具を頼まれた堺の天河屋義平は、事が露見して、役人に捕らえられた。役人は並大抵のことでは頼まれ事を白状しないだろうと、義平の一子に刀を突き付けての人質で拷問する。このとき「天河屋の義平は男でござるぞ。子にほだされて存ぜぬことを存じたとは得申《え》さぬ」と有名な言葉をはき、義平は役人から子をもぎとり、子にほだされぬ性根をみよとわが手で子を絞め殺す形相である。それをみて、「義平殿、軽はずみなことはせまい、暫《しば》し暫し」と、大星由良ノ助が現われる。義平が役人とみたのは実は赤穂義士の一行であった。

此由良ノ助は微塵《みじん》聊《いささか》、お疑ひ申さねど、馴染近付《なじみちかづき》でない此人々、四十余人の中にも、天河屋の義平は生れながらの町人、今にも捕《とら》へられ詮議《せんぎ》に逢はゞ、いかゞあらん。何とか言はん。殊に寵愛の一ツ子もあれば、子に迷ふ親心と評議区々《まちまち》、案《あん》じに胸も休まらず、所詮《しょせん》一ツ心の定《さだめ》し所を見せ、古朋輩《こほうばい》の者共へ安堵《あんど》させせん為、せまじき事とは存《ぞんじ》ながら右の仕合《しあはせ》、麁忽《そこつ》の段はまっぴらまっぴら。

花は桜木人は武士と申せども、いっかないっかな武士にも及ばぬ御所存、百万騎の強敵《ごうてき》は防ぐとも、左程に性根《しょうね》は座らぬもの、

引用した文は、「花は桜木人は武士」が由良ノ助の詞で、他はすべて地の大夫が語る由良ノ助の言葉である。由良ノ助は、自分は天河屋義平をすこしも疑うことはない。しかし、四〇余人もいる仲間のなかに

は、天河屋義平は町人なので子にほだされて頼まれ事を白状するかも知れないと疑う者もおり、彼らを安堵させるがための芝居であった、許してくれ、とまず謝罪した。

「花は桜木人は武士」とむかしから言われるが、武士ではない義平殿のいかなる武士でも及ばないお考え、百万の敵をふせぐことはできても、わが子を人質にしての拷問を堪えられるほどの性根は武士であってもなかなか座らないものだと、ほめ上げたのである。由良ノ助が言わんとするところは、義つまり信義のことである。義とは人間の行なうべきすじみちであり、信義とは約束を守り務めを果たすことである。

歌舞伎「忠臣蔵」の演出の桜の影響

新渡戸稲造は「義は武士の掟《おきて》中でも最も厳格なる教訓である。武士にとりて卑劣なる行動、曲りたる振舞いほど忌むべきものはない」と、武士の掟のなかでも最も重要なものであると評価している。それだから、義平が役人（実は赤穂義士の扮装だが）に捕らえられ、白状せぬと子を殺すと脅されても、義平がびくともせず、約束を果たそうとする気概を、花は桜木がいちばんで、人では武士がいちばんとしているけれど、それ以上に義平の信義を守ろうとする態度を、高く買ったのである。

「花は桜木人は武士と申せども」とは、この人形浄瑠璃がつくられた頃、つまり寛延元（一七四八）年ごろには、すでに世間では人口に膾炙していたということである。しかし、ものの本にでてくるのは『仮名手本忠臣蔵』が初見とされている（『広辞苑』）。

当時の武士は庶民の理想であった。「士農工商」とよくいわれるがこれは江戸時代における身分制度であり、一般的になったのは一七世紀の半ば以降とされている。貴人をのぞく一般庶民は、士農工商の四つに区別でき、また序列化することができるという儒教の人倫観のあらわれであった。江戸時代の身分制度では、身分と職業が不即不離のもとして社会的に固定化したため、それぞれの身分は各々独自の職分を努めることで社会的に意味のある存在とされていた。士である武士は、生産活動に従事しないかわりに五倫五常の道徳を修め、仁政《じんせい》の実現をめざして国を修めることが職分とされており、これがいわゆる武士道である。農である百姓は農業に専念し年貢諸役をつとめ家の存続をはかることが職分で、工商の町人は職種に応じた技術労働の奉仕、生産物の上納、あるいは町人足《ちょうにんそく》をつとめることが職分であった。江戸時代の階級観念は、士農工商であり、商業は最下位で、武士階級は農業や商業をすることは禁じられていたから、直接に農業などの生産活動を助けることはなかった。武士とは非生産者であるが、そうであるがゆえに武士は知的ならびに道徳的に庶民の上に立たざるをえなかったのである。

「花は桜木人は武士」のことばが人びとにこれほどまで広まったのは、竹田出雲たちの『仮名手本忠臣蔵』の十段目の天河屋の店の場面だけでなく、歌舞伎の「忠臣蔵」の演出に影響されるところも大きかった。江戸城内松の廊下のあたりで赤穂藩主浅野内匠頭《たくみのかみ》長矩が、脇差を抜き吉良上野介義央に切りつけたから、将軍綱吉は激怒し「浅野長矩は切腹、赤穂の領地は没収、浅野家断絶」という峻厳な処置を命じた。直ちに浅野長矩は田村右京大夫の屋敷に預けられ、大名の切腹は座敷でするのが作法だが、庭先で切腹したのであった。旧暦の三月一四日、桜が満開の時期であった。浅野内匠頭長矩の辞世はつぎの歌である。

風さそふ花よりも猶我はまた春の名残をいかにとやせん

歌舞伎「忠臣蔵」の演出者たちはこの辞世を、劇を盛り上げる絶好の材料とし、四段目に「判官切腹」の場を設定し、切腹していく浅野長矩に擬した塩谷判官のうえに大量の桜の花びらを舞い落としたのであった。この舞台効果によって、「遺恨《いこん》のことはいまさら言っても仕方がない事」と、従容《しょうよう》として切腹する武士の頭《かしら》とされる大名の浅野と、舞い落ちる桜花が結びついた。のちにそれが桜の花のように潔く散ることこそ、武士道に一致するものと誤解され、軍国主義者たちに利用されることとなったのである。

江戸時代には「花は桜木人は武士」がことわざ的に言われていて、それを文にして決定的な使いかたをしたものが『仮名手本忠臣蔵』であった。いつごろ誰が言い始めたのかなかなか見つからなかったが、安藤潔の『カラー版「桜と日本人」ノート』（文芸社）をめくっていたとき、その疑問が解決した。江戸時代初期につくられた仮名草子の一つである斎藤徳元著『尤之双紙《もっとものそうし》』（寛永九＝一六三二年）下の「三 物のかしらの品々」の段から、つぎの一休禅師の狂歌を安藤はみつけたのである。

人は武士柱はひの木魚は鯛小袖は紅梅花は三吉野《みよしの》

そして安藤は、「みよし野」は古来山桜の名所として全国的に有名だったからそのまま桜を意味し、それを簡略にして江戸時代には、「花はみよし野、人は武士」となったと説明する。桜はその美と品位が第一等で、武士は階級観念の最上位という意味で、武士の最上位は江戸時代に士農工商が言われるようになり定着したものだろうと、解釈している。「物のかしら」とは、『尤之双紙』が人王《にんおう》の頭《かしら》は神武天皇、人間の頭は大王、公家の頭は太政大臣、武家の頭は将軍、一年の頭は元三《がんさん》、花の頭は梅と記しているように、一群の物のなかではじめにくるもの、あるいはもっとも優れているものという意味である。一休和尚の狂歌は、人では武士であり、建築につかう柱は檜《ひのき》材がもっとも優れており、魚では鯛が、小袖は紅梅色のものが、桜花は大和国の三吉野（つまり吉野山）のものが、それぞれ筆頭にあげられるというのである。一休和尚の狂歌では、「人は武士」が最初にきて、「花は三吉野（桜木）」が最後となっている。それを簡略にしたものが「花は桜木人は武士」なのだとする説を安藤はとっているが、すこし飛躍がありすぎるのではなかろうか。

桜花の遊覧にも盛衰

第九代将軍家重がその子に職を譲る前後の宝暦一二（一七六二）年の春は、飛鳥山での花見が賑わい、それまで人々が群集していた上野での遊観者の数が減少していたと、宝暦一二年に刊行された『銀杏常盤八景』は伝えている。

享保（一七一六〜三六年）のころまでは、花見は上野に極まり、ほかには名所はないと人びとは思っていたのだが、元文（一七三六〜四一年）のはじめに飛鳥山に蹴落とされ、いま上野へ行く人は、紙子《かみこ》羽織の古入道《ふるにゅうどう》か、金のない流行らない医者か、世をしのぶ編笠のふじやの伊左衛門から釣銭をとるような悪《わる》ばかりである。満山はひじょうに寂しく、桜も浮世を嘆いているような顔である、などと記されている。桜花の名所も、人の運勢とおなじように盛衰があり、ある時期はもてはやされ、さかんに人が訪れるが、何かの拍子に人気がなくなるという現象がみられる。享保の時期の上野は、循環期のマイナスの波の下の時期に当たっていたのであろう。一方の小金井村上水の川岸の桜樹は、元文二（一七三七）年に植えられてから六〇年近い年月を経過しているが、江戸から遠くはなれ、しかも辺鄙《へんぴ》であったため、江戸の町に住む人びとの遊覧は少なかった。

寛政六（一七九四）年に古川辰（古松軒）が幕命をうけ、江戸近在を巡り探って、小金井村の桜のすばらしい眺めをほめたたえた。古松軒は『四神地名録』（寛政六年の自序あり）のなかで、梶の新田関野新田を御上水が流れ、その左右には大樹の桜数百本、土地のひとは千本桜と称している。この節には満開して、その眺めは口では言えないほどだ。江戸の近くであれば、貴賤が群集して繁盛するであろう。世に言葉のある都の花は歌に詠まれ、田舎の花は陰に枯れると、誰一人称える人もなくては、今さらに散り、消えてしまうであろう。しかしながら、生まれながらの性質で、咲く時を忘れず、今を盛りと咲き乱れる風情は、ひじょうにやさしく、ひとしおの感慨がある、と記している。

同九年には大久保忠休が武蔵野の八景をあげ、小金井の桜花をその一つに数えた。これらによって、享和（一八〇一〜〇四年）のころから、江戸の人びとが桜花の季節にはここに来たって遊観するようになった。

小野蘭山の「花鑑」

八代将軍の吉宗のとき、本草《ほんぞう》学や物産学が興隆した。その時代に生まれ育った本草学の大家に小野蘭山《らんざん》（一七二九〜一八一〇年）がいる。蘭山は享保一四（一七二九）年八月、京都の桜木町に生まれた。もとは京都の人であるが、後に幕府に召し出され、江戸へと出ているのでこの項で述べる。小野蘭山の主著『本草綱目啓蒙』（平凡社「東洋文庫」に収録）は日本本草書の代表であり、自然科学的な価値はいうまでもなく、生活文化と密接な関わりをもっていて、現在でも重要な書物となっている。

蘭山は、姓は佐伯、諱《いみな》は職博《もとひろ》という。通称は喜内、号は蘭山。本人は氏《うじ》の小野と号の蘭山とによる小野蘭山をもっともよく用いているので、以下これによる。生まれつき花が好きであった。延享元（一七四四）年一六歳のとき、本草学者の松岡恕庵《じょあん》（玄達《げんたつ》、怡顔斎《いがんさい》ともいう）の門に入った。蘭山は宝暦三（一七五三）年二五歳のとき、兄の家を出て塾を開き衆芳軒と名づけた。儒者や医者にもならず、自然誌研究のみの道を選んだのである。彼の名声は次第にあがり、弟子たちは千人にのぼった。寛政一〇（一七九八）年古希の祝いをすませた蘭山は、幕府の乞いをうけ、翌年三月江戸へ下った。幕府の命により、江戸医学館で本草学を講義し、各地へ薬草などの採取のための旅行をした。文化七（一八一〇）年八二歳で没す。著書に、『本草綱目啓蒙』『広参説』『飲膳摘要』『花彙』などがある。

蘭山が二五歳のとき、師の松岡恕庵の説により桜花の名を和歌として二一首につづり、「花鑑《はなのかがみ》」と名づけた。なお本書のために、和歌の頭に桜の品種名をつけ、判読しやすくするため一部仮名表記を漢字表記にあらためた。

山桜　山桜一重に咲きて白妙の花の数添ふ三吉野の春

熊谷・彼岸桜　咲き匂ふ花の中にも魁《さきがけ》は彼岸の八重の咲ける熊谷

糸桜・有明　枝垂れて咲く彼岸こそ糸桜括《くく》りて白く見ゆる有明

塩竈　遅く咲く葉にて見るべき塩竈《しおがま》は打よれる八重の小輪

逆手桜・殿桜・芝山桜　大輪の逆手桜の色なくて五つは殿よ六つは芝山

桐が谷・廊間《ろうま》　枝ごとに単《ひとえ》交わる桐が谷八重のみ咲くは廊間とぞし

江戸桜・法輪寺　八重に咲くちらで移ろふ江戸桜重ね富るは法輪寺なり

寂光寺　大原の寂光寺なる花はこれ外に稀なる匂ひぞ深き

伊勢桜　伊勢桜尾張に逢ふて早咲きや紫の八重底白き花

楊貴妃・火桜　千重の菊姿稀なる楊貴妃の深くぞ燃ゆる火桜の花

浅黄桜　花白く一重に咲きて緑萼《りょくがく》のうつるを人は浅黄とぞみし

黄桜　黄桜といふは茶色に大輪の八重に開ける花とこそき

虎の尾・上溝桜
秋の野に咲ける虎の尾それならで葉毎に茂き上溝《うわみぞ》の花

南殿・普賢象
陸奥の南殿は普賢象はただうはみぞをさしてこそ言え

南殿
中輪の淡紫の八重桜これを南殿といふ人もあり

吉野桜・鎌倉桜
九重の御階《みはし》の花は昔より吉野鎌倉互ひにぞ植

普賢象・姥桜
普賢象花の中にもあるものを葉無くぞ咲ける姥《うば》桜かな

若木の桜
一重なる若木の桜睦月より秋まで絶ず咲くも珍し

千本桜・児桜
千本より数も少なき児桜とも李の花にいと等し

彼岸桜・伊勢桜・吉野桜・芝山桜・殿桜・桐が谷・江戸桜・法輪寺・虎の尾
彼岸伊勢吉野芝山殿桜桐が谷江戸法輪寺虎の尾
一品を実植えにすれば色も香も姓《かばね》も名さへ変わりこそすれ

この二一首の和歌に詠まれた桜は二九品種である。

小野蘭山の「花鑑」に詠まれた虎尾（松岡玄達『桜品』下，近畿中国森林管理局蔵）

なかでも終わりに品種名を列挙したものが名品であるという。桜の品種は数多いけれども、一つの品種の実を植え育てて、花を咲かせてみるとわかることだが、花の色も、花の香りも、果ては植えた品種とは銘柄も変わったものができてくる、というのである。桜の園芸品種の本質をついた和歌となっており、蘭山をはじめ江戸時代の本草学が実学であったことがよくわかる。

浅井図南が詠った長歌の花錦

蘭山と同門に浅井図南《となん》がいた。通称を頼母《たのも》、名は正直、号を敬斎と称した。名古屋の人で尾張藩の儒者で医師であった。本草をよく勉強し、また画もよく描き、天明二（一七八二）年八月、七七歳で没した。図南は、「花錦《はなのにしき》」という桜花を一〇三句に詠いあげた長歌をのこしている。煩わしいが桜花の名前を「　」書きしながら、掲げる。

紅の一重のはなは「小ざくら」や、枝は柳の「いとざくら」、はみるはもなき「うばざくら」、八重のさきがけは「くまがへ」よ、底の白きは「伊勢」なれや、しぼめる花の五つむつたれつつ蘂《しべ》はふたつみつ青芽まじれる「普げん」こそ、陸奥国なる「南殿」ぞよ、もゆるばかりの「緋ざくら」と、薄けはひせる「楊貴妃」は、としにや菊にやたぐへまし、大輪の花のかずかずをひとへになして「いとくくり」、かこと譲れる「小手まり」や、「匂ひざくら」はをろそかに、白き一重は「山ざくら」、さらにしげきは「よしのやま」、睦月に咲て花までもたへぬ「若木」は、いとけなく李に似たる「ちござくら」、五葉つくりの「とのざくら」、猶おほいなる「しばやま」や、六出にひらく「わしの尾」よ、みどりの蕚《がく》にうつるにぞ「浅黄」とはみしに、「さかて」とは遠くみやれば酔るなり、たれかはめでん「うはみぞ」は、かかげし花の穂をなせる、これぞ「南殿」や「いぬざくら」、このかへ名とや「樺ざくら」、花びら細き「真ざくら」は、七重や八重の「江戸ざくら」、茎みじかにて、かさねとみ、ちらで移らふいとめずらし、似て大なる「法輪」や、ひとへもまじる「きりがやつ」、すこしゆづれとまじはらで、江戸にたぐふは「楼間《ろうま》」なり、ほのぼのみゆる「有明」はひとへに咲ぞ　げにおほきはまで見るべき「しほがま」は、しは打よれる花にこそ立枝あらけき「とらの尾」は、本末わくるひまもなし、直ならふえだながきくき、これぞ「府君」よ、二三十、千重にかかれる「提灯《ちょうちん》」も、「大出」の茶色「菊ざくら」や、夫《それ》と名を得しそのたるも、うゆればいづれ変るとをしれ。

いま蘭山の歌と図南の歌にそれぞれ詠われた桜の品種を比べてみると、両者に共通しているものが二四種、蘭山の「花鑑《はなのかがみ》」のみのもの五種、図南の「花錦《はなのにしき》」のみのもの一〇種であった。したがってこれらを合算した三九種の桜花を、本草学を学んだ二人はその立場からみて名品だとみていたと考えてよかろう。図南も蘭山と同じように、これら名のある桜であっても、そこから採った種子を蒔《ま》いて育てると、親とは変わった花となることを知っておくことが、大切であると述べている。

浅井図南の長歌に詠われている品種の一つ南殿（なでん）。

桜花品種判別の標準とされる桜花図

上方《かみがた》では吉野山の桜に端を発し、貴族や僧侶たちに桜花は愛され、その品種判別は江戸時代なかばころまでは京都で行なわれていたが、寛政期（一七八九～一八〇一年）以降、桜花の研究はしだいに江戸へと移ってきた。江戸時代の有力者といえば大名であり、大名は参勤交代で江戸詰という領国の経営に携わらなくてもいい余裕期間をもち、大名同士での情報交換などで桜花への興味がおこり、趣味とするものが増えてきたからだと考えられる。また、江戸の繁栄から考証家、画家、種芸家なども江戸で多く得られるようになったことも作用しているであろう。

江戸時代後期の文化年代（一八〇四～一八年）のころ、近江国西大路仁正寺藩の藩主である市橋長昭も、桜の品種判別のために力を尽くしていた。号を星峰といい、佐藤一斎について儒学を修めた。領国は近江国であるが、桜の収集や判別を行なったのは江戸の藩邸であったから、ここに記す。

市橋長昭は、江戸は本所五の橋にある下屋敷に関西、日光、奥州などの諸地方から桜を集め、これを研究していた。まず、幕臣の桜井雪鮮《せっせん》の手を借り、花顚《かてん》の『桜花帖』から三四図を写した『花譜』を享和二（一八〇二）年につくった。そののち雪鮮に、下屋敷の桜を写生させたのである。雪鮮は画が巧みなうえ、描法は精緻で、よくそれぞれの桜花の特徴をとらえ、実際に即して正確にこれを表現した。花顚の画と比べると、またちがった写生図となった。

桜井雪鮮の描いた桜花は、全部で二三四図の多きにわたっている。桜の図は彩色で『続花譜　上』に七九種、『続花譜　下』に六二種（ほかに墨画七種）、『又続花譜』に五八種、『花譜追加帖』に九種を、分載して収められている。わが国の桜花譜のなかでもっとも大成したものであり、また最も貴重なもので、後世における桜花の品種判別の標準とされている。原本は宮内庁図書寮に収蔵されている。

ついで桜の品種名とその図を載せたのは、屋代弘賢《やしろひろかた》（一七五八～一八四一年）の『古今要覧稿』である。幕府祐筆《ゆうひつ》であった彼は、該博な学識をもっていた。幕府の命をうけて、諸般の事項をいろいろな部門に分類し、その起源や沿革を考証した『古今要覧稿』の編纂に携わり、文政四（一八二一）年から天保一三（一八四二）年までに五六〇巻を調進した。

桜に関する部分は、巻第二七四から巻第二九四までの二一巻にわたる。巻第二七四の草木部・桜一は、桜についての総論で、桜がはじめて現われる文献の記述からはじまり、木花《このはな》とは桜の花のことをいうとすることや、桜の異名などについて記している。巻第二七五から巻第二八九までが、桜の品種の解説と図になっている。松岡玄達（怡顔斎）の『桜品』と星峰の『花譜』を中心として一三一種もの品種名をあげ、それに対応する墨画五七図と彩色画一六六図を掲げ、同名異物を「異種変種」と吟味しながら、重複をとわず転写し、このほか新規の二七図を加えて、総計二五〇図を載せている。巻第二九〇から巻第二九四までは『日本書紀』にある和歌のほか『万葉集』『古今和歌集』『後撰和歌集』『拾遺和歌集』『後拾遺和歌集』『金葉和歌集』『詞花和歌集』『千載和歌集』『新古今和歌集』など二〇種の和歌集に収められている桜花の歌を収録している。

桜の品種を世に知らしめた狂歌

江戸では、里桜の品種がたくさん作り出され、愛され、観られ、歌人、俳諧師、狂歌師、浮世絵師などが、桜について文字で記述したり、また絵に描きあらわすことが普通になってきた。江戸時代後期の文化期（一八〇四〜一八年）から安政期（一八五四〜六〇年）のころの文学書には、桜の和歌だけを集めたものがたくさんある。ことに多いのは狂歌で、有名な狂歌師によって詠まれたもの、また他人の作を集めたものが多い。その一つ三条茂佐彦《もさひこ》の『花桜狂歌集』も一つ一つの桜の品種の略図をかかげ、それを題にして詠んだ狂歌を記し、普賢象、楊貴妃、曙桜、王昭君などがそ

屋代弘賢が撰した「桜花図」に載せられている三好汝圭筆の甲州大門の桜の図。文字は弘賢の自筆（三好学『桜』昭和 13 年刊, 近畿中国森林管理局蔵）

れぞれ歌に詠まれ、その図が描かれているというのだが、活字本は出版されていないようで、筆者はそれを見ていない。

しかし当時の歌人、狂歌師が数多くの桜の品種を実際に知っていたかどうかは疑問がある。一つ一つの実物を理解して、歌によんだものではなく、絵師の描いた桜花の絵と名前から詠んだものであろう。当時は桜の名花と称される楊貴妃や御車返などの多くは大名屋敷などに深く隠され、市井の人には実物をみる機会はなかなか無かったであろう。

それでもこれらの桜の絵について歌を詠み、俳句を作っているのである。もとより、一つ一つの桜の特徴は表現できていないが、それでもなんとかそれぞれの品種の歌や俳句をつくっている。そのため、桜のいろいろな品種の名前が普通に知られ、広まったのである。たとえば普賢象や楊貴妃といえば、良い桜の品種だと人びとは知っていたのである。現在では、普賢象や楊貴妃といっても、それが何であるのかわからない。実物は見られるにしても、桜の名前は案外知られていないのである。

狂歌大観刊行会が編集した『狂歌大観　第一巻本編』（明治書院、一九八三年）には、中世から近世前半期にいたる狂歌集五九編が収録されている。その中で、狂歌のなかの詞および題に桜の名前が記されているいくつかを掲げてみる。

八重桜　　八重さくら名におふ京のものなれば花かたにやくなら火はちかな　（『三二番職人歌合』）

樺《かば》桜　　世々の人のかきをく筆のかはさくら花の名をさへすみそめにして　（『入安狂歌百首』）

彼岸桜　　仏にも彼岸桜の花よりは団子とおもふたむけなるへし　（『吾吟我集』）

墨染桜　　熊谷の花にならふも道心の袖の色なる墨そめ桜　（『吾吟我集』）

家桜　　一面に咲つゝきしは春の日の長屋づくりの家さくらなり　（『古今夷曲集』）

姥桜《うば》　　梓弓《あずさゆみ》春は越路に姥桜杖つくねんと詠めくらしつ　（『銀葉夷歌集』）

伊勢桜　　見るたひに猶めつらしきいせさくら花に名残のおしきけふかな　（『狂歌旅枕』）

狂歌集におさめられた桜の種類は前記のもののほか、犬桜、鷲尾桜、塩竈桜、普賢象桜、糸桜、楊貴妃桜、児桜、虎尾、桐谷、烏帽子桜、浅黄桜、米桜、うず桜、遅桜、山桜、提灯桜など二三種におよんでいる。珍しい呼び名のものが狂歌の題として好まれていたことがわかる。それにしても、個々の狂歌集に収められた桜の名を詠みこんだ歌は少ないが、一七もの集に収められているので、人びとの関心を引き、それぞれの桜の名前が広まっていったことは十分に想像できる。

4　京の桜

詩仙堂の主と桜

江戸時代初期の寛永（一六二四～四四年）の頃、京都に有馬涼及《りょうきゅう》という医者がおり、代々名医とされていた。彼は大胆な事を行ない、奇行も多かったが後水尾《ごみずのお》天皇は、特別の配慮から侍医とされた。あるとき天皇が病気で苦しまれていたとき、召し出され診察し、「私がよく治し奉る。しかし、衆医の議を経るというのであれば、薬を奉ることはできない」と宮中の役人に抵抗したので、その意に任せたところ、涼及は手ずから調え、煎じて奉り、速やかにご病気が快復したと、『近世畸人伝《きじん》』巻之五は伝えている。同書は、桜に関わる涼及の奇行も記しているので意訳する。
ある日涼及は、嵯峨の角倉《すみのくら》氏の治療におもむく途中で、大樹の桜をみてどうしても手にいれたくなり、値を問うとはなはだ高価であった。角倉氏に頼んでその金を借り、数多くの人を雇い、荷としてわが家へと帰り着いた。さて、庭に大木の桜を横倒しにして入れたけれど、植えるべき空き地がないので、人々はどうしたものかと、戸惑った。涼及は騒ぐ気配も示さず、「よしよし、そのままにしておいてくれ。寝ながら見る桜としよう」と言った。桜好きで、大木の桜をわが家でただ見たいために、高い価を支払い、持って帰り、植えることもせず寝転んで眺めたのである。

寛文一二（一六七二）年に京都の洛北、一乗寺村（現・京都市左京区一乗寺松原町）において没した詩仙堂の主、石川丈山の詩に次の句がある。

小桜雪を畳《かさ》ねて山翠《さんすい》を縫ふ
すなはちこれ吾が家の旧戦袍《きゅうせんぽう》

小桜の花が、あたかも雪をかさねたように咲き乱れ、山々の緑の間を縫ってみごとな景観をつくっている。すなわちこれが、わが家に昔から伝わったきた戦闘のため鎧《よろい》の上に着る衣である、という意味である。山田孝雄は、丈山もまた桜を愛し、三〇〇株をその家に植えたと『櫻史』で述べている。丈山は名を、初め嘉右衛門、後に左親衛と改めており、丈山はその字《あざな》である。徳川家に仕えて剛勇無比といわれた男で、元和元（一六一五）年の大坂夏の陣のとき、岡山の陣にいたが、ひそかに営中をでて、抜け駆けに敵陣の兜首《かぶとくび》二級を得たが、軍令違反で家康の怒りにふれて武士を捨て浪人の境涯となった。

これからは文の時代だと悟った丈山は、藤原惺窩《せいか》の門に入り、儒学の勉強をはじめ、たちまち詩文の世界で名を知られるようになった。一度は儒学をもって広島藩浅野侯に仕えたが、寛永一八（一六四一）年辞して洛北の一乗寺村に居を構え、詩仙堂をいとなんだ。堂に丈山が私淑する李白や杜甫など漢晋唐宋《かんしんとうそう》の詩人三六人の像を描き、その詩をみずからの手で記して、詩仙堂と称した。

豊臣遺族の長嘯子と桜

丈山の詩仙堂には、その先例があった。それは京都東山の霊山に住んでいた木下長嘯子《ちょうしょうし》で、本居を挙白《きょはく》堂といい、別に歌仙堂を設けて三六人の歌仙の像をかかげていた。長嘯子は歌仙、丈山は詩仙という違いはあるが、それぞれ得意とする分野の先人の遺徳を偲び、これに学ぼうとしたものである。

木下長嘯子は、豊臣若狭守勝俊《かつとし》といい、豊臣秀吉の従弟《いとこ》で、北政所《きたのまんどころ》の甥《おい》である。慶長一三（一六〇八）年に若狭国領主の父の家定が没したので、北政所の命により遺領を継いだが、政権が徳川氏となり没収された。豊臣氏の没落後は、みずからが創建した東山の高台寺に住み、高台院と称した伯母の北政所をよそながら守護しようと、長嘯子は高台寺に隣接した霊山に住んだのである。『都名所図会』巻之三は、高台寺には大木の桜が数株あって、妖艶な花の盛りには園中において遊宴をもよおし、春を惜しむ人たちが多いと記している。姥《うば》桜という名前の桜が、山下の坊の一つにあった。長嘯子は和歌を詠み、歌人としてその名を顕

『続近世畸人伝』に描かれた詩仙堂の主・石川丈山が桜花を賞でているところ（『近世畸人伝・続近世畸人伝』，東洋文庫 202，平凡社，1972 年）

し、東山の挙白堂において、およそ一七七〇首の和歌を撰した『挙白集』という歌集をのこしている。その中の春の歌は四五〇首に近く、さらにその過半にあたる二四〇首余は桜花を詠んだものである。

挙白堂のまへなる桜を

年へたる宿のさくらのおもはくにちらずば外の花も尋ねじ
山桜みれど心はなくさまず花にもあまるうき身なりけり

京都の相国寺《しょうこくじ》の僧であった藤原惺窩《せいか》(一五六一〜一六一九年)は朱子学を深く修め、やがて還俗《げんぞく》したが朱子学の祖とされている。藤原惺窩は、花時に霊山の長嘯子を訪れ、一つの詩を詠じている。

君は是《これ》花を護《まも》り花は君を護る
花を介《かい》してこの地久しく君を留《とめ》る
門に入りてまず問ふ花恙《つつが》無きやと
道《い》ふこと莫《なか》れ花を先にしてさらに君を後にすると

この詩の花とは、挙白堂前の桜を指しているかのごとくであるが、暗喩《あんゆ》としては高台院のこととなろう。君(長嘯子)は高台院を護っているが、高台院もまた秀吉ゆかりの長嘯子を護ってくれている。高台院を仲介としてこの地は、君をながく留めている。門に入ると、桜花(高台院)はつつがなく咲いていますか(ご無事ですか)と問う。なぜ花を先に尋ね君が後になるのかとは言うてくださるな、という意である。惺

高価な桜樹を購うも，植える場所がないため，寝ながら桜花を見る有馬涼及（『近世畸人伝・続近世畸人伝』，東洋文庫 202，平凡社，1972 年）

窩は、世間では優柔不断と後ろ指で笑われている長嘯子のことをよく理解していたのである。

長嘯子は、惺窩の門人の林羅山《らざん》（道春《どうしゅん》ともいう）や烏丸光広卿なども交わりがあった。『羅山文集』に霊山を訪れたときの「春日、長嘯公の霊山を訪れて奉る」との詩がある。

八坂東辺小路別かる
春風花木に向ひて脩々《しゅうしゅう》たり
我は竹下に来って青鳥に問へば
君は山中に在りて白雲に臥す

東山の八坂の五重の塔のあたりは、小路がいりくんでいる。春風が桜花に和やかに吹いている。私は竹林の下に到着し、案内を乞えば、長嘯公は山の中で白雲（桜の花のたとえ）の中に伏せている、という意味であろう。

大原野のやよいざ桜

長嘯子が他所《よそ》ながら護っていた高台院は寛永元（一六二四）年九月に薨去《こうきょ》したので、東山霊山に住む必要がなくなり、晩年は西山大《おお》原野《はらの》の小塩山《おしお》に隠れ住んだ。長嘯子は大原野に卜居すること二十余年で慶安二（一六四九）年六月に卒し、遺詞《ゆいし》により高台寺の山上に葬られた。長嘯塚や弥生桜などはみな大原野の地にある。弥生桜はべつに「やよいざ桜」とも呼ばれたのであるが、それについて長嘯子（豊臣勝俊）が『東山山家記』に記しているものを意訳する。

小塩山の麓に寺があり、勝持寺《しょうじじ》と小野道風があざやかに書いた額がある。方丈の前に西行法師が植えたと伝えられる老木の桜がある。朽ち残った枝が春ごとに忘れずに咲くのも、かつての昔を思い出させてくれ奥ゆかしいものだ。あるじの僧の忠海は、私とは友達だが、遺仰院という大徳の弟子だという。寺の後方に勝地があり、そこに霊桜がある。根元が五股に分かれ、樹の太さは牛をも隠してしまうほどだ。あの社櫟（社にある大木の櫟《くぬぎ》のこと。櫟は薪の材で、ふつう若木のうちに伐られる）に似たところがある。ここらに住む大工たちの斧から逃れて、どうして無事に生きてきたのであろうか。不思議なことだ。これらから、物には寿命のあることをおのずから知ることができた。それだから、木の才能を求めるのは不当であろうし、かえって人に侮りを受けかねない。この老木をよすがの主とたの む名もない翁があった。そして、「やまふかくすめるこゝろは花ぞしるやよいざさくらものがたりせむ」との歌を独りでつぶやいてみる。

歌は、山深くに住んでいる私の心を知っているのは、「やよ」（やあ、とのよびかけのことば）、「いざ」（どれ、と思い立って）桜と物語りしよう、という意である。長嘯子は文のなかで、「壁に耳つくとやらん、いへるように、里の子どもいかでか聞とりけん、やよいざ桜とうたひのゝしりてやがて名とするもいとおかし」と記している。長嘯子が「やよ、いざ、桜」と、桜樹に話しかけていることは、いつしか人に知られ、里の子どもが「やよいざ桜」と唄い、はやし、やがてこの桜樹の名前となったというのである。『都名所図会』は「やよいざ桜」を、どう聞きまちがえたのか「弥生桜」として記している。

花がみられる場所を記しているので意訳する。二月と三月の条である。

徳川四代将軍家綱の時代の延宝四(一六七六)年、黒川道祐が著した『日次紀事《ひなみきじ》』は、当時の京都の桜

『日次紀事』にみる京都の桜

彼岸のなか、一重桜の花が必ず開く。世にこれを彼岸桜という。知恩院中の光照院の婆《うば》桜、この花の開くときには、葉はいまだ生えず。葉と歯と倭語《やまとことば》は同じ。老婆は歯が無い故に、婆桜と称する。同じく徳林院の糸桜、建仁寺の興雲庵の糸桜、本国寺と妙覚寺の糸桜、世の人の称するところである。

およそ春三月、桜花のある所、

東方はすなはち、白川、吉田、黒谷、若王子《にゃくおうじ》、禅林、粟田口、神明山、山科、毘沙門堂、知恩院、丸山、安養寺、長楽寺、東漸寺、双林寺、祇園林、建仁寺、観勝寺、高台寺、霊山正法寺、清水寺、大谷勝久寺、若宮八幡、豊国山。

南方はすなはち、泉涌寺《せんにゅうじ》、稲荷、深草、藤杜《ふじのもり》、墨染寺にはすなはち墨染桜あり。宇治平等院、同興正寺、同白川金玉山。

洛西南は壬生《みぶ》宝幢寺、遍照心院、東寺、久我、鶏冠木《かえで》、向日明神、粟生光明寺、大原野勝持寺、世にいわれる花の寺はこれなり。小塩山、三鈷寺、善峰寺、西岩倉金蔵寺、山崎、離宮及び宝積寺、石清水八幡。

西山はすなはち北野、平野、鹿苑寺、真如寺、等持院、竜安寺、妙心寺、御室仁和寺、鳴瀑《なるたき》妙光寺、福王寺、三宝寺、栂尾《とがのお》、槇尾《まきのお》、高雄、月輪寺、愛宕山、嵯峨清涼寺、小倉山二尊院、往生院、三宝院、

大覚寺、野宮、天竜寺、宝幢寺、臨川寺、三会院、法輪寺、嵐山、千光寺、太秦《うずまさ》広隆寺、法金剛院、梅津長福寺、西方寺、松尾。

北山はすなはち下賀茂、松崎《まつがさき》、山鼻一乗寺、修学寺、赤山、長谷、花園、岩倉、八瀬、大原、鞍馬、貴船、巌屋、上賀茂、西賀茂、鷹峰、千本。

そのなか、一重の桜花は知恩院をもって最とする。八重の桜花は仁和寺、清水寺、大谷、高台寺を壮観となす。およそ毎年、清水寺の堂前の八重の桜花と和州吉野の一重の桜と、開くも散るも時を同じくする。これは寒暄《かんけん》（寒さと暖かさ）が、ところによって異なるからである。南都の春日社ならびに八幡宮、興福寺、東大寺の桜は近年、観《みもの》である。

京の都を東西南北と西南という五つの方面にわけ、それぞれの方面の桜花のあるところをていねいに記している。まず東の方では賀茂川の東にあたる寺院など二四カ所、南は宇治に至るまでを含めて八カ所、西南方面では石清水《いわしみず》八幡宮など一六カ所、西の方面では三四カ所、北の方面では一七カ所がそれぞれ掲げられている。黒川道祐には前の「大原野一覧」をはじめ一五に及ぶ紀行文集があり、延宝六（一六七八）年から貞享四（一六八七）年にかけて洛中洛外はもとより江州あたりまで足をのばして、実に小まめに歩き、丹念に地理を考え古記録や金石文《きんせきぶん》（石碑や仏像などに記された文）を書き留めている。その成果がここに現われているのである。

『日次紀事』は、一重の桜花は知恩院を第一とするが、知恩院とは浄土宗の総本山である華頂山大谷寺《かちょうざんだいこくじ》知恩教院のことである。宗祖の法然上人がここで専修念仏に開眼した地で、吉水《よしみず》の禅房ともいわれる。洛東第一の大きな寺である。『都名所図会』は、ここに桜数株ありと記し、糸桜と浅黄桜が世に名高いと記している。桜馬場《さくらのばば》はもと祇園の神領であったが延宝七（一六七九）年に代地《かえち》で知恩院領となり、山門通り

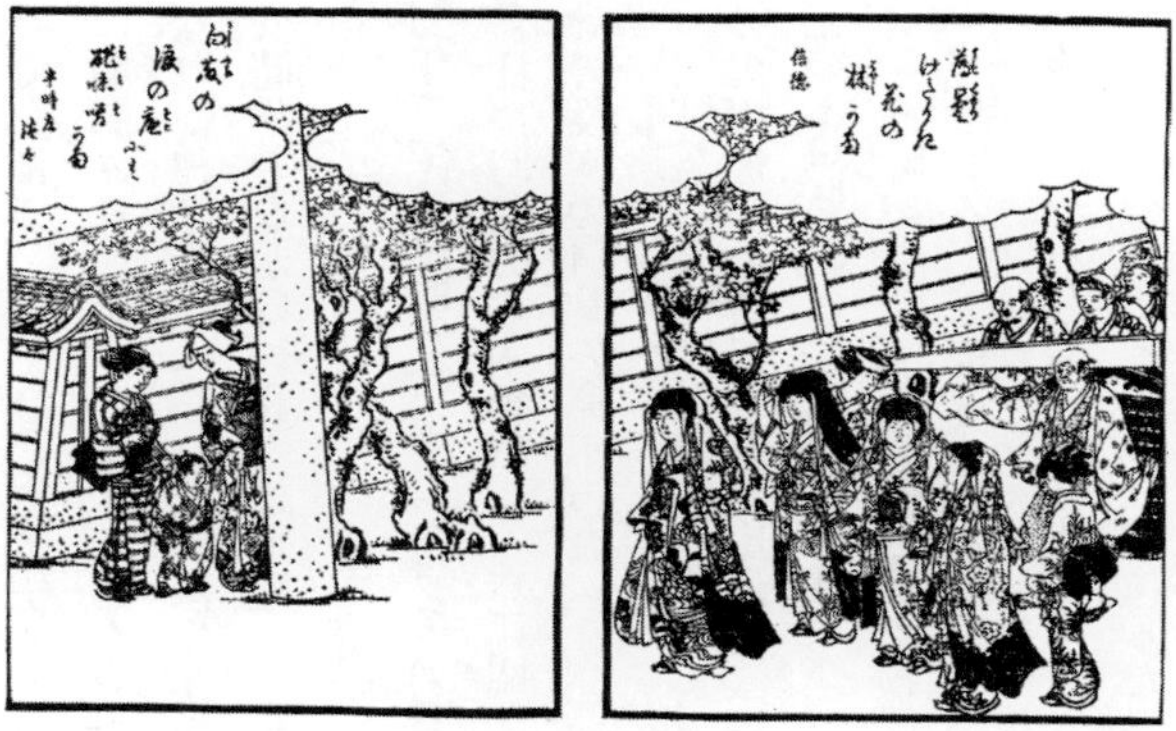

京都東山にある霊山寺惣門の外には桜が植えられ，花盛りには武家の姫君も，子ども連れも見に来た（『拾遺都名所図会』巻之二，近畿大学中央図書館蔵）

としたところへ近江国膳所《ぜぜ》藩主の本多康将《やすまさ》が桜を寄付し、路傍に植えたのでこう言われていた。また本堂のまわりの桜樹は、摂津国淀城主の永井信濃守大江尚政が植えたものであるという。

しら雲と見つゝも人のむれたつか
　なべてを花のいたゞきの山　狼狽掘
町中に桜分入るや知恩院　蘭更

清水寺は京都の東山の高台にあって、京洛の風景を一望にみわたせる位置にあり、そのむかし坂上田村麻呂が建立した寺である。寺の境内に地主《じしゅ》権現を祀る地主神社があり、古くから桜の名所であった。『都名所図会』巻之三は、春も弥生のころは桜花が咲き、ひとしお香り、さながら雪だと思ってみれば雪のように花びらが舞い散り、遊楽に訪れた人びとの心をゆり動かす。花見につきものの杯の数にそい、歌を詠み詩をつくり、たわめた桜の枝の結びつけているのも、春の風流だと、記している。

仁和寺の御室桜

『日次紀事』が、八重桜が壮観だという仁和寺《にんなじ》は、光孝天皇の勅願で仁和二（八八六）年に建立が始まったことに因んでつけられた名前である。光孝天皇は完成をまたずに崩御され、宇多天皇があとを完成された。宇多天皇は寛平九（八九七）年に醍醐天皇に譲位され法皇となり、仁和寺に入られた。法皇が政務をとるので仁和寺は「御所」とよばれ、「御室《おむろ》」と尊称された。平安時代のなかば仁和寺は隆盛をきわめ、寺域は二里（八キロ）四方にもおよび、堂塔や子院の数は一〇〇を超えていた。元永二（一一一九）年に火災があり、堂宇の大半が焼けた。さらに応仁の乱（一四六七～七七年）で壊滅的な打撃をうけている。

江戸時代の寛永年間（一六二四～四四年）に再興されたので、桜はその前後に植えられたものであろう。寺の役僧の日誌の寛永一九（一六四二）年三月二一日の条に、「馬場之桜盛」と記されている。貞享元（一六八四）年の『雍州府志《ようしゅうふし》』には、桜を植えることが記されている。『雍州府志』は、江戸時代前期の儒医の黒川道祐の著で、彼は広島藩浅野侯の藩医をつとめていたが、辞任後京都にきたって西陣の白雲村（現在の上京区新町通今出川上ル元新在家）に居をかまえ、余生を京都の地誌や習俗の研究にささげた。

近時、寺中に多く桜を植える。今に御室と清水を一双《いっそう》と為す。然るに、清水は東方にして和暖なるが故に、花の咲くこと早し。御室は西方にて寒冷、花の開くや遅し。

貞享（一六八四～八八年）のころ仁和寺では寺のなかにたくさんの桜を植え、桜の多い東山の清水と、東西の桜の名所として一対にしたいと考えたようである。しかしながら、清水は平安京の中ではやや南に位置し暖かなので、桜花の咲くのが早い。仁和寺は平安京の西北の山寄りなので寒冷で、桜花の咲くのが遅い。立地条件が異なるため、ついに東西の桜寺として一対にはなれなかった。

仁和寺は歴代天皇第一皇子の門跡が、明治の小松宮彰仁親王のご住職時代まで三〇代におよんで皇統が続いたという最高の格式をもつ門跡寺院であったが、元禄時代から境内の里桜が一般に開放されていた。

御室御所（仁和寺）の名物，御室桜での花見風景（『拾遺都名所図会』巻之三，近畿大学中央図書館蔵）

宝暦三（一七五三）年刊行の貝原益軒の『京城勝覧』は、洛中洛外の著名な名所旧跡を、一七日間で巡れるようになっており、一名「京都めぐり」ともいわれる。そこには仁和寺の桜は洛中洛外の第一であると、次のように記している。

春は此境内の奥に八重さくら多し。洛中洛外にて第一とす。吉野の山桜に対すべし。

毎年花ざかり十余日の間はな見る人多くして群集せり。酒食をたずさへて幕をはりて遊宴をなすもの多し。高塔あり。花をめでん人は始中終《はじめなかおわり》三度行きて見るべし。木多き故さかり久し。

益軒は、桜花をほんとうに慈しみ愛でたいという人は、桜花のはじめ、盛り、終わりの三度行ってみるのがよろしい。桜の種類が多いので、花の盛りの期間が長い、と説明しており、よくよく益軒は行ってみたものであろう。

『都名所図会』にみる御室桜

安永九（一七八〇）年に出版され名所図会のはじまりとされる秋里籬島《りとう》の『都名所図会』巻之六は、仁和寺の桜をつぎのように記している。

それ当山は佳境にしてむかしより桜多し。山岳近ければつねにあらしはげしく枝葉もまれて樹高からず屈曲巧みに撓《た》めたるが如し。かかるがゆえに弥生の花盛には、都鄙《とひ》の貴賤遊客、春の錦を争ひ己《おの》が種々幕屏《さまざまくびょう》をひき栄え、虞松《ぐしょう》が酒に伏し、李白が長縄《ちょうじょう》を以て西飛《さいひ》の白日に繋《つな》ぐこと得んとは、春色の風客花を愛《め》でて、日を惜しむと同じ論なり。

ここの桜は境内中門を入ったところにあり、普通の桜樹のように一本の幹となって大きく生長せず、躑躅《つつじ》のように根元から数多くの幹ができるいわゆる株立ちで、その樹の高さもわずか三メートル足らずと低い。一名「お多福」桜ともいわれる。

わたしゃおたふく　お室のさくら
はなが低くても　ひとがすく

とのざれ歌があるように、桜樹の丈はひくいけれども、高くない桜がこんもりと腕をひろげたように林をつくり、一本一本の根元には、土が盛り上げられている。桜花の咲く位置は低い（つまり鼻は低い）けれども、だれもが好きになってくれると、お多福という顔と仁和寺の大きくない桜花とをみごとに表現してくれている。

仁和寺の桜は、根元の土がこんもりと盛り上がっているところに、旺盛な生育の秘密がある。名桜の品種のほとんどは、接木による繁殖である。接木では、ほとんどの樹木は台木と穂木との継ぎ目がわりあいはっきりと見分けられるが、桜では継ぎ目があまり見当たらない。接いだ部分をよく調べると、根元近くにあたる継がれた穂木から、気根《きこん》に似た穂木の根がさかんに地中にのびて台木の根と入れ替わろうとしているのを見ることができる。染郷正孝によると、五年くらいたつと穂木から出た根がしっかりと根付き、

京師の人びとの花見。川端には桜花が盛りで，家の者への土産なのか桜の枝を折りとり，担いでいる者が見える（『都名所図会』巻之四，近畿大学中央図書館蔵）

独り立ちをはじめると「桜の台木は仮の宿」（『桜を楽しむ』林業科学技術振興所）で述べている。仁和寺では、長年月の桜栽培の経験から、毎年桜の根元に土をかぶせて新しい根（不定根という）を発生させ、桜樹の根の若返りをはかっていたのである。

仁和寺の桜花の咲く時期は京都のなかでもおそく、四月二〇日ごろが見ごろとされている。桜の種類は、車返し、有明、鬱金《うこん》、児《ちご》桜、殿桜、普賢象、桐ケ谷、御衣黄《ぎょいこう》、胡蝶《こちょう》桜、乙女桜、大内山桜、浅黄桜、護摩《ごま》桜などである。

京都の花見の風俗

『日次紀事《ひなみきじ》』巻三・三月の条は、当時の京における花見のありさまを描写しているので意訳する。

およそ京の俗、春三月、花開くごとに、良賤《りょうせん》の男女出て遊ぶ。これを花見と称する。その時、多くは衣服をつくる。俗に花見小袖という。男女出でて遊ぶごとに必ず花を折り、持ち帰る。市中の児童、跡を追いこれを慕い、おのおの高声《こ》でこれを請い、云うことに、「すべからく花の一枝を賜るべし。啼《な》く児に与えんことを欲す。すなわちこれを賜らば好き花を賜うべし」と。これ華洛《からく》児童の諺《ことわざ》にして、遠境鄙里《ひなさと》の識《し》らざる所のものなり。

織田信長公、春三月入洛し、始めてこの言を聞きて大いにこれを感じ、「実《まこと》に都下、児童の詞《ことば》なり」と云う。しかして、江州安土城に帰りて、即ち城下の児童に教えてこれを唱えしむと云う。

京都の風俗として、春三月花の咲く季節ともなれば、富めるものも貧しいものも、身分の高いものもそうでないものも、みな男女とも外に出て遊ぶ。これを花見と称していた。その時に多くの人は、衣装をつくり、これを花見小袖といった。男女とも東山や北山・西山あるいは京洛の周囲にある七つの野に遊びにでるたびごとに、必ず花を手折って持ち帰る習慣があった。それを見つけた市中の子どもたちは、花を持つ大人たちを追い慕って、おのおのが高声で、持ち帰る花をくれるように頼むのであった。その呼び声が「花を賜るべし。泣く子に与えてくれ。花を賜わらんときは、良い花を賜うべし」というのである。「賜るべし」と、子どもが大人に対して、かなり強い命令言葉で、花をねだるのである。そして花を賜わるのであれば、良い花を賜わるべしと、強く請求するのである。花見の習俗として、子どもが大人に対して命令口調で、花をねだることが許されていたのであった。

花見小袖とは、花見の時に婦人が着る小袖のことであり、幕をもって行かれないときには酒宴のときこれを枝にかけ渡して幕としたのである。京都では多くは、小袖をつくる時期は花見時であった。江戸でもおなじようなことが行なわれていた。『紫の一本』は、「町方にては女房娘、正月小袖と云ふは仕立てず、花見小袖とて成程結構に手をこめ伊達なるもの、数寄《すき》に好みたるを着て出るなり。花より猶見事なり」と、桜の花よりも下の花見の婦人の方が美しい小袖をきていると記している。

益軒の『花譜』の桜

江戸時代前期の儒学者の山崎闇斎《あんさい》（一六一八〜八二年）は京都の人で、通称嘉右衛門という。はじめ僧となったが、谷時中《じちゅう》に朱子学をまなび、京都で塾をひらき門弟数千人に達した。闇斎に「櫻之弁」（松岡玄達の『桜品』におさめられている）という一編がある。山崎闇斎を師とする者に、『花譜』を著した儒学者で本草学者の貝原益軒（一六三〇〜一七一四年）がいる。『花譜』は花の樹木の植え方や種の蒔き方からはじまり、正月から一二月までの一年間に咲く花およそ一三二種について、一つ一つその特色を述べたものである。桜については『花譜』上巻の二月の条に、小桜、垂絲《いと》桜、桜という三つにわけて、栽培方法や、花の咲く時期までが記されている。

小桜　春分の頃ひらく。俗に、彼岸桜といふ。是《これ》桜の別種なり。木も桜に似たり。

垂絲《いと》桜　彼岸桜より花やゝおそし。是彼岸桜のしだれたるにて、一類なり。故に、彼岸桜の台につぎてよし。たゞの桜につげば長ぜず、枯れやすし。湿地にはあしゝ。めぐりに木なきがよし。根下《ねもと》の草をさるべし。この樹庭中にさきて、扶疎（樹木の枝葉が繁茂すること）たるはいと愛玩すべし。

桜　ひとへ桜、春分の後花ひらく。彼岸桜より十日ばかり遅し。また八重桜にさきだつ事、十日斗《ばかり》なり。花のときは、処により遅速あり。平安城のひとへ桜は、立春より六十五日をさかりとす。年の寒温によりて遅速あり。桜は、いにしへより日本にて第一賞する花なり。故にたゞ花と称するは桜なり。

凡《およそ》桜は、ひとへを以て本《もと》とす。故にたゞ桜と称するは、ひとへ桜なり。山桜とは、やまにあるをいふ。さとにあるを、山桜といふは、ひが事（まちがったこと）なり。

このように概説したのち、「桜の種類ははなはだおほくして、ことごとくあげがたし」としながら、つぎの種類を花が咲く順序に掲げているので整理しながら記す。

うば桜は、花咲くこともっともはやく、葉がなくて花が咲くので名づけられた。彼岸桜は、うば桜の次に咲く。糸桜は、彼岸桜のつぎに咲く。熊谷桜は、はやい。にほひ桜は、香あり、数種ある一重桜の品類の一つ。一重桜はその盛りはわずか二〜三日の間で、散るのが早い。桐谷は、一重桜が衰えるとき盛りである。楊貴妃は、すこし紅色を帯びている。伊勢桜は、八重ですこし紅色を帯び、一説に桜の終わりに近い頃咲くため、伊勢は尾張に近いので名づけられたという。虎の尾は、八重で葉が青く、これより遅桜となる。泰山府君、塩竃《しおがま》と続き、江戸桜は咲くのが大変遅い。普賢象はいよいよ咲くのが遅い。浅黄桜・緋《ひ》桜・毬《けまり》桜・曙《あけぼの》、真桜（摂津国金竜寺に十余株ある）と咲いていくと、益軒は解説している。

そして、およそ財力のある人で花を賞する心があれば、自分のため、人のために、園の内または近くの山に、桜を多く植えて美しい景観を造りなさいと、『増鏡』にある西園寺公綱のつぎの和歌を引いて勧めている。

山ざくらみねにも尾にもうへおかんみぬ世の春を人やしのぶと

春に美しく咲く桜花を植えておけば、後の世の人が、植えた人を偲んでくれるであろうと、現在だけでなく後のちの人の楽しみについても考えるように、というのである。そして益軒は、「およそ桜は、赤土や黒土がよろしい。砂土はよくない。吉野山、仁和寺は赤土で、奈良は黒土である」と、土壌選定の基準を示している。植える場所は、山の傍ら、谷のうら（谷頭）、林の前、家のあたりがよろしいとしている。これが益軒の最も特徴とするところである。

益軒はその著『大和本草』巻之十二、木之下・花木において、桜と彼岸桜、垂糸海棠《いとざくら》、熊谷桜の四つについて項をたてて述べている。桜の項は概説であって、「日本の桜というものは、中華にないとのことを延宝年間中に長崎に来た何清甫がいった」と、まず述べる。そして桜の材は、日本では木が堅く書を刻む良材として用いる。

さらに日本では、花を賞するものでは桜を第一とする。桜の品種ははなはだ多く、全部を数え上げることは難しい。花に一重あり、八重あり、八重にも赤色を帯びるものがあり、青色のものもあり、香りのある品種もあると説明する。そして緋桜、樺桜、鞍馬の雲珠《うず》桜、泰山府君、塩竈について簡単に記している。およそ花で、早く咲いて散るものは一重桜が第一であり、草花では蓮《はす》である。奈良から興る犬桜があるが、花は桜に似て同時に咲くけれども、別類で、はなはだ劣ると記している。

重要文献・松岡恕庵の『桜品』

闇斎《あんさい》の学問の系統のなかで、桜花に関して実を結んだものに松岡恕庵《じょあん》（一六六八〜一七四六年）がいる。

恕庵は京都の人で、名は玄達、怡顔斎《いがんさい》と号し、闇斎に学び和漢の学問に通じていた。その著書に、『用薬須知』『桜品《おうひん》』『梅品《ばいひん》』『菌品』などがある。博覧でありながら古のことがらを好み、倹約質素で性は純朴であった。京都に大きな倉を二つ建て、一つの倉には漢籍をおさめ、もう一つの倉には和書をおさめていたという。恕庵は現在本草学者の一人とされているが、本来は儒学者で、古典に載せられている名や物が何を指しているのか理解に苦しんだ。そこで本草学者の稲生《いのう》

花見に行き，瓦で船をつくり屋根に猿が坐った花生を買い，これを見ながら歩く松岡恕庵（『近世畸人伝・続近世畸人伝』，東洋文庫 202，平凡社，1972 年）

若水《じゃくすい》に本草を学んだ。恕庵の本草の学力は、若水門下の専門学者を凌駕していたとされる。

本草という学問は、もともとは薬物の学問であり、本家の中国では医科の一つの科として発展してきたが、わが国ではたんなる薬物のみでなく、ひろく動物・植物・鉱物の名称、来歴、性状、品質、効用などを考え究明するという傾向があった。

松岡恕庵（玄達）は、その当時、京都その他に生育していた桜の種類六九種をあげ、これを図にし説明したものが『桜品』で、桜の歴史を研究するうえで重要な文献の一つである。その巻首に師である闇斎の「桜之弁」を載せている。延享三（一七四六）年に恕庵は没したが、この書物は、その一二年後（宝暦八＝一七五八年）に刊行された。

恕庵より以前に桜の品種を載せたものに、奈波道円《なばどうえん》の『桜譜《さくらのふ》』がある。奈波道円は播磨国の人で、前に触れた長嘯子《ちょうしょうし》と交わり、心の友であった。藤原惺窩《せいか》に学び、のち肥後国の加藤侯に仕えた。しかし加藤侯が国を除かれたのでここを去り、年齢四一のとき徳川頼宣に仕えた。道円は桜を好み、一五種の桜についてその特徴を漢文で略説した桜の専門書『桜譜』を著した。道円の『桜譜』は桜の専門書の先駆けであり、桜の品種記載としても重要な文献である。載せられている桜の種類は、桐谷、楊貴妃《ようきひ》、虎尾《とらのお》、塩竈《しおがま》、伊勢桜、熊谷桜、彼岸桜、婆《うば》桜、泰山府君《たいざんふくん》、糸桜、庭桜（これは桜の種類ではない）、毬《けまり》桜、真桜、山桜という一四種である。

恕庵の『桜品』に溯ることおよそ三〇年、大坂の御城入りの漢方医で和漢の学に精通していた寺島良安（生没年未詳）が『和漢三才図会』一〇五巻を著し、巻第八七巻に桜の五三種を載せている。なお『和漢三才図会』には、正徳二（一七一二）年の自序がある。

松岡恕庵の『桜品』と、寺島良安の『和漢三才図会』とについて、記されている桜の種類をあげるとつ

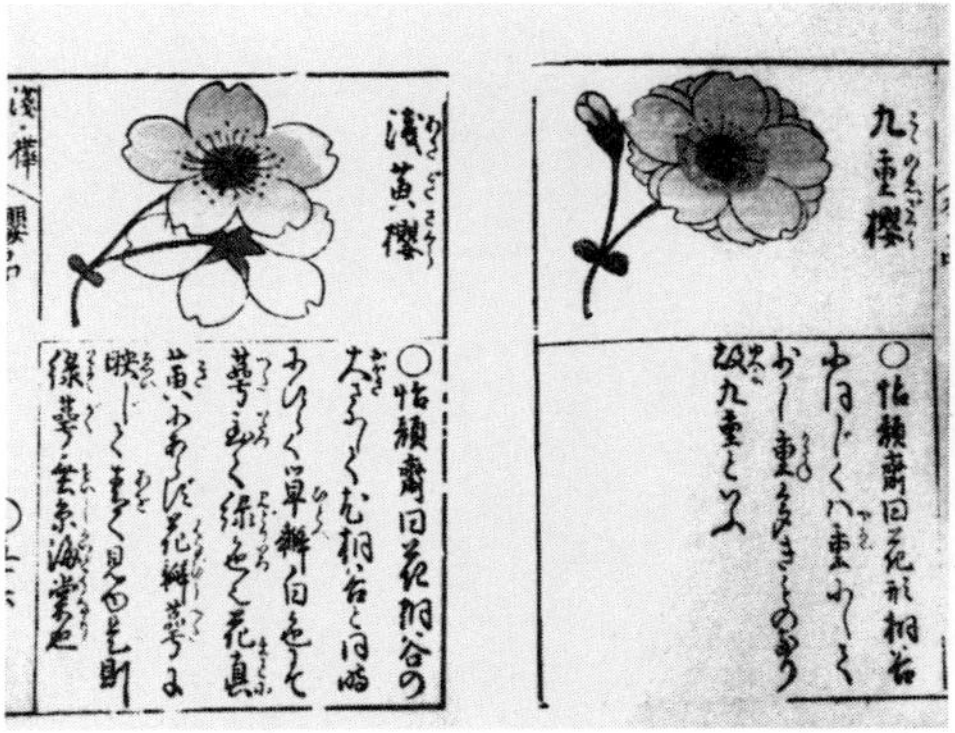

松岡怡顔斎（玄達）著『桜品』の刊本（明治24年求板）とその内容の一部。

ぎのようになる。

『桜品』と『和漢三才図会』と重複している桜は、児桜、逆手桜、小桜、法輪寺、海棠桜、浅黄桜、有明桜、糸括桜、匂桜、緋桜、江戸法輪寺、桐谷、楊貴妃、虎尾、塩竈、伊勢桜、熊谷桜、彼岸桜、婆桜、泰山府君、糸桜、毬桜、真桜、山桜の二五種である。

『桜品』のみに載せられた桜は、単《ひとえ》児桜、八重児桜、殿桜、芝山桜、碧玉桜、帆立桜、帆掛桜、駒繋桜、山桜青葉、小山桜、八重山桜、白桜、雪山桜、一文字桜、薄墨桜、楼間《ろうま》桜、九重桜、樺桜、有明桜八重、爪紅桜、提灯、五所桜、昭君《しょうくん》桜、薩摩緋桜、単虎尾、外山桜、暁桜、瞿麦《なでしこ》桜、鳳来寺、名島桜、大膳桜、単不断桜、八重不断桜、犬桜、駒留桜、日光山桜、中禅寺桜、残雪桜、千本《ちもと》桜、香桜、奈良桜、遅桜、八幡太郎旗桜という四四種である。

『和漢三才図会』のみに載せられている種類は、菊桜、奥州桜、述懐桜、南殿桜、八重一重、車返、金王桜、八重垣桜、大毬、中毬、香毬、西行桜、小菊桜、衛門桜、深山隠、天狗桜、香芬桜、豊国、常陸桜、索規浜桜、紅葉桜、本紅桜、紅毬桜、練絹桜、姥桜、桐壺の二七種である。

『桜品』と『和漢三才図会』という二つの書物に記されている桜の種類は、共通している種類は二五種であり、それぞれ共通していない種類が『桜品』で四四種、『和漢三才図会』で二七種に上っている。共通していない桜の種類について比較してみる術《すべ》もないので、仮に同一種異名でないとすれば、江戸幕府の徳川将軍が八代目から九代目に代わった前後のいわゆる江戸時代中期には、桜の種類は九七種にも及んでいたことになる。

松岡恕庵（玄達）の『桜品』に載せられた桜の推移について、三好学は大正一〇（一九二一）年に刊行した『桜花概説』のなかで、「この書に載せたる桜にして現存せるもの約二十余あり」と記している。およそ一六〇年の経過のなかで、『桜品』に載せられた種類の三分の二が消滅したのである。

桜花の絵を描き続けた花顚

京都には、桜花の絵を一生涯かけて描きつづけた人がいる。みずから花顚《かてん》と号しており、三熊《みぐま》氏、通称は主計《かずえ》、名は思孝《しこう》といい、また介堂《かいどう》とも号している。御室の家臣三熊藤八郎の二男で、京都の西の鳴滝《なるたき》に住んだ。幼いときから画を好み、肥前長崎の画人月湖の門に入り、南蘋《なんぴん》風の画をよくした。

南蘋風の画は、江戸時代の中期から後期にかけて流行した日本画の一流派で、享保一六（一七三一）年に長崎に渡来した清《しん》の沈南蘋の系統を伝えたもので、写生の花鳥画を主とする。

思孝（花顚）は絵の描写を会得すると、麒麟《きりん》や鳳凰《ほうおう》および竜、虎、獅子、象などの見たこともないものをただ描くのは、たんに目を楽しませるだけで、世の利益とはならない。古い時代の公事《おおやけごと》や民間のありさまを写し伝えることや、あるいは今の世の人物、調度、目に触れる物を図にして、後の人にしめすことがよいであろう、との考えから、もっぱらこれにつとめたのである。桜花を描くこともその一つであり、もう一つは奇なる人物をあげて、後の人に紹介することにつとめた。

思孝（花顚）は近世の人で、後世に伝えるべき人を絵に描いて、伴蒿蹊《ばんこうけい》にその伝《でん》（言い伝え）を書くように勧め、二人力を併せ天明八（一七八八）年にできあがったものが『近世畸人《きじん》伝』全五巻である。伴蒿蹊は江戸時代中期の国学者で歌人。京都生まれで、古学をおさめて一家をなし、和歌に長じ、平安四天王の一人である。思孝（花顛）はまた、続編をつくることを思い立ち、こんどは自分で伝をも起草した。寛政五年に一旦稿が成ったのであるが、さらにこれに修正を加え、八月一三日にその稿本を伴蒿蹊に託し、同月二六日に六五歳で没した。蒿蹊はこれを補訂し、思孝の妹露香《ろこう》がその画を補い刊行したものが『続近世畸人伝』全五巻である。

思孝のことはあまり多く伝わっていないのであるが、みずから『続近世畸人伝』に、桜花に顛《てん》すること、つまり花に倒れる、花狂いとでもいうことについて記している。

> 桜は皇国の尤物《ゆうぶつ》にして異国にはなし。是をえがくは国民の操ならむ。はた枕の草紙に画に書き劣りするものにさくらをのせたるはむかしよりよくえがく人なかりけるにこそ、いでこれをつとむ。

桜は本朝の特別すぐれた花で外国には存在せず、桜花を描くのは国民としての志である。また『枕草子』には、絵に書き劣りするものに桜花があげられているが、昔から上手に描く者がいなかったからで、自分はこれを見事に描くよう努める、というのである。

『続近世畸人伝』の冒頭に掲げられた三熊思孝（花顛居士）自筆の桜花（『近世畸人伝・続近世畸人伝』, 東洋文庫 202, 平凡社,1972 年）

花顛が描いた「桜花帖」

大田南畝（蜀山人）の『一話一言』は思孝（花顛）が描いた「桜花帖」について、「植木八三郎（鑾峰）京都在番より携へ帰し一帖」である「桜花帖目録」の内容を、外題は岩倉三位殿、画題は花山院大納言殿、かな序は広幡大納言殿、かな跋《ばつ》は芝山中納言殿、真字《しんじ》跋は林泉院六如上人、かな序は閑田子伴蒿蹊、真字跋は皆川愿先生、桜花銘は畠中胴脉先生、真字跋は唐人銭宇文撰・同陳国振書、三十六品桜花画工は三熊海堂思孝妹露香女とし、つぎのように記している。この記事に年月は記されていないが、たぶん文化年間のことと三好学は推定している。

桜花模写三十六品者《は》京師三熊《みくま》海堂本朝の桜花のまことをえがきはじめたり。海堂はもと御室の家臣三熊八三郎の二男にして、弱冠おのずから雅韻あり、士官をいとひ生涯妻をも具せず。常に諸州を遍歴し諸画に妙を尽し、又文学にも通ずる也。海堂ひと日思ふに、我国桜を以て諸花に冠たり。しかはあれど本邦古今の画師桜花を画きたれどただ婦女の翫《もてあそ》びのみにして其真を得ざることを歎き、又松岡玄達先生の桜編を見るに甚《はなは》だ多端にしてわかりがたきを深く考へ、凡《およそ》四十年の春毎に京師はさらにして遠き国々へまでもよく桜花の正偽をあきらめ、彼は何々のみはへこれは何々の変化、傍ら晴雨寒暖を以て花の狂ふとはやきとをもよくよく考へ、歳々之を詳《つまびら》かにわかち、ただ桜画の一すぢに心をこめ都《すべて》三十六品を撰びて、桜編の繁《しげ》きを省き根本を正して世にしらるる者也、ここにおいて世の人これを賞翫しこぞってこれをもてはやす。

大田南畝がみた三十六品を収めた「桜花帖」は、三熊思孝（花顚）が画いたものを、その妹の露香が模写したものであった。露香も兄の桜花の描き方をうけつぎ、桜花の絵では兄にも勝れた点もあった。その露香も寛政の末に死に、今はその描法を伝えるものがいないのは残念であると、南畝はいう。

伴蒿蹊は、思孝が描く「桜花三十六品帖」を妹の露香が模写したものにかな序をつけた。それというのも醍醐の山県蕪亭という人は花顚とは親しい間柄であったが「桜花三十六品帖」の画帖を入手できなかったことが残念でならず、妹の露香にこの帖を写させた。模写した露香はいつも描法を兄に尋ねており画法の趣を得ていたのでこのように見事にできあがった。画帖の端に何か言葉を添えるよう求められたので、ありのまま書いたと、伴蒿蹊はかな序においてこの画帖のできる間の事情を説明している。

三好学の花顚「桜花帖」評

明治から昭和初期にかけ、わが国の桜を研究し、造詣が深かった三好学は昭和一三（一九三八）年出版の著書『桜』（冨山房）に、三熊花顚の画の一部を収め、つぎのように評している。桜花図がカラー刷りでなくモノクロであるのが残念であるが……。

三熊《みくま》花顚《かてん》は画家として桜画に巧であったのみならず、又熱心な桜の愛護家で、桜の名所や桜の名木の保護に努めたことで知られている。殊に名桜に就ては京都をはじめ近畿地方は勿論、遠方まで旅行して、桜の名木の所在を探り、一々之を写生して其特徴を表した。それで花顚の桜画には能《よ》く桜の種類や品種の特性が現れていて、直ちに選別ができる。併し花顚の描法は決して単純の写生ではない。同

三熊花顚の描いた山桜の図（三好学『桜』昭和 13 年刊，近畿中国森林管理局蔵）

時に画面を美術化して、それぞれの桜の美性が想像されるようになっている。花顚は山桜も里桜も多く画いたが、山桜では能く其木振枝振並に若葉の出方其色、又花の着方に注意して、此桜の淡白で優美な気韻の表現に努めた。

三好は大正一四（一九二五）年に偶然、花顚が描いた山桜の図を得、その翌年またある人の斡旋により花顚筆の「桜花帖」二冊を入手し、現物の「桜花帖」を見ながら研究することができた。「桜花帖」に載せられた桜の品種はつぎのとおりで、桜品の名前は、一つずつ図のかたわらに花顚が記したものである。

第一帖（一八種）

えどざくら、匂桜、有明、江戸桜、三芳野、あさぎざくら、小桜、普賢堂、不断桜、山桜、曙桜、浅黄桜、伊勢桜、にほひ桜、をもの桜、塩竈桜、八重桜、有明桜

第二帖（一八種）

小桜、法輪寺、山桜、樺、廓間桜、楊貴妃、いと桜、小桜、いと桜、若木桜、婆桜、伊勢桜、時雨桜、山桜、虎の尾、金竜寺、芳野山桜、桐ケ谷

三好は「桜花帖」について、桜花を写生した最初のりっぱな画譜であり、科学的見地からも、美術的見地よりも桜花に関する重要な文献であると、高く評価する。さらに美術的な写生で、金竜寺（品種名）の絵は朝日に映える赤い空をほんのりと表現したうえで二～三片の散っている花弁を添えており、また有明（品種名）の一つの図では残月の景色を、同じ種のもう一つの図はまだ明けきらない薄暗い空を現わしている、などのことから、桜の一つ一つと品種に自然の趣を表現することに意を用いていることがわかるとしている。

三好学は、三熊花顚の妹露香《ろこう》が描いた二種類の「桜花三十六品帖」を見ている。その一つは醍醐寺の

「倭花名品《やまと》」と称される絹本の一巻である。載せられている桜の品種は、つぎの通りで、終わりに平安三熊氏露香女と記されている。

小桜、紅の小桜、きさらぎ桜、かさねの小桜、糸さくら、単の伊勢、重ねの伊勢、青葉の山桜、みよしの、重の糸桜、赤葉の山桜、うば桜、塩かま、入相桜、ひとへの江戸、地主、芳野、きりが谷、かさねの江戸、とらのを、匂桜、をもの桜、普賢象、時雨桜、楊貴妃、奈良の八重桜、法輪寺、白の匂、樺ざくら、ひとへの浅黄、廓間桜、常盤桜、重の浅黄桜、有明、重ねの有明

三好が見たところ、この絵巻は前の「桜花帖」と大同小異であった。後年、三熊花顚の弟子の広瀬花隠《かいん》も、師にならって「三十六桜譜」または「六々桜譜」と題して三六もの桜花を描写している。

後水尾天皇勅銘の桜の名

花顚、露香、花隠という画家たちは、いずれも桜花の数を三六種にまとめて図譜としているが、これは当時知られた名桜のほとんどを網羅したものではない。彼らが実際に写生した桜花はこの程度の少ない数ではなかったろう。三人の画家が三六種にまとめたのは、三六という数字に意味があったからである。和歌に秀でた人を六歌仙あるいは三十六歌仙《かせん》という。三十六歌仙にちなんで三十六花撰《かせん》としたものであろう。文政年間に広瀬花隠が描いた三六桜品をのせた図譜「花隠桜譜」には、勅銘《ちょくめい》と記されている七種の桜がある。桜を愛されていた後水尾天皇が命名されたものである。

勅銘　常磐《ときわ》　　　勢州白子浦観音寺
同　玉《たま》　三種　城州醍醐桜の坊
同　曙《あけぼの》　三種　洛北鞍馬口閑臥庵《かんがあん》

同　御園《みその》　二種　南都興福寺

同　暁《あかつき》　四種　洞中（仙洞《せんとう》御所のこと）

同　法輪寺　四種　洛西嵯峨法輪寺

同　三吉野　四種　禁中《きんちゅう》

常盤とは、伊勢の白子観音にある不断桜のことで、『伊勢参宮名所図会』にも載せられている。冬も落葉せず、雪の下から青葉が見えるから、常盤の銘がつけられたものである。玉《たま》は京都市山科の醍醐寺の名高い桜で、寛正（一四六〇～六六）のころ著名であった。曙は、『拾遺都名所図会』巻之一は、「後水尾帝の御製によって名とす」として、和歌を載せている。

かすみ行く夜ふかき山の端《は》にあけぼののいそぐ花の色かな　後水尾院

閑臥庵はこの帝の御製によって曙寺《あけぼのでら》とも言われる。三好学は大正一〇（一九二一）年四月二一日と同一二年四月一七日に、京都市の鞍馬口の閑臥庵へ行って調べたところ、花は淡紅色八重の美しい里桜であったが、昭和一二（一九三七）年ごろには枯れてしまった。

法輪寺は、京都西郊の嵐山の虚空蔵法輪寺の境内にあった名桜で、法輪寺境内は『拾遺都名所図会』巻之三が、「そもそも、この地はいにしへより桜花かずかずありて、弥生のさかりには都下の騒人《そうじん》（文人または詩人のこと）ここに詣《けい》し」と記すように、桜樹がたくさんあったところである。

俳人与謝蕪村と桜

天明三（一七八三）年一二月二五日に、六八歳をもって京都で没した与謝蕪村の桜の句にはつぎのようなものがある。

木の下が蹄《ひづめ》のかぜや散《ちる》さくら
手まくらの夢はかざしの桜哉
剛力《ごうりき》は徒《あだ》に見過ぎぬ山ざくら
夜桃林《とうりん》を出《いで》てあかつき嵯峨の桜人《さくらびと》
暮《くれ》んとす春をゝしほの山ざくら
ゆき暮《くれ》て雨もる宿やいとざくら
旅人の鼻まだ寒し初ざくら
ねぶたさの春は御室《おむろ》の花よりぞ

大堰川に舟を浮かべての嵐山の桜見物。蕪村も出かけたことであろう。川岸には老松と咲き誇る桜が見られる（『都林泉名勝図会』巻之五，近畿大学中央図書館蔵）

苗代《なわしろ》や鞍馬の桜ちりにけり
ゆく春や逡巡《しゅんじゅん》として遅ざくら
花の香や嵯峨のともし火消《きゆ》る時

蕪村の詠んだ桜は、嵯峨の桜、小塩山《おしおやま》の山桜、御室の桜、鞍馬の桜など京都周辺のものである。そして花の時期も、京都の底冷えのする朝早く出発する旅人の鼻が寒さで赤く見える初桜が咲きはじめる時期から、春も闌《たけ》て遅い桜となった時期まで、春という季節いっぱいの桜花が詠われているのである。そして鞍馬の桜が散るころに、稲の苗をつくる苗代が作られていることを詠みこんだ生活感のある句もみられる。

「春眠暁を覚えず」といわれる、けだるいような晩春の眠たさがつのる時期は、仁和寺の御室桜が咲くころからであると、地元に住む蕪村ならではの句もある。暮れようとしながらいつまでも暮れていかない夕景色のなかに浮かび上がる遅桜の姿を、蕪村は「ゆく春や逡巡《しゅんじゅん》として遅ざくら」と詠んだ。現代、咲いている桜の中で、五月下旬という春の時期をはずれて開花するものに麒麟《きりん》や鵯《ひよどり》桜という里桜がある。これらが咲き終わると、もう完全に春の終わりである。蕪村は暮れはじめた時の桜を「暮れんとす」の句で詠み上げ、暮れてしまった春夜を「行き暮れて」で句としている。そして洛西の花の名所の嵯峨野はすでに人びとが寝静まったのか、家々のあかりが消えたやみ夜で、人の気配もなく、花の匂いだけがそれとなくありかを知らせていると、最後の句で詠み上げたのである。江戸の隅田堤や飛鳥山のように、桜が集団で植えられ、遅くまでつづく花見客の喧噪さはまったく感じられない、鄙《ひな》びた洛西の桜の花である。

池大雅と東山の桜

与謝蕪村は俳人であると同時に画家でもあった。蕪村は同時代で同派の画人である池大雅《いけのたいが》と、明和八（一七七二）年尾張国の素封家の求めに応じて競作した『十便十宜図』は、国宝となっている。清初の文人笠翁《りゅうおう》の詩「十便十二宜詩」のうち、十便を大雅が、十宜を蕪村が受け持ってその詩意を絵画化したものである。この画は中国の別荘の暮らしであるから、桜は画かれていない。蕪村とともに画を製作した池大雅の漢詩に、京都東山の桜を詠った「春吟」と題されたものがある。

帝里の春光　何処《いずこ》か好《よ》き
就中《なかんずく》最も好《よ》きは此の東山
東山の近遠　花千樹
看《み》去り看《み》来たって月に乗じて還《かえ》る

帝《みかど》がいらっしゃる里、つまり京都の春景色のどこがもっともよいであろうか。なかで最もよいものは、この東山である。東山では近くの寺々に、あるいは遠くその背後に桜花の樹が千本もある。一つを看ては去り、また次の樹をみるために来り、月の出とともにようやくわが家へと帰る、という意であろう。

京都の東山とは、京都の市街地の東側につらなる山のことで、北の比叡山から南の稲荷山まで、約五キロにわたりゆるやかな起伏をみせて連なり、俗に東山三十六峰といわれ、数多くの峰々から成る。山麓には銀閣寺、若王子神社、南禅寺、知恩院、清水寺、伏見稲荷大社など、多くの名刹や古社がある。それぞれ古くから、社寺の境内を飾るためや参拝者の誘致などのため、諸施設を造ってきた。桜樹を植えることもその一つで、ここまでみてきたように、東山のふもとの寺や神社にはそれぞれ桜が植えられ、花盛りには人びとが花見を兼ねて参拝したのである。

寺や神社だけでなく、背後の東山には山桜が数多く生えていたと想像される。東山は、寺の伽藍《がらん》や社の本殿といった建物に接し厳密な意味での背後は別にして、いわゆる借景《しゃっけい》とされる部分は赤松を高木とし、その下には落葉広葉樹の生えた里山であった。江戸初期に成立したとみられる笑話集『昨日は今日の物語』には、現在の京都大学の背後の吉田山に「吉田殿の山に松茸が生えた」と記され、名刹清水寺の裏山にも松茸が生えていたことが西沢一鳳軒の『花洛紅葉紀行』にあり、さらに東山の南端にあたる稲荷山も松茸の産地として著名であった。山桜はこのような里山の林を構成する樹種の一つであり、どれほどの割合で山桜が生育していたのかは不明だが、花盛りの時期には京の町からもめだつ存在であったのであろう。そんな東山の春景色を池大雅は、漢詩「春吟」で詠ったのである。

頼山陽は漢詩で桜を描く

江戸時代後期の儒学者で史家、そして漢詩人である頼山陽《らいさんよう》（一七八〇〜一八三二年）は、京都に書斎「山紫水明処」を営み、文人と交わった。頼山陽は漢詩「東山春興　二首」の其一で、東山における桜花の花盛りのありさまを、つぎのように詠いあげる。

烟《けむり》は軟塵《なんじん》に襯《つ》きて紅《くれない》浮かばんと欲す
颪を受くる蝶翅《ちょうし》は軽柔《けいじゅう》を弄ぶ
山に依って多く花有るの寺有り
水に沿って総《す》べて酒無きの楼《ろう》無し（以下略）

はじめの句で、東山にたなびく春霞は、地上から舞いあがる柔らかな紅塵《こうじん》を帯びて、その紅《くれない》の色は浮き出しているように見えると、東山の紅の桜花が咲いている景色を描写する。そして第三句で始めの句をうけ、東山の麓には、桜花のある寺々の存在を詠っている。詩のことばは違うとはいえ、頼山陽の「東山春興」も池大雅の「春吟」も、同じ内容を表現している。

その頼山陽に「詠桜花」という漢詩がある。どこの桜花を描写したものであるのかはわからないが、桜花を紅色の烟《けむり》と、層々たる霞綺《かき》などと形容していることから、あるいは京都東山の桜花の情景描写とみることもできようか。

層々たる霞綺《かき》　仙綃《せんしょう》に襯《つ》く
毎《つね》に怕《おそれ》る　春風の相動揺するを
豊艶尤《ほうえんもっと》も銀燭《ぎんしょく》の照らすに宜《よろ》し
軽狂《けいきょう》時に錦茵《きんいん》に向かって飄《ひるがえ》る
氷肌《ひょうき》新たに浴して粉猶《な》お膩《あぶら》し
玉頰微《ぎょくきょうほの》かに醺《あか》んで紅潮《こうちょう》せんと欲す
東方に独立して長《とこし》えに美を擅《ほしいまま》にし
桃李《とうり》に従って芳標《ほうひょう》を競うに懶《ものう》し
（入矢義高『日本文人詩選』中公文庫より）

はじめの句で霞綺と、鮮やかな色の絹をひろげたような朝焼け雲と、見渡すかぎりに満開の華やかな桜花をまず形容する。花のため、春風による枝の動揺をおそれる。明るい灯火に照らしだされた夜桜こそが、豊艶さをもっともよく現わしだす。花びらは、時に美人の座っている錦の敷物へひらひらと舞っていき、蓮っ葉なところもみせる。湯浴みから出たばかりの美人は、透き通るような白い肌でまだ脂粉《しふん》がしっとりと潤っていると、桜花の花びらを称える。そして紅色がしだいに催してきそうな風情で、この東方（わが国のこと）に花の王として独立して美しさをほしいままにしており、桃や李などと花の品格を競うのも物

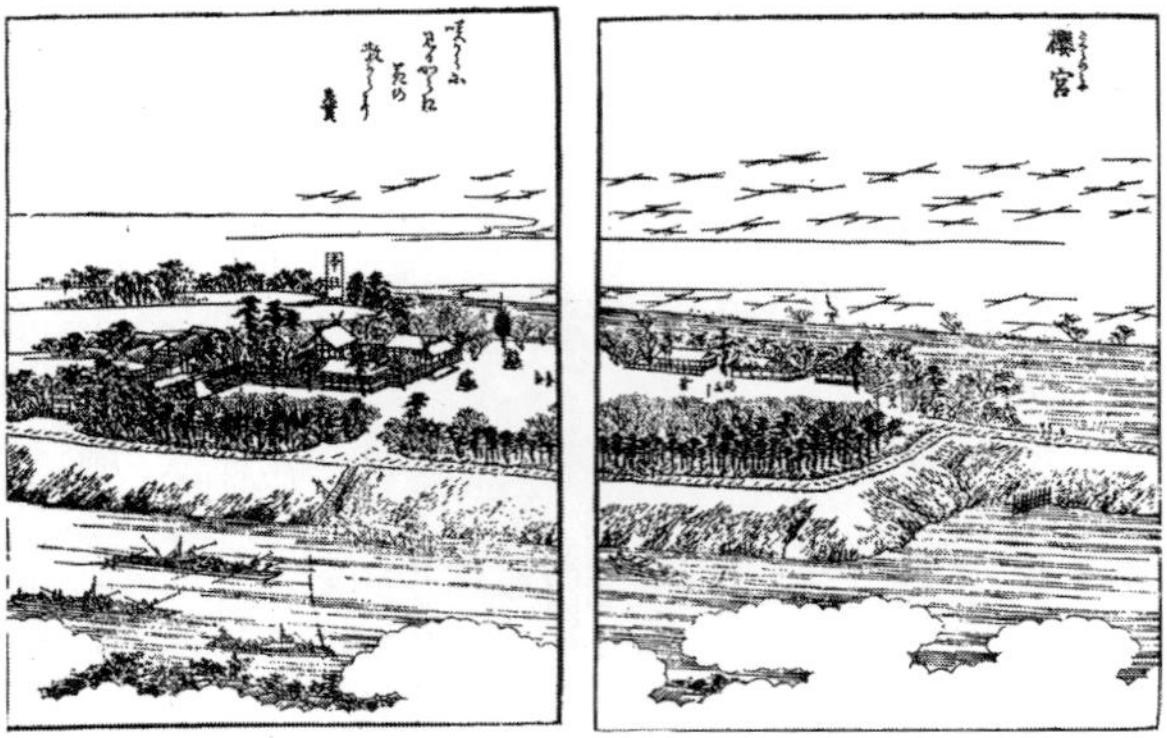

江戸時代，大坂で桜の名所として知られた大川（淀川）左岸の桜宮。現在もこの地名が残っている（『摂津名所図会』巻之三，近畿大学中央図書館蔵）

憂いばかりで、そんな気はさらにない、というのが詩の意であろう。

大坂の桜

江戸時代から商業の都とされている大坂にも、すこしばかりだが桜があった。現在大川と呼ばれている淀川と旧大和川が合流するあたりは網島《あみじま》とよばれ、近松門左衛門作の「心中天の網島」で知られている。現在都島区となっている大川（淀川）左岸の桜宮地区では江戸時代の安政（一八五四～六〇年）末期ごろは、一重や八重の桜が多かった。なかには一抱えもある大きな樹や、黄桜といった珍しい花のものもあったといわれ、そこから北へ、現在の都島橋まで桜並木が続いていた。

現在、都島区中野町一丁目と四丁目となっている大川沿いを桜宮《さくらのみや》というが、ときに中野町五丁目や網島町もふくめて桜宮とも呼ばれる。そのもとの「桜宮社」は、はじめは野田（福島区）の桜野にあったのだが、宝永六（一七〇九）年に現在地に移され、桜野の宮という意味から「桜野宮」と号していた。いつしか、その境内や周辺に数百本の桜が植えられ、書き記されるときには「野」の字がぬけおち「桜宮」となり、よぶときは昔とかわらず

大坂天王寺町の隆専寺の枝垂桜も幽艶で，春の日の優雅な眺めであった（『摂津名所図会』巻之二，近畿大学中央図書館蔵）

「さくらのみや」と称されるようになった。上方落語の「花見の仇討《あだうち》」もこのあたりを舞台としたものといわれている。

当時の花見風景を、明治四五（一九一二）年当時の『大阪日々新聞』（現『朝日新聞』）の記事から要約する。当時の大阪の富豪である鴻池《こうのいけ》や殿村《とのむら》などは、人手と金をおしまず、数寄をきわめた別荘を桜宮の近くに建て、二階ごしに桜を楽しむという趣向をこらしていた。一方の市中からの花見客は、淀屋橋や長堀など、いたるところの淀川の分流の川々から茶船に乗り込んできた。花見衣装に晴れを飾り、用意した組み重箱で酒宴をひらき、芸妓や仲居などによる鳴り物いりで、大揺れの舟でやってきた。

船で上ってくる花見客のなかで、とりわけ華やかだったのは、山村屋とか杵屋《きねや》などという遊芸師匠連中の花見である。連中船《れんちゅうぶね》と称して、大屋形船には紅《べに》提灯をきれいに飾り、春風の幟《のぼり》をひるがえして、鳴り物はお手のものの囃子《はやし》で、振り袖姿の美女たちが船のなかで舞っているという具合であった。

陸のほうの「お拾《ひろ》い連中」は、弁当と酒の入った瓢箪《ひょうたん》を肩にして、連れ立ってぞろぞろと歩いていく。そして、頭をひねった珍な花見趣向によって、群衆をどっと笑わせて喜んだものである。陸を歩くよりも船からの花見が流行した。船賃もそんなに高くなく、船頭へのご祝儀も天保銭一枚ですんだ。花見客は各自それぞれ弁当をもっていくので、堤の上の掛茶屋では、お茶に蛤汁《はまぐり》をだし、桜宮の泥鰌《どじょう》汁屋とよばれるものもあった。料亭では、川魚を料理して提供した。ごったがえした花見客も、その当時の意地の悪い役人たちをおそれ、花の枝一つも過《あやま》ちにも折ることなく、夕暮れのころには、それぞれ家路に引き上げていった。陽気な大坂人は、淀川の清流に映し出された見渡す限りの花の雲のもとで、ことさらにおおげさに浮かれ、春の一時を満喫したのであった。

この桜宮周辺に植えられていた桜樹の集団が、のちに明治になって大川の対岸に造営された造幣局の構内に桜樹を植えさせるきっかけとなり、現在、大阪名物とされる造幣局の桜の通り抜けへとつながって行くのである。

著者略歴

有岡利幸（ありおか　としゆき）

1937 年，岡山県に生まれる．1956 年から 1993 年まで大阪営林局で国有林における森林の育成・経営計画業務などに従事．1993 ～ 2003 年 3 月まで近畿大学総務部総務課に勤務．2003 年より㈶水利科学研究所客員研究員．1993 年第 38 回林業技術賞受賞．
著書：『森と人間の生活――箕面山野の歴史』（清文社，1986 年），『ケヤキ林の育成法』（大阪営林局森林施業研究会，1992 年），『松と日本人』（人文書院，1993 年，第 47 回毎日出版文化賞受賞），『松――日本の心と風景』（人文書院，1994 年），『広葉樹林施業』（分担執筆，㈶全国林業普及協会，1994 年），『松茸』（ものと人間の文化史，法政大学出版局，1997 年），『梅Ⅰ・Ⅱ』（ものと人間の文化史，法政大学出版局，1999 年），『梅干』（ものと人間の文化史，法政大学出版局，2001 年），『里山Ⅰ・Ⅱ』（ものと人間の文化史，法政大学出版局，2004 年），『資料　日本植物文化誌』（八坂書房　2005 年）

ものと人間の文化史 137-1　桜 Ⅰ

2007 年 3 月 22 日　　初版第 1 刷発行

著　者 © 有　岡　利　幸
発行所　財団法人 法政大学出版局
〒 102-0073 東京都千代田区九段北 3-2-7
電話 03(5214)5540　振替 00160-6-95814
整版・緑営舎 /印刷・平文社 /製本・鈴木製本所

Printed in Japan

ISBN978-4-588-21371-7

ものと人間の文化史

★第9回梓会出版文化賞受賞

人間が〈もの〉とのかかわりを通じて営々と築いてきた暮らしの足跡を具体的に辿りつつ文化・文明の基礎を問いなおす。手づくりの〈もの〉の記憶が失われ、〈もの〉離れが進行する危機の時代におくる豊穣な百科叢書。

1 船　須藤利一編
海国日本では古来、漁業・水運・交易はもとより、大陸文化も船によって運ばれた。本書は造船技術、航海の模様の推移を中心に、漂流、船霊信仰、伝説の数々を語る。四六判368頁 '68

2 狩猟　直良信夫
人類の歴史は狩猟から始まった。本書は、わが国の遺跡に出土する獣骨、猟具の実証的考察をおこないながら、狩猟をつうじて発展した人間の知恵と生活の軌跡を辿る。四六判272頁 '68

3 からくり　立川昭二
〈からくり〉は自動機械であり、驚嘆すべき庶民の技術的創意がこめられている。本書は、日本と西洋のからくりを発掘・復元・遍歴し、埋もれた技術の水脈をさぐる。四六判410頁 '69

4 化粧　久下司
美を求める人間の心が生みだした化粧―その手法と道具に語らせた人間の欲望と本性、そして社会関係。歴史を遡り、全国を踏査して書かれた比類ない美と醜の文化史。四六判368頁 '70

5 番匠　大河直躬
番匠はわが国中世の建築工匠。地方・在地を舞台に開花した彼らの造型・装飾・工法等の諸技術、さらに信仰と生活等、職人以前の独自で多彩な工匠的世界を描き出す。四六判288頁 '71

6 結び　額田巌
〈結び〉の発達は人間の叡知の結晶である。本書はその諸形態および技法を作業・装飾・象徴の三つの系譜に辿り、〈結び〉のすべてを民俗学的・人類学的に考察する。四六判264頁 '72

7 塩　平島裕正
人類史に貴重な役割を果たしてきた塩をめぐって、発見から伝承・製造技術の発展過程にいたる総体を歴史的に描き出すとともに、その多彩な効用と味覚の秘密を解く。四六判272頁 '73

8 はきもの　潮田鉄雄
田下駄・かんじき・わらじなど、日本人の生活の礎となってきた伝統的はきものの成り立ちと変遷を、二〇年余の実地調査と細密な観察・描写によって辿る庶民生活史　四六判280頁 '73

9 城　井上宗和
古代城塞・城柵から近世代名の居城として集大成されるまでの日本の城の変遷を辿り、文化の各領野で果たしてきたその役割を再検討。あわせて世界城郭史に位置づける。四六判310頁 '73

10 竹　室井綽
食生活、建築、民芸、造園、信仰等々にわたって、竹と人間との交流史は驚くほど深く永い。その多岐にわたる発展の過程を個々に辿り、竹の特異な性格を浮彫にする。四六判324頁 '73

11 海藻　宮下章
古来日本人にとって生活必需品とされてきた海藻をめぐって、その採取・加工法の変遷、商品としての流通史および神事・祭事での役割に至るまでを歴史的に考証する。四六判330頁 '74

12 **絵馬** 岩井宏實
古くは祭礼における神への献馬にはじまり、民間信仰と絵画のみごとな結晶として民衆の手で描かれ祀り伝えられてきた各地の絵馬を豊富な写真と史料によってたどる。四六判302頁 '74

13 **機械** 吉田光邦
畜力・水力・風力などの自然のエネルギーを利用し、幾多の改良を経て形成された初期の機械の歩みを検証し、日本文化の形成における科学・技術の役割を再検討する。四六判242頁 '74

14 **狩猟伝承** 千葉徳爾
狩猟には古来、感謝と慰霊の祭祀がともない、人獣交渉の豊かで意味深い歴史があった。狩猟用具、巻物、儀式具、またけものたちの生態を通して語る狩猟文化の世界。四六判346頁 '75

15 **石垣** 田淵実夫
採石から運搬、加工、石積みに至るまで、石垣の造成をめぐって積み重ねられてきた石工たちの苦闘の足跡を掘り起こし、その独自な技術の形成過程と伝承を集成する。四六判224頁 '75

16 **松** 高嶋雄三郎
日本人の精神史に深く根をおろした松の伝承に光を当て、食用、薬用等の実用の松、祭祀・観賞用の松、さらに文学・芸能・美術に表現された松のシンボリズムを説く。四六判342頁 '75

17 **釣針** 直良信夫
人と魚との出会いから現在に至るまで、釣針がたどった一万有余年の変遷を、世界各地の遺跡出土物を通して実証しつつ、漁撈によって生きた人々の生活と文化を探る。四六判278頁 '76

18 **鋸** 吉川金次
鋸鍛冶の家に生まれ、鋸の研究を生涯の課題とする著者が、出土遺品や文献・絵画により各時代の鋸を復元・実験し、庶民の手仕事にみられる驚くべき合理性を実証する。四六判360頁 '76

19 **農具** 飯沼二郎／堀尾尚志
鍬と犂の交代・進化の歩みとして発達したわが国農耕文化の発展経過を世界史的視野において再検討しつつ、無名の農民たちによる驚くべき創意のかずかずを記録する。四六判220頁 '76

20 **包み** 額田巖
結びとともに文化の起源にかかわる〈包み〉の系譜を人類史的視野において捉え、衣・食・住をはじめ社会・経済史、信仰、祭事などにおけるその実際と役割とを描く。四六判354頁 '77

21 **蓮** 阪本祐二
仏教における蓮の象徴的位置の成立と深化、美術・文芸等に見る人間とのかかわりを歴史的に考察。また大賀蓮はじめ多様な品種とその来歴を紹介しつつその美を語る。四六判306頁 '77

22 **ものさし** 小泉袈裟勝
ものをつくる人間にとって最も基本的な道具であり、数千年にわたって社会生活を律してきたその変遷を実証的に追求し、歴史の中で果たしてきた役割を浮彫りにする。四六判314頁 '77

23-I **将棋I** 増川宏一
その起源を古代インドに、我国への伝播の道すじを海のシルクロードに探り、また伝来後一千年におよぶ日本将棋の変化と発展を盤、駒、ルール等にわたって跡づける。四六判280頁 '77

23-Ⅱ 将棋Ⅱ 増川宏一
わが国伝来後の普及と変遷を貴族や武家・豪商の日記等に博捜し、遊戯者の歴史をあとづけると共に、中国伝来説の誤りを正し、将棋宗家の位置と役割を明らかにする。四六判346頁 '85

24 湿原祭祀 第2版 金井典美
古代日本の自然環境に着目し、各地の湿原聖地を稲作社会との関連において捉え直して古代国家成立の背景を浮彫にしつつ、水と植物にまつわる日本人の宇宙観を探る。四六判410頁 '77

25 臼 三輪茂雄
臼が人類の生活文化の中で果たしてきた役割を、各地に遺る貴重な民俗資料・伝承と実地調査にもとづいて解明。失われゆく道具のなかに、未来の生活文化の姿を探る。四六判412頁 '78

26 河原巻物 盛田嘉徳
中世末期以来の被差別部落民が生きる権利を守るために偽作し護り伝えてきた河原巻物を全国にわたって踏査し、そこに秘められた最底辺の人びとの叫びに耳を傾ける。四六判226頁 '78

27 香料 日本のにおい 山田憲太郎
焼香供養の香から趣味としての薫物へ、さらに沈香木を焚く香道へと変遷した日本の「匂い」の歴史を豊富な史料に基づいて辿り、我国風俗史の知られざる側面を描く。四六判370頁 '78

28 神像 神々の心と形 景山春樹
神仏習合によって変貌しつつも、常にその原型＝自然を保持してきた日本の神々の造型を図像学的方法によって捉え直し、その多彩な形象に日本人の精神構造をさぐる。四六判342頁 '78

29 盤上遊戯 増川宏一
祭具・占具としての発生を『死者の書』をはじめとする古代の文献にさぐり、形状・遊戯法を分類しつつその〈進化〉の過程を考察。〈遊戯者たちの歴史〉をも跡づける。四六判326頁 '78

30 筆 田淵実夫
筆の里・熊野に筆づくりの現場を訪ねて、筆匠たちの境涯と製筆の由来を克明に記録しつつ、筆の発生と変遷、種類、製筆法、さらには筆塚、筆供養にまで説きおよぶ。四六判204頁 '78

31 ろくろ 橋本鉄男
日本の山野を漂移しつづけ、高度の技術文化と幾多の伝説とをもたらした特異な旅職集団＝木地屋の生態を、その呼称、地名、伝承、文書等をもとに生き生きと描く。四六判460頁 '79

32 蛇 吉野裕子
日本古代信仰の根幹をなす蛇巫をめぐって、祭事におけるさまざまな蛇の「もどき」や各種の蛇の造型・伝承に鋭い考証を加え、忘れられたその呪性を大胆に暴き出す。四六判250頁 '79

33 鋏（はさみ） 岡本誠之
梃子の原理の発見から鋏の誕生に至る過程を推理し、日本鋏の特異な歴史的位置を明らかにするとともに、刀鍛冶等から転進した鋏職人たちの創意と苦闘の跡をたどる。四六判396頁 '79

34 猿 廣瀬鎮
嫌悪と愛玩、軽蔑と畏敬の交錯する日本人とサルとの関わりあいの歴史を、狩猟伝承や祭祀・風習、美術・工芸や芸能のなかに探り、日本人の動物観を浮彫りにする。四六判292頁 '79

35 **鮫** 矢野憲一

神話の時代から今日まで、津々浦々につたわるサメの伝承とサメをめぐる海の民俗を集成し、神饌、食用、薬用等に活用されてきたサメと人間のかかわりの変遷を描く。四六判292頁 '79

36 **枡** 小泉袈裟勝

米の経済の枢要をなす器として千年余にわたり日本人の生活の中に生きてきた枡の変遷をたどり、記録・伝承をもとにこの独特な計量器が果たした役割を再検討する。四六判322頁 '80

37 **経木** 田中信清

食品の包装材料として近年まで身近に存在した経木の起源を、こけら経や塔婆、木簡、屋根板等に遡って明らかにし、その製造・流通に携った人々の労苦の足跡を辿る。四六判288頁 '80

38 **色** 染と色彩 前田雨城

わが国古代の染色技術の復元と文献解読をもとに日本色彩史を体系づけ、赤・白・青・黒等におけるわが国独自の色彩感覚を探りつつ日本文化における色の構造を解明。四六判320頁 '80

39 **狐** 陰陽五行と稲荷信仰 吉野裕子

その伝承と文献を渉猟しつつ、中国古代哲学＝陰陽五行の原理の応用という独自の視点から、謎とされてきた稲荷信仰と狐との密接な結びつきを明快に解き明かす。四六判232頁 '80

40-Ⅰ **賭博Ⅰ** 増川宏一

時代、地域、階層を超えて連綿と行なわれてきた賭博。――その起源を古代の神判、スポーツ、遊戯等の中に探り、抑圧と許容の歴史を物語る。全Ⅲ分冊の〈総説篇〉。四六判298頁 '80

40-Ⅱ **賭博Ⅱ** 増川宏一

古代インド文学の世界からラスベガスまで、賭博の形態・用具・方法の時代的特質を明らかにし、夥しい禁令に賭博の不滅のエネルギーを見る。全Ⅲ分冊の〈外国篇〉。四六判456頁 '82

40-Ⅲ **賭博Ⅲ** 増川宏一

聞香、闘茶、笠附等、わが国独特の賭博を中心にその具体例を網羅し、方法の変遷に賭博の時代性を探りつつ禁令の改廃に時代の賭博観を追う。全Ⅲ分冊の〈日本篇〉。四六判388頁 '83

41-Ⅰ **地方仏Ⅰ** むしゃこうじ・みのる

古代から中世にかけて全国各地で作られた無銘の仏像を訪ね、素朴で多様なノミの跡に民衆の祈りと地域の願望を探る。宗教の伝播、文化の創造を考える異色の紀行。四六判256頁 '80

41-Ⅱ **地方仏Ⅱ** むしゃこうじ・みのる

紀州や飛騨を中心に草の根の仏たちを訪ねて、その相好と像容の魅力を探り、技法を比較考証して仏像彫刻史に位置づけつつ、中世地域社会の形成と信仰の実態に迫る。四六判260頁 '97

42 **南部絵暦** 岡田芳朗

田山・盛岡地方で「盲暦」として古くから親しまれてきた独得の絵解き暦を詳しく紹介しつつその全体像を復元する。その無類の生活暦は、南部農民の哀歓をつたえる。四六判288頁 '80

43 **野菜** 在来品種の系譜 青葉高

蕪、大根、茄子等の日本在来野菜をめぐって、その渡来・伝播経路、品種分布と栽培のいきさつを各地の伝承や古記録をもとに辿り、畑作文化の源流とその風土を描く。四六判368頁 '81

54 海老（えび） 酒向昇

人類との出会いからエビの科学、漁法、さらには調理法を語り、めでたい姿態と色彩にまつわる多彩なエビの民俗を、地名や人名、詩歌・文学、絵画や芸能の中に探る。四六判428頁 '85

55-Ⅰ 藁（わら）Ⅰ 宮崎清

稲作農耕とともに二千年余の歴史をもち、日本人の全生活領域に生きてきた藁の文化を日本文化の原型として捉え、風土に根ざしたそのゆたかな遺産を詳細に検討する。四六判400頁 '85

55-Ⅱ 藁（わら）Ⅱ 宮崎清

床・畳から壁・屋根にいたる住居における藁の製作・使用のメカニズムを明らかにし、日本人の生活空間における藁の役割を見なおすとともに、藁の文化の復権を説く。四六判400頁 '85

56 鮎 松井魁

清楚な姿態と独特な味覚によって、日本人の目と舌を魅了しつづけてきたアユ——その形態と分布、生態、漁法等を詳述し、古今のアユ料理や文芸にみるアユにおよぶ。四六判296頁 '86

57 ひも 額田巌

物と物、人と物とを結びつける不思議な力を秘めた「ひも」の謎を追って、民俗学的視点から多角的なアプローチを試みる。『結び』、『包み』につづく三部作の完結篇。四六判250頁 '86

58 石垣普請 北垣聰一郎

近世石垣の技術者集団「穴太」の足跡を辿り、各地城郭の石垣遺構の実地調査と資料・文献をもとに石垣普請の歴史的系譜を復元しつつ石工たちの技術伝承を集成する。四六判438頁 '87

59 碁 増川宏一

その起源を古代の盤上遊戯に探ると共に、定着以来二千年の歴史を時代の状況や遊び手の社会環境との関わりにおいて跡づける。逸話や伝説を排して綴る初の囲碁全史。四六判366頁 '87

60 日和山（ひよりやま） 南波松太郎

千石船の時代、航海の安全のために観天望気した日和山——多くは忘れられ、あるいは失われた船舶・航海史の貴重な遺跡を追って、全国津々浦々におよんだ調査紀行。四六判382頁 '88

61 篩（ふるい） 三輪茂雄

臼とともに人類の生産活動に不可欠な道具であった篩、箕(み)、笊(ざる)の多彩な変遷を豊富な図解入りでたどり、現代技術の先端に再生するまでの歩みをえがく。四六判334頁 '89

62 鮑（あわび） 矢野憲一

縄文時代以来、貝肉の美味と貝殻の美しさによって日本人を魅了し続けてきたアワビ——その生態と養殖、神饌としての歴史、漁法、螺鈿の技法からアワビ料理に及ぶ。四六判344頁 '89

63 絵師 むしゃこうじ・みのる

日本古代の渡来画工から江戸前期の菱川師宣まで、時代の代表的絵師の列伝で辿る絵画制作の文化史。前近代社会における絵画の意味や芸術創造の社会的条件を考える。四六判230頁 '90

64 蛙（かえる） 碓井益雄

動物学の立場からその特異な生態を描き出すとともに、和漢洋の文献資料を駆使して故事・習俗・神事・民話・文芸・美術工芸にわたる蛙の多彩な活躍ぶりを活写する。四六判382頁 '89

65-Ⅰ 藍（あい）Ⅰ 風土が生んだ色 竹内淳子

全国各地の〈藍の里〉を訪ねて、藍栽培から染色・加工のすべてにわたり、藍とともに生きた人々の伝承を克明に描き、風土と人間が生んだ〈日本の色〉の秘密を探る。四六判４１６頁 '91

65-Ⅱ 藍（あい）Ⅱ 暮らしが育てた色 竹内淳子

日本の風土に生まれ、伝統に育てられた藍が、今なお暮らしの中で生き生きと活躍しているさまを、手わざに生きる人々との出会いを通じて描く。藍の里紀行の続篇。四六判４０６頁 '99

66 橋 小山田了三

丸木橋・舟橋・吊橋から板橋・アーチ型石橋まで、人々に親しまれてきた各地の橋を訪ねて、その来歴と築橋の技術伝承を辿り、土木文化の伝播・交流の足跡をえがく。四六判３１２頁 '91

67 箱 宮内悊

日本の伝統的な箱（櫃）と西欧のチェストを比較文化史の視点から考察し、居住・収納・運搬・装飾の各分野における箱の重要な役割とその多彩な文化を浮彫りにする。四六判３９０頁 '91

68-Ⅰ 絹Ⅰ 伊藤智夫

養蚕の起源を神話や説話に探り、伝来の時期とルートを跡づけ、記紀・万葉の時代から近世に至るまで、それぞれの時代・社会・階層が生み出した絹の文化を描き出す。四六判３０４頁 '92

68-Ⅱ 絹Ⅱ 伊藤智夫

生糸と絹織物の生産と輸出が、わが国の近代化にはたした役割を描くと共に、養蚕の道具、信仰や庶民生活にわたる養蚕と絹の民俗、さらには蚕の種類と生態におよぶ。四六判２９４頁 '92

69 鯛（たい） 鈴木克美

古来「魚の王」とされてきた鯛をめぐって、その生態・味覚から漁法、祭り、工芸、文芸にわたる多彩な伝承文化を語りつつ、鯛と日本人とのかかわりの原点をさぐる。四六判４１８頁 '92

70 さいころ 増川宏一

古代神話の世界から近現代の博徒の動向まで、さいころの役割を各時代・社会に位置づけ、木の実や貝殻のさいころから投げ棒型や立方体のさいころへの変遷をたどる。四六判３７４頁 '92

71 木炭 樋口清之

炭の起源から炭焼、流通、経済、文化にわたる木炭の歩みを歴史・考古・民俗の知見を総合して描き出し、独自で多彩な文化を育んできた木炭の尽きせぬ魅力を語る。四六判２９６頁 '93

72 鍋・釜（なべ・かま） 朝岡康二

日本をはじめ韓国、中国、インドネシアなど東アジアの各地を歩きながら鍋・釜の製作と使用の現場に立ち会い、調理をめぐる庶民生活の変遷とその交流の足跡を探る。四六判３２６頁 '93

73 海女（あま） 田辺悟

その漁の実際と社会組織、風習、信仰、民具などを克明に描くとともに海女の起源・分布・交流を探り、わが国漁撈文化の古層としての海女の生活と文化をあとづける。四六判２９４頁 '93

74 蛸（たこ） 刀禰勇太郎

蛸をめぐる信仰や多彩な民間伝承を紹介するとともに、その生態・分布・捕獲法・繁殖と保護・調理法などを集成し、日本人と蛸との知られざるかかわりの歴史を探る。四六判３７０頁 '94

75 **曲物**（まげもの） 岩井宏實

桶・樽出現以前から伝承され、古来最も簡便・重宝な木製容器として愛用された曲物の加工技術と機能・利用形態の変遷をさぐり、手づくりの「木の文化」を見なおす。四六判318頁 '94

76-I **和船 I** 石井謙治

江戸時代の海運を担った千石船（弁才船）について、その構造と技術、帆走性能を綿密に調査し、通説の誤りを正すとともに、海難と信仰、船絵馬等の考察にもおよぶ。四六判436頁 '95

76-II **和船 II** 石井謙治

造船史から見た著名な船を紹介し、遣唐使船や遣欧使節船、幕末の洋式船における外国技術の導入について論じつつ、船の名称と船型を海船・川船にわたって解説する。四六判316頁 '95

77-I **反射炉 I** 金子功

日本初の佐賀鍋島藩の反射炉と精練方＝理化学研究所、島津藩の反射炉と集成館＝近代工場群を軸に、日本の産業革命の時代における人と技術を現地に訪ねて発掘する。四六判244頁 '95

77-II **反射炉 II** 金子功

伊豆韮山の反射炉をはじめ、全国各地の反射炉建設にかかわった有名無名の人々の足跡をたどり、開国か攘夷かに揺れる幕末の政治と社会の悲喜劇をも生き生きと描く。四六判226頁 '95

78-I **草木布**（そうもくふ）**I** 竹内淳子

風土に育まれた布を求めて全国各地を歩き、木綿普及以前に山野の草木を利用して豊かな衣生活文化を築き上げてきた庶民の知られざる知恵のかずかずを実地にさぐる。四六判282頁 '95

78-II **草木布**（そうもくふ）**II** 竹内淳子

アサ、クズ、シナ、コウゾ、カラムシ、フジなどの草木の繊維から、どのようにして糸を採り、布を織っていたのか——聞書きをもとに忘れられた技術と文化を発掘する。四六判282頁 '95

79-I **すごろく I** 増川宏一

古代エジプトのセネト、ヨーロッパのバクギャモン、中近東のナルド、中国の双陸などの系譜に日本の盤雙六を位置づけ、遊戯・賭博としてのその数奇なる運命を辿る。四六判312頁 '95

79-II **すごろく II** 増川宏一

ヨーロッパの鵞鳥のゲームから日本中世の浄土双六、近世の華麗な絵双六、さらには近現代の少年誌の附録まで、絵双六の変遷を追って時代の社会・文化を読みとる。四六判390頁 '95

80 **パン** 安達巖

古代オリエントに起ったパン食文化が中国・朝鮮を経て弥生時代の日本に伝えられたことを史料と伝承をもとに解明し、わが国パン食文化二〇〇〇年の足跡を描き出す。四六判260頁 '96

81 **枕**（まくら） 矢野憲一

神さまの枕・大嘗祭の枕から枕絵の世界まで、人生の三分の一を共に過す枕をめぐって、その材質の変遷を辿り、伝説と怪談、俗信と民俗、エピソードを興味深く語る。四六判252頁 '96

82-I **桶・樽**（おけ・たる）**I** 石村真一

日本、中国、朝鮮、ヨーロッパにわたる厖大な資料を集成してその豊かな文化の系譜を探り、東西の木工技術史を比較しつつ世界史的視野から桶・樽の文化を描き出す。四六判388頁 '97

91 珊瑚（さんご） 鈴木克美
海岸の自然保護に重要な役割を果たす岩石サンゴから宝飾品として知られる宝石サンゴまで、人間生活と深くかかわってきたサンゴの多彩な姿を人類文化史として描く。 四六判370頁 '99

92-Ⅰ 梅Ⅰ 有岡利幸
万葉集、源氏物語、五山文学などの古典や天神信仰に表れた梅の足跡を克明に辿りつつ日本人の精神史に刻印された梅を浮彫にし、梅と日本人の二〇〇〇年史を描く。 四六判274頁 '99

92-Ⅱ 梅Ⅱ 有岡利幸
その植生と栽培、伝承、梅の名所や鑑賞法の変遷から戦前の国定教科書に表れた梅まで、梅と日本人との多彩なかかわりを探り、桜との対比において梅の文化史を描く。 四六判338頁 '99

93 木綿口伝（もめんくでん） 第2版 福井貞子
老女たちからの聞書を経糸とし、厖大な遺品・資料を緯糸として、母から娘へと幾代にも伝えられた手づくりの木綿文化を掘り起し、近代の木綿の盛衰を描く。増補版 四六判336頁 '00

94 合せもの 増川宏一
「合せる」には古来、一致させるの他に、競う、闘う、比べる等の意味があった。貝合せや絵合せ等の遊戯・賭博を中心に、広範な人間の営みを「合せる」行為に辿る。 四六判300頁 '00

95 野良着（のらぎ） 福井貞子
明治初期から昭和四〇年までの野良着を収集・分類・整理し、それらの用途と年代、形態、材質、重量、呼称などを精査して、働く庶民の創意にみちた生活史を描く。 四六判292頁 '00

96 食具（しょくぐ） 山内昶
東西の食文化に関する資料を渉猟し、食法の違いを人間の自然に対するかかわり方の違いとして捉えつつ、食具を人間と自然をつなぐ基本的な媒介物として位置づける。 四六判290頁 '00

97 鰹節（かつおぶし） 宮下章
黒潮からの贈り物・カツオの漁法から鰹節の製法や食法、商品としての流通までを歴史的に展望するとともに、沖縄やモルジブ諸島の調査をもとにそのルーツを探る。 四六判382頁 '00

98 丸木舟（まるきぶね） 出口晶子
先史時代から現代の高度文明社会まで、もっとも長期にわたり使われてきた刳り舟に焦点を当て、その技術伝承を辿りつつ、森や水辺の文化の広がりと動態をえがく。 四六判324頁 '01

99 梅干（うめぼし） 有岡利幸
日本人の食生活に不可欠の自然食品・梅干をつくりだした先人たちの知恵に学ぶとともに、健康増進に驚くべき薬効を発揮する、その知られざるパワーの秘密を探る。 四六判300頁 '01

100 瓦（かわら） 森郁夫
仏教文化と共に中国・朝鮮から伝来し、一四〇〇年にわたり日本の建築を飾ってきた瓦をめぐって、発掘資料をもとにその製造技術、形態、文様などの変遷をたどる。 四六判320頁 '01

101 植物民俗 長澤武
衣食住から子供の遊びまで、幾世代にも伝承された植物をめぐる暮らしの知恵を克明に記録し、高度経済成長期以前の農山村の豊かな生活文化を愛惜をこめて描き出す。 四六判348頁 '01

102 **箸**（はし） 向井由紀子／橋本慶子

そのルーツを中国、朝鮮半島に探るとともに、日本人の食生活に不可欠の食具となり、日本文化のシンボルとされるまでに洗練された箸の文化の変遷を総合的に描く。 四六判３３４頁 '01

103 **採集** ブナ林の恵み 赤羽正春

縄文時代から今日に至る採集・狩猟民の暮らしを復元し、動物の生態系と採集生活の関連を明らかにしつつ、民俗学と考古学の両面から山に生かされた人々の姿を描く。 四六判２９８頁 '01

104 **下駄** 神のはきもの 秋田裕毅

古墳や井戸等から出土する下駄に着目し、下駄が地上と地下の他界を結ぶ聖なるはきものであったという大胆な仮説を提出、日本の神々の忘れられた側面を浮彫にする。 四六判３０４頁 '02

105 **絣**（かすり） 福井貞子

膨大な絣遺品を収集・分類し、絣産地を実地に調査して絣の技法と文様の変遷を地域別・時代別に跡づけ、明治・大正・昭和の手づくりの染織文化の盛衰を描き出す。 四六判３１０頁 '02

106 **網**（あみ） 田辺悟

漁網を中心に、網に関する基本資料を網羅して網の変遷と網をめぐる民俗を体系的に描き出し、網の文化を集成する。「網に関する小事典」「網のある博物館」を付す。 四六判３１６頁 '02

107 **蜘蛛**（くも） 斎藤慎一郎

「土蜘蛛」の呼称で畏怖される一方「クモ合戦」など子供の遊びとしても親しまれてきたクモと人間との長い交渉の歴史をその深層に遡って追究した異色のクモ文化論。 四六判３２０頁 '02

108 **襖**（ふすま） むしゃこうじ・みのる

襖の起源と変遷を建築史・絵画史の中に探りつつその用と美を浮彫にし、衝立・障子・屏風等と共に日本建築の空間構成に不可欠の建具となるまでの経緯を描き出す。 四六判２７０頁 '02

109 **漁撈伝承**（ぎょろうでんしょう） 川島秀一

漁師たちからの聞き書きをもとに、寄り物、船霊、大漁旗など、漁撈にまつわる〈もの〉の伝承を集成し、海の道によって運ばれた習俗や信仰の民俗地図を描き出す。 四六判３３４頁 '03

110 **チェス** 増川宏一

世界中に数億人の愛好者を持つチェスの起源と文化を、欧米における膨大な研究の蓄積を渉猟しつつ探り、日本への伝来の経緯から美術工芸品としてのチェスにおよぶ。 四六判２９８頁 '03

111 **海苔**（のり） 宮下章

海苔の歴史は厳しい自然とのたたかいの歴史だった——採取から養殖、加工、流通、消費に至る先人たちの苦難の歩みを史料と実地調査によって浮彫にする食物文化史。 四六判１７２頁 '03

112 **屋根** 檜皮葺と柿葺 原田多加司

屋根葺師一〇代の著者が、自らの体験と職人の本懐を語り、連綿として受け継がれてきた伝統の手わざを体系的にたどりつつ伝統技術の保存と継承の必要性を訴える。 四六判３４０頁 '03

113 **水族館** 鈴木克美

初期水族館の歩みを創始者たちの足跡を通して辿りなおし、水族館をめぐる社会の発展と風俗の変遷を描き出すとともにその未来像をさぐる初の〈日本水族館史〉の試み。 四六判２９０頁 '03

114 **古着**（ふるぎ）　朝岡康二

仕立てと着方、管理と保存、再生と再利用等にわたり衣生活の変容を近代の日常生活の変化として捉え直し、衣服をめぐるリサイクル文化が形成される経緯を描き出す。四六判２９２頁　'03

115 **柿渋**（かきしぶ）　今井敬潤

染料・塗料をはじめ生活百般の必需品であった柿渋の伝承を記録し、文献資料をもとにその製造技術と利用の実態を明らかにして、忘れられた豊かな生活技術を見直す。四六判２９４頁　'03

116-Ⅰ **道Ⅰ**　武部健一

道の歴史を先史時代から説き起こし、古代律令制国家の要請によって駅路が設けられ、しだいに幹線道路として整えられてゆく経緯を技術史・社会史の両面からえがく。四六判２４８頁　'03

116-Ⅱ **道Ⅱ**　武部健一

中世の鎌倉街道、近世の五街道、近代の開拓道路から現代の高速道路網までを通観し、道路を拓いた人々の手によって今日の交通ネットワークが形成された歴史を語る。四六判２８０頁　'03

117 **かまど**　狩野敏次

日常の煮炊きの道具であるとともに祭りと信仰に重要な位置を占めてきたカマドをめぐる忘れられた伝承を掘り起こし、民俗空間の壮大なコスモロジーを浮彫りにする。四六判２９２頁　'04

118-Ⅰ **里山Ⅰ**　有岡利幸

縄文時代から近世までの里山の変遷を人々の暮らしと植生の変化の両面から跡づけ、その源流を記紀万葉に描かれた里山の景観や大和・三輪山の古記録・伝承等に探る。四六判２７６頁　'04

118-Ⅱ **里山Ⅱ**　有岡利幸

明治の地租改正による山林の混乱、相次ぐ戦争による山野の荒廃、エネルギー革命、高度成長による大規模開発など、近代化の荒波に翻弄される里山の見直しを説く。四六判２７４頁　'04

119 **有用植物**　菅　洋

人間生活に不可欠のものとして利用されてきた身近な植物たちの来歴と栽培・育種・品種改良・伝播の経緯を平易に語り、植物と共に歩んだ文明の足跡を浮彫にする。四六判３２４頁　'04

120-Ⅰ **捕鯨Ⅰ**　山下渉登

世界の海で展開された鯨と人間との格闘の歴史を振り返り、「大航海時代」の副産物として開始された捕鯨業の誕生以来四〇〇年にわたる盛衰の社会的背景をさぐる。四六判３１４頁　'04

120-Ⅱ **捕鯨Ⅱ**　山下渉登

近代捕鯨の登場により鯨資源の激減を招き、捕鯨の規制・管理のための国際条約締結に至る経緯をたどり、グローバルな課題としての自然環境問題を浮き彫りにする。四六判３１２頁　'04

121 **紅花**（べにばな）　竹内淳子

栽培、加工、流通、利用の実際を現地に探訪して紅花とかかわってきた人々からの聞き書きを集成し、忘れられた〈紅花文化〉を復元しつつその豊かな味わいを見直す。四六判３４６頁　'04

122-Ⅰ **もののけⅠ**　山内昶

日本の妖怪変化、未開社会の〈マナ〉、西欧の悪魔やデーモンを比較考察し、名づけ得ぬ未知の対象を指す万能のゼロ記号〈もの〉をめぐる人類文化史を跡づける博物誌。四六判３２０頁　'04

122-Ⅱ **もののけⅡ** 山内昶
日本の鬼、古代ギリシアのダイモン、中世の異端狩り・魔女狩り等々をめぐり、自然＝カオスと文化＝コスモスの対立の中で〈野生の思考〉が果たしてきた役割をさぐる。四六判２８０頁 '04

123 **染織**（そめおり） 福井貞子
自らの体験と厖大な残存資料をもとに、糸づくりから織り、染めにわたる手づくりの豊かな生活文化を見直す。創意にみちた手わざのかずかずを復元する庶民生活誌。四六判２９４頁 '05

124-Ⅰ **動物民俗Ⅰ** 長澤武
神として崇められたクマやシカをはじめ、人間にとって不可欠の鳥獣や魚、さらには人間を脅かす動物など、多種多様な動物たちと交流してきた人々の暮らしの民俗誌。四六判２６４頁 '05

124-Ⅱ **動物民俗Ⅱ** 長澤武
動物の捕獲法をめぐる各地の伝承を紹介するとともに、全国で語り継がれてきた多彩な動物民話・昔話を渉猟し、暮らしの中で培われた動物フォークロアの世界を描く。四六判２６６頁 '05

125 **粉**（こな） 三輪茂雄
粉体の研究をライフワークとする著者が、粉食の発見からナノテクノロジーまで、人類文明の歩みを〈粉〉の視点から捉え直した壮大なスケールの〈文明の粉体史観〉四六判３０２頁 '05

126 **亀**（かめ） 矢野憲一
浦島伝説や「兎と亀」の昔話によって親しまれてきた亀のイメージの起源を探り、古代の亀卜の方法から、亀にまつわる信仰と迷信、鼈甲細工やスッポン料理におよぶ。四六判３３０頁 '05

127 **カツオ漁** 川島秀一
一本釣り、カツオ漁場、船上の生活、船霊信仰、祭りと禁忌など、カツオ漁にまつわる漁師たちの伝承を集成し、黒潮に沿って伝えられた漁民たちの文化を掘り起こす。四六判３７０頁 '05

128 **裂織**（さきおり） 佐藤利夫
木綿の風合いと強靭さを生かした裂織の技と美をすぐれたリサイクル文化として見なおす。東西文化の中継地・佐渡の古老たちからの聞書をもとに歴史と民俗をえがく。四六判３０８頁 '05

129 **イチョウ** 今野敏雄
「生きた化石」として珍重されてきたイチョウの生い立ちと人々の生活文化とのかかわりの歴史をたどり、この最古の樹木に秘められたパワーを最新の中国文献にさぐる。四六判３１２頁〔品切〕 '05

130 **広告** 八巻俊雄
のれん、看板、引札からインターネット広告までを通観し、いつの時代にも広告が人々の暮らしと密接にかかわって独自の文化を形成してきた経緯を描く広告の文化史。四六判２７６頁 '06

131-Ⅰ **漆**（うるし）**Ⅰ** 四柳嘉章
全国各地で発掘された考古資料を対象に科学的解析を行ない、縄文時代から現代に至る漆の技術と文化を跡づける試み。漆が日本人の生活と精神に与えた影響を探る。四六判２７４頁 '06

131-Ⅱ **漆**（うるし）**Ⅱ** 四柳嘉章
遺跡や寺院等に遺る漆器を分析し体系づけるとともに、絵巻物や文学作品の考証を通じて、職人や産地の形成、漆工芸の地場産業としての発展の経緯などを考察する。四六判２１６頁 '06

132 **まな板** 石村眞一
日本、アジア、ヨーロッパ各地のフィールド調査と考古・文献・絵画・写真資料をもとにまな板の素材・構造・使用法を分類し、多様な食文化とのかかわりをさぐる。 四六判372頁 '06

133-I **鮭・鱒**（さけ・ます）I 赤羽正春
鮭・鱒をめぐる民俗研究の前史から現在までを概観するとともに、原初的な漁法から商業的漁法にわたる多彩な漁法と用具、漁場と社会組織の関係などを明らかにする。 四六判292頁 '06

133-II **鮭・鱒**（さけ・ます）II 赤羽正春
鮭漁をめぐる行事、鮭捕り衆の生活等を聞き取りによって再現し、人工孵化事業の発展とそれを担った先人たちの業績を明らかにするとともに、鮭・鱒の料理におよぶ。 四六判352頁 '06

134 **遊戯** その歴史と研究の歩み 増川宏一
古代から現代まで、日本と世界の遊戯の歴史を概説し、内外の研究者との交流の中で得られた最新の知見をもとに、研究の出発点と目的を論じ、現状と未来を展望する。 四六判296頁 '06

135 **石干見**（いしひみ） 田和正孝編
沿岸部に石垣を築き、潮汐作用を利用して漁獲する原初的漁法を日・韓・台に残る遺構と伝承の調査・分析をもとに復元し、東アジアの伝統的漁撈文化を浮彫りにする。 四六判332頁 '07

136 **看板** 岩井宏實
江戸時代から明治・大正・昭和初期までの看板の歴史を生活文化史の視点から考察し、多種多様な生業の起源と変遷を多数の図版をもとに紹介する〈図説商売往来〉。 四六判266頁 '07

137-I **桜I**
そのルーツと生態から説きおこし、和歌や物語に描かれた古代社会の桜観から「花は桜木、人は武士」の江戸の花見の流行まで、日本人と桜のかかわりの歴史をさぐる。 四六判382頁 '07

137-II **桜II**
明治以後、軍国主義と愛国心のシンボルとして政治的に利用されてきた桜の近代史を辿るとともに、日本人の生活と共に歩んだ「咲く花、散る花」の栄枯盛衰を描く。 四六判400頁 '07